LE SÉMINAIRE

Jacques Lacan

자크 라캉 세미나

01

프로이트의 기술론

LE SÉMINAIRE

Les écrits techniques de Freud

Jacques Lacan

자크-알랭 밀레 편

맹정현 옮김

새물결

옮긴이

맹정현 프랑스 파리8대학에서 정신분석학 석사, 파리7대학에서 정신분석학 박사학위를 받았으며, 파리 섹션클리닉, 파리 콜레주클리닉 등에서 정신분석학과 정신병리학을 공부한 후 서울대, 서강대, 연세대, 성균관대 등에서 정신분석학을 강의했다. 지은 책으로 『프로이트 패러다임』, 『멜랑꼴리의 검은 마술』, 『트라우마 이후의 삶』, 『리비돌로지』, 『미술은 철학의 눈이다』(공저), 『싸우는 인문학』(공저) 등이 있고, 옮긴 책으로 『자크 라캉 세미나 11』(공역), 『라캉과 정신의학』 등이 있다.

자크 라캉 세미나 01권 – 프로이트의 기술론

지은이 자크 라캉 | 옮긴이 맹정현 | 펴낸이 조형준 | 펴낸곳 (주) 새물결
1판 1쇄 2016년 8월 6일 | 등록 서울 제15-52호(1989.11.9)
주소 서울특별시 은평구 연서로 48길 12, 513동 502호
전화 (편집부) 3141–8696 (영업부) 3141–8697
E-mail saemulgyul@gmail.com
ISBN 978-89-5559-397-6(94180)
978-89-5559-171-2 (세트)

일러두기

1 이 책은 자크 라캉의 *Les écrits techniques de Freud*(Seuil, 1975)를 우리말로 옮긴 것이다.

2 프랑스어판에서는 서체를 정자체와 이탤릭체 두 가지로 사용하고 있다. 본서에서는 원문의 이탤릭체를 여러 가지 방식으로 나누어 표시했다.

(1) 단순한 강조를 나타내는 경우에는 ‘ ’로 표시했다.

(2) 직접 인용이나 대화의 경우에는 “ ”로 표시했다.

(3) 원문에서는 프랑스어 이외의 다른 모든 언어, 즉 영어, 독일어, 라틴어, 이탈리아어 등을 이탤릭체로 표시했다. 본서에서는 프랑스어 외의 단어나 문장이 나오는 경우 원서에서와 마찬가지로 먼저 이탤릭체로 표시한 다음 옆에 한국어 뜻을 괄호 안에 넣었다. 단, ‘게슈탈트’나 ‘해피니스’와 같이 일반적으로 통용되는 외래어는 ‘ ’ 안에 발음을 그대로 적었다.

3 독자의 편의를 위해 본문의 좌우 여백에 원문의 쪽번호를 표시했다.

4 단행본이나 학술지, 잡지는 『 』로, 논문이나 시, 희곡은 「 」로, 미술작품이나 영화작품 등은 <　>로 표시했다.

마이클 발린트의 막다른 골목

전이 속에서의 말

세미나를 열며

스승은 무엇으로든, 가령 할喝하는 소리나 발길질로도 침묵을 깹니다. 그처럼 고승高僧은 '선禪'이라는 기술을 통해 의미의 탐색을 수행하는 것이지요. 각자가 제기한 문제의 해답을 찾는 것은 제자들 스스로의 몫입니다. 스승은 완성된 학문을 단상에서[권위로써] *ex cathedra* 전수하지 않고 제자들이 해답을 찾아내려고 하는 바로 그때 답을 줍니다.

이 같은 방식의 가르침은 어떠한 체계도 거부합니다. 그것은 운동 중인 사유를 드러냅니다. 그럼에도 그러한 사유는 결국 체계에 응하게 될 소지가 없지 않은데, 이는 그것이 필연적으로 어떤 교리적인 얼굴을 드러내기 때문입니다. 그중에서도 프로이트의 사유는 더없이 끊임없는 수정에 열려 있는 사유입니다. 그의 사유를 낡아빠진 몇 마디 단어로 축소해버리는 것은 잘못된 일입니다. 그의 사유 속에서 개념들 하나하나는 저마다 고유한 삶을 영위하고 있습니다. 이것이 바로 정확히 변증법이라 일컬어지는 것이지요.

그중 몇 가지 개념은 한때 프로이트에게 꼭 필요했던 것들인데, 왜냐하면 그가 이전에 다른 용어들로 공식화했던 어떤 문제에 대해 자신이 제시한 하나의 답변이기 때문이지요. 그러므로 그러한 개념들의 가치는 그것들을 본래의 맥락 속에 다시 위치시킬 때만 이해될 수 있습니다.

하지만 역사, 사유의 역사를 추적해보는 것만으론, 다시 말해 프로이트가 과학주의의 세기에 출현했다고 말하는 것만으론 충분하지 않습니다. 실제로 『꿈의 해석』과 더불어 프로이트는 전혀 다른 본질에 속하는 어떤 것, 구체적인 심리적 밀도를 지니는 어떤 것, 즉 의미sens를 다시 도입했습니다.

과학주의의 관점에서 보면 당시 프로이트는 꿈에서 뭔가를 읽어내는 것에서처럼 지극히 구시대적인 사유에 합류하고 있는 듯이 보입니다. 그러고 나서 인과적 설명으로 귀착하게 됩니다. 그러나 꿈을 해석한다고 할 때, 우리는 항상 의미의 한가운데 위치하게 되지요. 문제의 핵심은 주체가 자기 주변, 타자들, 삶 자체와 맺는 관계와 주체의 욕망이라는 측면에서의 이 주체의 주체성입니다.

8

여기서 우리의 과제는 의미의 영역을 재도입하고, 그것을 그 자체의 고유한 수준에 다시 위치시키는 것입니다.

브뤼케, 루드비히, 헬름홀츠, 뒤 브와-레이몽 등에게 모든 것은 물리적 힘, 다시 말해 인력과 척력으로 환원된다는 것은 일종의 서약과 같은 것이었습니다. 일단 그러한 전제를 받아들이면 그것으로부터 벗어날 방도는 없습니다. 만일 프로이트가 거기서 벗어났다면, 이는 그가 다른 전제들을 받아들였기 때문입니다. 과감하게도 그는 자신에게 일어난 일, 어린 시절의 이율배반들, 신경증적 장애들, 자신이 꾼 꿈들에 중요성을 부여했지요. 바로 이렇게 해서 우리 모두에게 프로이트는 누구나 그렇듯이 죽음, 여성, 아버지 등 온갖 우발적인 일들의 한가운데 놓인 한 명의 인간이 됩니다.

이는 원천으로의 회귀를 수행하는 것으로, 과학이라고 불리기엔 어려운 면이 없지 않습니다. 최대한 저항을 줄이면서 살을 발라내고 뼈를 추려낼 줄 아는 훌륭한 요리사 솜씨는 정신분석에도 유효합니다. 우리는 각 구조마다 그에 고유한 방식의 개념화가 있다는 것을 알고 있지요. 그러나 이는 괜히 일을 복잡하게 만들기 때문에 우리는 그보단 세계를 연역하려는 일원론적 개념에 매달리고 싶어 합니다. 하지만 그렇게 해서 우리는 길을 잃고 말지요.

우리는 칼이 아니라 개념을 갖고 해부한다는 것을 깨닫지 않으면 안 됩니다. 개념은 자신만의 고유한 현실 차원을 갖고 있지요. 개념은 인간의 경험으로부터 불쑥 솟아나는 것이 아닙니다. — 만일 그랬다면 개념은 [처음부터] 제대로 만들어진 것이었을 겁니다. 최초의 이름은 단어 자체로부터 솟아났는데, 그것은 사물을 묘사하기 위한 도구였습니다. 그리하여 모든 과학은 오랫동안 언어 속에 꼼짝없이 묶인 채로 암흑 속에 빠져 있었습니다.

먼저 이미 만들어진 하나의 언어가 존재하지만 그것은 아주 잘못된 도구로 사용됩니다. 이따금 역전이 일어나기도 합니다. 플로지스톤에서 산소로 이동하는 것처럼 말이지요. 실제로 라부아지에는 플로지스톤과 더불어 산소라는 훌륭한 개념을 제시했습니다. 어려움의 근원은 수학적 상징이나 그 밖의 상징은 일반적으로 통용되는 언어를 통해서만 도입될 수 있다는 점에 있습니다. 그렇게밖에 도입될 수 없는 이유는 우리가 그러한 상징으로 무엇을 하려는지를 설명해야 하기 때문입니다. 그렇기 때문에 우리는 인간적 교류의 어떤 일정한 수준에, 이 경우에는 치료사 수준에 머물게 됩니다. 프로이트 역시 스스로는 부인하고 있지만 바로 이 수준에 머물러 있습니다. 하지만 존스가 보여주었듯이 그는 자신이 천성적으로 갖고 있던 사변적 경향에 빠지지 않도록 처음부터 자제했습니다. 그는 사실들의 규율, 실험실의 규율을 따랐습니다. 잘못된 언어로부터 거리를 유지했던 것입니다.

이제 주체라는 개념에 대해 생각해봅시다. 이 개념을 도입하는 것은 곧 자기 자신을 들여놓는 것입니다. 여러분에게 말을 건네는 사람은 다른 사람들과 다를 바 없는 한 명의 인간입니다. 다시 말해 그는 잘못된 언어를 사용합니다. 따라서 문제는 자기 자신입니다.

이 때문에 프로이트는 처음부터 자기 자신을 분석할 경우에만 신경증의 분석에서 진보를 거둘 수 있다는 것을 알았습니다.

오늘날 역전이가 점점 더 중요하게 간주되는 것은 사람들이 분석에는 환자만 있는 것이 아니라는 사실을 인정했음을 의미합니다. 분석에는 두 명이 있다는 것인데, 물론 둘만 있는 것은 아닙니다.

9 현상학적으로 분석 상황은 하나의 구조입니다. 다시 말해 몇몇 현상은 그러한 상황을 통해서만 변별될 수 있고 분리될 수 있다는 겁니다. 인간이 스스로가 이해 가능한 존재라고 생각할 수 있게 된 것은 또 다른 구조, 바로 주체성 덕분입니다.

따라서 본인이 신경증자라는 사실은 훌륭한 정신분석가가 되는 데 도움이 될 수 있습니다. 그리고 처음에 프로이트도 그것의 도움을 받았습니다. 주르댕Jourdain 선생이 산문을 지을 때처럼 우리는 의미, 반의미, 무의미 등을 만들어냅니다. 그럼에도 우리는 거기서 구조의 윤곽을 찾아야 했지요. 융 역시 경탄하면서 꿈과 종교의 상징들 속에서 인류에게 고유한 몇 가지 원형을 재발견하게 됩니다. 이 또한 하나의 구조입니다만,

정신분석적 의미에서의 구조는 아닙니다.

프로이트는 그러한 구조에 고유한 결정론을 도입했습니다. 그의 저작 곳곳에서 모호함이 발견되는 것은 바로 이 때문이지요. 가령 그에게서 꿈이 욕망인지 욕망의 인정인지는 애매합니다. 또 자아는 한편으로 지각 세계와의 접촉을 통해 표면에서부터 분화된 속빈 달걀이지만, 우리와 마주칠 때마다 '아니' 또는 '나', '내가', '우리'라고 말하면서 타자들에 대해 이야기하고 다양한 말투를 통해 자신을 표현하는 자이기도 합니다.

우리는 대화술의 기술들을 살펴보게 될 것입니다. 솜씨 좋은 요리사처럼 우리는 우리 자신이 어떤 관절들과 저항들을 만나게 되는지를 알아야 합니다.

초자아는 의미가 결여된 하나의 법이지만, 그럼에도 불구하고 오직 언어를 통해서만 지탱됩니다. 만일 내가 '너는 오른쪽으로 가라'라고 말한다면, 이는 타자로 하여금 그의 언어를 나의 언어에 일치시키도록 하기 위해서지요. 타자에게 말하는 순간 나는 그가 무슨 생각을 하는지를 생각합니다. 이렇듯 동의를 얻기 위한 노력이 언어에 고유한 소통을 구성합니다. '너'라는 말은 너무나도 기본적인 것이기 때문에 의식보다 먼저 개입합니다. 가령 검열은 의도를 겨냥하지만 그럼에도 의식보다 먼저 개입해 경계를 늦추지 않고 작동합니다. '너'는 하나의 신호가 아니라 타자에 대한 참조지요. 그것은 명령이자 사랑입니다.

마찬가지로 자아 이상은 주체의 만족을 연장하기 위해 자아가 끊임없이 작동시키는 하나의 방어 기구입니다. 그러나 그것은 정신의학적 의미에서 더없이 우울하게 만드는 기능이기도 하지요.

이드는 순수하게 객관적인 소여나 주체의 충동들로 환원될 수 없습니다. 어떠한 분석도 공격성이나 에로티시즘이 어떤 비율로 섞여있는지를 결정짓는 데는 이르지 못했지요. 분석이 진보하면서 도달하게 될 지점, 실존적 인정의 변증법의 최정점은 '너는 이것이다'입니다. 사실 그러한 이상은 한 번도 도달된 적이 없습니다.

분석의 이상은 완전한 자기 통제나 정념의 부재가 아닙니다. 분석의 이상은 주체[환자]로 하여금 분석적 대화를 유지할 수 있도록, 너무 이르지도 않고 너무 늦지도 않게 말할 수 있도록 하는 것입니다. 그것이 교육분석이 목표로 삼는 것이지요.

10 인간 존재에, 의미의 영역에 결정론이라는 차원을 도입하는 것을 우리는 이성이라고 부릅니다. 프로이트의 발견, 그것은 황무지 위에서 이성을 재발견한 것이지요.

1953년 11월 18일

이 강의의 뒷부분은 1953년 말의 모든 강의와 함께 유실되었다.

저항의 순간

LE MOMENT DE LA RÉSISTANCE

1

도입부:
프로이트의 『기술론』에 주석을 붙이며

세미나
분석에서의 혼란
역사는 과거가 아니다
자아에 대한 이론들

여러분께 신년인사와 함께 기꺼이 '잔치는 끝났다'라는 말로 올해의 강의를 시작해볼까 합니다.

지난 학기에는 여러분이 제 이야기를 듣고만 계셨는데요, 오늘 시작하는 이번 학기엔, 바라건대, 감히 바라건대, 저도 여러분의 말을 조금이나마 들어보았으면 한다는 것을 엄숙하게 알리는 바입니다.

참가자들이 한 사람 한 사람으로서 노력하는 것 이상으로 더 많이 참여하고 기여해야 하는 것 — 실질적인 커뮤니케이션을 통한 공조 —, 바로 이것이 세미나의 규칙 자체이자 전통입니다. 이러한 공조는 이 작업에 가장 직접적으로 관련된 사람들, 프로이트의 텍스트를 다룬 이 세미나가 나름의 충분한 의미가 있는 사람들, 다양한 명목으로 우리의 실천에 참여하는 사람들이 있어야만 얻어질 수 있습니다. 그렇다고 제가 제시할 수 있을 어떤 대답을 기대하지 말라는 뜻은 아닙니다.

여기 참석한 모든 분이 각자의 힘이 미치는 한도 내에서나마, 새로운 장을 여는 이번 세미나에서 최선을 다해 준다면, 저로서는 특히나 반가운 일일 것입니다. 최선을 다한다는 것은 가령 제가 여러분 중 누군가에게 우리 공동 작업의 한 부분을 과제로 맡겼을 때 난처한 듯한 표정으로 '그런데 이번 주는 특히나 할 일이 많아서요'라고 대답하지 않아야 한다는 겁니다.

지금 저는 우리가 대표하는 정신분석 그룹에 속한 분들에게 이야기하고 있는 것입니다. 우리의 정신분석 그룹이 지금처럼 자율적인 형태로 구성된다면, 이는 우리들 각자에게 미래 — 우리가 지금 하고 있고, 앞으로의 삶을 통해 해나가야 할 모든 것이라는 의미에서 — 를 함축하는 어떤 임무를 위해서라는 것을 여러분 스스로가 깨달으셨으면 합니다. 여기 오신 이유가 여러분의 활동 전부에 의문을 제기해보기 위해서가 아니면 14 저는 지금 여러분이 이곳에 계실 이유가 없다고 생각합니다. 이 작업의 의미를 깨닫지 못한 분이라면 여기 앉아 계시는 것보다는 차라리 어디 관료적 집단 같은 데나 참여하시는 게 낫지 않을까요?

1

제가 보기에 이러한 생각은 통상 『기술론』이라고 불리는 프로이트의 글들을 읽을 때 특히 더 큰 타당성을 가집니다.

'기술론'이란 이미 관례에 따라 정착된 용어입니다. 프로이트 생전에 *Kleine Neurosen Schrifte*라는 제목의 작은 8절판 책이 출판되었지요. 이 책은 1904~1919년 사이에 나온 프로이트의 글을 모아 놓은 것인데, 제목, 겉으로 보이는 것, 담긴 내용 등을 고려해볼 때 정신분석 방법론을 다루고 있음을 알 수 있습니다.

그가 이런 형태로 글들을 묶어놓은 동기와 타당성은 앞으로 정신분석에 투신하고자 하는 경험 없는 분석가들이 방법의 실천이나 그것의 본질적 측면에서 빠져들 수 있는 많은 혼동을 피할 수 있게끔 주의시킬 필요가 있다는 점에 있습니다.

이 글들에는 당시 분석 실천이 점점 정교해지면서 무엇이 발전했는지를 이해하는 데 매우 중요한 구절들이 포함되어 있습니다. 거기에서 우리는 심지어 전이 신경증의 본질적 역할을 포함해 전이 기능과 저항 개념, 전이 속에서의 행동 및 개입 방식 등 정신분석 치료의 행동 방식을 이해하는 데 꼭 필요한 개념들이 단계적으로 나타나고 있는 것을 목격하게 되지요. 따라서 이 조그만 선집이 정말 특별한 매력을 지니고 있다는 것은 굳이 강조할 필요가 없을 겁니다.

물론 글들을 이런 식으로 묶어놓는 것이 완전히 만족스러운 것은 아닙니다. 그것들을 하나로 묶을 수 있게 해주는 것은 '기술론'이라는 제목이 아닙니다. 그럼에도 그의 글들 사이에는 실질적 통일성이 있습니다. 즉 모두 프로이트 사상의 한 단계를 증언해주고 있습니다. 우리가 이 선집을 연구하는 것은 바로 이러한 관점에서가 될 것입니다.

그것은 매개적 단계입니다. 이는 프로이트가 아직 글이 완숙되지 않았지만 그럼에도 훌륭하다고 할 만큼 의외의 발견을 얻고 소위 원천이 되는 경험expérience germinale을 끌어냈던 발전의 첫 단계와 구조적 이론이 완성되는 단계 사이의 매개적 단계입니다.

이 매개적 단계의 출발점은 1904~1909년 사이에 위치시켜야 합니다.

1904년에는 정신분석의 방법론에 대한 소논문이 나오는데, 어떤 사람들은 바로 이 논문에서 정신분석이라는 용어가 처음으로 등장한다고 말하기도 합니다. — 이는 프로이트가 이전에 이미 이 용어를 사용했기

15 때문에 잘못된 이야기지만, 그럼에도 프로이트는 이 용어를 여기서 공식적으로 그리고 논문의 제목 자체로 사용하고 있습니다. 1909년은 프로이트가 후계자인 융과 함께 미국 여행을 하고 클라크 대학교에서 강연을 한 해입니다.

1920년의 상황을 정리해보자면, 그때는 지형학 이론, 구조적 이론 또는 프로이트의 용어를 따르자면 메타심리학 이론이 완성되던 해입니다. 바로 여기에 프로이트가 자신의 경험과 발견에 있어 우리에게 물려준 또 하나의 발전 단계가 있습니다.

보시다시피 소위 분석 기술에 관한 글들은 이 두 발전 단계 사이에 걸쳐 있습니다. 바로 이 점 때문에 그것들이 의미가 있는 것이지요. 물론 그것들을 하나로 묶을 수 있는 게, 그것들이 기술에 대한 것들이기 때문이라고 생각한다면 오산입니다.

어떤 의미에서 프로이트는 끊임없이 분석 기술에 대해 논해 왔습니다. 분석 기술의 발견에 대한 방대한 보고서에 지나지 않는 『히스테리 연구』를 기억해보시기 바랍니다. 거기서 우리는 이제 막 분석 기술이 형성되고 있음을 목격할 수 있는데, 바로 그러한 점에서 그러한 연구들이 가치가 있다고 말할 수 있지요. 그러므로 프로이트에게서 정신분석 기술이 발전하는 과정에 대한 완전하고 체계적인 설명을 제시하고자 한다면 우리는 바로 그러한 연구들에서부터 출발해야 할 것입니다. 그럼에도 제가 『히스테리 연구』를 선택하지 않은 것은 여러분 중엔 독일어나 영어에 능숙하지 않은 사람도 있다는 단순한 이유에서입니다. 물론 제가 대신 『기술론』을 택하게 된 것은 이 같은 편의상의 이유에서만은 아닙니다.

『꿈의 해석』에서도 줄곧 분석 기술 문제가 거론됩니다. 신화학적, 민족지학적, 문화적 주제들에 관해 쓴 글을 제외한다면, 프로이트의 저술 중에 분석 기술에 대해 언급하지 않는 글은 하나도 없습니다. 또 1934년경에 발표된 「끝날 수 있는 분석과 끝날 수 없는 분석」과 같은 논문이 분석 기술을 다룬 가장 중요한 논문 중의 하나라는 점은 새삼 강조할 필요가 없을 겁니다.

지금 저는 이번 학기에 이 글들을 우리가 어떤 마음가짐으로 논평하는 것이 좋을지를 분명히 해두고 싶습니다. 이는 지금부터 당장 명시해 놓을 필요가 있습니다.

2

만약 우리가 프로이트의 텍스트에 감탄하기 위해 이 자리에 모여 있는 것이라면, 우리는 틀림없이 그러한 기대를 충족시키게 될 것입니다.

그의 글들은 신선함과 생동감으로 가득 차 있으며, 이 점에서는 프로이트의 다른 어느 글에도 전혀 뒤지지 않습니다. 때로는 우리가 모르고 지나치는 것이 불가능할 정도로 프로이트의 성품이 그대로 드러나기도 합니다. 어조의 간결함과 솔직함은 그 자체로도 이미 일종의 교훈이 되지요.

특히 프로이트가 분석 상황에서 지켜야 할 실천적 규칙 문제를 아주 여유 있게 처리하고 있는 걸 보면, 우리는 흔히 망치가 손에 꼭 맞는다고 말할 때처럼 그에게 그것이 얼마나 잘 맞는 도구인가를 깨닫게 됩니다. 그는 요컨대 이렇게 말하고 있는 거지요. "내 손에 아주 잘 맞는걸. 자, 보라구. 내가 이것을 얼마나 능숙하게 다루는지. 물론 다른 사람들은 자기들 손에 더 잘 맞는 조금 다른 도구를 선호하겠지만." 여러분은 이러한 비유적 표현보다 더 분명한 문장들을 그의 글에서 읽게 될 겁니다. 16

이렇게 프로이트는 이 글들에서 기술적 규칙들을 아주 여유롭게 공식화해냅니다. 그러한 여유로움은 그 자체만으로도 충분히 교육적인 효과를 발휘하지요. 한 번만 읽어봐도 우리는 이미 결실과 보상을 얻을 수 있습니다. 어떤 것도 이보다 더 유익하고 더 여유로움을 느끼게 해주진 못할 겁니다. 진정한 문제가 다른 곳에 있다는 것을 이보다 더 잘 보여주는 것도 없을 겁니다.

이것이 다가 아닙니다. 프로이트가 이른바 자신의 사상의 진리로 접근할 수 있는 방법을 전수하는 방식에는 또 다른 모습이 있는데, 이는 아마도 주변적인 것이긴 하지만 그래도 확연히 눈에 들어오는 어떤 대목들에서 발견됩니다. 그것이 무엇이냐 하면, 고뇌하는 성격, 그에게 권위가 절실했다는 느낌, 그의 글에서 항상 나타나는, 가르치고 전수하는 사람이 배우고 따르는 사람들에게서 별로 기대할 게 없다는 근본적인 불신이지요. 프로이트는 곳곳에서 어떤 것을 적용하고 이해하는 방식에 대해 뿌리 깊은 불신감을 보여줍니다. 여러분도 보시게 되겠지만, 심지어 저는 프로이트가 동시대인들이 그에게 부과한 인간관에 대해 특히나 환멸감을 가졌다고 생각합니다. 이 같은 사실에서 당연히 우리는 프로이트가 어떻게 해서 자신이 글을 통해 보여준 것과는 다르게, 정신분석의 미래를 공고히 한다는 명목으로 권위적이 되어 버렸는가를 엿볼 수 있습니다. 그는 자신의 길에서 조금이라도 이탈하는 것 — 실질적 이탈들 — 에 대해선 배타적이었을 뿐만 아니라 자신의 가르침을 전수하는 방식에서도 명령적이었지요.

이는 우리가 프로이트의 현존과 행동의 역사적 양상을 중심으로 그의 글들을 읽을 때 발견할 수 있는 것을 잠깐 훑어본 것에 지나지 않습니다. 우리는 논의를 이러한 차원에 멈추어야 할까요? 물론 아닙니다. 우리가 거기서 흥미, 자극, 즐거움 등을 기대하지 못할 건 없지만, 그런 식의 독법은 별로 얻을 게 없다는 이유에서라도 여기서 멈춰선 안 됩니다.

지금까지 제가 해온 프로이트의 글에 대한 논평은 항상 '분석을 할 때 우리는 과연 무엇을 할 것인가?'라는 문제와 관련되었지요. 이번 논문들을 살펴보는 일 역시 이 같은 맥락에서 이루어질 것입니다. 따라서 저는 분석 기술의 현 상황, 말하자면 분석 기술과 관련해 실제로 언급되고 쓰여지고 실천되는 것에서부터 시작할 것입니다.

여러분 대부분이 — 바라건대 일부만이라도 — 다음 사항을 충분히 숙지하고 계실지 모르겠습니다. 현시점에서 — 저는 지금, 이제 막 시작된 1954년을 이야기하는 겁니다 — 몇몇 정신분석 임상가들이 분석 기술에 대해 쓰고 생각하고 이해한 바를 검토해 볼 때, 우리는 그것에 관해 가장 근원적인 혼란이라고 불러도 지나치지 않을 시점에 와 있다고 말할 수 있습니다. 저는 요즘 분석가들, 생각이 있는 분석가들 — 이것만으로도 벌써 범위가 좁혀지겠죠 — 중에 분석의 작업, 목표, 성과, 관건에 대해 동시대인이나 주변 사람과 기본적으로 동일한 생각을 하고 있는 사람이 과연 한 명이라도 있을지 의문입니다. 17

심지어 극단을 치닫는 그들의 입장들을 비교해보면 재밌을 텐데, 그렇게 되면 우리는 엄밀한 의미에서 그러한 입장들이 서로 모순되는 진술들에 이르게 됨을 확인하게 될 것이기 때문입니다. 이를 위해 굳이 역설의 애호가들 — 숫자상으로도 이들은 별로 많지도 않지요 — 을 찾을 필요도 없습니다. 서로 다른 경향의 이론가들이지만 다루는 사안 자체가 워낙 진지한 것인지라 그들은 그것을 다루면서 어떤 독창적인 생각 같은 것은 꿈도 꾸지 않았고, 치료 성과들, 치료 형식과 방법들을 이론화하는 데서도 보통 유머라곤 찾아볼 수 없기 때문입니다. 프로이트의 이론 작업의 이런저런 난간이나 가드레일을 물고 늘어지는 것에 만족할 뿐이죠. 그들에겐 그것만이 여전히 동업자들, 동료들과 소통하고 있다는 사실을 보증해줍니다. 임상가들이 각자 자신의 분석적 치료 행위나 더 나아가 정신분석이라고 불리는 상호 인간관계의 전반적 형식에 관해 명백히 다른 생각을 하면서도 서로 일말의 교류를 유지하는 것은 프로이트의 언어라는 매개물 덕분이지요.

여러분은 '상호 인간관계'라는 말로 제가 최근의 경향을 염두에 두고 있음을 이미 간파하셨을 겁니다. 실제로 분석가와 피분석자 간의 관계라는 개념을 다듬는 것, 그것은 현대 정신분석 이론들이 구체적인 분석 경험에 부합하는 어떤 기반을 찾아내기 위해 들어섰던 길입니다. 이는 프로이트 사후 가장 활발하게 추진되어 온 방향이죠. 발린트Balint는 그것을 '이체 심리학two-bodies' psychology'이라고 부릅니다. — 이는 그가 만들어 낸 용어가 아니라 지금은 고인이 되었지만 프로이트 사후 분석가 그룹에서 보기 드물게 조금이나마 이론적 독창성을 갖고 있던 인물인 릭맨Rickman에게서 빌려온 것이죠. 우리는 대상관계, 역전이의 중요성이나 그와 관련된 용어들, 그중에서도 가장 중요한 환상fantasme에 관한 연구들을 바로 '상호 인간관계'라는 표현 아래 간단히 묶어버릴 수 있을 겁니다. 따라서 분석가와 피분석자 사이의 상상적 상호 반응은 우리가 고려해야 할 사안이란 것이죠.

이것이 문제들을 위치시키는 올바른 길이라고 할 수 있을까요? 한편으론 그렇지만 다른 한편으론 그렇지 않습니다.

이러한 종류의 연구를 추진하는 것은 통상적인 구성심리학인 일체 18 심리학one-body's psychology에 비해서는 독창적이라는 점에서 매우 유익한 일이 될 겁니다. 하지만 그렇다고 문제의 관건이 두 개인의 관계에 있다고 말하는 것으로 충분할까요? 바로 여기서 우리는 현재 분석 기술에 대한 이론들이 봉착하고 있는 막다른 골목을 볼 수 있죠.

지금 당장은 이에 대해 더 길게 논할 수 없습니다. — 물론 이 세미나에 익숙한 분들이라면, 제3의 요소가 개입되지 않고는 이체 심리학이란 존재할 수 없다는 것을 잘 아실 겁니다. 마땅히 그래야 하겠지만, 말을 우리의 관점의 중심축에 놓는다면, 분석 경험이 총체적으로 공식화되는 것은 2항 관계가 아니라 3항 관계 속에서입니다.

하지만 이는 우리가 또 다른 영역에서 중요한 의미를 갖는, 분석 경험의 일면들, 단편들, 조각들에 대해선 뭐라 말할 수 없다는 의미가 아닙니다. 우리는 거기서 이론가들이 부딪히는 어려움이 어떤 것인지를 알게 됩니다. 만약 상호적인 분석 관계의 기반이 정말로 3항적이라 해야 할 어떤 것이라고 할 수 있다면, 이 3항 중 두 개를 선택하는 데 여러 가지 방식이 있음을 이해하기란 어렵지 않습니다. 우리는 내부에서 수립되는 세 가지의 2항 관계 중의 하나를 강조할 수도 있을 것입니다. 곧 확인하시게 되겠지만, 이는 기술에 대해 제시된 수많은 이론적 작업들을 분류하는 편리한 방식 중의 하나가 될 것입니다.

3

지금으로선 이 모든 이야기가 다소 추상적으로 들릴 수 있을지 모르겠습니다. 여러분이 이 논의에 참여할 수 있도록 좀 더 구체적인 이야기를 해보도록 하겠습니다.

방금 전에 말한 프로이트의 원천적 경험에 관해서는 이미 지난 마지막 학기 강의에서 다룬 바 있기 때문에, 여기서는 간단하게 환기해볼까 합니다. 당시 강의에서 저는 요컨대 정신분석의 진보를 가능케 한 본질적, 구조적 요소가 주체가 자신의 역사를 완전히 재구성하는 데 있다는 관념을 중점적으로 다루었습니다.

저는 그것이 프로이트의 출발점이라는 것을 여러분에게 보여드렸을 겁니다. 그에게 매번 중요했던 것은 사례 하나하나를 유일한 것으로 이해하는 것이었지요. 5개의 주요 사례가 각기 나름의 가치를 갖는 것은 바로 이 때문입니다. 우리는 지난 몇 년간 세 개의 사례를 함께 읽고 연구하고 공부하면서 이 점을 분명히 확인할 수 있었습니다. 프로이트의 진보, 프로이트의 발견은 바로 그가 하나의 사례를 그것의 유일성 속에서 다루었다는 점에 있지요.

'유일성 속에서 다룬다'는 것은 무엇을 의미할까요? 본질적으로 이는 프로이트에게 분석의 고유한 차원, 원칙, 본질, 이섬이 주체가 인식 가능한 마지막 한계까지, 즉 개인적 한계들을 훨씬 능가하는 어떤 차원

19 까지 자신의 역사를 재통합하는 데 있다는 사실을 의미합니다. 프로이트의 수많은 텍스트를 통해 이 점을 논증하고 추론하고 정당화하는 것, 바로 그것이 우리가 지난 몇 해 동안의 강의를 통해 함께해온 일이지요.

그러한 차원은 프로이트가 각각의 사례 속에서, 정신분석 기술로 정복해야 할 어떤 핵심적 지점, 즉 역사의 상황들이라고 불릴 어떤 지점들을 강조하고 있다는 데서 드러납니다. 이는 언뜻 보이는 것처럼 과거를 강조하는 것일까요? 저는 여러분에게 그것이 그렇게 간단한 게 아님을 보여준 바 있지요. 역사는 과거가 아닙니다. 역사가 과거라면, 이는 과거가 현재 속에서 역사화된 것인 한에서만 그렇지요. — 과거 속에서 체험되었던 것이기 때문에 현재 속에서 역사화된 것이지요.

주체의 역사를 복원하는 길chemin은 과거의 복원을 추구하는 형태를

띕니다. 이러한 복원은 정신분석 기술의 경로들voies을 통해 겨냥되는 목표물이라 생각할 수 있습니다.

제가 분석 기술에 대한 지침들을 곳곳에서 찾아볼 수 있다고 말한 프로이트의 저작 전체를 따라가보면, 여러분은 과거의 복원이 마지막까지 그의 최대의 관심사 중의 하나였음을 아시게 될 겁니다. 프로이트의 발견에 의해 제기된 물음 자체가 이 과거의 복원을 중심으로 전개되어온 것은 바로 이 때문이지요. 여기서 말하는 물음이란 제가 아는 한 지금까지 정신분석에서 기피 대상이었고 마땅히 다루어진 적도 없었던 것으로, 인간 주체가 현실화되는데 시간이 수행하는 기능에 관한 물음을 말합니다.

프로이트의 분석 경험의 기원 — 기원이란 표현을 사용한 것은 역사적 기원이라는 의미에서가 아니라 원천이 되는 지점을 말하기 위한 것입니다 — 으로 되돌아가보면, 우리는 그것이 각양각색의 모습을 하고 나타남에도 불구하고 항상 분석을 가능케 하는 원동력이 되고 있음을 이해할 수 있지요. 프로이트는 과거의 재구성에 대해 강조하고 또 강조합니다. 이는 그가 세 가지 — 어떤 이는 네 가지라고도 하겠지만 — 심급 개념을 통해 구조적 관점을 상당히 발전시키고, 이로 인해 분석실 안에서 이루어지는 현재의 분석 관계, 현재의 분석 시간을 점점 더 강조하게 될 어떤 동향에 대해 우호적인 태도를 보였을 때도 마찬가지입니다.

지금 말씀드리는 것을 뒷받침하기 위해서는 1934년에 출간된 「분석에서의 구성」이라는 논문을 상기해보는 것으로 충분할 것입니다. 이 논문에서도 여전히 문제는 주체의 역사[이력]를 재구성하는 것입니다. 프로이트의 전 저작을 관통하는 역사의 재구성이라는 관점을 이보다 잘 보여주는 예도 드물 텐데요. 이 논문엔 그러한 핵심 주제에 관한 최후의 주장과도 같은 것이 들어 있습니다. 그것은 마치 『늑대인간』과 같은 주요 저작에서 줄곧 문제가 되었던 것 — 주체[환자]의 과거로부터 재구성된 것은 어떤 가치가 있을까? — 에 대한 발췌문, 클라이맥스, 최종 결론과 같습니다.

이렇게 해서 프로이트는 지난 학기 토론 과정 중에 나왔던 대략 다음과 같은 개념에 도달한다고 — 이 점은 그의 저작의 다른 많은 지점에서도 충분히 느낄 수 있지요 — 할 수 있습니다. 즉 주체가 자기 실존을 형성하는 사건들을 되살리고 기억해낸다 — 이 용어의 직관적 의미에서 — 는 사실은 그 자체로선 그다지 중요하지 않다는 것입니다. 중요한 것은 그가 그렇게 함으로써 재구성해내는 어떤 것이지요.

바로 이 지점에서 놀라운 언급들이 나옵니다. 프로이트는 결국 *Träume*, 꿈은 *sind auch erinnern*, 또 하나의 기억하는 방식이라고 말합니다. 심지어 그는 장막-기억souvenirs-écrans 자체는 문제가 되고 있는 것들의 어떤 만족스런 대리물이라고까지 말하지요. 물론 겉으로 드러난 기억 형태만 보면 그것은 대리물이 아닙니다. 그러나 만일 충분히 작업해본다면 그것은 우리가 찾고 있는 것에 대한 등가물을 제공해줄 겁니다.

여러분은 우리가 어디까지 이르게 되었는지 보이시는지요? 우리는 프로이트 자신이 생각했던 다음과 같은 관념에 도달하게 됩니다. 즉 중요한 것은 주체가 현재 의식 속에 갖고 있는 것을 통해 나타나는 암호문 — 자기 자신에 대한 암호문이라고 할 수도 있겠지만, 물론 그것만은 아니고 자신과 전부, 다시 말해 자신의 체계 전체에 대한 암호문을 말합니다 — 을 읽고 그것을 올바로, 노련하게 풀이해내는 것입니다.

제가 방금 전에 말한 주체의 전체를 복구하는 것은 과거를 복원하는 일인 것처럼 보이지만, 중요한 것은 언제나 우리가 '정동적affectif'이라고 부르는데 익숙해져 있는 되살림reviviscence이 아닌 재구성의 차원입니다.

우리는 프로이트의 텍스트에서 중요한 것은 정확히 재체험하는 것 — 주체가 실제로 그것을 자신에게 속한 어떤 것으로, 실제로 체험한 것처럼, 그것과 의사소통한 것처럼, 그것을 선택한 것처럼 기억하는 일 — 이 아니라는 것을 더없이 분명하게 확인할 수 있습니다. 중요한 것은 재구성입니다. 그는 이 용어를 마지막까지 사용하게 됩니다.

바로 여기에 우리가 진정으로 주목할 만한 것이 있습니다. 제가 여기서 우리의 분석 경험을 이해하기 위해 꼭 필요하다고 강조한 말의 영역 속에서 그것이 어떤 의미를 가질 수 있는지를 깨닫지 못한다면, 터무니없는 일일 겁니다. 저는 결국 문제의 핵심은 기억하는 일보다는 역사를 다시 쓰는 일이라고 말하고 싶습니다.

이것은 프로이트가 했던 이야기입니다. 그렇다고 그가 옳다는 뜻은 아닙니다. 제가 말하고자 하는 바는 이러한 맥락이 그의 사상이 발전하는 데 항구적인 요소, 지속적으로 잠재되어 있는 요소라는 것이죠. 그는 제가 방금 말한 방법 — '역사 다시쓰기' — 으로밖에는 표현할 수 없는 무언가를 결코 포기한 적이 없습니다. 이 '역사 다시쓰기'라는 공식을 통해 우리는 프로이트가 분석 속에서 이야기되는 것들의 소소한 세부사항들에 대해 언급한 여러 가지 사항을 자리매김할 수 있게 됩니다.

4 21

제가 여러분에게 설명한, 분석 경험에 관한 프로이트의 견해에 대해 우리는 전혀 다른 견해들을 대치시킬 수 있습니다.

실제로 혹자들은 정신분석이란 동종요법적 방식으로 주체로 하여금 세계에 대한 환상적 이해를 덜어내게끔 만드는 것이라 주장합니다. 그들은 상담실 안에서 벌어지는 현재의 경험을 통해 세계에 대한 주체의 환상적 이해를 점차 해소해야 하며 실재와의 어떤 관계 속에서 균형을 이루도록 변형시켜야 한다고 말합니다. 프로이트 이외의 저자들에게서 볼 수 있듯이, 여기서 강조점은 환상화된 관계를, 그들이 별 생각 없이 실재적[현실적]réel이라고 부르는 어떤 관계로 변형시키는 것에 놓이게 됩니다.

물론 제가 여기서 이미 언급한 기술론의 저자가 그랬듯이, 그들은 여러 가지 의미를 함축할 수 있도록 완곡하고 좀 더 느슨하게 사태를 기술할 수도 있을 겁니다. 하지만 결국엔 마찬가지입니다. 정신분석을 동종요법적인 방식으로 보는 견해로부터 독특한 결과들이 생겨나는데, 이에 대해선 우리가 프로이트의 텍스트를 논평할 때 언급할 수 있을 것입니다.

어떻게 프로이트에 의해 시작된 실천이 분석가와 피분석가의 관계를 제가 방금 언급한 방향으로 조작하는 것으로 변질된 것일까요? 이것이 우리의 연구를 통해 우리가 대면하게 될 근본적 질문입니다.

이러한 변질은 프로이트가 『기술론』 바로 다음 시기에 도입한 개념들, 즉 세 가지 심급이 수용되고 다루어지는 방식에서 기인합니다. 세 심급 중 가장 중요한 위치를 차지하는 것은 바로 자아입니다. 분석 기술은 이 자아 개념을 중심으로 발전하게 되는데, 우리는 바로 여기에 분석 실천의 발달을 이론화하는 작업에서 제기된 모든 난점의 원인이 있다고 생각하지 않을 수 없습니다.

환자가 우리에게 말하고 우리가 이따금 환자에게 말을 걸기도 하는 밀폐된 장소에서 실제로 우리가 하는 것과 그것을 이론화하는 작업 사이엔 분명 차이가 있습니다. 그러한 차이가 아주 아주 적다고 할 수 있는 프로이트의 저술에서조차 우리는 둘 사이의 거리가 아직도 남아 있다는 인상을 받게 됩니다.

물론 '프로이트는 실제로 무엇을 했는가?'라고 자문한 것은 비단 저뿐만이 아닙니다. 버글러Bergler 또한 이 문제를 분명하게 제기했지요. 이 문제에 대해 그는 프로이트 자신이 분석한 다섯 개의 주요 분석 사례의 성과에 대해 써놓은 것 말고는 알 수 있는 게 별로 없다고 답한 바 있습니다. 다섯 개의 분석 사례는 프로이트가 시행한 분석 방법을 이해하는 가장 훌륭한 입문서라고 할 수 있지요. 하지만 그의 분석 경험의 특질들이 구체적으로 어떤 것이었는지는 재현될 수 없는 것 같습니다. 이유는 22 아주 단순한데, 제가 이미 주장한 바처럼 프로이트와 관련해서 분석 경험은 유일성singularité을 갖고 있기 때문이지요.

프로이트는 실제로 분석 경험이라는 길을 처음으로 닦아놓은 사람입니다. 단지 이러한 사실 때문만으로도 그는 환자와 나눈 대화에서 확인할 수 있듯이 절대적으로 특별한 어떤 시각을 가질 수 있었습니다. 항상 느끼는 바이지만, 프로이트에게 환자는 그가 홀로 길을 개척해나가던 와중에 부축해주거나 질문을 던지는 사람, 경우에 따라서는 감시관 같은 존재였을 따름입니다. 그렇기 때문에 그의 탐구는 말 그대로 한편의 드라마가 되었던 것입니다. 그가 우리에게 남겨준 각 사례들에서 이 드라마는 실패로 끝나게 되지요.

프로이트는 분석 경험에 따라 개척한 길들을 평생 계속해서 걸어갔으며, 결국 약속된 땅이라고 불릴만한 곳에 이르게 됩니다. 하지만 그가 거기에 발을 들어섰다고는 말할 수 없습니다. 그가 한 가지 알고 있는 것이 있었다면 그것은 그가 거기, 약속된 땅에 입성하지 못했다는 것인데, 이는 그의 유서라고 할 만한 「끝날 수 있는 분석과 끝날 수 없는 분석」을 읽어보면 충분히 알 수 있지요. 물론 이 논문은 그것을 읽을 줄 아는 사람들 — 다행히 별로 많지는 않지만 — 에게라도 추천할 만하지 않는데,

분석가조차도 다 소화해내긴 어려우며, 분석가가 아니라면 아마도 대수롭지 않게 여길 테니 말입니다.

프로이트를 따르는 입장에 선 사람들은 그에게 물려받은 길들을 어떻게 선택하고 어떻게 다시 이해하고 재고해야 할지를 물을 수밖에 없습니다. 그래서 우리는 '비판critique', 다시 말해 '정신분석 기술 비판'이라는 표제로 할 수 있을 만한 것들을 한데 모아볼 수밖에 없지요.

분석 기술이 가치를 갖는 것은 그것을 선택한 분석가에게 근본적 문제가 어디에 있는지를 우리가 이해하는 한에서이며 오직 그럴 때만 가치를 가질 수 있습니다. 자, 그렇다면 우선 자아가 분석가의 동맹자처럼, 동맹자뿐만 아니라 또한 인식의 유일한 원천인 것처럼 거론된다는 점에 주목해봅시다. 통상 기술된 바에 따르면, 우리는 자아만 알 뿐입니다. 안나 프로이트, 페니헬M. Fenichel 그리고 1920년 이후로 정신 분석에 관해 기술한 거의 모든 저자가 똑같은 말을 합니다. "우리는 자아에게만 말을 걸고 자아하고만 소통한다. 모든 것은 자아를 통해야 한다."

그런데 이와는 반대로, 거기서 발전된 모든 자아 심리학은 다음과 같이 요약될 수 있습니다. 즉 자아는 정확히 하나의 증상처럼 구조화되어 있다는 겁니다. 주체 내부에서 자아는 특권을 부여받은 하나의 증상일 뿐입니다. 그것은 대표적인 인간적 증상, 인간의 정신질환이지요.

정신분석학적 의미의 자아를 이렇게 간단히 압축적으로 해석하는 것은 안나 프로이트의 책 『자아와 방어 메커니즘』을 그대로 읽고 요약해낼 수 있는 최선의 것입니다. 여러분은 자아가 주체의 총체 안에서 정확히 하나의 증상처럼 자리 잡고 구성된다는 사실에 놀라지 않을 수 없을 23 겁니다. 자아와 증상은 전혀 구분되지 않습니다. 이처럼 특히나 놀라운 주장에 대해선 어떠한 이의도 제기할 수 없습니다. 게다가 그에 못지않게 놀라운 것은 거기에선 자아와 증상이 혼동된 나머지, 자아를 구성하는 방어 메커니즘의 범주들이 더없이 잡다한 목록을 이룬다는 점입니다. 안나 프로이트 스스로도 이 점을 매우 분명하게 강조한 바 있지요. 억압을 본능instinct이 대상 쪽으로 방향이 바뀌는 것이나 목표가 전도되는 것과 같은 개념으로 생각하는 것은 전혀 동질적이지 않은 요소들을 나란히 배열해놓는 것과 같다는 겁니다.

현 시점에서는 아마 이보다 더 나은 것을 할 순 없을 겁니다. 하지만 그럼에도 우리는 여전히 분석가들이 품고 있는 자아 개념이 아주 모호하다는 것을 지적할 수 있습니다. — 자아는 일종의 실족, 실착 행위, 말실수에 지나지 않지만 그것들이 유일하게 접근 가능한 것일지 모른다는 겁니다.

페니헬은 정신분석에서의 해석을 다루는 장의 서두에서 여느 분석가들처럼 자아에 대해 언급합니다. 그리고 자아의 중요한 역할은 주체로 하여금 어휘의 의미를 습득하도록 하는 기능이라고 이야기할 필요를 느끼게 됩니다. 첫 줄부터 페니헬은 문제의 핵심에 직면합니다. 모든 것이 거기 있지요. 거기서 관건은 자아의 의미가 자아moi를 초과하는지를 아는 것입니다.

만약 어휘의 의미를 습득하는 것이 자아의 기능이라면, 페니헬이 이후에 전개한 주장은 하나같이 이해하기가 불가능합니다. 게다가 그는 처음의 주장을 고수하지도 않습니다. 제가 그것을 두고 말실수라고 한다면, 이는 그가 그것을 더는 발전시키지 않은데다가 이후에 발전시킨 것이 모두 정반대 이야기를 하고 있기 때문이지요. 즉 그는 결국엔 자아와 이드가 같은 것이라 결론짓는데 이는 문제를 전혀 해결해주지 못합니다. 어쨌든 다시 말하건대, 이는 둘 중의 하나로, 이후에 전개된 논의들이 전혀 이해될 수 없는 것이거나 아니면 자아가 주체에게서 어휘의 의미를 습득하는 기능이라는 주장은 틀린 것입니다.

그렇다면 자아란 무엇일까요? 주체는 어디에 위치하는 것일까요? 그것은 단어들의 의미를 넘어서는 전혀 다른 것, 바로 언어입니다. 언어는 주체의 역사를 형성하는 것으로서 핵심적 역할을 수행합니다. 우리는 프로이트의 『기술론』에 대해 위와 같은 질문들을 — 좀 더 멀리까지 — 던져야 합니다. 무엇보다 우리 각각의 분석 경험과의 관련 하에서만 말이지요.

이론과 기술의 현 상태에서 서로 논의를 주고받으려면, 우리는 또한 프로이트의 업적 속에 이미 함축된 전제들에 관해 물어야 합니다. 프로이트로 하여금 오늘날 우리가 실제로 분석을 하면서 도달하게 될 공식들로 향하게 만들었던 것은 무엇일까요? 우리가 사태를 보는 방식이 [프로이트보다] 편협해진 것이 있을 수 있다면 그것은 어떤 것일까요? 반대로, 프로이트 이후로 전개된 이론과 기술 중에서 [프로이트보다] 넓어진 것, 현실에 더 적합하고 더 엄밀하게 체계화된 것이 있다면 그것은 무엇일까요? 프로이트에 대한 우리의 논평이 제 의미를 갖는 것은 바로 이와 같은 질문들 속에서입니다.

24

5

제가 이 세미나를 어떤 식으로 계획하고 있는지를 좀 더 분명하게 밝혔으면 합니다.

여러분이 보셨다시피 우리는 지난 학기 종반부에서 정신분석적 신화라고 불릴 수 있는 것을 맛보기 수준에서 읽어본 바 있습니다. 이러한 독법이 지향하는 것은 그러한 신화를 비판하는 것이기보다는 그것이 신화적인 답을 제시하며 맞서고 있는 현실의 크기를 가늠하는 것이었습니다.

자, 그런데 기술과 관련해선 문제가 보다 한정되지만 훨씬 더 절박한 것입니다.

실제로 우리는 우리 자신의 규율상 기술과 관련된 모든 것을 검토해야 합니다. 만일 주체의 행위와 행동을 그가 분석 시간 중에 우리에게 말한 것과 구별해야 한다면, 우리가 분석 시간 중에 행하는 실제 행동도 역시 우리가 그것에 대해 이론적으로 설명했던 것과는 아주 거리가 멀다고 할 수 있지요.

그러나 이는 표면적인 진실에 불과합니다. 그것은 뒤집어지는 한에서만, 동시에 진실에 아주 근접하다는 뜻에서만 의미가 있을 뿐이지요. 인간상호 간의 행태의 저변에 있는 터무니없는 것들은 이러한 '체계' — 운 좋게도 클라인Melanie Klein이 무슨 뜻인지도 모르면서 습관적으로 그렇게 부른 것처럼 — 와의 관계를 통해서만 이해될 수 있습니다. 체계란 주체를 조종하고 통솔하는 일련의 방어들, 부정들, 장벽들, 억압들, 근본적인 환상들, 한 마디로 인간의 자아를 말합니다. 그런데 정신분석 기술에 대한 우리의 이론적 개념은 설령 그것이 우리의 실천과는 정확히 일치하지 않는다 해도, 여전히 소위 환자들에 대한 우리의 개입을 최소한이나마 동기화하고 구조화해줍니다.

그런데 중대한 사안은 바로 이것입니다. 우리는 — 분석 시 부지불실 중에 어떤 것을 개입시킨다는 것을 분석을 통해 알고 있듯이 — 실제로 우리 자신의 자아를 분석 속에 개입시키고 있으니 말입니다. 누군가가 환자를 실재에 재적응하도록 하는 것이 관건이라고 주장하니, 우리는 그럼에도 과연 분석가의 자아가 실재의 척도를 제공할 수 있는지를 알아야 할 겁니다.

물론 우리의 자아가 환자와의 관계 속에서 마치 도자기가게에 난입한 코뿔소처럼 작동하려면, 우리가 자아에 대해 어떤 일정한 개념을 갖는 것만으론 부족합니다. 하지만 우리가 분석 속에서의 자아의 기능을 개념화하는 방식은 우리가 불길하다고 말할 만한 어떤 분석의 실상과 관련이 없지 않습니다.

저는 다만 문제를 제기할 뿐입니다. 이를 해결하는 것은 우리의 몫이지요. 우리들 각자가 세계에 대해 갖고 있는 [관념] 체계의 총체 — 저는 25 그것이 존재하기 위해 굳이 미리 공식화할 필요가 없는 체계, 즉 무의식의 질서에 속하진 않지만 우리의 대화에서 가장 자연스럽게 일상적으로 표현되는 방식과 관련된 체계에 대해 말하고 있습니다 —는 분석에서 실제로 척도로서 사용될 만한 것일까요?

저는 우리가 함께할 수 있는 일이 어떤 이점이 있는지를 이제 여러분이 아실 수 있을 만큼 충분히 문제를 풀어헤쳐 놓았다고 생각합니다.

만노니Mannoni 선생은 선생의 동료 중 한 사람, 가령 앙지외Anzieu와 함께 PUF 출판사에서 『정신분석 기술론』이라는 제목으로 출간된 프로이트의 논문들에서 저항 개념에 관해 연구해주실 수 있으신지요? 『정신분석입문』의 해당편도 빠뜨리지 마시기 바랍니다. 그 밖에 다른 두 분, 가령 페리에Perrier와 그라노프Granoff 선생도 동일한 주제에 대해 함께 작업해 주시지 않으시겠습니까? 우리는 어떻게 작업이 이루어지는지를 보게 될 것입니다. 우리는 분석 경험 자체가 우리를 이끄는 대로 놔둘 것입니다.

1954년 1월 13일

2

저항 문제에 관한 첫 논평들

분석의 시작
담화의 물질성
분석의 분석
프로이트의 과대망상?

1

옥타브 만노니의 발제 후에.

세미나의 대화가 계속될 수 있도록 너무나 멋지게 서두를 열어준 만노니 선생께 진심으로 감사드리는 바입니다. 그럼에도 그는 명백히 현상학적인 경향을 갖고 있습니다. 본인도 느끼셨겠지만, 저는 그가 우리에게 엿보여준 형태로는 문제가 해결되지 않는다고 생각합니다. 하지만 어쨌든 인물상호 간의 어떤 메커니즘에 관해 언급하면서 질문을 제기한 것은 훌륭한 일입니다. 물론 이 경우 메커니즘이란 말은 대략적 표현에 불과하지만 말이지요.

2

디디에 앙지외의 발제 도중에.

루시 R에 관한 논문에서 프로이트는 최면이 불충분할 수밖에 없는 경우엔 손의 압박법에 의존했다고 설명하고 있습니다. 그러고 나서, 이젠 더 이상 최면 문제로 고민하지 않기로 했으며, 심지어 고전적 방법처럼 주체에게 "잠이 들었나요?"라고 물으면서 대답을 기다리지도 않기로 했다고 말합니다. 그로선 "아니요, 저 자는 거 아니거든요"라는 대답을 듣는 것이 유쾌한 일이 아니었기 때문이란 건데요. 그것은 난처한 일이었지요. 그는 솔직담백하고 상냥한 어조로 이렇게 설명합니다. 자신이 말한 잠은 방금 환자가 대답한 것과 같은 의미에서의 잠이 아니며, 환자 28 는 어쨌거나 약간 잠이 들어 있었던 것임을 그에게 이해시켜야 했다는 겁니다. 더없이 모호한 가운데서도 프로이트는 이 모든 것이 그를 엄청난 혼란 속에 빠트렸다고 아주 분명하게 말합니다. 그러한 혼란은 그가 나중에 더 이상 그것에 연연하지 않을 때만 빠져나올 수 있었지요.

그런데 프로이트는 이마나 머리 이쪽저쪽을 누르면서 손 압박법을 계속 사용했고, 그러면서 환자에게 증상의 원인에 집중하도록 재촉했지요. 이것이 바로 최면법과 대화법의 중간 단계입니다. 그는 당면한 문제들인 양 증상에 직접적으로 대처하며 그것을 하나하나씩 독립적으로 다루게 됩니다. 프로이트의 손아래서 환자는 머릿속에 떠오르는 기억이 바로 문제의 기억이라고 확신하며 그것을 신뢰할 수밖에 없다고 생각했지요. 그런데 프로이트는 여기에 한 가지 세부사항을 덧붙입니다. 즉 환자가 완전히 의식적이 되고 자기 머릿속에 떠오른 것이 타당하다고 확신할 수밖에 없는 경우는 — 바리케이드를 철거하듯 — 손을 치웠을 때라는 것입니다.

프로이트가 보고하는 사례에서 이 방법이 실로 효과가 있었다는 점은 꽤 주목할 만합니다. 실제로 루시 R이라는 훌륭한 사례에서는 문제가 완벽하게, 그리고 원시 미술품의 아름다움처럼 시원하게 해소됩니다. 새로운 것을 발견할 때는 언제나 행운과도 같은 우연, 신들과의 행복한 만남이 있는 법이지요. 반면 안나 O 사례에서는 오랜 *working-through* 작업과 대면하게 됩니다. 이 사례는 초기의 방법을 사용함에도 불구하고, 극히 현대적인 분석 사례에서나 볼 수 있는 생동감과 밀도를 보여줍니다. — 사건들의 연쇄 전체, 이력 전체가 수차례 재체험되고 재가공됩니다. 그것은 거의 1년이나 소요된 긴 작업입니다. 루시 R 사례에선 훨씬 더 신속하게, 작업이 인상적이리만치 우아하게 진행됩니다. 아마도 사태들이 지나치게 압축되어 문제의 근원이 어디 있는지 잘 알아볼 수 없지만, 그럼에도 그것은 너무나도 유용한 사례입니다. 여인은 후각적 환각이라고 불릴 수 있는 히스테리 증상들을 갖고 있었는데, 프로이트는 정말 운좋게도 장소와 날짜 등을 비롯해 그러한 증상들의 의미 효과들을 알아낼 수 있었지요. 당시 그는 자신이 사용했던 작업 방식의 모든 세부사항들을 우리에게 남겨주었습니다.

3

디디에 앙지외의 발제 도중에.

저는 프로이트가 다룬 사례들이 그가 사용한 기술의 특수함으로 인해 실로 특권적인 위치를 차지한다는 점을 이미 강조한 바 있습니다. 그가 사용한 기술이 어떤 것이었는지는 그가 우리에게 남겨주고 우리가 충실히 적용했던 몇 가지 규칙을 통해 추측할 수밖에 없습니다. 뛰어난 저 29

자들이나 프로이트를 알았던 사람들의 증언을 통해서도 우리는 프로이트가 기술을 어떤 식으로 운용했는지를 완벽하게는 알 수 없습니다.

저는 프로이트가 다른 과학적 연구와는 다른 양식의 연구 방식을 따랐다는 점을 강조하고 싶습니다. 그의 활동 분야는 주체의 진리라는 분야입니다. 진리 탐구는 통상적인 과학적 방법에서 사용되는 객관적 탐구, 심지어 객관화하는 탐구로 완전히 환원될 수 없는 것입니다. 문제의 핵심은 주체의 진리를, 현실이라는 관념 자체에 대해 독자성을 갖는 것으로 변별되어야 할 하나의 고유한 차원으로 현실화하는 것이지요. — 저는 올해 강의 내내 이 점을 강조했습니다.

프로이트는 진리를 탐구하는 것에 몰두했습니다. 그의 인물됨과 또한 이에 따른 환자에 대한 그의 존재감과 소위 치료가 — 이 용어는 그의 태도를 규정하기엔 부족한 면이 있지만 — 로서의 그의 활동에 이르기까지 그의 관심은 온통 그것에 쏠려 있었습니다. 프로이트의 말에 따르면, 바로 이러한 관심이 환자들과의 관계에 절대적으로 유일한singulier 성격을 부여해준 것이지요.

당연히 과학으로서의 정신분석은 항상 개별자에 대한 과학입니다. 물론 분석가가 한 사람만 있는 것이 아닌 이상 언제건 어떤 일반성으로 흐를 염려가 없지 않지만 그럼에도 분석은 항상 하나의 유일한 사례로 실현됩니다. 그런데 그가 분석 자체를 구축하고 검증하는 과정에 있었다는 사실로 인해 프로이트에게서 분석 경험은 극단화된 유일성을 보여주게 됩니다. 우리는 그가 정신분석을 행한 최초의 인간이었다는 사실을 지울 수 없습니다. 아마도 그의 분석으로부터 어떤 방법이 도출될 테지만, 그것은 오직 다른 사람들에게만 방법일 뿐입니다. 프로이트 본인은 어떤 방법을 적용한 것이 아닙니다. 만일 우리가 그의 분석 방법이 유일

무이하고 창시적인 성격을 갖고 있다는 점을 간과한다면 이는 중대한 실책이 될 것입니다.

분석은 개별자의 경험입니다. 이 개별자에 대한 최초의 분석 경험은 그렇기 때문에 한층 더 유일한 가치를 지니게 됩니다. 진리 자체보다는 진리에 도달하는 길을 만드는 데 관심이 있는 우리는 이 '첫 번째 것'과 이후의 것들의 차이를 강조하지 않고서는, 프로이트의 저작에서 마치 베껴 쓴 것처럼 똑같지만 이후의 다른 맥락들에서는 전혀 다른 의미를 갖게 되는 몇몇 문장, 몇몇 텍스트의 정확한 의미를 절대로 이해하지 못할 겁니다.

프로이트의 텍스트를 논평하면서 얻게 될 이익은 그것을 통해 우리가 상당히 중요한 의미를 담고 있는 — 여러분은 오늘 그것을 이미 확인했고 앞으로도 확인하시게 될 것입니다 — 어떤 의문들을 세부적으로 검토할 수 있다는 점입니다. 그러한 의문들은 수없이 많으며 함정에 빠지기도 쉽지요. 정확히 말해 이는 사람들이 하나같이 어떤 상투적 어구, 도식적이고 개략적이며 이미지로 치장된 공식에 의지해 회피할 궁리만 했던 유형의 의문들이지요.

4

30

디디에 앙지외가 『히스테리 연구』 불역본 233~234페이지에 있는 한 단락을 인용한다. 잠시 중단.

선생이 언급한 단락에서 놀라운 것이 있다면, 이는 이 단락이 프로이트가 신경섬유를 따라 이동하는 말의 이미지들에 관해 언급할 때 떠올리곤 했던 의사해부학적 비유를 벗어나고 있다는 점입니다. 여기서 언급되고 있는 병인의 핵 주위를 둘러싼 여러 겹의 층은 마치 한 묶음의 서류, 다중주 악보를 떠올리게 합니다. 이러한 비유들이 말의 물질화를 시사한다는 점에는 이의의 여지가 없습니다만, 이것은 신경학자들의 신화적 물질화가 아니라 구체적 물질화입니다. — 말이 인쇄된 원고지의 낱장 속으로 흘러들기 시작하는 것이지요. 다음에는 백지, 양피지의 비유가 나옵니다. 이러한 비유에 대해서는 프로이트 이후 여러 분석가들이 이야기해 왔지요.

여기서 여러 개의 세로 층, 다시 말해 담화를 구성하는 여러 가닥의 실이라는 관념이 나타납니다. 이들은 텍스트 속에서 문자 그대로 구체적인 다발 형태로 물질화되는 것으로 그려집니다. 거기서는 병치된 말들이 하나의 흐름을 이루는데, 어느 시점에선 그러한 말들은 그 자체 역시 하나의 이야기인 병인의 핵을 감쌀 만큼 확장되기도 하고 그러한 핵을 끌어안기 위해 거기서 좀 떨어졌다가 나중에 다시 합류하기도 합니다.

바로 거기에 저항 현상이 정확히 자리 잡습니다. 그러한 현상에는 두 가지 방향이 있지요. 하나는 세로 방향이고 다른 하나는 반지름 방향입니다. 우리가 그러한 묶음의 중앙에 있는 실 가닥들에 다가가려 하면, 저항이 반지름 방향으로 작용합니다. 저항은 우리가 외측의 영역으로부터 중앙으로 진입하려 할 때 생겨납니다. 억압된 핵으로부터 하나의 적극적인 반발력이 작동하고, 우리가 그러한 핵 바로 옆에 있는 담화의 실 가닥들에 도달하려 애쓰면 저항을 느끼게 됩니다. 프로이트는 『히스테리 연구』 말고 더 나중에 출간된 『메타심리학』이란 텍스트에서 저항의 힘은 억압된 핵이 있는 곳과 얼마나 떨어져 있느냐에 반비례한다고 기술한 바 있습니다.

이는 정확한 인용이라 말할 순 없겠지만 매우 인상적인 대목입니다. 이는 분석 경험 속에서, 그리고 만노니가 방금 사용한 표현을 써서 좀 더 정확히 말하자면, 주체의 담화 속에서 이해된 것과 같은 저항의 물질화를 분명하게 보여줍니다. 그것이 어디서 일어나는지, 어디에 그것의 물질적, 생물학적 토대가 있는지를 알기 위해 프로이트는 담화를 말 그대로 하나의 진짜 현실로, 여기에 존재하는 하나의 현실로, 다시 말해 소위 말하는 한 뭉치, 한 다발의 증거로, 서로 포개지고 이어져서 하나의 크기, 두께, 서류를 형성하는 한 다발의 병치된 담화들로 간주합니다.

프로이트는 그 자체로 독립된 말의 물질적 토대라는 관념에는 아직 이르지 못했습니다. 오늘날이라면 그는 주체의 담화의 일부분을 구성하는 음소들의 연속을 자신의 비유의 원리로 제시했겠지요. 그는 최후의 정답이라고 할 수 있겠지만 주체 자신은 결단코 거부하는 어떤 담화에 주체가 가까워질수록 더 강한 저항을 내보이게 된다고 말했을 겁니다.

31

선생께서 방금 보여주신 종합의 시도 속에서는 저항과 관련해 매우 중요한 문제인 무의식과 의식의 관계라는 문제가 부각되지 않았습니다. 저항은 오직 분석 상황 속에서만 일어나는 현상일까요? 아니면 주체가 분석 밖에서 활동할 때나 심지어 분석에 들어오기 전 또는 분석을 마친 후에도 저항에 대해 말할 수 있는 것일까요? 분석 밖에서도 여전히 저항이 의미가 있는 것일까요?

프로이트의 텍스트 중에는 꿈 분석에서의 저항을 다루는 텍스트가 하나 있습니다. 두 분께서 언급하지 않으셨지만 그것은 두 분 모두가 제기하신 몇 가지 문제점의 전제를 제시해주는데, 왜냐하면 거기서 다루어지는 것이 바로 무의식이 가진 접근 불가능한 성질이기 때문이지요. 저항에 대한 개념들은 매우 오래된 것입니다. 처음부터, 그러니까 프로이트의 초기 연구들에서부터 저항은 자아 개념과 연관되어 있었지요. 그런데 『히스테리 연구』에서 프로이트가 자아를 자아 자체로서 뿐만 아니라 관념작용의 덩어리masse idéationnelle를 대표하는 것으로 제시하고 있는 몇 개의 인상적인 문장을 읽어보면, 우리는 자아 개념이 지금 이 자리에서 제기된 모든 문제점을 이미 프로이트에게서 예고해준다는 점을 깨닫게 됩니다. 그것은 소급적 효과를 발휘하는 개념이라고까지 할 수 있지요. 이러한 초기의 자아 개념을 이후에 발전된 자아 개념에 비추어 읽어보면, 가장 최근의 진술들은 문제를 명확히 해명하기보다는 오히려 덮어버리는 듯이 보이기조차 합니다.

'관념작용의 덩어리'라는 표현 속에서 여러분은 역전이란 분석가의 자아의 기능, 다시 말해 제가 분석가의 편견들의 총합이라고 부른 것에 다름 아니라는 진술과 아주 유사한 무언가를 보지 않을 수 없습니다. 또한 우리는 환자에게서도 하나의 온전한 조직체로 이루어진 확신, 신념, 기준점, 준거 등을 발견하게 됩니다. 그것들은 정확히, 프로이트가 처음부터 관념작용의 체계라고 불렀고 우리가 축약해 그냥 '체계'라고 부를 수 있는 것을 구성하지요.

저항은 거기서만 생기는 것일까요? 저는 어떤 새로운 말 — 원래는 주체의 역사로부터 분리된 주체 자신의 일부분이었기에 무의식 속에서 다시 정복되어야 할 — 이 다시 튀어나오기 전에, 자아의 관념작용의 덩어리라고 할 수 있는 말의 영역의 한계선에서 긴 침묵이 나타난다고 말한 바 있는데, 이런 게 바로 저항일까요? 저항이든 아니든, 어쨌든 저항 자체를 만들어낸 것이 자아의 조직인 걸까요? 무의식의 내용에 접근하는 것을, 프로이트의 용어를 빌자면, 반지름 방향으로 저지하고 있는 것이 바로 자아의 조직일까요? 이는 매우 단순한 문제입니다. 너무나 단순해

32

또한 풀리지 않는 문제이기도 하지요.

다행히 정신분석 기술은 금세기 초 30년간 충분히 발전했고, 충분한 시험 단계를 거쳐, 이제는 기술상의 문제점들을 구별해낼 수 있게 되었습니다. 아시다시피 우리는 한 가지 가정 — 저는 이것이 우리 연구의 모델이 될 수 있을 것이라고 말한 바 있습니다 — 에 도달했습니다. 즉 분석 경험도 이미 하나의 인간 경험인 이상 그 자체로는 본성이 드러나지 있지만 그럼에도 분석 경험의 변천과 진화가 그러한 본성에 대해 우리에게 무언가를 가르쳐준다는 것입니다. 이는 분석이 우리에게 가르쳐준 도식을 분석 자체에 적용시키는 것입니다. 결국 분석은 그 자체로 무의식에 접근하는 하나의 우회로가 아닐까요? 이는 또한 신경증자가 우리에게 제시한 문제를 한 단계 더 업그레이드하는 것이기도 합니다. 여기서는 그냥 단언 수준으로 그치겠지만, 이것은 검토해보면 곧바로 입증될 수 있는 이야기입니다.

제가 바라는 것은 무엇일까요? 그것은 바로 현재의 정신분석이 정신적으로나 실천적으로 봉착해 있는 진정한 미궁으로부터 빠져나오는 것입니다. 보시다시피 저는 더 나아가 다음과 같이 말할 것입니다. 우리에게 중요한 것은 분석 자체로 하여금 그것이 우리에게 가르쳐준 어떤 조작적 도식 — 이는 주체로 하여금 무의식의 진정한 현실을 재정복하는 쪽으로 좀 더 나아가도록 만드는 것이 무엇인지를 이론적·기술적 작업의 다양한 단계 속에서 읽어내는 것으로 이루어집니다 — 을 따르도록 하는 것입니다.

이러한 방법을 통해 우리는 개념적 범주나 절차에 대한 단순히 형식적인 목록을 훌쩍 넘어설 수 있게 될 것입니다. 분석을 그 자체가 정신분석적인 어떤 심의에 맡기는 것은 프로이트의 임상적 텍스트에서 이미 드러났듯이 분석 기술과 관련해 분석이 갖는 풍요로운 의미를 드러내줄 한 가지 절차입니다.

5

토론 중의 개입.

정신분석 문헌들은 부적절한 방법들로 가득 차 있습니다. 우리는 거기서 동사에 주어를 부여하지 않고는 말하기도 어렵고 다루기도 어려운 주제들을 만나게 되며, 또 틈만 나면 자아가 불안의 기호를 방출하고 삶의 본능과 죽음의 본능을 조종하고 있다는 대목을 읽게 됩니다.— 관제탑, 선로변경원, 선로변경 장치가 어디에 있는지는 더 이상 알 수 없습니다. 이 모든 것이 위태롭기만 하지요. 우리는 항상 정신분석 문헌에서 예지력, 지성을 겸비한 맥스웰의 꼬마 악마들이 출현하는 것을 목격하게 됩니다. …… 문제는 분석가들이 그런 악마들의 성질에 대해 정확히 알지 못한다는 겁니다.

여기서 우리가 하려는 것은 프로이트의 모든 저작에 걸쳐 자아 개념을 환기해보는 것이 의미하는 바가 무엇인지를 아는 것입니다. 만일 우리가 심리의 어떤 특정한 측면을 이해하기 위한 것이라는 구실로 모든 것을 어떤 일반적인 총체 속에 집어넣는 것으로 시작한다면, 1920년의 작업들과 집단 심리학에 대한 연구들, 그리고 『자아와 이드』와 함께 나타나기 시작했던 자아 개념이 무엇을 의미하는지를 이해하기란 불가능합니다. 프로이트의 저작 안에서 자아는 전혀 그런 게 아닙니다. 그것은 몇몇 기술적 필연성들과 결부된 어떤 기능적 역할을 수행합니다.

뉴욕에서 활동 중인 삼인방, 즉 하르트만, 뢰벤슈타인, 크리스는 자아심리학을 완성하려는 최근의 시도에서 줄곧 다음과 같은 질문을 던지고 있습니다. 프로이트가 마지막 자아 이론에서 말하려고 했던 것은 무엇일까? 지금까지 우리는 그 이론에 함축된 기술적 의미들을 제대로 읽어내긴 한 것일까? 저는 하르트만이 발표한 두세 편의 최근 논문에 들어 있는 내용을 가감 없이 그대로 전할 뿐입니다. 『정신분석 계간지*Psychoanalytic Quarterly*』 1951년 호에는 뢰벤슈타인, 크리스, 하르트만이 이 주제에 관해 쓴 읽을 만한 논문 세 편이 실려 있습니다. 아주 만족할 만한 결론에 도달했다고는 볼 수 없지만 이 논문들에서 그들은 바로 이러한 방향으로 연구를 개진하고 있으며, 그들 스스로 그들 중 아무도 [그때까지] 알아채지 못했다고 말하고 있는 매우 중요한 기술적 적용들이 포함된 이론적 원칙들을 제시합니다. 몇 년 전부터, 특히 종전 후에 차례로 발표된 일련의 논문을 통해 이루어진 작업을 따라가 보는 일도 무척이나 흥미로운 일입니다. 저는 거기서 우리에게 틀림없이 교훈이 될 아주 의미 있는 어떤 실패를 확인할 수 있다고 생각합니다.

어쨌든 관념 덩어리, 관념작용의 내용으로 제시되는 『히스테리 연구』의 자아 개념과 여전히 우리에게 논란의 여지가 있는 마지막 자아 이론, 즉 1920년부터 프로이트 본인에 의해 고안된 자아 이론 사이에는 아주 많은 차이점이 있습니다. 바로 이 둘 사이에 우리가 연구 중인 중간 단계가 위치합니다.

마지막 자아 이론은 어떻게 해서 세상에 나오게 되었을까요? 그것은 프로이트의 이론 작업의 최정점, 매우 독창적이고 새로운 이론입니다. 반면 하르트만은 프로이트의 마지막 자아 이론이 마치 고전 심리학에 합류하기 위해 안간힘을 쓰고 있다는 듯이 말하고 있지요.

두 가지 다 사실입니다. 크리스에 따르면 프로이트의 마지막 자아 이론은 정신분석을 일반 심리학 안으로 끌어들이면서도 동시에 전례 없이 새로운 것을 제시해줍니다. 우리가 방학 전까지 이 문제를 계속 기술론을 통해 다루어보건 아니면 [나중에] 슈레버에 대한 저술을 통해 다루어보건, 이것은 여기서 우리가 강조할 수밖에 없는 역설이라고 할 수 있을 겁니다.

…………………………………………………………………………………

버그먼Bergman은 자신의 논문 「생식세포Germinal cell」에서 과거의 재구성과 재발견retrouvaille이란 개념을 정신분석적 관찰의 생식세포로 간주한 34 바 있습니다. 거기서 그는 프로이트가 마지막 저작까지, 자신의 사상의 최종 진술들에 이르기까지 다양한 형식 하에, 특히 재구성이라는 형식 하에 항상 과거라는 개념을 강조하고 있었다는 점을 보여주기 위해 『히스테리 연구』를 참조합니다. 따라서 이 논문에서는 저항의 경험이 전혀 중심적인 것으로 간주되지 않습니다.

…………………………………………………………………………………

이폴리트 선생은 프로이트의 해부학적 작업들이 성공적인 것으로 간주될 수 있고 또 실제로도 그렇게 평가되었다고 시사한 바 있습니다. 반면 생리학적 작업에 착수했을 때 프로이트는 그러한 작업에 별다른 관심을 두지 않았던 것처럼 보입니다. 그것이 바로 코카인을 발견한 것의 의의를 좀 더 깊이 파고들지 못했던 이유 중의 하나입니다. 그의 생리학적 연구는 피상적인 것이었는데, 왜냐하면 그냥 치료법 정도에 머물렀기 때문이지요. 프로이트는 코카인을 마취제로 사용했지만 마취의 가치는 무시해버렸던 겁니다.

하지만 결국 우리는 거기서 프로이트의 성격의 일면을 환기해야 합니다. 아마도 우리는 Z*의 말처럼 그러한 상황에서 그에게 더 좋은 운명이 기다리고 있었던 게 아닌가 자문할 수 있습니다. 그러나 프로이트가 정신병리학으로 진로를 바꾼 것이 일종의 보상이 되었다고 말하는 것은 제가 보기엔 다소 무리가 있는 듯싶습니다. 『정신분석의 탄생』이라는 제목으로 출간된 작업들과 심리 장치에 관한 이론이 등장하는, 재발굴된 최초의 수고手稿들을 읽어본다면 우리는 그가 신경 장치의 기계론적 작용에 관한 당대의 이론적 작업과 동일한 길을 걷고 있다는 사실을 깨닫게 될 것입니다. — 이는 만인이 인정한 바이기도 합니다.

그런 만큼 거기서 전류에 대한 비유들이 발견되고 있다는 사실은 놀랄 말한 일이 못 됩니다. 하지만 인간이 지금 하고 있는 실험이 어떤 파장을 몰고 올지를 알지 못한 채 최초로 전류를 실험했던 것이 바로 신경전도 분야에서였다는 사실 역시 우리는 간과해서는 안 됩니다.

……………………………………………………………………………………

Z*_ 임상적 관점에서 볼 때 저항 개념은 실제 분석에서 우리가 거의 모든 환자에게서 한두 번 겪게 되는 어떤 경험을 잘 나타내주는 것 같습니다. — 환자는 저항하고, 그러면 저는 화가 나곤 합니다.

무슨 뜻인가요?

Z*_ 가령 다음과 같은 상황에서 극도의 불쾌한 경험을 겪게 된다는 것이지요. 즉 피분석자가 막 뭔가를 발견하려던 참에, 스스로 뭔가를 찾아낼 수도 있고 자신도 모르게 그것을 알고 있음에도, 그저 힘겹게 허공만 쳐다볼 뿐 바보같이, 머릿속에 떠오른 공격적인 말들, 적대적인 말들을 모두 감춘다는 것입니다. 그런데 우리는 그로 하여금 입을 열도록 강요하고 강제하고픈 심정인데 ……

35 그런 일로 너무 흥분하지 마시기 바랍니다.

이폴리트_ 분석가가 총명한 사람이 되는 경우는 오직 그러한 저항 때문에 피분석자가 바보처럼 보이게 될 때뿐입니다. 저항은 분석가에게 자만심을 갖게 합니다.

그렇지만 역전이의 덫 — 우리는 그러한 자만심을 이렇게 불러야 합니다 — 이 첫 번째 수준[피분석자의 저항]보다 더 기만적인 것이지요.

……………………………………………………………………………

Z*_ 프로이트는 인간 존재에 대한 직접적인 힘을, 과학이 자연에 대해 가하는 좀 더 쉽게 받아들일 수 있는 간접적인 힘으로 대체합니다. 우리는 주지화[관념화]intellectualisation의 메커니즘, 즉 자연을 이해하고 그럼으로써 자연을 복종하게 만드는 결정론의 고전적 공식을 여기서 다시 만나게 됩니다. 이는 프로이트 자신의 역사[경력] 전

체, 특히 제자들, 이단자들과의 관계를 물들이고 있는 프로이트의 독선적 성격을 암시적으로 보여줍니다.

저는 제가 그런 의미로 말한다고 하더라도 그것을 프로이트의 발견을 이해하는 열쇠로 삼진 않았음을 분명히 하겠습니다.

Z*_ 저 또한 그것을 열쇠로 여기지는 않습니다. 하지만 그것은 강조할 만한 흥미로운 요소지요. 이 저항이란 문제와 관련해 주체의 저항에 대한 프로이트의 과민성은 자신의 성격과 무관하지 않습니다.

무슨 근거로 프로이트가 과민하다고 말씀하시는 건가요?

Z*_ 저항을 발견한 사람은 브로이어도 또 샤르코도 아니고 다른 누구도 아닌 프로이트였기 때문입니다. 결국 그는 저항을 남들보다 더 예민하게 느꼈고 자신이 느낀 바를 해명했기 때문에 그것을 발견하게 된 겁니다.

선생께선 프로이트가 저항과 같은 기능을 부각시킨 것이 그가 자신에 대한 저항에 특별히 관용적이지 않았다는 것을 의미한다고 생각하십니까? 반대로 그것은 그가 그러한 저항을 다스려 그 너머 다른 곳으로 나아가는 법을 알고 있었던 것을 의미하며, 바로 이 덕분에 저항을 치료법의 한 가지 동인, 우리가 객관화하고 명명하고 다룰 수 있는 한 가지 요소로 만들게 되었던 것은 아닐까요? 프로이트가 주체[환자]로 하여금 저항에 의해 가로막힌 것을 통합하도록 하기 위해 자신의 능력 안에서 최대한 암시를 포기했는데도, 선생은 프로이트가 샤르코보다 더 독선적이라고 생각하시는지요? 바꿔 말해, 저항을 몰인식하는 사람과 그것을 저항으로 인정하는 사람 중 누가 덜 독선적인 사람일까요? 저는 오히려 최면 상태에서 주체를 자신의 대상, 자기 것으로 만들려는 사람, 그를 허수아비 같은 존재로 만들어 자신이 원하는 형태로 주체를 만들고 그에게서 자신이 원하는 바를 얻으려는 사람이 프로이트보다 훨씬 더 지배욕, 힘을 행사하려는 욕구에 사로잡혀 있다고 생각하고 싶군요. 프로이트는 그와 반대로 우리가 흔히 대상의 저항이라고 부르는 것을 존중하고 있는 듯이 보입니다.

36

Z*_ 물론이지요.

저는 여기서 매우 신중을 기해야 한다고 생각합니다. 우리는 우리의 기술을 그렇게 마음 편히 [아무렇게나] 사용할 수 없습니다. 제가 여러분에게 프로이트 저작을 분석하는 것에 대해 이야기한다면 이는 그것을 정신분석적으로 매우 신중하게 수행하기 위함입니다. 성격상의 한 가지 특질을 어떤 변하지 않는 인성으로 만들어선 안 되고 주체의 한 특성으로 만들어서는 더더욱 안 됩니다. 이 점에 대해서라면, 매우 경솔한 것이긴 하지만 존스가 선생께서 말씀하신 것보다 좀 더 섬세하게 기술해낸 바 있습니다. 어쨌든 프로이트의 공공연한 과대망상증의 흔적이 그의 발언 속에 남아 있긴 하지만 그렇다고 그의 경력이 그러한 과대망상증이나 자신의 권력욕에 대한 보상이라고 생각하는 것은, 글쎄요 …… 프로이트가 자신의 길을 발견하는 시점에서 발생한 자신의 드라마는 그런 식으로 요약될 수 없습니다. 그럼에도 우리는 세상을 지배하기를 꿈꾸는 프로이트와 어떤 새로운 진리의 창시자인 프로이트를 굳이 일치시킬 필요가 없다는 사실을 분석을 통해 충분히 깨달았습니다. 제가 보기엔 그것은 동일한 리비도의 영역이 아닌 이상 동일한 큐피도cupido의 영역도 아닌 것 같습니다.

이폴리트_ Z*의 단언들과 그가 거기서 끌어낸 결론을 모두 받아들일 수는 없지만, 그럼에도 제가 보기에 최면을 통한 샤르코의 지배가 단지 대상화된 존재에 대한 지배, 더 이상 자기 자신의 주인이 아닌 어떤 존재에 대한 소유와 관련된 반면 프로이트의 지배는 여전히 자기의식이 있는 어떤 존재, 어떤 주체를 정복하는 것과 관련됩니다. 정복해야 할 저항을 지배하는 것에는 저항을 단순히 억압하는 것보다 더 강한 지배 의지가 있습니다. 비록 거기서 프로이트가 세상을 지배하고자 했다는 결론을 이끌어낼 수는 없더라도 말이지요.

프로이트의 분석 경험에서 문제가 되는 것이 과연 '지배'일까요? 저는 프로이트의 방법들에서 해명되지 않은 많은 부분들에 관해선 언제나 유보적인 태도를 취했으면 합니다. 특히 분석가의 개입이 필요하다는 그의 주장은 우리가 현재 중요성을 부여하고 있는 몇몇 기술적 원칙과 비교했을 때 놀랍습니다. 하지만 이폴리트 선생이 말씀하신 것과는 반대로, 그러한 주장에서는 저항을 강조하는 현대의 분석 기술들에서처럼 주체의 의식에 대해 승리를 거두었다는 데서 오는 만족감 같은 것을 찾아볼 수 없습니다. 프로이트에게서는 좀 더 미묘한 태도, 다시 말해 좀 더 인간적인 태도를 볼 수 있지요.

프로이트는 우리가 방어에 대한 해석이라고 — 최선의 용어는 아니

37 지만 — 부르는 것을 한 번도 규정한 적이 없습니다. 하지만 종국에 가서 내용에 대한 해석은 그에게서 방어에 대한 해석이라는 역할을 수행합니다.

Z* 선생께서 그러한 점을 환기시켜주신 것은 당연한 일입니다. 그것은 선생의 입장을 뒷받침하는 것이니 말이지요. 저는 분석가의 개입으로 주체를 강제하는 것이 어떤 면에서 위험한 일인지를 선생에게 보여주도록 노력해보겠습니다. 그것은 프로이트에게서보다 소위 현대의 — 사람들은 마치 체스에 대해 말하듯이 이렇게 말합니다 — 정신분석 기술들에서 훨씬 더 명백하게 나타나지요. 그리고 저는 저항 개념에 대한 이론적 개진이 프로이트의 저작과 치료 활동의 해방적 효과를 완전히 거스르는 방향에서 그를 비난하게 될 구실로 쓰일 수 있다고는 생각하지 않습니다.

제가 Z* 선생의 견해에 대해 뭐라고 하는 것이 아닙니다. 선생께선 분명 하나의 견해를 보여주신 겁니다. 당연히 원전에 대해서도 비판과 검토의 정신을 견지해야 하겠지만, 그런 형태로는 그것을 해명하기보다 신비로움만 가중시킬 뿐입니다.

1954년 1월 20일, 27일

3

저항과 방어들

아니 라이히의 증언
자아에서 자아로
트라우마의 현실과 환상
역사, 체험, 재체험

우선 발제를 해주신 만노니와 앙지외 선생의 노고를 치하하는 것으로 수업을 시작해볼까 합니다. 두 분은 우리가 다루고 있는 문제의 논쟁적인 면을 잘 보여주셨습니다. 분석 실천 — 분석의 응용까진 아니지만 — 에 갓 입문하셨지만 훌륭한 교양을 쌓은 분들인지라 그에 걸맞게 두 분의 발제는 예리하고도 논쟁적인 면모를 갖고 있습니다. 이러한 면모는 문제의 생생함을 보여준다는 점에서 언제나 유용합니다.

발제 중에 한 가지 아주 미묘한 문제가 제기되었습니다. 제가 발제 도중에 지적했듯이 우리 중 몇 사람에겐 전적으로 시사성을 띠는 만큼 이는 더더욱 미묘한 문제인데요.

즉 초창기에 프로이트가 자신의 방법에 대해 권위주의적이었던 것 같다는 비난이 은연중에 표명되었습니다. 그러한 비난은 역설적인 것입니다. 분석 치료를 독창적인 것으로 만드는 것이 있다면, 이는 그것이 주체가 자기 자신과 맺고 있는 불확실한 관계를 처음부터, 그리고 단번에 파악했다는 점입니다. 진정한 의미에서의 발견, 올해 초에 제가 설명 드린 것과 같은 정신분석의 발견은 그것이 그러한 관계를 증상의 의미와 접속시켰다는 데 있습니다.

환자에게 문제가 발생한 것은 그가 증상의 의미를 거부했기 때문입니다. 증상의 의미는 우리가 환자에게 밝혀주어야 하는 것이 아니라 환자 스스로가 받아들여야 하는 것이지요. 이런 점에서 정신분석은 인간 개인 — 이 용어가 이것의 가치를 깨닫게 된 오늘날에 사용되고 있는 의미에서 — 을 존중하는 기술입니다. 개인을 존중하는 것일 뿐만 아니라 개인을 존중하지 않고는 제 기능을 발휘하지 못하는 기술이지요. 따라서 분석 기술이 환자의 저항을 굴복시키는 것을 목표로 한다는 생각을 강조하는 것은 역설적으로 보일 수도 있을 겁니다. 물론 여기엔 말씀하신 것과 같은 문제가 전혀 없다는 뜻은 아닙니다.

40 실제로 요즘 분석가들이 치료에서 환자가 또 무언가로 방어를 하려고 하는지를 항상 자문해보라고 가르친다는 것은 여러분이 잘 아실 겁니다.

탐정이란 게 숨겨진 것을 찾는다는 뜻이라면, 이런 식의 발상은 진정한 의미에서 탐정적인 것이 아닙니다. — 탐정이라는 말은 오히려 초창기의 불명확한 분석 단계에나 해당될 수 있는 용어이지요. 그들은 오히려 환자가 분석가의 말을 완전히 무력화시키기 위해 어떤 태도를 취하게 되고 무엇을 발견해내는지를 알아내는데 항상 주력합니다. 그들이 환자에게서 자기기만mauvaise foi을 문제 삼는다고 말하는 것도 정확하지 않습니다. 왜냐하면 자기기만은 인식의 차원에 함축된 것들과 너무나 밀접하게 연결되어 있지만 이러한 함축들은 그런 정신 상태와는 전혀 어울리지 않기 때문이지요. 게다가 그것은 너무나 교묘한 말이라고 할 수 있을 겁니다. 거기에는 주체가 근본적으로 어떤 나쁜 의지를 갖고 있다는 생각이 담겨 있지요. 이 모든 특성들로 비추어볼 때, 저는 그러한 정신분석 스타일을 취조적inquisitorial이라고 부르는 것이 더 정확하다고 생각합니다.

1

본 주제로 들어가기에 앞서 역전이에 관한 라이히Annie Reich의 논문을 예로 들어보도록 하겠습니다. 『국제정신분석저널』 1951년 제1호에 실린 논문이지요.

이 논문이 좌표축으로 삼고 있는 것은 영국학파의 일부 계파에서 매우 멀리까지 밀고나간 기술입니다. 여러분도 아시다시피 저자는 분석 전체가 *hic et nunc*[지금 여기] 속에서 전개되어야 한다고 주장합니다. 모든 것이 지금, 여기, 상담 중에 환자의 의도와 결부되어 일어난다는 겁니다. 저자는 환자의 과거가 일부 엿보인다는 것을 인정하는 듯 보이지만, 그럼에도 분석가의 모든 활동이 전개되는 것은 결국 분석 치료 속에서의 체험 — 심리적 힘의 체험이라 말할 수도 있겠지요 — 속에서라고 생각합니다.

문제는 바로 분석가의 행동입니다. 분석가는 어떻게 행동할까요? 그러한 행동의 어떤 부분이 효과를 만들어내는 것일까요?

문제의 저자들, 아니 라이히에게는 오직 주체가 자기 담화의 의도를 지금 여기에서*hic et nunc* 알아보는 것만이 중요합니다. 그런데 그러한 의도는 그것이 지금 여기에서*hic et nunc* 미치는 한에서만, 현재의 대화 속에서만 가치를 갖습니다. 환자는 자기가 구멍가게 주인이나 미용사와 싸우고 있다고 이야기할지도 모르지만, 사실은 자신이 바로 앞에서 말을 걸고 있는 사람, 바로 분석가를 질책하고 있다는 것이죠.

어떤 면에서는 일리가 있는 말입니다. 조금이라도 부부생활을 해본 사람이면 다음과 같은 사실을 잘 알고 있을 것입니다. 즉 어느 한쪽이 배우자에게 그날 있었던 즐거운 일보다 오히려 난처한 일을 이야기한다면, 41 이는 매번 상대에게 따질 것이 있다는 뜻입니다. 물론 그가 어떤 중요한 일을 상대에게 알리려고 전전긍긍하는 것일 수도 있습니다. 두 가지 모두 맞는 이야기입니다. 문제는 우리가 어떤 지점을 부각시키느냐지요.

라이히가 보고한 다음 이야기는 때로는 사태들이 한층 더 복잡하게 얽히기도 한다는 것을 보여줍니다. 이야기의 몇 가지 특징적인 사항이 애매모호하게 처리되어 있긴 하지만, 그럼에도 우리는 그것이 교육 분석과 관련된 것이거나, 어쨌든 피분석자가 정신분석과 매우 밀접한 분야에서 활동하는 인물임을 충분히 짐작할 수 있습니다.

피분석자는 자신의 분석가가 아주 흥미로워 할 어떤 주제에 관해 라디오에서 방송을 하게 되었습니다. — 이는 일어날 수 있는 입니다. 그가 방송을 한 것은 모친이 사망하고 며칠 안 되었을 무렵입니다. 모든 면으로 보아 그의 모친이 환자의 고착에 매우 중요한 역할을 했다는 것은 분명합니다. 그는 확실히 애도 상태에서 헤어 나오지 못했지만 그래도 자신이 맡은 방송 일을 아주 훌륭히 해냈습니다. 그런데 바로 그 직후의 분석 시간에 그는 착란에 가까운 혼돈 상태에 빠지게 됩니다. 아무 말도 할 수 없었을 뿐더러 말을 꺼내면 놀랍게도 앞뒤가 하나도 맞지 않았죠. 그러자 분석가는 과감히 다음과 같은 해석을 내렸습니다. "선생께서 이러시는 건, 본인이 요전 날 라디오방송에서 제가 아주 흥미로워할 어떤 주제로 대성공을 거둔 것에 제가 기분이 상했다고 생각하시기 때문이죠." 자, 바로 이렇습니다.

사례의 나머지 부분을 통해 우리는 환자가 1년도 채 지나지 않아 회복되었다는 점을 알게 됩니다. 그러한 해석 이후 곧 정신을 차렸기 때문에 그러한 해석-충격이 어느 정도 효과를 발휘한 게 분명합니다.

여기서 우리는 분석가가 어떤 개입을 하여 환자가 혼돈 상태에서 벗어날 수 있다고 해서 반드시 그러한 개입이 말을 구조화하면서 엄밀한 의미에서 치료 효과를 일으켰다는 것을, 다시 말해 그러한 개입이 옳았다는 것을 결코 증명하진 않는다는 것을 알 수 있습니다. 사실은 반대지요.

아니 라이히는 환자를 그의 자아를 통합시키는 쪽으로 귀착하게끔 만들었던 것입니다. 환자는 자신이 빠져 있던 혼돈 상태에서 갑자기 정신이 들면서 이렇게 중얼거렸지요. "이 사람은 이 세상엔 모두 늑대뿐, 산다는 게 다 그런 것이라 말하고 있군." 그는 제 정신을 차렸습니다. 효과는 즉각적이었지요. 하지만 분석 경험에서 환자의 태도가 변했다고 해서 그것을 해석이 타당하다는 증거로 간주할 수는 없습니다. 제가 생각하기에 해석의 타당성을 입증해주는 것은 주체가 제공하는 물질적 확증입니다. 그런데 이는 좀 더 세부적으로 생각해봐야 할 문제입니다.

1년 후 환자는 자신의 혼돈 상태가 애도 반응에 대한 어떤 반작용과 관련이 있다는 사실을 깨닫게 됩니다. 그는 그러한 애도 반응을 전도시켜버림으로써만 극복할 수 있었지요. 제가 여기서 여러분에게 제시하는 것은 여러분 중 일부에게 우울증적 측면에서 잘 알려져 있는 애도의 심리입니다.

실제로 라디오 방송은 보이지 않는 화자가 보이지 않는 청중을 향해 말하는 것이기 때문에 아주 독특한 방식의 말로 진행된다고 할 수 있지요. 화자의 상상 속에서 방송은 방송을 듣는 사람만이 아니라 산 자와 죽은 자 모두를 향해 이루어진다고 할 수 있습니다. 환자는 거기서 어떤 갈등 관계 속에 있었던 겁니다. — 그는 어머니가 자신의 성공을 볼 수 없

42

다는 사실에 유감스러워 할 수 있지만, 이와 동시에 보이지 않는 청중을 향한 그의 말에는 그가 어머니에게 하고 싶던 말이 숨겨져 있을 거라는 겁니다.

어쨌거나 환자의 태도는 분명하게 전도되어 있고 의사조증적인 특성을 보입니다. 그가 여의치 않은 상황에서 자신의 임무를 아주 훌륭히 완수하고도 그 직후의 분석 시간에 다시 혼돈 상태에 빠지게 된 것은, 분명 자신의 애정 관계의 특권적 대상인 어머니를 최근에 여의었다는 사실에 의해 깊은 영향을 받았기 때문입니다. 이렇게 해서 라이히는 앞서 언급한 개입 방식에 대해 비판적 태도를 취하는 것과는 거리가 멀었지만, 그럼에도 스스로 다음과 같은 사실을 증언하는 게 됩니다. 즉 분석이 있던 당시에 이루어진 담화 행위의 의도적인 의미 효과에 근거한 해석은 분석가의 자아가 그때 어떻게 관여하고 있는가에 전적으로 좌우된다는 겁니다.

요컨대 중요한 것은 분석가 자신이 틀렸다는 게 아닙니다. 그리고 이후의 치료 과정에서 잘못된 것임이 밝혀진 해석이 역전이에서 비롯된 것이라고 말할 수 있는 어떠한 근거도 없습니다. 분석가가 환자에게 전가한 감정을 환자 스스로가 실제로 느끼고 있었다는 것은 우리가 수긍할 수 있는 일일 뿐만 아니라 충분히 있을 수 있는 일입니다. 분석가가 행한 해석이 그런 감정에 의해 유도되었다는 것은 그 자체로는 위험한 일이 아닙니다. 만일 분석을 행하는 유일한 당사자인 분석가가 심지어 질투라는 감정을 느꼈다면, 그가 해야 할 일은 그러한 감정을 또 하나의 지침으로 삼을 수 있도록 적절히 이용하는 것입니다. 분석가가 환자에 대해 감정을 느끼지 말아야 한다고는 누구도 말하지 않았습니다. 그러나 분석가는 그러한 감정에 굴복하지 않아야 하고 그것을 제자리에 위치시켜야 할 뿐만 아니라 기술적으로 적절히 이용할 줄 알아야 합니다.

이 경우 분석가가 환자의 태도의 원인을, 의심의 여지없이 두 인물 사이의 상호주체적 장 속에 실제로 존재하고 있던 무엇에서 찾은 것은 그녀가 우선 그러한 원인을 *hic et nunc*[지금 여기에서] 찾아야 한다고 믿었기 때문입니다. 그녀가 이 무엇을 인식하기에 적당한 위치에 있던 것은 그녀 스스로 환자의 성공에 대해 적대감을 느끼거나 적어도 신경이 거슬렸기 때문이지요. 심각한 점은 그녀가 어떤 특정한 기술 덕분에, 그것을 단번에 그리고 직접적으로 사용할 수 있는 권한을 얻었다는 것입니다.

이에 맞서 제가 내세우려고 하는 것은 무엇일까요? 이제 그것을 여러분에게 설명해보도록 하겠습니다.

라이히의 경우에 분석가는 제가 자아끼리의 해석, 도토리 키재기 식 d'égal à égal 해석 — 말장난을 허락해주시기 바랍니다 — 이라고 부를 만한 것, 다시 말해 토대와 메커니즘이 투사projection의 그것과 전혀 다를 바 없는 유형의 해석을 수행할 수 있는 권한이 자신에게 있다고 믿습니다.

투사라고 할 때 저는 그릇된 투사를 말한 것이 아닙니다. 제가 설명하고 있는 것을 잘 이해하시기 바랍니다. 정신분석가가 되기 전에 저는 — 미약하나마 심리학에 대한 저의 재능으로 — 어떤 상황들을 가늠하기 위한 작은 나침반 같은 기본 원칙으로 다음과 같은 공식을 내세운 적이 있습니다. '감정은 항상 상호적이다.' 저는 이 공식을 마음에 새겼습니다. 겉보기와는 달리 이는 전적으로 옳은 말입니다. 두 명의 주체 — 저는 셋이 아닌 둘을 말하고 있습니다 — 가 한자리에 있자마자 감정들은 언제나 상호적인 것이 됩니다.

43

여기서 알 수 있는 사실은, 분석가가 그러한 감정을 갖게 되는 순간 그에 상응하는 감정이 상대방에게서도 일어날 수 있다고 생각하는 것이 당연한 일이라는 겁니다. 상대방이 그러한 감정을 완전히 [자기 것으로]

받아들였다는 것이 그에 대한 증거입니다. 분석가가 "선생께선 제가 선생께 화가 나 있다고 생각하기 때문에 제게 적대적이신 겁니다"라고 말하는 것만으로도 환자에게 충분히 그런 감정이 일어날 수 있을 겁니다. 작은 불씨를 갖다 대는 것만으로도 그런 감정이 생길 수 있기에, 거기엔 이미 감정이 잠재되어 있다고 할 수 있지요.

분석가와 피분석자 사이에 존재하는 것과 같은 친밀한 관계 속에서 환자가 분석가의 감정과 대칭을 이루는 어떤 감정으로 유인되기에 충분할 만큼 환자 스스로 분석가의 감정을 잘 알고 있었다는 이유만으로도, 환자가 라이히의 해석을 받아들이는 것은 너무나도 당연한 일입니다.

문제는 방어 분석을 이런 식으로 이해함으로써 어떤 종류의 오류, 오류 아닌 오류, 참과 거짓의 문제 이전의 오류를 야기할 수밖에 없을 어떤 분석 기술로 귀착하진 않는가 하는 겁니다. 너무나도 정확하고 옳은 것이어서, 너무나 정확하고 옳을 수밖에 없어서 오히려 참에 해당하는지 아닌지를 물을 수 없는 해석들이 있습니다. 어떤 방식으로든 그런 해석들은 참이 될 것입니다.

제가 '자아끼리' 이루어진다고 한, 방어에 대한 해석은 어쩌다 그것이 어떤 효과를 내더라도 삼가는 게 좋습니다. 방어에 대한 해석엔 언제나 적어도 어떤 세 번째 항이 있어야 합니다.

사실은 그것 이상이 필요합니다. 그것을 여러분에게 보여드릴 수 있으면 좋겠지만, 오늘은 그냥 문제를 제기해보는 정도에서 그칠까 합니다.

2

시간이 늦었습니다. 그래서 제가 바랐던 것만큼 저항과 방어들의 관계라는 문제에 대해 깊이 다루진 못할 텐데요. 그래도 이러한 방향에서 여러분에게 몇 가지 사항을 지적하고 싶습니다.

만노니와 앙지외 선생의 발제를 듣고, 또 방어 분석에서 사용된 특정한 기술에 내재된 위험성을 여러분에게 보여드리고 나서 저는 몇 가지 원칙을 제시해야 할 필요가 있다는 생각이 들었습니다.

프로이트가 분석과 관련해 저항 개념에 대해 처음으로 정의를 내린 곳은『꿈의 해석』, 7장의 첫 번째 소절입니다. 거기에는 다음과 같은 결정적인 문장이 들어 있습니다. *Was immer die Fortsetzung der Arbei stört ist ein Widerstand.* 이는 다음과 같은 뜻입니다. "작업 — 여기서 문제는 증상이 아니라 분석 작업, 분석 치료, 다시 말해 우리가 어떤 과정 속에 있는 대상을 다룬다고 할 때의 *Behandlung*이죠 — 의 지속을 망치는/보류시키는/변형시키는 것이 저항이다." 44

하지만 불행히도 불역본엔 다음과 같이 번역되어 있습니다. "해석에 대한 모든 방해물은 심리적 저항에서 연유한다." 제가 여러분께 이 점을 지적하는 것은 대범하신 메이예르송Meyerson 선생의 읽기 편한 번역본만 찾는 분들은 오히려 더 골치 아플 수 있다는 것을 보여드리기 위함입니다. 이 문장 앞의 단락도 모두 다 그런 식으로 번역되어 있습니다. 따라서 여러분은 프로이트의 상당수 번역본을 신뢰하지 않는 편이 좋겠습니다. 독일어판에는 제가 인용한 문장에 각주가 하나 달려 있는데, 그것은 만일 환자의 아버지가 죽는다면 그것이 저항이라고 할 수 있을까를 논하고 있지요. 여기서 프로이트가 어떤 결론을 내렸는지는 설명하지 않겠지만, 여러분은 이 각주를 통해 저항 문제가 얼마나 폭넓게 제기될 수 있는지를 짐작할 수 있을 겁니다. 자, 그런데 이 각주는 불역본에서 삭제되었습니다.

"치료의 지속 — 우리는 *Forsetzung*을 이렇게 번역할 수 있습니다 — 을 보류시키는/망치는/중단하는 모든 것이 바로 저항이다." 우리는 바로 이와 같은 텍스트들에서 시작해 그것들을 어느 정도 머릿속에 되새기면서 음미해보고 그것들이 무엇을 의미하는지를 살펴야 합니다.

결국 여기서는 무엇이 문제일까요? 그것은 바로 치료, 작업을 지속시키는 일입니다. 좀 더 명확히 말하자면, 프로이트는 치유guérision를 의미하는 *Behandlung*이라는 말을 쓰지 않았습니다. 그렇습니다. 여기서 문제는 *Behandlung*이 아니라 작업, *Arbeit*입니다. 여기서 *Arbeit*란 절차라는 관점에서 규정될 수 있는 것인데, 즉 그것은 그가 조금 앞서 언급한 규칙, 자유연상이라는 기본 규칙에 의해 결정된 언설적 연상 행위를 말합니다. 그런데 우리가 꿈 분석을 다루고 있는 이상 그러한 작업은 당연히 무의식을 드러내는 작업이라고 할 수 있습니다.

그러한 점에서 우리는 몇 가지 문제를 떠올려 볼 수 있습니다. 특히 방금 앙지외가 제기한 '저항은 어디서부터 오는가?'라는 문제를 생각해 볼 수 있습니다. 우리는 『히스테리 연구』에는 저항이 자아로부터 온다고 생각하게 할 만한 대목이 없다는 사실을 확인했습니다. 『꿈의 해석』에도 저항이 2차 과정 — 이 개념의 도입은 프로이트의 사상에서 매우 중요한 한 단계를 이룹니다 — 에서 생겨난다는 말은 어디에도 없습니다. 결국 나중에 메타심리학적 저술로 다시 묶이게 될 연구들 중 첫 번째 연구인 「억압Die Verdrängung」이 출간되는 1915년경이 되어서야 비로소 저항이 분명 의식의 측면에서 생겨나는 무엇으로 제시되기 시작합니다. 하지만 그럼에도 본질적으로 이 무엇의 정체는 본원적으로 억압된 어떤 것과의 거리 두기, *Entfernung*에 의해 결정됩니다. 따라서 여기서도 여전히 저항과 무의식의 내용 자체의 연관이 매우 두드러지게 강조됩니다. 이러한 관점은 프로이트의 발전 과정에서 중간 단계를 이루는 이 논문 이후의 시기까지도 유지되지요.

45

결국 『꿈의 해석』에서부터 제가 매개적 단계라고 부른 이 시기에 이르기까지 본원적으로 억압된 어떤 것이란 무엇을 말할까요? 그것은 여전히 그리고 변함없이 과거를 가리킵니다. 복원되어야 할 어떤 과거인 것이죠. 하지만 이에 관해서라면 우리는 이 과거가 무엇이고 어떤 본성을 지니고 어떤 기능을 하는지 등과 관련해

제기되는 모호함과 문제점을 다시 한 번 환기해볼 수밖에 없습니다.

이 매개적 시기에는 또한 프로이트가 트라우마란 무엇인지에 관해 문제를 제기하는 『늑대인간』이 쓰여졌습니다. 그는 트라우마란 개념이 매우 모호한 개념임을 깨닫게 되는데, 왜냐하면 모든 임상적 증거에 따르면 트라우마의 환상적 측면이 사실적 측면보다 훨씬 더 중요하다는 것이 분명했기 때문이지요. 이제 사건은 주관적 준거들의 장 뒤편으로 물러나게 됩니다. 반면 프로이트에게 트라우마가 실제로 언제 일어난 것인지를 확정짓는 일은, 제가 『늑대인간』을 다루면서 제 수업을 들으신 분들에게 상기시켰던 것처럼, 고집스럽게 풀어가야 할 한 가지 문제가 됩니다. 환자가 무엇을 보았는지를 누가 알 수 있단 말인가요? 하지만 보았든 못 보았든 그는 어떤 특정한 날에만 볼 수 있었을 것이고 아마 1년 후라면 보지 못했을 것입니다. 저는 역사와 인정이라는 관점만이 주체에게 중요한 것을 규정한다고 말하는 것이 프로이트의 생각을 저버리는 것은 아니라고 생각합니다. — 이는 분명하게 그의 글에 쓰여져 있기 때문에 그를 읽을 줄만 안다면 충분히 확인할 수 있는 점입니다.

이러한 변증법에 대해선 제가 이미 충분히 설명한 바 있지만 그래도

아직 익숙하지 않은 분들을 위해 기본이 되는 몇 가지 개념을 소개하고자 합니다. 우리는 언제나 기본에 충실해야 합니다. 그래서 인정과 관련해 제기되는 문제들을 잘 이해할 수 있도록 예를 하나 들어볼까 합니다. 이 예는 또한 여러분이 인정 개념을 기억*mémoire*이나 추억*souvenir* 개념과 혼동하지 않도록 해줄 것입니다. 독일어 *Erlebnis*가 여전히 의미 있는 단어인 반면, 체험된 것이든 아니든 불어에서는 추억이라는 개념이 아주 애매모호합니다.

여러분에게 짧은 이야기를 하나 들려드리도록 하겠습니다.

어느 날 아침 저는 세미라미스*Sémiramis*처럼 커튼을 친 상태에서 잠이 깨어 눈을 떴습니다. 그것은 1~2주에 한 번씩 가곤 했던 제 시골집의 커튼이었기에 매일 아침마다 보던 커튼은 아니었습니다. 커튼의 술 장식이 만들어낸 윤곽들 속에서 저는 다시 한 번 — 다시 한 번이라고 말했지만, 저는 예전에 이런 것을 딱 한번 봤을 뿐입니다 — 날카로우면서도 우스꽝스럽게 생긴 나이든 얼굴의 실루엣을 보았습니다. 그것은 저에게는 왠지 18세기 후작의 얼굴처럼 보였지요. 이것은 잠결에 이루어진 바보 같은 공상의 결과입니다. 이것은 오래전부터 알고 있던 어떤 얼굴을 인정하는[알아보는] 것으로 요즘 용어로 게슈탈트적 결정화라는 것 때문에 생긴 것이죠.

46

벽에 묻은 얼룩으로도 그런 일이 생길 수 있었을 것입니다. 바로 그것 때문에 저는 정확히 8일 전부터 커튼의 주름이 조금도 흐트러지지 않고 그대로 있었다고 말할 수 있지요. 즉 1주일 전 잠에서 깨면서 똑같은 것을 보았던 것입니다. 당연히 저는 그것을 까맣게 잊고 있었지요. 하지만 바로 그것 때문에 저는 커튼이 그대로 있었다는 사실을 알게 됩니다. 그것은 항상 거기에 똑같은 자리에 있었지요.

여기에 상징적 좌표들을 세우는 것이 어려운 일은 아니겠지만, 어쨌든 그것은 상상적 차원에서 일어난 일이란 점에서 하나의 우화에 지나지 않습니다. 이 이야기에서는 바보 같은 짓 — 18세기의 후작 등등 — 이 매우 중요한 역할을 맡고 있지요. 제가 실루엣이 그려내는 것을 주제로 몇 가지 환상을 품지 않았다면 커튼의 술 장식 속에서 그러한 실루엣을 인정하지[알아보지] 못했을 테니 말입니다. 하지만 이 이야기는 이 정도에서 마치겠습니다.

이것이 인정 수준에서 무엇을 함축하고 있는지를 살펴보도록 합시다. 그러한 실루엣이 8일 전과 동일하다는 사실은 그것을 현재 속에서 인정하는 현상과 관련이 있습니다.

프로이트는 『히스테리 연구』에서 바로 이 인정이라는 표현을 사용한 바 있습니다. 그는 당시 자신이 기억에 관해 몇 가지 연구를 했다고 말하고는 환기된 추억, 인정을 그것이 이루어지는 순간의 현재적 힘과 연관시켜 설명합니다. 그러한 힘이 그러한 추억에 꼭 무게와 밀도까지는 아니지만 가능성만은 부여한다고 할 수 있습니다.

프로이트는 바로 이런 식으로 논의를 펼쳐나갑니다. 주체의 재구성을 끌어내기 위해 어찌해야 할지 모를 때 프로이트는 그를 계속 자리에 누이고 이마를 손으로 지그시 누릅니다. 그리고 환자에게 17일 화요일, 18일 수요일 등등 하나하나 거명해가면서 매년, 매달, 매주, 매일 등의 시간을 열거합니다. 프로이트는 환자가 이후 '사회화된 시간'이라고 정의될 어떤 것에 의해 은연중에 구조화된다는 것을 확고히 믿고 있었으며 그런 만큼 그러한 열거를 통해 시계바늘이 실제로 환자의 중대한 순간과 교차하는 지점에 이르면 그가 다음과 같이 말할 것이라고 생각했습니다. "맞아요. 그날이었어요. 바로 그날에 대해 뭔가 기억나는 것이 있어요."

제가 이 방법이 성공을 거두었다고 말하는 것이 아니라는 사실을 유념하시기 바랍니다. 우리에게 그것의 성공을 단언한 사람은 바로 프로이트 자신입니다.

여러분은 제가 왜 이런 말을 하는지 이해하시는지요? 환자의 무게중심은 과거를 현재의 지점에서 종합하는 것, 즉 우리가 이력[역사]이라고 부르는 것입니다. 이것이 바로 작업을 진척시킬 때 우리가 믿고 따르는 것이지요. 이는 분석이 처음부터 상정하고 있는 전제입니다. 따라서 이후의 결과에 의해 그것이 참이 아니라고 입증할 수 있는 여지는 전혀 없습니다. 실제로 그것이 사실이 아니라면 우리는 분석을 통해 드러나는 새로운 것을 절대로 볼 수 없을 것입니다.

이것이 바로 첫 번째 단계입니다. 이것으로 충분할까요?

그렇지 않습니다. 그것은 충분하지 않습니다. 주체의 저항은 아마도 이 수준에서 작동합니다. 하지만 여기서 저항은 탐구해볼 만한 가치가 있는 어떤 기이한 방식으로 그리고 전적으로 특수한 사례들을 통해 나타납니다.

47 프로이트의 사례 중에 환자의 어머니가 귀띔해준 덕분에 프로이트가 이야기 전반을 파악하고 있었던 경우가 있습니다. 당시 그는 환자에게 그러한 이야기를 전하며 이렇게 말했지요. "이것이 바로 당신에게 일어났던 일이지요. 이것이 바로 누군가가 당신에게 저지른 짓입니다." 그럴 때마다 히스테리 환자는 어떤 경미한 히스테리 발작을 통해, 다시 말해 히스테리 특유의 발작을 재생산함으로써 응답했습니다. 그녀는 분석가 말을 듣고는 증상이란 형태로 응답했던 것입니다. 여기서 몇 가지 작은 문제가 제기되는데, 특히 그중 하나가 바로 저항이 그러한 응답에 속하느냐는 것입니다. 이것이 오늘 제가 제기하는 문제입니다.

한 가지 사항을 지적하면서 수업을 마치고 싶습니다. 『히스테리 연구』 말미에서 프로이트는 병인의 핵을 [담화에 의해] 추구되지만 그러한 담화를 밀쳐내는 어떤 것이라고 규정합니다. 그것은 담화가 빗겨나가 버린 무엇이지요. 저항은 담화가 그러한 핵에 다가가면서 겪게 되는 굴절입니다. 그렇기 때문에 저항 문제는 그러한 담화의 의미가 무엇인지 철저히 규명될 때만 비로소 해명될 수 있을 겁니다. 제가 이미 말한 바 있듯이 그것은 하나의 역사적 담화이지요.

처음에 분석 기술이 최면술에서 시작되었다는 사실을 잊지 마시기 바랍니다. 최면 상태에서 주체는 이력적[역사적] 담화를 늘어놓습니다. 심지어 주체는 아주 인상적인, 어떤 극화된 방식으로, 즉 청자의 존재를 전제하는 방식으로 역사적 담화를 늘어놓지요. 최면 상태에서 깨어난 주체는 그러한 담화에 대해 더 이상 기억하지 못합니다. 그렇다면 왜 이것이 분석 기술의 출발점이 된 것일까요? 왜냐하면 최면은 영구적인 치료책으로까지는 아니지만 분명 트라우마를 그 자체로 직접적으로 재생해낼 수 있는 것이었기 때문입니다. '나'라고 말할 수 있는 누군가가 그런 식으로 늘어놓은 담화는 주체와 관련된 것임이 분명하지요.

그럼에도 히스테리라는 2차 상태état second에서 트라우마traumatisme이 체험되고 재체험되는 것에 대해 말하는 것은 여전히 애매한 일입니다. 그러한 담화가 극화되어 있다고 해서, 또 그것이 어떤 비장한pathétique 모습으로 나타난다고 해서 '재체험'이 만족스러운 용어라고는 할 수 없습니다. 주체[환자]가 자신의 체험을 떠맡는다는 것은 무슨 뜻일까요?

보시다시피 저는 이러한 재체험이 가장 애매하게 나타나는 지점, 즉 주체의 2차 상태라는 수준에서 문제를 제기하고 있습니다. 하지만 이는 분석 경험의 모든 수준에서 마찬가지가 아닐까요? 우리가 주체에게 [자유연상이라는] 기본 규칙이라는 조건 속에서 말하도록 강요하는 담화, 이 담화가 의미하는 바는 무엇인가 라는 문제가 도처에서 제기됩니다. 그러한 기본 규칙은 주체에게 이렇게 말합니다. "따지고 보면, 당신 담화엔 중요한 게 없어요." 이런 활동에 몸을 내맡기는 순간 주체는 이미 자기 담화에 대해 반쪽만 신임하게 될 뿐인데, 왜냐하면 그는 줄곧 자신이 분석가가 쏟아내는 해석의 십자포화 속에 놓여 있음을 알고 있기 때문이지요. 따라서 문제는 '담화의 주체란 어떤 것인가?'라는 것이 됩니다.

48 다음 시간에는 여기서 다시 시작하도록 하겠습니다. 그리고 이 기본적인 문제들과의 관계 속에서 저항이 갖는 의미와 의의가 무엇인지를 논의해보도록 하겠습니다.

1954년 1월 27일

4
자아와 타자

저항과 전이
현존한다는 느낌
Verwerfung≠*Verdrängung*
매개와 계시
말의 굴절

지난 시간에 우리는 저항의 본성이 어떠한 것인지 자문해보는 지점까지 이르렀습니다.

여러분은 저항 현상을 이해하는 작업이 복잡할 뿐만 아니라 모호하기까지 하다는 사실을 깨달으셨을 것입니다. 프로이트의 여러 진술들을 보면 그는 저항이 앞으로 계시되어야 할 것, 다시 말해 억압된 것, *verdrängt* 또는 *unterdrückt*에서 유래한다고 말하는 것 같습니다.

초기의 번역가들은 *unterdrückt*을 '억눌린étouffé'이라고 옮겼습니다. 그것은 아주 약한 표현이지요. 이 표현이 *verdrängt*나 *unterdrückt*와 같은 것일까요? 여기서는 세부사항까지 들어가지 않을 겁니다. 그것은 분석 경험 속에서 그러한 현상들을 분별해낼 수 있을 때야 비로소 가능할 테니 말이죠.

오늘 저는 『기술론』에서 프로이트의 관점이 자리를 잡기 시작하는 지점 중 한 곳으로 여러분을 이끌고자 합니다. 용어를 다루기 전에 먼저 우리가 해야 하는 것은 바로 이해하려고 노력하는 것이며 이를 위해서는 사태들을 정돈할 수 있는 곳에 자리 잡는 것이 필요합니다.

금요일에 있었던 사례 발표에서 저는 그중 중요한 텍스트를 한 편 읽겠다고 예고한 바 있습니다. 이제 그 약속을 지킬까 합니다.

소위 기술에 관한 선집 한중간에 「전이의 동역학」이라는 텍스트가 실려 있습니다. 이 선집에 실린 모든 텍스트가 그렇듯이 이 텍스트의 번역이 완전히 만족스럽다고는 할 수 없습니다. 거기엔 부적절함의 극치라고 할 수 있을 만큼 특히나 부정확하게 번역된 몇 대목이 있습니다. 이들 중 어떤 것은 놀라울 정도지요. 그처럼 부정확한 번역들은 모두 하나의 동일한 방향으로, 즉 텍스트에서 모난 부분을 지워버리는 쪽으로 향해 있습니다. 독일어를 아시는 분들은 꼭 독일어 원본을 참조하시기 바랍니 50 다. 번역본에 문장이 끊어진 부분이 하나 있음을 주의하시기 바랍니다. 끝에서 두 번째 줄에 삽입된 마침표 때문에 작은 문장이 하나 더 생겨나는데 우리로선 그것이 왜 거기에 와야 되는지를 알 수 없습니다. "결국 *in absentia ou in effigie*(부재할 때나 그림을 갖고는) 아무도 죽일 수 없다는 것을 기억해보자." 하지만 독일어 원문에는 다음과 같이 되어 있습니다. "[……] 왜냐하면 결국 *in absentia ou in effigie* 아무도 죽일 수 없다는 것을 기억해야 하기 때문이다." 이 문장은 바로 앞 문장과 연결되어 있습니다. 프로이트의 원문은 명료하게 분절되어 있는 반면, 따로 분리된 불어 문장은 전혀 이해될 수 없습니다.

제가 예고한 논문의 한 단락을 지금 읽어보겠습니다. 불역본 55페이지입니다. 이 부분은 제가 여러분에게 환기시켰던 『히스테리 연구』의 한 중요한 문단과 직접적으로 관련됩니다. 『히스테리 연구』에서 논의되고 있는 것은 주체의 담화가 프로이트가 '병인의 핵'이라고 부른 깊은 곳의 형성물에 근접하게 될 때 만나게 되는 '반지름 방향'의 저항입니다.

"때로는 잘 드러나기도 하고 때로는 거의 알아볼 수 없는 병인의 콤플렉스에 대해 연구해보자 ……"라고 되어 있는데, 저는 오히려 이렇게 옮겨보겠습니다. "증상처럼 나타나든지 아니면 분명하지 않아 알아볼 수 없든지……." 왜냐하면 여기서 문제는 콤플렉스가 표현되는 방식이고, 프로이트가 잘 드러나거나 알아볼 수 없다고 한 것은 바로 콤플렉스의 표현을 염두에 두고 한 말이기 때문입니다. 이는 콤플렉스 자체가 그렇다는 것과는 다른 말입니다. 불역본에는 문장의 위치가 바뀌면서 혼동의 여지가 있습니다. 계속 읽어보겠습니다. "[……] 의식 속에 나타난 그것의 현상에서부터 무의식 속의 그것의 근원에 이르기까지 우리는 곧 당시 이루어진 연상이 흔적 — 저항의 흔적을 말하지요 — 을 담고 있으며 마치 연상이 저항의 요구들과 탐구 작업의 요구들 사이의 타협처럼 보일 만큼 저항이 너무나 분명히 느껴지는 지점에 도달하게 된다." 그것은 "당시 이루어진 연상"이라기보다는 *nächste Einfall*, 가장 가까운 다음번 연상입니다. 하지만 어쨌든 전체 의미는 변하지 않습니다. "분석 경험은 — 요점은 바로 거기에 있다 — 전이가 나타나는 것은 바로 여기에서임을 보여준다. 콤플렉스의 요소들 중의(콤플렉스의 내용 안의) 어떤 부분이 의사의 인격체로 옮겨지기에 적합하게 될 때 전이가 일어난다. 전이는 다음에 떠오를 생각을 제공하고 가령 연상의 중단과 같은 저항 형태로 모습을 드러낸다. 비슷한 경험들로부터 우리는 [주체가] 의식으로 미끄러질 가능성이 있는 다른 모든 연상들보다는 차라리 전이-사고에 도달하게 된다는 것을 알 수 있는데, 이는 정확히 그것이 저항을 만족시키기 때문이다." 이 문장의 마지막 부분은 프로이트에 의해 강조되어 있습니다. "이러한 종류의 사태는 정신분석 도중에 부지기수로 일어난다. 우리가 병인의 콤플렉스에 다가갈 때마다 의식 쪽으로 밀려 나오지만 환자가 가장 집요하게 방어하려고 하는 것, 그것은 무엇보다 콤플렉스 중에서 전이가 될 수 있는 부분이다."

이 단락에서 강조되어야 할 부분들은 다음과 같습니다. 첫 번째는 "우리는 곧 [……] 저항이 명확하게 느껴지는 지점에 도달하게 된다"는 구절입니다. 이러한 저항은 담화 과정 자체, 담화의 접근 과정이라고 할 수 있는 것으로부터 나타납니다. 두 번째는 "분석 경험은 전이가 나타나는 것은 바로 이 지점에서임을 보여준다"는 부분입니다. 세 번째는 "전이가 저항을 만족시키기 때문에" 전이가 일어난다는 것입니다. 네 번째는 "이러한 종류의 사태가 정신분석 도중에 부지기수로 일어난다"는 것입니다. 이는 정말로 분석에서 감지할 수 있는 어떤 현상과 관련된 문제입니다. 그런데 콤플렉스 중에서 전이 형태로 표현되는 부분이 "그 순간 의식 쪽으로 밀려나오고, 환자는 더할 나위 없이 집요하게 그것으로부터 [스스로를] 방어하고자 한다."

51

여기엔 각주가 하나 달려 있는데 이는 그와 관련된 현상, 실제로 관찰 가능한 현상, 때로는 아주 지나치리만큼 순수한 형태로 관찰되는 현상을 강조합니다. 이 각주는 프로이트의 다른 텍스트에 나오는 어떤 지적과도 일치합니다. "환자가 입을 다물고 있을 경우 이처럼 담화가 끊겨버리는 것은 분석가와 관련된 그의 어떤 생각 때문일 가능성이 많다."

이는 흔히 사용되고는 있지만 제가 저희 학생들에게 신중하게 따져보고 가급적 삼가도록 가르친 기술적 운용으로, 다음과 같은 유형의 물음으로 표현됩니다. "아마도 당신은 나와 관련된 어떤 생각을 하고 있지요?" 이런 물음은 때때로 환자의 담화를 분석가의 겉모습이나 안색, 그의 집기들, 그날 환자를 맞이하는 태도 등과 관련된 몇 가지 표현으로 응결시켜 버립니다. 이런 기술적 운용이 전혀 근거가 없는 것은 아닙니다. 그와 같은 무언가가 그 순간 환자의 정신에 깃들 수 있으며, 그리하여 우리는 그의 연상들에 집중함으로써 그것으로부터 아주 다양한 것들을 끄집어낼 수 있습니다. 하지만 우리는 이따금 더할 나위 없이 순수한 어떤 현상을 만나게 됩니다.

주체가 그때까지 도달했던 것보다 더 진실 되고 더 강렬한 어떤 것을 털어놓을 것 같은 순간에 갑자기 연상을 멈추고 다음과 같은 말을 하는 경우가 있을 것입니다. "갑자기 당신이 제 앞에 있다는 사실을 깨달았어요."

이것은 실제로 저에게 여러 차례 일어났던 일이고 분석가들이라면 쉽게 증언해줄 수 있는 일입니다. 이러한 현상은, 전이라는 형태로 우리의 분석 경험의 틀 자체 안에 끼어든 저항의 구체적 현상과의 관련 하에 발생합니다. 만일 그러한 현상이 특별한 가치를 갖는다면, 이는 주체가 그때 자신이 담화의 한 쪽 면에서 다른 쪽 면으로, 말의 기능의 한 면에서 다른 면으로 갑작스럽게 선회하는 듯한 느낌을 받기 때문입니다.

저는 이렇게 초점이 제대로 파악된 현상을 여러분 앞에 직접 제시하고 싶었습니다. 오늘의 주제를 명백히 해주기 때문인데요. 바로 이 지점에서부터 우리는 다시 질문을 던져볼 수 있을 것입니다.

이러한 걸음을 계속하기 전에 먼저 제가 이야기한 것이 프로이트가 말한 것과 얼마나 일치하는지를 보여드리고자 그의 텍스트를 잠시 주목해볼까 합니다. 여러분은 저항이 어떤 주체에게 어떤 순간 억제된 것, 이를테면 억압된 것이라는 무의식 관념과 맥을 같이 한다는 생각을 잠시 버려야 합니다. 우리가 나중에 방어들의 총체와의 관련 속에서 저항이란 52 용어를 어떤 식으로 확장해서 사용하든 저항은 프로이트가 분석 경험 속에 위치시킨 하나의 현상입니다.

제가 여러분에게 읽어드린 단락에 달린 짧은 각주가 중요한 의미를 갖는 것은 바로 이 때문입니다. — 프로이트는 거기서 아주 분명하게 설명하고 있습니다.

"그럼에도 전이 저항résistance de transfert을 목적으로 선택된 요소가 갖는 특히나 큰 병인적 중요성으로 논의를 마무리지어서는 안 될 것이다." 이것이 바로 제가 지금 여러분에게 말하려고 하는 바인데, 즉 여기서 문제는 주체의 발달 단계들을 동기화한 — 이 단어가 갖는 심층적인 의미에서 — 것들에 대해 우리가 사후에 갖게 되는 관념이 아니라는 겁니다. "전쟁 중이라면 군사들은 어떤 작은 성당이나 농지의 소유권을 놓고 악착같이 싸울 것이다. 하지만 그렇다고 그것으로 교회가 국가의 성전聖殿이며 농지는 군대의 보물이 숨겨져 있다고 추론할 수는 없다. 그러한 장소들의 가치는 전술적인 것이고 이번 한 번의 전투를 위해서만 존재하는 것이다."

저항이라는 현상이 나타나는 것은 주체가 자신에 대해 고백하는 과정 속에서입니다. 그러한 저항이 지나치게 강해지면 전이가 나타납니다.

사실 본문에는 '전이 현상'이라는 표현이 없습니다. 만일 프로이트가 "전이 현상이 일어난다"고 말하려 했다면 그렇게 했겠지요. 이러한 차이가 중요하다는 증거는 이 논문 마지막 부분에 있습니다. "분석에서 어떠한 것도 이보다 더 까다롭진 않다는 점을 시인하자"로 시작되는 이 마지막 문장은 불어로 "저항을 정복하는 것"이라고 번역되어 있는데, 이는 독일어 원문으로는 *die Bezwingung der Überträgunsgsphänomene*, 다시 말해 "전이 현상들을 돌파하기"입니다. 제가 이 문장을 인용한 것은 *Überträgunsgsphänomene*가 프로이트가 직접 사용한 용어라는 것을 여러분에게 보여드리기 위해서입니다. 그렇다면 불역본은 왜 그것을 '저항'이라고 번역한 것일까요? 그러한 번역은 이해가 깊은 것은 물론이고 소양이 풍부한 것과도 거리가 멉니다.

프로이트가 썼던 표현은, 바로 거기서 출현하는 것은 전이 현상 자체가 아니라 전이와 본질적으로 관련이 있는 어떤 현상이라는 것입니다.

나머지 부분에 관해 말하자면, 이 논문에서 줄곧 다루어지는 것은 바로 전이의 동력학입니다. 저는 이 논문에서 제기된 모든 질문들을 전부 다 다루진 않을 텐데, 왜냐하면 그러한 질문들은 분석에서의 전이가 갖는 특수성, 즉 분석에서의 전이는 어디서나 발견되는 것이 아니며 "여기에만 해당되는 전적으로 특수한 기능을 수행한다"는 사실과 관련된 것이기 때문입니다. 이 논문을 직접 읽어보시기 바랍니다. 이 자리에서는 저항에 관한 우리의 연구를 뒷받침하기 위해 참고하는 것에 그쳤지만, 여러분은 이 논문이 전이의 동력학에 관한 문제의 주축을 이루고 있다는 사실을 확인하시게 될 것입니다.

그것은 저항의 본성에 대해 우리에게 무엇을 가르쳐 줄 수 있을까요? 그것은 '누가 말하는가?'라는 문제에 답할 수 있도록 해주며, 그렇게 해서 무의식의 재정복, 재발견이 무엇을 의미하는지를 알 수 있게 해줄 것입니다.

우리는 기억, 기억하기, 기억하는 기술이 무엇을 의미하는지, 그리고 주체로 하여금 자신의 역사를 공식화할 수 있게 해주는 것으로서의 자유연상이 무엇을 의미하는지에 대해 질문을 제기한 바 있습니다. 그런데 이때 주체는 어떻게 되는 것일까요? 그러한 진보가 이루어지는 동안 주체는 줄곧 동일한 주체일까요? 53

바로 여기서 우리는 그러한 진보 속의 매듭, 결합, 본원적 압력, 또는 더 정확히 말해 하나의 저항 등이 포착되는 어떤 현상에 직면하게 됩니다. 저항의 어떤 지점에서 우리는 프로이트가 전이라고 부르고 여기서는 분석가의 인격체의 현재화actualisation라고 부를 수 있는 것이 생겨남을 발견하게 되지요. 이를 저 자신의 분석 경험에서 끄집어내면서, 방금 저는 제가 보기에 가장 민감하고 가장 의미심장한 현상의 한 지점에서 주체가 전이를 좀처럼 쉽게 규정하기 어려운 어떤 것, 즉 눈앞에 있는 것[현존]을 갑작스럽게 감지해내는 상황처럼 느낀다고 말했습니다.

이는 우리가 항상 느낄 수 있는 감정이 아닙니다. 물론 우리는 눈앞에 있는 온갖 종류의 것[현존]들에 의해 영향을 받습니다. 우리 세계가 일관성, 밀도, 경험적 안정성을 갖게 되는 것은 오로지, 우리가 어떤 방식으로든 눈앞에 있는 것[현존]들을 고려하면서도 그것들을 있는 그대로는 깨닫지 못하기 때문입니다. 여러분은 제가 말하는 이러한 감성이 우리가 살면서 부단히 지워버리려 애쓰는 감정임을 잘 알고 있을 겁니다. 매순간 우리가 눈앞의 것[현존]을 그것에 담긴 모든 신비로운 것과 함께 느낀다면 산다는 것은 정말 고단한 일이 되겠지요. 이러한 신비로움은 우리가 거리를 유지하면서 한 마디로 익숙해져야 하는 것입니다.

제가 생각하기에 바로 여기에 우리가 아무리 오랫동안 고민해보아도 지나치지 않을 무엇가가 있습니다. 그래서 우리는 다른 각도에서 그것을 접근해볼까 하는데요. 왜냐하면 프로이트가 가르쳐준 훌륭한 분석 방법이란 체험된 형태들, 행동들뿐만 아니라 분석 관계를 관통하는 어떤 하나의 동일한 관계, 연관, 도식 등을 항상 재발견하는 것이기 때문입니다.

우리에게 중요한 것은 여러 층을 관통하는 심층적 전망, 인식을 세우는 일입니다. 일부 분석 기술을 통해 무차별적으로 상정되곤 하는 이드와 자아 같은 개념들은 아마도 그렇게 단순한 대립쌍이 아닐 것입니다.

우리는 좀 더 복합적인 입체적인 관점을 세워야 합니다.

1년 반 전이니 꽤 오래전 일이지만 『늑대인간』에 관한 제 논평에 참석했던 분들은 그 텍스트에서 특히나 놀라운 몇 가지 사항을 떠올려보시면 좋겠습니다.

프로이트는 환자가 구조화되는 과정에서 아주 특별한 기능을 차지하는 거세 콤플렉스라는 질문을 다루면서 다음과 같이 문제를 공식화한 바 있습니다. 즉 환자에게서 거세 공포가 작동하면서 어떤 증상들이 출현하는데, 이들 증상들은 소화관과 관련된 것들로 나타난다는 점에서 흔히 항문적이라고 불리는 수준에 위치합니다. 그런데 우리는 이 모든 증상을 성관계에 대한 항문적인 개념화라는 영역 내에서 해석하고 그것들이 유아기 성욕 이론의 한 단계의 증거가 된다고 생각할 수 있습니다. 하지만 어떤 근거에서 그럴까요? 거세가 개입한다는 사실만 보면 환자가 이미 생식기적 구조 수준에 올라섰다고 할 수 있지 않을까요? 프로이트는 어떻게 설명할까요? 54

프로이트에 따르면 환자는 유아기에 있어 초기 성숙기 또는 전前성숙기에 도달했고 부분적으로나마 부모와의 관계를 좀 더 생식기적인 형태로 구조화할 수 있을 만큼 성숙했지만, 그럼에도 이 관계에서 자신에게 주어진 동성애적 입장을 거부했고 오이디푸스적 상황을 현실화하지 않았으며 생식기가 현실화되는 수준에 속하는 모든 것을 거부했고 거절했습니다. — 독일어로는 *verwirft*입니다. 이렇게 해서 환자는 그러한 정동적 관계에 대해 자신이 예전에 검증했던 것으로 되돌아가게 됩니다. 성욕에 대한 항문적 이론의 입장으로 후퇴하게 된 것이지요.

이는 어떤 수준에서라면 실현되었을 요소가 배제된 것이라는 의미에서 억압refoulement이라고도 할 수 없습니다. 111쪽에서 프로이트는 억압은 이와는 다른 것이라고 말하고 있습니다. *Eine Verdrängung ist etwas anderes als eine Verwerfung.* 프로이트와의 친분 덕분에라도 좀 더 현명해졌어야 마땅할 사람들이 — 한 뛰어난 인간의 유산을 보관하고 있다고 해서 그의 수호자 노릇을 할 수 있는 것은 아니죠 — 옮긴 불역본에는 이렇게 번역되어 있지요. "억압은 거부하고 선택하는 판단과는 다른 것이다." 어찌하여 *Verwerfung*이란 단어를 이렇게 옮겼을까요? 저도 번역하기가 까다롭다는 것을 인정합니다만, 불어는 …….

이폴리트_ 거부*rejet*라고 하면 어떨까요?

그렇습니다. '거부'입니다. 또는 경우에 따라서는 '거절refus'이겠죠. *Urteil*이라는 말의 흔적조차 찾아볼 수 없는데 도대체 어떻게 해서 갑자기 판단jugement이란 말이 나왔을까요? 원래 쓰인 말은 *Verwerfung*입니다. 거기서부터 3페이지 뒤, 11번째 줄에서 프로이트는 이 구조의 결과물들에 대해 자세히 논의한 후 *Kein Urteil über seine* …… 이라는 말로 마무리를 합니다. 바로 이 단락을 마무리 짓기 위해 처음으로 *Urteil* 이라는 말을 사용합니다. 하지만 위 문장에선 이 단어가 나오지 않습니다. 거세 문제가 실제로 존재하는지에 대해 어떠한 판단도 이루어지지 않았던 것이죠. *Aber etwas so*, 그러나 무언가가 거기에 있다, *als ob sie nicht,* 마치 그것이 존재하지 않는다는 듯이.

이 중요한 지적이 분명히 말해주고 있듯이, 억압이 가능하기 위해서는 억압 이전의 어떤 것, 이미 시원적으로 구성된 최종적인 것, 억압의 첫 번째 핵이 애초부터 존재하고 있어야 합니다. 물론 그러한 핵은 자신을 그러한 것으로 인정하지 않을 뿐 아니라 말로 진술되지 않기에 말 그대로 "마치 존재하지 않는 것처럼" 존재합니다 — 이것이 바로 프로이트가 한 말입니다. 하지만 그럼에도 어떤 의미에서 그것은 어딘가에 존재하는 것인데, 왜냐하면 프로이트가 수시로 말하고 있듯이 그러한 최초의 핵은 차후의 모든 억압을 끌어당기는 인력의 중심이기 때문입니다.

저는 이것이 바로 프로이트의 발견의 핵심 자체라고 말하고 싶습니다.

55

결국 히스테리적 유형이나 강박증적 유형과 같이 어떤 유형의 억압이 어떻게 생겨나는지를 설명하기 위해 선천적 소인에 의지할 필요는 없습니다. 프로이트는 필요할 경우 일반적인 큰 틀로는 몰라도 결코 그러한 소인을 하나의 원칙으로는 인정하고 있지 않습니다. 1898년에 쓴 방어 신경증을 다룬 두 번째 논문 「노이로제에 대한 논평Bemerkungen über Neurosen」을 읽어 보시기 바랍니다.

억압이 취하는 형태들은 그러한 최초의 핵에 의해 이끌려지는데, 당시 프로이트는 이 핵이 어떤 종류의 경험, 즉 그가 트라우마의 본원적 체험이라고 부른 것에서 기인한다고 생각했습니다. 차후에 우리는 '트라우마'가 뜻하는 바가 무엇인지에 대해 다시 다룰 것입니다. 여러 각도에서 생각해보아야 하겠지만, 우선 여기서 여러분이 유념해야 할 것은 그러한 시원적 핵은 억압의 변형태들과는 다른 수준에 있다는 점입니다. 그러한 핵이 억압의 바탕이자 토대입니다.

늑대인간에게 발생한 것의 구조 속에서, 생식기적 경험의 실현에 대한 *Verwerfung*은 전적으로 특별한 순간으로, 프로이트 자신은 그것을 다른 모든 순간들과 구별합니다. 기이하게도, 환자가 자신의 이력[역사]에서 배제된 것, 자신이 말로 표현해낼 수 없는 그것을 극복하기 위해선 프로이트의 강요가 있어야 했습니다. 오직 그럴 때만이 유아기 꿈의 반복적 경험이 제 의미를 갖게 되었고 주체의 역사를 직접적으로 재구성하는 — 재체험하는 것이 아니라 — 것이 가능해졌지요.

사태를 다른 각도에서 접근해 보기 위해 『늑대인간』의 주제를 잠시 보류하겠습니다. 꿈 과정, *Traumvorgänge*을 다루는 『꿈의 해석』 7장을 봅시다.

여기서 프로이트는 우선 이 책에서 자신이 논의한 모든 것을 요약합니다.

이 장의 5절은 다음과 같은 멋진 문장으로 시작됩니다. "일련의 연속적인 기술記述을 통해 — 왜냐하면 그는 자신이 꿈에 대해 이미 설명한 모든 것을 여러 번 다시 다듬고 있기 때문이지요 — 복잡한 과정의 동시성을 표현하기는 매우 어려우며, 동시에 선입견 없이 각각의 새로운 설명에 착수하는 듯 보이기도 매우 어렵다."

이는 우리의 경험에 의해 항시 제기되는 문제를 끊임없이 다시 거론할 때 저 자신도 느끼게 되는 어려움이기도 합니다. 우리는 다양한 형태로 매번 그러한 문제를 새로운 각도에서 새롭게 제기해야 하기 때문인데요. 프로이트는 우리에게 매번 백지 상태에서 새로 시작해야 한다고 설명합니다.

7장의 논의에서는 정말이지 아주 특별한 무언가를 분명하게 느낄 수 있을 만큼의 진전이 이루어집니다. 여기서 프로이트는 떠올린 꿈이 정당한 것인가에 대해 제기될 수 있는 온갖 이의를 열거합니다. 꿈이란 무엇인가? 주체가 꿈을 갖고 행한 재구성은 정확한 것일까? 사후의 진술이 꿈에 뒤섞여들지 않는다고 보장할 수 있겠는가? 모든 꿈은 순간적인 것이고 주체의 말이 거기에 어떤 이야기를 입힌 것은 아닐까? 프로이트는 이 모든 의혹이 전혀 근거 없는 것임을 보여주면서 그것들을 떨쳐버립니다. 이를 위해 다음과 같은 아주 특이한 사항을 강조합니다. 즉 주체가 우리에게 제시하는 텍스트가 불확실하면 할수록 그것은 그만큼 더 의미심장하다는 것입니다. 주체로부터 꿈 이야기를 들으면서 그것의 의미가 56 드러나는 순간을 기다릴 때 프로이트로 하여금 거기서 중요한 부분을 알아보게 해주는 것은 바로 주체가 꿈의 몇몇 부분에 대해 의심을 제기하고 있다는 사실 자체입니다. 주체가 의심을 품고 있다는 사실 때문에 우리는 확신할 수 있다는 겁니다.

그러나 7장의 논의가 진전됨에 따라, 절차가 간소화되어 결국에는 주체가 아무것도 이야기할 수 없는 완전히 망각된 꿈이 가장 중요한 꿈이 되기에 이릅니다. 프로이트는 대략 다음과 같이 말합니다. "우리는 종종 분석을 통해 망각을 통해 잃어버렸던 모든 것을 재발견할 수 있다. 적어도 일련의 경우에서 우리는 몇몇 편린들 덕분에, 부차적 지위를 갖는 꿈 자체가 아니라 그것의 기반이 되는 생각들을 재발견할 수 있게 된다." 앞서 제가 여러분에게 말한 것은 바로 이것, 더 이상 남아 있지 않은 꿈의 "몇몇 편린들"입니다.

무엇이 또한 프로이트의 관심을 끌고 있는 걸까요? 거기서 우리는 "꿈의 기반이 되는 생각들"과 마주칩니다.

심리학을 공부한 사람들에게 "생각"이란 용어만큼 다루기 어려운 용어도 없을 겁니다. 그런데 우리가 심리학에서 배운 것처럼 생각이란 항시 머릿속에서 굴리고 있는 것을 말합니다. 생각하는 데 익숙한 사람들이 그렇듯이 말이죠.

하지만 『꿈의 해석』 전체를 통해 우리는 "꿈의 기반이 되는 생각들"이란 이미지가 동반된 것이든 아니든 생각이란 것을 현상학적으로 연구하면서 염두에 두는 것이 아님을 충분히 이해했을 것입니다. 그것은 우리가 흔히 말하는 생각이 아닙니다. 왜냐하면 여기서 항상 문제가 되는 것은 어떤 욕망이기 때문이지요.

다들 아시다시피 우리는 이 연구를 진행해오면서 욕망이 수건돌리기 놀이의 수건처럼 사라짐과 나타남을 번갈아가며 내달린다는 것을 깨닫게 되었습니다. 결국 우리는 여전히 욕망이 위치한 곳이 무의식의 차원인지 의식의 차원인지를 알지 못합니다. 그리고 그것이 누구의 욕망이며 특히 어떤 결여로 인한 욕망인지도 알지 못합니다.

프로이트는 『정신분석입문』을 인용하고 있는 한 작은 각주에서 자신이 말하고자 하는 바를 예를 들어 설명합니다.

프로이트에 대해 관심이 많으면서도 동시에 그를 미더워 하지 않는 한 여자 환자가 자신이 꾼 긴 꿈에 대해 그에게 이야기한 적이 있습니다. 그녀는 그 꿈에서 어떤 사람들이 자신에게 *Witz*를 다룬 프로이트의 책에 대해 이야기하면서 그것을 극찬했다고 말했습니다. 여기까지는 별 이상이 없는 것처럼 보입니다. 다음엔 또 다른 것이 문제가 되는데, 꿈에서 남겨진 것은 바로 *Canal*이라는 단어뿐입니다. 아마 이 *canal*이란 단어가 등장하는 또 다른 책이나 이 단어가 문제가 되는 뭔가가 있을 테지만, 그것은 그녀가 전혀 알지 못했으며 완벽하게 어둠에 쌓여 있는 것입니다.

그리하여 남아 있는 것이라곤 *canal*뿐입니다. 우리는 그것이 무엇과 관계되는지, 어디서 온 것인지, 어디로 갈 것인지 전혀 알지 못합니다. 프로이트는 불확실한 기운에 둘러싸인 아주 작은 단편에 지나지 않지만 이것이야말로 가장 흥미로운 것이라고 말합니다.

그것이 가리키는 것은 무엇일까요? 당일이 아닌 다음날, 그녀는 *canal*과 관련해 뭔가 생각나는 것이 있다고 말합니다. 그녀가 생각해낸 것은 바로 어떤 재담입니다. 한 영국인과 한 프랑스인이 도버에서 칼레까

57

지 횡단하는 배 위에서 대화를 나눕니다. 대화 도중 영국인은 다음과 같은 유명한 이야기를 인용합니다. "숭고함과 우스꽝스러움은 한 걸음pas 차이다." 그러자 프랑스 신사가 점잖게 이렇게 응수합니다. "그렇지요. 파드칼레Pas-de-Calais밖에 안 됩니다." 파드칼레는 영불해협의 수로*canal*입니다. 따라서 우리는 여기서 다시 *canal*을 만나게 됩니다. 이와 동시에 우리는 또 무엇을 만나게 될까요? 우리는 여기서 주의해야 할 텐데, 왜냐하면 그것은 저항의 순간에 현존이 갑자기 출현하는 것과 동일한 기능을 하기 때문입니다. 의심 많은 여자 환자는 이전에 프로이트의 재담 이론의 장점에 대해 오랫동안 토론한 적이 있습니다. 그러한 토론이 있고 난 후 그녀는 무슨 말을 해야 할지 망설이게 되는데, 그 순간 그러한 현존의 출현과 동일한 현상이 나타나게 됩니다. 마치 "저항이 전이라는 모습으로 나타나는" 것처럼 말이죠. — 요 전날 만노니가 했던 이 말은 산파의 입장에서 한 말이기에 제게는 아주 적절해 보입니다.

"숭고함과 우스꽝스러움은 한 걸음 차이다." 바로 이것이 꿈이 청자에게 매달리는[걸려드는] 지점인데 왜냐하면 이 부분은 [이 꿈 이야기를 듣고 있는] 프로이트를 향한 말이었기 때문입니다.

이렇듯, 보잘 것 없는 단어인 *canal*이 연상 후에는 의심할 여지가 없을 만큼 분명한 것이 됩니다.

또 다른 예들을 들어봅시다.

프로이트가 사태의 분류에 민감했다는 것은 너무나 잘 알려진 사실입니다. 그는 아무 이유 없이 어떤 것들을 특정한 장章에다 모아놓진 않습니다. 가령 꿈에 어떤 특정한 방향이 생기면 특히나 언어적인 차원에 속하는 현상들이 꿈속에 나타납니다. 주체는 의식이 멀쩡한 상태에서 말의 오류를 범하게 됩니다. 꿈속에서 누군가가 그것을 바로잡아 주려고 참견하는 바람에 그것이 잘못 말해진 것이라는 사실을 알게 됩니다. 따라서 중대한 지점에서 어떤 각색이 일어난 것인데, 이는 우리 눈에는 이등분된 것처럼 기능하는 잘못된 각색입니다. 하지만 이 이야기는 여기서 접도록 합시다.

다시 한 번 프로이트가 1898년의『일상생활의 정신병리학』1장에서 제시했던 유명한 예 — 오늘 아침 다소 우연히 그것을 골랐지요 — 를 들어보기로 합시다. 이름 망각과 관련해 프로이트는 어느 날 여행 중에 말동무와 대화를 나누던 중 오르비에토 성당의 유명한 프레스코화를 그린 화가 이름을 기억해내는 데 겪었던 어려움을 예로 들고 있습니다. 이 대작은 세상 최후의 날에 어떤 현상이 벌어지게 될지를 적그리스도의 출현을 중심으로 표현한 그림이었지요. 이 프레스코화를 그린 작가는 시뇨렐리인데, 프로이트는 이 이름을 기억해내지 못했습니다. 시뇨렐리라는 이름은 기억해내지 못했고 대신 — 그게 아니라 이것이야 — 보티첼리Botticelli, 볼트라피오Boltraffio …… 등의 다른 이름이 떠올랐습니다.

분석 과정을 통해 결국 프로이트는 그 이름에 이를 수 있었습니다. 실제로 이처럼 사소한 현상은 무에서 솟아난 것이 아니며, 어떤 대화의 텍스트 속에 끼어 있던 것입니다. 그때 그들은 라구사를 떠나 달마티아 내륙 지방으로 향하던 중으로 오스트리아 제국 국경 근처의 보스니아-헤르체고비나Bosnie-Herzégovine에 있었습니다. 보스니아라는 단어로부터 몇 개의 일화가 등장하는데, 이는 헤르체고비나에 대해서도 마찬가지입니다. 그러고 나서 이슬람 고객들은 어떻게 보면 무지하지만 이 경우에는 그게 오히려 극도의 공손함을 의미할 수 있었다는 식으로, 유난히 호의적인 그들의 성향에 대한 약간의 언급이 나옵니다. 의사 — 프로이트와 대화를 나눈 사람은 실제로 그 지역에서 활동하는 의사인 듯 보입니다

— 가 환자가 불치병에 걸렸다는 아주 나쁜 소식을 전하자 그들은 의사에게 적대감 같은 것을 드러내면서도 곧바로 이렇게 말했습니다. "뭔가 할 수 있는 일이 있었다면, 그것을 할 수 있는 사람은 분명 선생님*Herr*이셨을 겁니다." 당시 그들은 자신들이 순응하지 않을 수 없는 어떤 사태에 직면한 것인데, 바로 이것이 그들이 의사를 *Herr*라고 부르면서 그에게 신중하고 예의바르며 공손한 태도를 보인 이유입니다. 이 모든 것은 프로이트에게 문제가 된 저 의미심장한 망각이 끼어 있던 대화의 후속 부분이 자리 잡게 될 배경을 이룹니다.

프로이트는 자신이 한동안 대화에 잘 참여하다가 어느 순간부터 자신의 주의가 다른 곳에 팔리게 되었다는 점을 지적합니다. 그는 심지어 자신이 말하는 동안에도 이 의학 이야기에 이끌려 딴 생각을 하고 있었다고 말합니다.

한편으로 그의 머릿속엔 환자들, 특히 이슬람 환자들이 성기능들과 관련된 모든 것을 중시한다는 사실이 떠올랐습니다. 성기능 장애로 그에게 상담받았던 한 환자는 그에게 다음과 같이 말했지요. "만일 그 일을 못하게 된다면 인생은 더 이상 살만한 가치가 없을 겁니다." 다른 한 편 그는 자신이 머물렀던 어떤 곳에서 자신이 아주 오랫동안 보살폈던 한 환자의 죽음을 전해들은 일을 기억해냅니다. 그러한 소식은 마음의 동요 없이는 들을 수 없는 것이라고 프로이트는 말합니다. 프로이트는 성생활을 중시하는 것과 관련된 생각들을 말하고 싶지 않았는데, 자신이 대화를 나누던 사람을 신뢰할 수 없었기 때문입니다. 그러고 나서 환자의 죽음에 대한 생각을 쉽사리 떨쳐버릴 수 없었습니다. 하지만 이 모든 것을 생각하면서 그는 자신이 하는 말에서 주의를 딴 데로 돌렸습니다.

프로이트는 본문 안에 *Botticelli, Boltraffio, Herzégovine, Signorelli*

와 같은 이름들을 몽땅 적어놓은 아주 재밌는 작은 그림을 하나 그려놓고 — 이마고판을 참조하시기 바랍니다 — 밑에는 억압된 사고들, *Herr*라는 소리와 질문을 적었습니다. 그 결과는 바로 나머지로 남게 된 부분입니다. *Signor*라는 말은 그처럼 예의바른 이슬람인들의 *Herr*라는 말에 의해 부름을 받고 트라피오Traffio는 그가 자기 환자의 죽음에 충격을 받았다는 사실에 의해 부름을 받게 되었지요. 그의 담화가 오르비에토 성당의 프레스코화를 그린 화가 이름을 떠올리려 애쓰는 순간 그가 다시 찾아낼 수 있었던 것은, 이슬람교도들의 성적 이야기에 관한 생각들이나 죽음이란 주제 등과 같이 그가 '억압된 것'이라고 부른 것에 의해 몇 가지 기본 요소가 불려나간 후에도 여전히 그의 수중에 있는 부분입니다.

이는 무엇을 의미할까요? 이는 억압된 것이 완전하게는 억압되지 않았음을 의미합니다. 이는 프로이트가 자신의 길동무에겐 이야기하지 않더라도 곧 그것을 텍스트 속에서 털어놓고 있다는 데서 드러납니다. 그러나 모든 상황은 마치 이러한 단어들이 — 음절들은 단어의 일부이지만 59 그럼에도 개별적 단어로서의 생명을 갖고 있으므로 우리는 그것들을 단어처럼 간주할 수 있습니다 — 프로이트가 실제로 자신의 대화 상대에게 말했어야 하는 담화의 일부분인 양 일어나고 있지요. 말할 준비는 되었지만 말하진 않았다는 겁니다. 그것이 그의 관심을 사로잡은 것이며 그가 말할 준비가 되어 있었던 것인데, 그것을 말하지 않았기 때문에 대화 상대와의 이후의 관계 속에서 여전히 그러한 말의 부스러기들, 조각들, 자투리들이 그에게 남게 된 겁니다.

여기서 현실 수준에서 일어난 이 현상이 얼마나 꿈 수준에서 일어나는 것을 보충하고 있는지를 볼 수 있지 않습니까? 우리가 목격하는 것, 그것은 바로 진실한véridique 말의 출현입니다.

이 진실한 말이 멀리까지 울려 퍼질 수 있음은 당연지사입니다. 그러한 말 속에 현존하는 절대자인 죽음, 프로이트가 대면하지 않기를 원했던 바로 저 죽음 — 프로이트는 그것이 반드시 그의 대화 상대 때문만은 아니라고 말하고 있습니다 — 이 아니라면 무엇이 문제일까요? 죽음 문제가 의사에게 지배 문제로 경험된다는 사실 또한 당연한 이야기입니다. 그런데 해당 의사였던 프로이트는 여느 의사들처럼 패배했습니다. — 오랫동안 보살폈던 환자가 죽게 되면, 우리는 그런 느낌을 받지 않을 수 없겠지요.

그렇다면 누가 시뇨렐리의 머리 부분을 잘라버린 것일까요? 모든 것이 실제로 이 이름의 첫 부분과 그것의 의미론적 반향에 집중됩니다. 자기 존재의 가장 밑바닥에 자리 잡은 비밀을 드러내 줄 수 있을 어떤 것이 말해지지 않는 한, 그는 오로지 그러한 말의 자투리를 통해 타자에게 매달릴 수밖에 없습니다. 부스러기들만 남을 뿐이지요. 여기서 망각 현상은 타자와의 관계 속에서 말이 문자 그대로 퇴화하는 것을 통해 나타납니다.

그런데 — 바로 여기가 제가 이 예들을 통해 도달하고자 한 곳입니다 — 말이 타자에게 매달리는 쪽으로 완전히 기우는 것은 존재의 고백이 종점에 도달하지 못하는 한에서입니다.

말의 본질이라고 하는 것을 생각해본다면 타자에게 매달린다는 것은 그리 이상한 일이 아닙니다. 말은 당연히 매개médiation, 주체와 타자의 매개입니다. 말은 매개 자체 속에서 타자가 현실화된다는 것을 함축합니다. 타자의 현실화에 본질적인 요소는 말이 우리를 타자와 묶어줄 수 있다는 점입니다. 지금까지 저는 여러분에게 바로 이 점을 중점적으로 가르쳐왔는데, 왜냐하면 우리의 위치가 끊임없이 바뀌는 것은 바로 그러한 차원에서 연유한 것이기 때문이지요.

그러나 말에는 계시révélation라고 하는 또 다른 측면이 있습니다.

표현expression이 아니라 계시입니다. 변형, *Entstellung*, 왜곡, 전위 등을 통해서가 아니라면 무의식은 결코 표현되지 않습니다. 저는 올 여름 「말의 기능과 언어의 장」을 집필하면서 의도적으로 표현이라는 용어를 사용하지 않았는데, 이는 프로이트의 저작 전체가 표현이 아니라 계시 차원에서 전개되고 있기 때문입니다. 계시는 분석 경험 속에서 우리가 찾는 것의 궁극적 원천이 되는 것입니다.

저항이 나타나는 시점은 바로 이 계시의 말이 나타나지 않는 순간, — 스트레바Streba는 형편없으면서도 매우 순진한 한 논문에서 자아의 반쪽이 우리의 도움으로 다른 반쪽을 상대하는 식의 자아의 양분화에 초점을 맞추어 모든 분석 경험을 설명하고 있는데, 그때 그가 매우 공을 들여 기술하는 것이 바로 이 부분입니다 — 주체가 더 이상 거기서 빠져나올 수 없는 순간입니다. 말을 향해 밀려나온 것이 말에 도달할 수 없기 때문에 주체는 타자에 매달리게 됩니다. 무언가가 말의 도래를 불가능하게 만들어서 말이 도래하다 중단되는 것은 분석에서 말이 [매개라는] 자신의 첫 번째 측면으로 완전히 기울어지면서 타자와의 관계 맺기라는 기능으로 환원되는 주축점입니다. 따라서 말이 매개로 기능한다면, 이는 말이 계시를 완수하지 못했기 때문입니다.

60

여전히 문제는 타자로의 매달림[타자를 걸고넘어짐]이 어떤 수준에서 일어나느냐는 것입니다. 언젠가 혹자가 분석 기술을 이론화하고 교리화하고 그러한 기술 속에 몸담는 어떤 방식 때문에, 다시 말해 주체가 타자 그 자체를 현실화하는 것을 분석 요법의 선결 조건 중의 하나로 제시했기 때문에 바보 취급받았던 것처럼, 우리도 바보가 되어야 합니다. 당연히 이는 바보 같은 짓이지요. 하지만 문제는 이 타자가 어떤 차원에서 현실화되는가를, 타자가 어떻게, 어떤 기능 속에서, 그의 주체성의 어떤 반경, 어떤 거리 속에서 존재하는지를 아는 것입니다.

분석 경험이 진행되는 동안 이러한 거리는 끊임없이 변합니다. 그러한 거리를 주체의 어떤 일정한 단계처럼 생각한다면 이는 정말 어리석은 짓이지요.

피아제 선생이 유아가 세계에 대해 자아 중심적 관념을 갖고 있다고 말하게 된 것도 바로 그런 식으로 생각했기 때문입니다. 이 주제에 대해서 어른들이 우월한 양 유아에게 설교할 것이 있다는 건데요! 타자를 누가 더 잘 이해하는가라는 문제를 놓고 신의 저울 위에 올려놓았을 때 저울이 과연 어느 쪽으로 기울어질지, 교수라는 직위에 연세도 지긋하신 피아제 선생 쪽일지 어린 아이 쪽일지 자못 궁금할 따름입니다. 아시다시피 유아는 어른이 세계의 의미에 대해 알려주는 모든 것에 놀랄 만큼 개방적입니다. 여러분은 타자에 대한 느낌이라고 하는 것과 관련해 신화, 전설, 요정 이야기, 역사 등 모든 것에 놀랄 만치 잘 빠져들고 너무나 쉽게 이야기 속에 몰입해버린다는 것이 무엇을 의미하는지를 한 번이라도 생각해 보신 적이 있으신지요? 여러분은 그것이 피아제가 아이가 코페르니쿠스적 세계 인식에 도달했음을 보여주기 위해 참고했던 벽돌쌓기 놀이와 어울린다고 생각하시는지요?

문제는 어떻게 해서 현존이라는 그토록 신비로운 느낌이 어느 한 순간에 타자를 겨냥하게 되는가 하는 것입니다. 그러한 느낌은 「전이의 동력학」에서 프로이트가 말한 것, 다시 말해 주체의 애정생활뿐만 아니라 그가 세계를 구축해가는 데서의 모든 선결 과정들에 통합되어 있다고 할 수 있을 겁니다.

만일 말이 굴절되는 최초의 순간을, 다시 말해 주체에게 진리의 실현이 굴절되는 첫 번째 순간을, 타자를 파악하기 시작하는 첫 번째 수준을 구별해내야 한다면, 저는 오늘 이 자리에 참석한, 제 밑에서 지도를 받고 있는 한 분석가의 말을 빌어 이렇게 표현할 수 있을 것입니다. 제가 "이번 주엔 당신 환자가 당신을 어떻게 대하던가요?"라고 묻자 그는 제가 그러한 말의 굴절 속에 자리매김하고자 했던 상황과 정확히 일치하는 이 61 야기를 했습니다. "그는 저를 증인으로 삼았습니다." 그런데 사실 이는 말이 지닌 가장 고양된 기능이면서도 또한 이미 굴절되어진 기능 중의 하나입니다. 바로 증인삼기prise à témoin라는 기능이지요.

조금만 더 멀리 나아가면 그것은 유혹이 될 겁니다. 그리고 거기서 조금 더 멀리 나아가면 심지어 말이 — 분석 경험이 잘 보여주었듯이 — 좀 더 상징적인 어떤 기능, 좀 더 심층의 어떤 본능적 만족으로 변질되는 어떤 놀이 속에서 타자를 사로잡으려는 시도가 생길 것입니다. 그것의 종착점이 어디인지는 굳이 따져볼 필요도 없습니다. 결국 전이 현상들 속에서 말의 기능이 완전히 해체될 텐데, 이는 프로이트가 적고 있듯이 주체가 완전히 자유로운 상태에서 정확히 자기 마음대로 할 수 있게 되는 순간입니다.

궁극적으로 이러한 고찰을 통해 우리가 다다르게 되는 것, 그것은 제가 말의 기능들에 관한 보고서에서 확인했던 출발점인 빈 말과 꽉 찬 말의 대립이 아닐까요? 꽉 찬 말이란 주체의 진리를 실현한다는 점에서 꽉 찬 것입니다. 빈 말이란 주체가 지금 여기서*hic et nunc* 분석가와 관련된 무엇으로 인해 비어 있는 말인데, 여기서 주체는 언어 체계의 간계들에 빠져, 즉 많건 적건 자신이 받아야 할 몫이 있는 문화적 환경에 의해 주어진 참조 체계들의 미로에 빠져 방황하게 됩니다. 이 두 극단 사이에서 말이 실현되는 모든 단계가 펼쳐집니다.

이런 관점은 우리를 정확히 다음과 같은 사실로 인도합니다. 즉 문제의 저항은 자신의 결과물들을 자아의 체계에 투사하는데, 이 자아의 체계란 이를 테면 타자의 체계가 없이는 생각조차 할 수 없는 것입니다. 자아는 타자를 참조합니다. 자아는 타자와의 관계를 통해 구성됩니다. 자아는 타자와 상관적인 것입니다. 주체가 타자를 체험하는 차원은 말 그대로 자아가 주체로서 존재하는 차원입니다.

실제로 저항은 자아와 타자로 이루어진 체계 속에서 구체화됩니다. 저항은 분석의 이런저런 순간에 그와 같은 체계 속에서 실현됩니다. 하지만 저항이 시작되는 곳은 다른 곳입니다. 즉 저항은 주체가 '자신의' 진리가 실현되는 영역에 도달할 수 없다는 무력감에서 시작됩니다. 말의 행위는 어떤 주체가 가진 성격이나 구조의 고착에 의해 다소간 규정되기 때문에, 항상 주체가 타자와 관계 맺는 어떤 일정한 양식 속에서, 어떤 일정한 수준 속에서 펼쳐집니다.

바로 이 지점에서 분석가의 위치가 갖는 역설을 보시기 바랍니다. 분석가인 제가 개입할 수 있는 순간은 주체의 말이 가장 충만할 때입니다. 그런데 저는 무엇에 대해 개입하는 것일까요? 바로 주체의 담화에 대해서입니다. 담화가 주체에게 내밀하면 내밀할수록 저는 담화에 보다 초점을 맞추게 될 것입니다. 하지만 그 역 또한 사실인데, 즉 그의 말이 비어있을수록 저 또한 타자에 더 매달리게 됩니다. 다시 말해 흔히들 말하는 저항 분석에서 항시 그래왔던 것처럼, 저는 주체의 담화의 저 너머를 찾으려고 하게 됩니다. 여기서 잘 생각해야 합니다. 담화 저 너머라는 것은 어디에도 존재하지 않습니다. 담화 저 너머란 주체가 실현해야 하지만 당연히 그렇지 못한 곳이지요. 그렇기 때문에 주체가 그 순간 저 너머를 실현하는 수준에서, 그곳은 분석가 자신의 투사들로 이루어집니다.

지난 시간에 저는 의도에 의거해서 해석하거나 의도를 부과하는 일[62]이 얼마나 위험한지를 보여준 바 있습니다. 그러한 일은 검증된 것이든 아니든 검증 대상이 될 수 있든 없든 실제로 어떤 투사 체계만큼이나 검증되기 어려운 것입니다. 그런데 바로 이것이 분석이 당면한 어려움입니다.

우리가 저항을 해석한다고 할 때 만나게 되는 것이 바로 이런 어려움입니다. — 어떻게 우리는 말의 관계의 밀도가 이렇듯 낮은 수준에서 작업할 수 있을까요? 말의 과정이 퇴색됨으로써 귀착된, 자아와 또 다른 자아*alter ego* 간의 상호 심리 속에서 우리는 어떻게 작업할 수 있을까요? 바꿔 말해 말에 대한 개입으로서의 해석과 피분석자와 분석가를 항상 상호적으로 함축하는 자아 수준 사이에는 어떤 관계들이 가능할까요? 말의 기능이 타자 쪽으로 너무 기울어져버려 그러한 말이 더 이상 매개 기능조차 수행하지 못하고 단지 암묵적 폭력이 되어버릴 때, 다시 말해 타자가 주체의 자아와 상관적인 하나의 기능으로 축소된다면, 분석 경험 속에서 말을 여전히 적법하게 운용하기 위해서는 무엇이 필요할까요?

여러분은 이 문제가 얼마나 복잡 미묘한 것인지를 느끼실 겁니다. 이는 우리를 다음과 같은 질문으로 인도합니다. 즉 타자 속의 버팀목은 무엇을 뜻할까요? 버팀목 역할을 충실히 해내면 해낼수록 왜 타자는 점점 더 진정한 타자가 되지 못하는 것일까요?

이러한 악순환에서 빠져나오는 것이 바로 분석을 통해 해야 할 일입니다. 정신분석 기술의 역사 속에서 저항과 관련해 자아의 측면이 한층 더 강조된 만큼 우리는 그러한 악순환에 더 깊숙이 빠져 있는 것은 아닐까요? 동일한 문제가 다음과 같이 표현될 수도 있습니다. 왜 주체는 스스로 자아임을 내세우면 내세울수록 더 자신으로부터 소외되는 것일까요?

이렇게 해서 우리는 지난 시간에 제기했던 문제로 되돌아가게 됩니다. 즉 자아 너머에서 자신을 인정받으려고 하는 자는 도대체 누구일까요?

1954년 2월 3일

5

프로이트의 *Verneinung*에 관한 이폴리트의 발표에 대한 소개와 답변

언어의 교차
철학적 훈련들
환각의 구조
타자와의 모든 관계 속에서의 부인

지난 시간에 참석하신 분들은 프로이트의 「전이의 동역학」의 핵심 단락에 관한 논의를 들으셨을 겁니다.

그에 관한 모든 논의의 취지는 전이라는 주요한 현상은 저항 운동의 기반이라고 불릴 수 있는 것에서 출발한다는 것을 보여주는 데 있었지요. 저는 환자의 말이 청자이자 증인인 분석가의 현존을 향해 기울어질 때가 저항이 가장 핵심적인 기반 속에서 드러나는 순간 — 분석 이론에서 감추어진 채로 남아 있던 순간 — 임을 지적했습니다. 환자가 말을 멈추는 순간은 통상 진리에 접근하는 가장 중대한 순간입니다. 그때 우리는 분석가의 현존에 대한 느낌, 종종 불안으로 물든 느낌 속에서 절정을 이루는 순수한 상태의 저항을 감지할 수 있습니다.

또한 저는 환자가 말을 멈출 때 분석가가 "당신은 지금 분석가인 저와 관련된 무언가를 생각하고 계신거지요?"라는 질문 — 프로이트가 지시했다는 이유로 일부 분석가들이 거의 무조건적으로 던지는 질문 — 을 던지는 것은 담화로 하여금 분석가를 향해 응결짓도록 만드는 과격한 행동주의[과격한 개입]activisme에 지나지 않는다는 것을 말씀드렸습니다. 이러한 응결은 한 가지 사실을 분명히 해줄 뿐인데, 즉 환자의 담화는 그것의 무의식적 기반이 계시되는 충만한 말에 도달하지 못하는 한 벌써 분석가를 향해 말을 걸면서 분석가의 관심을 끌려고 하고 소위 자아라는 소외된 존재 형태에 의해 지탱된다는 겁니다.

64

1

자아와 타자의 관계, 주체와 또 하나의 자기 자신, 다시 말해 자신의 동류와의 관계는, 주체가 처음에 그러한 동류와의 관계 속에서 자신을 형성하는 만큼 인간을 구성하는 하나의 본질적 구조입니다.

바로 이러한 상상적 기능에서 출발해 우리는 분석에서 자아가 무엇인지를 이해하고 설명할 수 있을 것입니다. 저는 심리학에서 말하는 자아, 즉 종합 기능을 수행하는 자아를 말하는 것이 아니라 정신분석에서의 자아, 바로 동력학적 기능으로서의 자아를 말하고 있는 것입니다. 정신분석에서의 자아는 방어와 거부로서 모습을 드러냅니다. 이론적으로 나중에, 나중에야 비로소 지극히 심원하고 더없이 오인된 충동들pulsions이란 이름으로 지칭될 어떤 것을 통합하는 데서 주체가 보이게 되는 일련의 대립들의 역사 전체가 거기에 기입됩니다. 바꿔 말하면 프로이트가 아주 훌륭하게 지적한 바 있는 저항의 순간들 속에서 우리는 분석 경험이 진행되는 운동 자체가 어떻게 해서 자아의 근본 기능인 오인méconnaissance을 두드러지게 하는지를 이해하게 됩니다.

저는 꿈 분석에 관해 논하면서 여러분에게 프로이트의 연구의 원동력, 핵심점을 보여준 바 있습니다. 그것을 통해 여러분은 어느 정도로 프로이트의 꿈 분석이 꿈이 말의 기능을 갖고 있다는 것을 전제하고 있는지를 역설적이다시피 한 형태로 확인할 수 있었을 겁니다. 이는 환자가 프로이트에게로 관심을 완전히 돌리게 되는 바로 그 순간에 프로이트가 사라져버린 어떤 꿈의 마지막 흔적을 포착해냈다는 사실에서 입증됩니다. 우리가 꿈의 전이적인 끝자락을 재발견하게 되는 것은 정확히 그러한 꿈이 하나의 흔적, 파편, 떨어져 나온 하나의 어휘로 남게 될 때입니다. 저는 분석 세션 중의 전환점이 될 수 있는 저 의미심장한 독특한 침묵에 관해 이미 언급한 바 있습니다. 꿈도 결국 동일한 운동을 모델로 형성되지요.

또한 저는 주체에 의해 거절, *verworfen*됨으로써 진술되지 못한 말이 무엇을 의미하는지를 여러분에게 보여드렸습니다. 저는 여러분에게 단어 망각 — 이것은 『일상생활의 정신병리학』에서 발췌한 예지요 — 속에서 말 자체가 얼마나 중요한 것인지를 구체적으로 보여드렸지요. 또 저는 주체가 말해야 했지만 그렇지 못한 부분과 앞으로 타자에게 해야 할 나머지 말이 얼마나 다른지도 보여드렸습니다. 우리가 들고 있는 사례에서는 프로이트가 헤르*Herr*라는 단어의 영향으로 시뇨렐리라는 이름을 까먹게 됩니다. 프로이트는 대화 상대 앞에서 *Herr*라는 단어를 충만한 의미와 더불어 잠재적으로 환기하는 듯하더니, 잠시 후 시뇨렐리라는 이름을 기억해낼 수 없게 됩니다. 따라서 저항과 분석 경험의 동력학 사이의 근본적 관계를 드러내는 이러한 순간을 통해 우리는 자아와 말, 이 두 항 사이로 수렴할 수 있는 어떤 문제로 이끌리게 됩니다.

이는 여태껏 별로 생각해보지 않은 문제입니다 — 그럼에도 우리에게 중요한 연구 대상이 될 것입니다. 가령 페니헬 선생은 어딘가에서, 주

체에게 말의 의미가 분명해지는 것은 의심의 여지없이 자아를 통해서라
65 고 말하기까지 합니다. 분석가가 아니더라도 그러한 견해가 반박될 수밖에 없다는 것 정도는 어렵지 않게 알 수 있습니다. 자아가 실제로 우리의 운동 현상들을 조종하고 이에 따라 단어라고 불리는 소리들의 발화를 조종한다는 점을 인정한다고 해도 우리의 담화 속에서 자아가 현실적으로 단어들에 함축된 모든 것의 주인이라고 말할 수 있을까요?

상징적 체계는 극도로 복잡하게 얽혀 있습니다. 그것은 *Verschlungenheit*, '교차의 속성'에 의해 각인되어 있습니다. 이것은 『기술론』의 불역본에서는 '복합성'이라 번역되어 있는데 이는 정말이지 너무나 약한 표현입니다. *Verschlungenheit*는 언어적 교차를 가리킵니다. 모든 언어적 상징은 쉽게 따로 분리되지만, 그럼에도 전체와 하나를 이루고 있을 뿐 아니라 그러한 상징을 여러 영역 속에 동시에 위치시키는 모순적인 과잉결정, 중첩 등의 거대한 연쇄에 의해 관통되고 재구성됩니다. 우리 담화의 활동 무대인 이 언어 체계는 우리가 그것에 부과할 수 있는 모든 의도들, 하지만 일시적인 것에 지나지 않는 의도들을 완전히 넘어서는 무언가가 아닐까요?

상징적 체계는 우리가 하나하나 익히고 배우는 것이 아니라 우리가 개인으로 안에 편입될 전통을 통해 구성되는데, 분석 경험은 바로 그러한 상징적 체계 내에 이미 함축된 풍요로움, 양의성 등과 같은 기능에 기초해 성립됩니다. 매순간 분석 경험은 주체에게 그가 말한다고 생각하는 것보다 더 많은 것을 말하고 있다는 — 문제를 오로지 이런 관점에서 접근하자면 — 사실을 보여주는 것으로 이루어집니다.

우리는 문제를 발생론적 관점에서 바라볼 수도 있을 것입니다. 하지만 그렇게 되면 심리학적 연구로 귀착하게 될 것이고, 결국 지금 여기선

다룰 수 없을 만큼 너무 멀리 벗어나게 될 것입니다. 그럼에도 아이가 처음 말을 하기 시작할 때 보이는 운동 통제력을 갖고 진정한 언어 습득의 여부를 판단할 수 있는 것이 아님은 이론의 여지가 없는 듯이 보입니다. 관찰자들이 흔히 하는 것처럼 어휘들의 목록을 작성해서 검토해보아도 실제로 운동 표상 안에서 출현한 단어들이 얼마만큼 상징적 체계 전체를 이해하기 시작한 결과인지는 여전히 알 수 없습니다.

임상을 통해 분명히 밝혀진 대로 아이 입에서 처음 나온 말들은 전적으로 우연적인 의미를 갖습니다. 아이들의 화법에서 언어의 첫 번째 조각들이 얼마나 다양하게 나타나는지를 모르는 사람은 없을 것입니다. 또한 아이들이 실사적인 어휘, 사물을 가리키는 최소한의 명칭보다 아주 놀랍게도 '아마도'나 '아직'과 같은 부사, 첨사, 어휘를 먼저 표현한다는 것은 잘 알려져 있는 사실입니다.

이 문제에 이런 식으로 접근하기 시작하는 것은 모든 관찰이 타당성을 갖기 위해서는 필수불가결한 듯 보입니다. 만약 인간을 실현시키는 상징적 기능의 자율성을 제대로 이해하지 못한다면 아무리 사실로부터 출발해도 이해 과정에서 더 없이 어리석은 실수들을 범하지 않을 없게 될 것입니다.

이 자리는 일반 심리학 시간이 아니므로 이 문제들을 다시 거론하게 66 될 기회는 아마 더 이상 없을 것입니다.

2

오늘 저는 말과 자아 문제를 소개하는 정도밖에는 할 수 없을 것입니다. 물론 우리는 이 문제가 우리의 분석 경험 속에서 드러나는 방식에 입각해 논의를 진행하게 될 것입니다.

말과 자아 문제는 프로이트가 이 문제를 진술했던 시점에 입각해서만 제기될 수 있습니다. 우리는 자아에 대한 프로이트의 이론이 마치 존재하지 않았던 것처럼 행동할 수는 없습니다. 프로이트는 자아를 이드와 대립시켰고 이 이론은 우리의 이론적·기술적 개념들에 스며들어 있습니다. 바로 이러한 이유에서 오늘은 「부인Verneinung」이라는 논문에 여러분의 관심을 집중시켜 보고자 합니다.

이폴리트 선생께서 방금 전에 제게 지적해주셨듯이, *Verneinung*이란 용어는 불역본에서 사용된 부정négation이 아니라 부인dénégation을 의미합니다. 저는 제 세미나에서 기회 있을 때마다 매번 이 점을 환기시켜드렸습니다.

이 논문은 1925년에 발표된 것입니다. 자아의 심리 그리고 자아와 이드의 관계를 다루는 논문들보다 더 나중에 쓴 텍스트지요. 특히 「자아와 이드」보다 이후에 나왔습니다. 여기서 프로이트는 분석 세션 중에 환자가 말로 표현해낸 현시물과 자아의 관계, 자신에게 항상 생생하게 느껴졌던 이 둘의 관계를 다시 다루고 있습니다.

이폴리트 선생이 이 자리에 참석하시고 발표까지 해주시는 등 우리의 작업에 참여해주신 것은 우리의 작업에 무한한 영광이 아닐 수 없습니다. 여러분도 곧 아시게 될 이유들에서 저는 선생이 우리가 그의 이전 작업들에 대해 알고 있는 모든 것을 통해 뒷받침되는 어떤 고증 작업을 우리에게 보여주실 수 있으리라 생각했습니다.

여러분도 곧 아시겠지만 그가 다룰 문제는 인식까진 아니더라도 적어도 판단에 대한 이론 전체와 관련되어 있습니다. 바로 이런 이유에서 저는 단순히 제 강의를 보충하는 수준이 아니라 「부인」과 같이 엄밀한 텍스트에서 선생만이 하실 수 있는 어떤 것을 보여주시길 조금 고집스럽게 부탁드렸던 것이지요.

제 생각에 이 논문에는 철학적 훈련을 받지 않은 사람이 해결하기에는 까다로운 문제들이 있습니다. 철학적 훈련이 분석이라는 우리의 업무에 불필요한 것이라곤 볼 수 없습니다. 우리의 분석 경험은 정서적 다독거림의 경험이 아닙니다. 우리는 다소간에 일시적이고 혼란스런 것에 불과한 그런 경험들이 주체에게서 되돌아오게끔 부추겨서는 안 됩니다. 거기에 정신분석의 모든 마법이 통하게 만들 뭔가가 있을지라도 말이죠. 따라서 언어의 고증에 능숙하고 철학적 훈련을 받은 분이 이 같은 텍스트에 대해 개진하는 정제된 의견들을 주의 깊게 들어보는 것으로 우리는 우리의 임무에 충실히 임할 수 있습니다.

우리는 프로이트의 모든 저술이 가진 근본적인 가치를 이 글을 통해 67 다시 한 번 확인하게 됩니다. 단어 하나하나가 정확한 효과, 강세, 특수한 어법이란 측면에서 따져볼 만하며 또한 가장 엄밀한 논리적 분석에 내맡겨볼 만한 가치가 있습니다. 바로 이런 점에서 프로이트의 용어는 똑같은 용어라 할지라도 제자들에 의해 대충 뭉뚱그려진 용어들과는 차원이 다릅니다. 그들은 문제 파악에서는 이를테면 남의 손을 빌고, 그것을 한 번도 심도 있게 다뤄본 적이 없지요. 분석 이론이 끊임없는 혼동 속에서 퇴보하게 된 것은 바로 이 때문입니다.

이폴리트 선생에게 말을 넘기기 전에 여러분에게 주지시키고 싶은 것이 하나 있습니다. 프로이트와 환자를 대하는 그의 의도들을 바라보는 어떤 관점이 불러일으킨 논쟁 속에서 그가 했던 발언에 관한 것인데요. 그때 선생은 Z*편을 들어주셨지요. ……

이폴리트_ [……]. 잠시 동안이었습니다.

[……] 그렇지요. 잠시 동안 거들어주신 것이었지요. 선생이 기억하실지 모르겠지만 당시 문제는 프로이트가 최면이나 암시에 의한 정복대신 말을 통해 저항을 분석해야 한다고 주장했을 때 환자에 대해 기본적으로 그리고 의도 수준에서 어떤 마음가짐이었나 하는 것이었습니다.

당시 저는 프로이트의 저작 속에 호전성, 심지어 지배욕의 조짐, 그가 젊었을 때나 볼 수 있을 법한 야심 찬 스타일의 잔재들이 들어 있는가 하는 문제에 대해 아주 신중한 태도를 보였습니다.

이 점과 관련해서라면 아주 중요하다고 할만 텍스트가 하나 있습니다. 바로 『집단 심리와 자아 분석』의 한 구절입니다. 자율적 기능으로서의 자아가 프로이트의 저작에 처음 도입된 것은 집단 심리, 즉 타자와의 관계들과 관련해서입니다. — 이것은 간단한 사실이지만 해당 구절을 소개하는 제 자신의 관점에 정당성을 부여해주기 때문에 지금 지적해둘 필요가 있습니다. 그것은 '암시와 리비도'라는 제목이 붙은 4장에 들어 있습니다.

"우리는 자칫 암시 — 더 정확히 말하면 피암시성suggestibilité — 가 시원적이고 환원시킬 수 없는 현상, 다시 말해 인간의 심리적 삶의 근본을 이루고 있는 사건이라고 인정할 우려가 있다. 이는 또한 베른하임Bernheim의 의견이기도 했는데, 나는 1889년에 그의 놀랄만한 기술을 직접 목격한 적이 있다. 하지만 나는 그때도 이미 그런 암시의 독재에 대항하는 일종의 숨죽인 항거가 있었음을 기억한다.

반항하는 기색이 역력한 환자에게 '당신 뭐하는 거요? 당신은 지금 암시를 거스르고 있단 말이요'라고 분석가가 소리치는 것을 들었을 때,

나는 그가 환자에게 부당하고 폭력적으로 대하고 있다고 생각했다. 분석가가 암시로 환자를 복종시키고자 한다면 환자에게는 당연히 그러한 암시에 항거할 수 있는 권리가 있다. 나는 나중에 모든 것을 설명했던 암시는 그 자체로서는 아무런 설명도 필요치 않을 것이라고 생각하는 경향들에 이의를 제기하는 것으로써 암시의 폭력에 반대했다. 그리고 그러한 점과 관련해 나는 다음과 같은 옛 농담을 여러 차례 인용했다. '만일 예수가 성 크리스토프에 의지해 서 있고 세계가 예수에게 의지해 서있다면 성 크리스토프의 발은 무엇을 디디고 서 있을까?'" 68

따라서 말이 초래할 수 있는 폭력을 보고 프로이트는 마음 속 깊이 진정으로 반발심 같은 것을 느꼈습니다. 요전에 Z선생이 증언한 바 있는, 저항 분석에 잠재되어 있는 이러한 경향이야말로 바로 분석의 실천에서 피해야 하는 오해입니다. 이 점과 관련해 저는 위 단락이 상당히 가치가 있으며 인용할 만한 가치가 있다고 생각합니다.

이폴리트 선생이 보여주신 자발적 협조에 대해 다시 한 번 감사드리면서 선생에게 한 가지 부탁드릴 것이 있습니다. 들리는 바에 따르면, 이폴리트 선생께선 이 텍스트를 오랫동안 천착해오셨는데, 이 자리에서 본인의 소감을 솔직하게 말씀해주셨으면 좋겠습니다.

이폴리트의 발표문은 『에크리』, 879~887페이지에, 그리고 저자의 저서 『철학의 사상가들』, Paris, 1971년, 1권 385~396페이지에 실려 있다.

3

이폴리트 선생께서 프로이트의 사유의 폭에 걸맞은 작업을 통해 우리에게 실증심리학의 저편을 직접 대면할 수 있는 기회를 주신 데 대해 얼마나 감사한지 모르겠습니다. 그는 실증심리학의 저편을 매우 훌륭하게 자리매김해주셨습니다.

말이 나온 김에 여러분에게 지적하고 싶은 것은 이번 세미나에서 우리는 정신분석 장의 초심리학적인trans-psychologique 성격을 강조하고 있지만 그것은 분석 실천을 통해 입증되고 최초의 발견자인 프로이트가 자신의 저술 중 가장 짧은 이 글에서 지속적으로 염두에 두고 있던 것을 다시 확인하는 것에 지나지 않는다는 사실입니다.

이 논문에 대한 고찰에서 얻을 수 있는 것은 많습니다. 이폴리트 선생의 발표는 매우 압축적이기 때문에 제가 일부러 제 스타일을 고수하면서 설명했던 것보다 훨씬 더 배울 게 많지요. 선생의 발표는 제가 혼동을 피할 요량으로 여기서 제시하려고 애쓰고 있는 수준들의 구분, 개념들에 대한 이러한 고증에 더 없이 훌륭한 도입부가 됩니다. 그래서 여기 오신 분들께 발표문을 등사해서 나눠드릴 생각입니다.

프로이트의 논문에 대한 이폴리트 선생의 작업은 우리에게 독일어로 *Bejahung*이라고 하는 긍정과 부정성 사이에 존재하는 수준의 차이를 보여주었습니다. 여기서 부정성이란 좀 더 하위의 — 제가 이렇게 훨씬 더 서투른 표현들을 사용한 것은 의도적인 것입니다 — 수준에서 주체-대상관계의 구성을 설정하는 것이죠. 바로 이곳이 대수롭지 않아 보이는 이 텍스트가 의심의 여지없이 가장 최근의 철학적 성찰의 몇몇 연구과 만나는 지점이면서 우리의 관심을 즉각적으로 끌어들이는 지점입니다.

69

게다가 이 논문은 흔히 말하는 저 지성적인 것과 정동적인 것의 대립과 관련해 항상 남아 있는 애매함을 비판할 수 있게 해줍니다. — 가령 정동적인 것은 마치 그 자체 속에서 찾아야 하는 것, 형언할 수 없는 성질의 것이나 일종의 착색물처럼 여겨져 왔으며 주체의 관계의 순수하게 지성적 실현이라고 하는 텅 빈 껍데기와는 별개의 것으로 취급되었지요. 분석을 이상한 길로 끌고 가는 이런 식의 발상은 유치하기 짝이 없습니다. [그런 대립에 따르면] 환자가 분석 세션의 텍스트 안에서 특이하며 이상하기조차 한 감정을 아주 조금만 드러내도 아주 커다란 성공을 거둔 것으로 간주됩니다. 하지만 그것은 근본적 오해로부터 생긴 것입니다.

정동적인 것은 지성적인 작업을 빗겨갈 만한 어떤 특별한 밀도와 같은 것이 아닙니다. 그것은 담화의 진술에 선행한다고 가정되는 저편, 상징의 생산 너머의 신화적 저편에 위치하지 않습니다. 바로 이를 통해서만 우리는 말의 완전한 실현이 어떻게 이루어지는지를 단번에 이해할 수 — 자리매김까진 아니더라도 — 있습니다.

약간의 시간이 남았습니다. 저는 곧이어 이 문제가 어떻게 제기되는지를 몇 가지 예를 들어 보여드리고 싶습니다. 그것을 두 가지 측면에서 보여드릴까 합니다.

4

우선 정신병리학적인 연구에 의해 완전히 새로운 각도에서 접근된 현상, 즉 환각hallucination을 다루어봅시다.

어느 시점까지 환각은 의식의 변별적 가치에 대해 의문을 제기할 수 있게 해주는 하나의 임계 현상으로 간주되어 왔습니다 — 환각에 사로잡힌 것은 의식이 아닌 다른 것이어야 한다는 것이죠. 사실, 이에 반해 환각이 주체의 지향성에 본질적인 것으로 통합되어 있다는 사실을 이해하기 위해서는 메를로-퐁티의 저서에서 개진된 새로운, 지각의 현상학을 살펴보는 것으로도 충분합니다.

환각이 어떻게 생겨나는지를 설명하기 위해 사람들은 통상 쾌락 원리 같은 몇 가지 영역을 언급하는 것으로 만족하고 있습니다. 그런 식으로 그들은 환각을 주체가 만족을 얻는 첫 번째 운동으로 간주하게 되지요. 하지만 우리는 그런 식의 단순한 이론화로는 만족할 수 없습니다.

지난 시간에 제가 『늑대인간』에서 인용했던 예를 떠올려 봅시다. 해당 환자에 대한 분석이 진전되면서 그가 인간 세계 속에 자리 잡는 과정을 보여주는 흔적들을 통해 드러나는 모순들이 가리키는 것은 바로 *Ver-*

70 *werfung*, 거부입니다. 즉 생식기적 차원이 항상 그에게서는 말 그대로 존재하지 않았던 것이나 다름없었던 것이죠. 이러한 거부를 우리는 *non-Bejahung*[비-긍정] 차원에 위치시킨 바 있습니다. 그것은 절대로 부인dénégation과 같은 차원에 놓일 수 없기 때문이지요.

놀랄만한 것은 그런 뒤에 발생한 일입니다. 오늘 있은 「부인」에 관한 설명들 덕분에 아마도 여러분은 그것에 대해 좀 더 수월하게 이해하실 수 있을 겁니다. 실제로 일반적으로 주체에게 어떤 것이 존재하기 위한 조건은 먼저 *Bejahung*이 있어야 한다는 것인데, 이때의 *Bejahung*은 부정에 대한 부정이 아닙니다. 그런데 *Bejahung*이 일어나지 않고 그리하여 상징적인 영역에서 아무것도 표명되지 않는다면 무슨 일이 일어날까요?

늑대인간을 살펴봅시다. 그에게는 *Bejahung*, 다시 말해 생식기적 차원의 현실화가 일어나지 않았습니다. 그러한 차원은 상징적 영역 속에 어떠한 흔적도 남기지 않았습니다. 우리가 생식기적 차원에 대해 발견할 수 있는 유일한 흔적은 결코 자신의 이력[역사]이 아니라 외부 세계 속에서 출현한 작은 환각입니다. 그에게 존재하지 않던 거세는 그의 상상을 통해 모습을 드러냅니다. 그것은 새끼손가락이 아주 깊게 베어나가 살점 끝에 간신히 매달려 있는 모습입니다. 이때 그는 바로 옆 사람에게조차 감히 말할 수 없을 만큼 엄청난 파국의 느낌에 휩싸이게 됩니다. 그가 감히 말할 수 없던 것, 그것은 바로 그에게는 자신이 곧이어 자신의 감정들과 관련시킨 바로 이 옆 사람이 폐지되어 있는 것처럼 느껴진다는 점입니다. 그에겐 더 이상 타자란 것이 없는 것이죠. 그러한 현상이 흔히 말하는 상징적 형태를 갖고 있음에도 불구하고 그에게는 일종의 매개되지 않은 외부 세계, 상징화되지-않은 실재, 원시적 실재라고 불릴 수 있을 어떤 것 속에서 감지되는 현상들이 있습니다.

이 환자는 결코 정신병 환자가 아닙니다. 단지 환각을 갖고 있을 뿐이죠. 나중에 정신병 환자가 될 수도 있지만 유년기에 완전히 이질적이고, 전혀 통합되지 않은 채 매듭처럼 묶여 완전히 고립된 이 체험을 할 시점에는 아니었습니다. 유년기의 그러한 시점에서는 그를 정신분열증으로 분류하도록 할 만한 것이 전혀 없습니다. 여기서 문제가 되고 있는 것은 정신병의 한 현상입니다.

따라서 완전히 원시적인 경험 수준, 다시 말해 상징의 가능성이 주체에게 세계와의 어떤 일정한 관계를 열어주는 원천의 지점에 여러분이 꼭 이해해주었으면 하는 어떤 상관화, 균형화가 자리 잡고 있는 것입니다. 즉 인정되지 않은 것이 보이는 것이라는 형태를 띠고 의식 속으로 침입한 것입니다.

이 특수한 집중화polarisation를 깊이 연구해본다면, 인정된 것과 보여진 것이라는 두 가지 관계 양태 사이에 위치한 애매한 현상, 소위 데자뷔라고 하는 것을 훨씬 더 쉽게 이해할 수 있을 것입니다. 데자뷔를 통해 외부 세계의 무언가가 경계선까지 밀려와 어떤 특별한 전-의미 효과와 함께 나타납니다. 소급적인 환영은 처음 본 것처럼 지각된 것을 데자뷰의 영역 속으로 옮겨놓습니다. 프로이트가 외부 세계에 대한 모든 검증은 71 과거에 이미 지각되었던 어떤 것을 암묵적으로 참조한다고 말하면서 염두에 둔 것은 바로 이 점입니다. 이는 무한히 적용될 수 있는 이야기입니다. — 어떤 의미에서 모든 종류의 지각된 것은 이전에 지각되었던 것을 반드시 참조한다고 할 수 있습니다.

바로 이러한 이유로 우리는 여기서 진정한 의미에서의 상상적인 것의 수준, 본원적 형태의 전형적인 이미지 수준에 이르게 됩니다. 여기서 문제는 상징화와 언어화를 거쳐 인정된 것이 아닙니다. 오히려 우리는 플라톤의 이론에서 제기된 문제들을 여기서 다시 발견하게 되는데, 즉 이것은 기억하기remémoration가 아니라 상기réminiscense의 문제입니다.

저는 예를 하나 더 보여드리겠다고 말씀드린 바 있습니다. 이번에 소개할 예는 현대적이라 일컫는 분석 방법을 주창하는 사람들에게서 빌려온 것입니다. 여러분은 곧 그러한 방법의 원칙들이 1925년의 프로이트의 텍스트에서 이미 소개된 것이라는 사실을 확인하시게 될 것입니다.

처음에 우리는 — 그들 말을 빌리자면 — 표층을 분석한다는 점에 대해서는 많은 이야기가 되고 있습니다. 그렇게 하는 것이 환자로 하여금 분석에 의해 다시 떠올려진 내용을 지성화를 통해 제거하지 않으면서 분석을 진전시킬 수 있게 해주는 최상의 방법이라는 것입니다.

크리스는 한 논문에서 자신이 분석한 한 환자의 사례를 보고하고 있습니다. 그는 크리스 이전에도 이미 다른 데서 분석 받은 적이 있는 환자였습니다. 얼핏 보기에 그는 우리가 관심을 갖고 있는 것과 아주 가까운 분야의 인텔리 직종에 종사하고 있었는데, 직업상 심각한 어려움을 겪고 있었습니다. 말하자면 그는 쓰는 일에 매우 큰 어려움을 겪고 있었지요.

한 마디로 말해, 살면서 자신이 그저 표절자가 아닐까하는 느낌을 지울 수 없었던 것입니다. 이 환자는 친한 한 뛰어난 '학자'와 지속적으로 의견을 교환했는데, 당시 매번 그의 아이디어를 모방하고 싶은 유혹을 느꼈습니다. 바로 이 때문에 자신이 써내고 출판하고 싶은 것을 모조리 폐기시켜 버렸던 것입니다.

어쨌든 그는 결국 한 편의 글을 완성하기에 이릅니다. 하지만 어느 날 그는 거의 확신에 찬 어투로 자신의 주장은 모두 도서관에, 출간된 어떤 논문에 이미 들어 있는 것이라고 말하게 됩니다. 따라서 이 경우 그는 본인의 의도와 무관하게 표절자가 됩니다.

크리스가 제시하는 이른바 표층을 통한 해석이란 무엇일까요? 아마도 이런 것이겠지요. 즉 크리스는 과거에 일어났던 일과 논문의 내용에 실제로 주의를 기울이게 됩니다. 논문을 좀 더 자세히 검토하고 난 그는 거기에는 환자가 주장하는 주제의 핵심이 전혀 들어 있지 않다는 사실을 확인하게 됩니다. 같은 문제를 다루는 부분도 있지만 환자가 제시한 새로운 시각은 전혀 찾아볼 수 없으며 따라서 그의 논문은 독창적인 것이라고 하기에 충분하다는 겁니다. 바로 여기서부터 크리스는, 왜 이렇게 부르는지는 모르겠지만 그의 표현을 따르자면 표층을 통해 사태들을 포착하는 것에서 시작해야 한다고 말합니다.

한편 크리스는 환자가 온갖 행동이 제약받고 있다고 주장하는 것은 곧 그의 부친이 상당히 생산적이고 창의적인 사람이던 조부grand-père — 이 단어에 담긴 모든 의미에서 — 에 의해 짓눌려 아무것도 이뤄내지 못했기 때문이라고 말합니다. 자기 아버지에게서 조부, 위대한 아버지, 힘이 센 아버지를 찾아내고픈 욕구를 느끼게 된 환자는 스스로 후견인, 그보다 더 위대한 인물을 상상해냄으로써 그러한 욕구를 만족시키게 된다 72

는 겁니다. 그는 표절로 인해 스스로를 비난하고 자멸에까지 이르렀지만 그럼에도 그러한 표절을 매개로 스스로 그러한 인물들에게 의존하는 상태로 남게 된다는 것입니다. 이는 유년기에 그를 괴롭혔고 결과적으로 그의 인생사를 지배했던 어떤 욕구를 충족시키는 것에 다름 아닙니다.

의심의 여지없이 이러한 해석은 유효합니다. 그런데 중요한 것은 환자가 그러한 해석에 대해 어떤 반응을 보였는가 입니다. 크리스에게 자신이 도입한 해석, 아주 멀리까지 영향력을 미치게 되는 그러한 해석의 효과를 확증시켜주는 것은 무엇일까요?

다음 대목에서는 환자의 인생사 전체가 펼쳐지게 되는 것을 볼 수 있습니다. 우리는 창조적이고 힘 있는 실재적 아버지를 갖고픈 욕구를 정확히 페니스를 통해 상징화하는 과정이 그가 유년기에 했던 온갖 놀이들을 관통하고 있다는 것을 읽게 될 것입니다. 가령 그는 낚시 놀이를 하면서 아버지가 잡은 물고기와 자신이 잡은 물고기 중 어떤 것이 더 큰지를 물었습니다. 하지만 크리스의 해석에 대한 환자의 즉각적인 반응은 이렇습니다. 즉 환자는 당시에는 말이 없다가 다음 분석 세션에 이런 말을 던지게 됩니다. "지난 시간 저는 이곳을 나와 어떤 거리를 걸었죠." 그가 말한 거리는 향신료가 듬뿍 든 음식을 전문으로 하는 뉴욕의 한 외국인 식당가입니다. "그리고 제가 아주 좋아하는 생뇌生腦 요리를 잘 하는 곳을 찾아보았습니다."

여러분은 여기서 정확한 해석이 일으킨 반응이 어떤 것인지를, 즉 역설적인 동시에 의미 효과로 충만한 말의 수준이 어떤 것인지를 알 수 있을 것입니다.

그러한 해석이 정확하다면. 이는 무엇에서 기인한 것일까요? 여기서 문제가 되는 것은 표층에 있는 어떤 것일까요? 이는 무슨 뜻일까요? 그것이 뭔가 의미하는 바가 있다면, 이는 오로지 크리스가 아마도 공을 들였지만 그럼에도 결말을 예상할 수도 있었을 어떤 우회로를 통해 정확히 다음과 같은 사실을 인식하게 되었다는 것뿐입니다. 즉 주체는 어떤 조직된 담화 — 이는 주체가 항상 소위 부인 과정에 빠지기 쉽고 자아의 통합을 성취하는 곳입니다 — 의 생산과 같은 특별한 방식으로 자신을 표현하면서 자신의 이상적 자아와의 근본적 관계를 오로지 전도된 형태로밖에 반영할 수 없다는 것입니다.

바꿔 말해 주체의 1차적 욕망이 타자와의 관계 속에서 자신을 표현하는 경향이 있는 한 그러한 타자와의 관계는 부인이라는 근본적인, 본원적인 요소를 자체 안에 항상 내포하는데, 그러한 부인이 여기서는 전도 형태를 띠고 나타난다는 것이죠.

보시다시피 이는 우리에게 새로운 문제들을 제기할 뿐입니다.

그런데 논의를 계속하기 위해서는 상징적인 것 자체, 상징적 가능성, 인간이 상징 속으로 진입하는 것 등은 그러한 상징적인 것이 조직된 담화 — 근본적으로 모순을 함축하는 담화 — 로 응결되는 것과는 수준이 다르다는 것을 정확히 해야 할 것입니다. 저는 이폴리트 선생의 논평이 이 점을 아주 훌륭하게 보여주었다고 생각합니다. 저는 여러분이 그가 제시한 도구와 사용법을 숙지하시고 앞으로의 우리 논의가 곤란한 기로에 서게 될 때 이정표로 참조해주셨으면 하는 바람입니다. 바로 이러한 이유에서 탁월한 재능으로 오늘 협조해주신 이폴리트 선생께 감사드리는 바입니다.

73

1954년 2월 10일

6

담화 분석과 자아 분석: 안나 프로이트냐 클라인이냐

오늘은 지난 시간의 논의를 통해 규정된 영역 속으로 여러분을 안내해드릴 생각입니다. 그곳은 정확히 상징의 형성과 자아의 담화 사이에 놓인 영역으로, 우리는 이미 올해 초부터 그곳을 향해 나아가고 있지요.

앞으로 함께할 세미나에 오늘은 '담화 분석과 자아 분석'이라는 제목을 붙였는데, 단 한 번의 수업으로 그렇게 야심만만한 제목을 충족시킬 수 있으리라곤 생각하지 않습니다. 저는 이러한 두 용어의 대립 쌍으로 자료 분석/저항 분석이라는 고전적 대립 쌍을 대체할 생각입니다.

이폴리트 선생은 「부인」이라는 논문에 대해 논평하면서 *Aufhebung* 이라는 용어의 운용 가능한 복합적 의미를 강조한 바 있습니다. 독일어로 앞의 단어는 '부정하다', '제거하다'라는 의미와 '억압 속에서 보존하다', '들어올리다soulever'라는 의미를 동시에 지닙니다. 얼마 전부터 정신분석가들이 주목해오고 있듯이 우리가 환자와의 대화를 통해 하는 것을 고찰하려면 이것은 반드시 심도 있게 연구해 보아야 할 개념 중의 하나가 될 것입니다.

1

당연히, 우리가 관여하는 것은 제한, 방어, 성격이란 측면에서의 환자의 자아입니다. 우리는 그것이 앞으로 나가도록 해야 합니다. 하지만 이러한 작업에서 자아가 맡는 기능은 무엇일까요? 모든 정신분석 문헌이 그러한 자아의 기능을 정확히 규정하는 데 곤란을 겪고 있는 듯이 보입니다.

피분석자의 자아를 정신분석의 연금술 속에서 분석가의 동지로 여기는 요즘의 견해들은 모두 명백한 모순점을 안고 있습니다. 사실 자아의 양극성이나 이중 기능뿐만 아니라 엄밀히 말해 두 자아 간의 근원적 분할, *splitting*[쪼개짐]이라는 개념에 도달하지 않고서는 자아를 본질적으로 오인으로 귀착하게 될 고유한 열정의 근원지, 실수의 주인, 환영의 본거지로 여기면서 동시에 하나의 자율적 기능으로 정의하기는 매우 어려운 일입니다. 분석에서 오인 기능은 분석 이외의 영역 즉 철학의 주요 전통에서와 마찬가지로 정확히 자아에 속합니다.

76

안나 프로이트의 책 『자아와 방어 메커니즘』에는 사물주의적chosiste 관점으로 우리를 당황스럽게 하는 언어만 빼놓고 본다면 자아에 대해 이야기하는 방식이 지금 우리가 견지하고자 하는 이해 방식과 동일하다는 인상을 주는 대목들이 있습니다. 하지만 그러면서도 동시에 우리는 그녀가 '인간-속의-소인小人'에 대해 이야기하고 있는 듯한 인상을 받는데, '인간-속의-소인'이라 함은 주체 내부에서 자율적 삶을 영위하면서 내부든 외부든 주체를 공격할 수 있는 것에 대해 방어 역할을 하는 — '주인님 오른쪽을 조심하세요, 주인님 왼쪽을 조심하세요' — 무엇인가를 말합니다. 우리에게 그녀의 책이 모럴리스트의 저술처럼 느껴지는 것은 그녀가 의심의 여지없이 자아를 몇 가지 열정의 본거지처럼 말하기 때문입니다. 그것도 나르시시즘의 지칠 줄 모르는 간계에 관해 지적했던 라로슈푸코La Rochefoucauld에 하등 뒤지지 않는 문체로 말입니다.

따라서 자아가 정신분석적인 대화 속에서 차지하는 동력학적인 기능은 엄밀히 규정되지 못하고 지금까지 심각하게 모순적인 것으로 남아 있습니다. 그리고 이 점은 우리가 기술의 원칙들을 다루려 할 때마다 매번 확연히 드러납니다.

저는 여러분 중 많은 분이 안나 프로이트의 책을 읽으셨으리라 믿습니다. 그것은 대단히 교훈적인 책이죠. 아주 엄밀한 책이기 때문에 그만큼 논증의 취약점이 드러나는 지점들을 포착하기가 쉽습니다. 물론 취약점은 그녀가 제시한 예들 속에서 훨씬 더 잘 드러납니다.

그녀가 자아의 기능을 정의하는 대목들을 살펴봅시다. 그녀의 말에 따르면 자아는 분석에서 방어를 통해서만, 다시 말해 분석 작업에 거스르는 것으로만 모습을 나타냅니다. 그렇다면 분석 작업에 거스르는 모든 것이 자아의 방어일까요? 다른 곳에서 그녀는 이러한 견해는 옳지 않으며 자아의 방어 말고도 저항의 요소들이 있다는 사실을 인정합니다. 그런데 이것은 제가 여러분과 함께 지금껏 문제를 접근하던 방식이 아니었던가요? 우리가 여기서 다루는 많은 문제가 이미 이 책에 나와 있습니다. 이 책은 손에 펜을 들고 꼼꼼히 읽어야 할 텐데, 왜냐하면 그것은 자아에 대한 프로이트의 마지막 작업을 그대로 계승한 유산으로서의 가치를 지니기 때문입니다.

파리정신분석학회 내에서 우리와 가까운 사람이 — 우리의 친애하는 동지께서 — 1950년의 학술대회에서 감정에 북받쳐 안나 프로이트를 "정신분석의 추선기 錘線器"라고 부른 바 있습니다. 그런데 건물을 짓는 데는 추선기만으로는 부족합니다. 가령 수준기水準器 같은 몇 가지 다른 도구도 필요하지요. 어쨌든 추선기도 꽤 구실을 하는데, 우리는 그것으로 어떤 문제들의 수직선을 정할 수 있습니다.

77

저는 젤리니에Gélinier 양에게 클라인의 논문 「자아 발달에서 상징 형성이 차지하는 중요성」을 여러분에게 소개해 달라고 부탁할 생각입니다. 이 글에 입문하는 데는 아동 분석과 특히 자아의 방어를 다룬 안나 프로이트의 텍스트를 읽어보는 것도 괜찮은 방법일 것입니다.

안나 프로이트는 간단한 예를 하나 제시합니다. 그녀의 한 여자 환자에 관한 것인데, 이는 어머니에게 복종하는 것 때문에 생긴 심각한 불안 상태로 자신의 학업과 생활을 망쳐 분석을 의뢰한 경우입니다.

안나 프로이트는 다음과 같이 말합니다. "분석 초기에 나를 대하는 그녀의 태도는 우호적이었고 솔직했다. 하지만 나는 그녀가 말을 하는 중에도 자기 증상에 대해 조금이라도 암시를 줄 수 있는 경우는 의도적으로 피하며 분석 시간 밖에서 겪는 불안 발작들에 대해서는 침묵한다는 것을 알게 되었다. 내가 분석을 통해 증상에 개입하려 하거나 자유연상에 의해 드러나는 불안에 대해 해석하려 들면 환자의 우호적인 태도는 금방 돌변했다. 그때마다 그녀는 나에게 빈정거리는 말과 야유를 퍼부어댔다. 환자의 이러한 태도와 그녀가 어머니와 맺고 있는 관계를 연관 지으려는 나의 시도는 완전히 실패하고 말았다. 이 어린 처녀가 자기 어머니와 맺은 관계는 의식적인 차원과 무의식적인 차원에서 완전히 다른 이미지를 제공한다. 계속해서 새롭게 터져 나오는 그녀의 빈정거림과 야유 때문에 분석가는 당황하게 되었고 일정기간 동안 치료의 지속이 무용해졌다. 그러나 이후에 좀 더 면밀한 분석을 통해 그러한 빈정거림과 야유는 엄밀히 말해 전이의 반응을 구성하지 않으며 분석 상황과 전혀 관계가 없음이 밝혀졌다. 환자는 애정, 욕망, 불안 등의 감정이 의식적으로 나타날 때마다 그러한 술책의 힘을 빌려 자기 자신에게 대항했던 것이다. 감정의 폭발이 강렬할수록 그녀는 자신을 그만큼 더 결렬하고 신랄하게 야유했다. 분석가는 환자의 불안한 감정이 의식상에 나타나도록 조장하는 중이었기 때문에 이러한 방어의 반응들을 부차적으로만 끌어냈다. 환자의 다른 말들이 해석의 타당성을 입증하는 경우라 할지라도 감정에 대한 모든 접근이 오로지 환자의 방어를 강화하는 이상, 불안의 내용을 인식하는 것은 아무런 결실도 맺지 못한다. 그때까지는 환자의 삶의 모든 상황에서 자동적으로 실현되었던, 조롱조의 경멸을 통해 이루어지는, 감정에 대한 방어를 의식에 떠오르게 하여 무력하게 만든 후에야 비로소 불안의 내용을 인식하는 것이 가능해졌다. 역사적 관점에서 볼 때, 그런 야유와 조롱에 의한 방어 과정은 감정을 토로할 때마다 그녀를 놀리면서 자아의 통제력을 교육시키려고 했던 그녀의 죽은 아버지와의 동일시에 의해서 설명된다. 따라서 감정에 거스르는 방어 방법은 이 경우 그녀가 그토록 사랑했던 아버지에 대한 추억을 고착시킨다. 이 사례에서 시행되어야 할 분석 기술은 우선 자신의 감정에 거스르는 환자의 방어를 분석 78 하고 다음에 이를 통해 전이 속에 나타나는 저항을 연구하는 것이다. 오직 그때만 불안과 그것의 전사préhistoire를 분석할 수 있을 것이다."

안나 프로이트가 필수적으로 자아의 방어를 분석해야 한다고 할 때 무엇이 문제인 것일까요? 여기서 문제는 다름 아닌 한 가지 실수의 상관물입니다. 사실 안나 프로이트는 곧바로 환자와 자기 자신의 2자적 관계라는 관점에서 사태를 다룹니다. 안나 프로이트는 환자의 방어를 분석가에 대한 공격성을 표현하는 것으로 간주했지요. 안나 프로이트가 자아의 방어의 현시물들을 감지한 것은 그녀 자신의 자아의 수준, 그녀 자신과의 2자적 관계라는 틀 안에서였습니다. 동시에 전이가 상황을 재생산해낸다는 공식에 따라 그 속에서 전이의 현시물을 발견하기를 원했지요. 그러한 공식은 고전적이라고 간주될 만큼 아무리 자주 제시된다 하더라도 불충분한 것입니다. 왜냐하면 그것은 상황이 어떤 식으로 구조화되었는지를 명시해주지 않기 때문입니다. 지금 제가 여러분에게 이야기하는 것은 철학원Collège philosophique에서 열린 강연에서 제가 지적한 것과 관련이 있습니다.

안나 프로이트는 환자가 엄마와 맺는 관계인 2자적 관계의 원형에 따라 분석 관계를 해석하기 시작합니다. 그녀는 곧 자신이 제자리걸음을 하고 있을 뿐만 아니라 완전히 헛수고를 하고 있음을 알게 되지요. 그녀가 "감정에 대한 방어를 분석하는 것"이라고 말한 것은 무엇일까요? 텍스트를 볼 것 같으면 거기에는 그녀 자신의 이해 말고는 아무것도 다른 것은 없는 것 같습니다. 그녀가 한 걸음 더 나갈 수 있는 가능성은 그러한 길속에 있지 않습니다. 그녀는 분석가가 피분석자와 자아 대 자아의 경쟁 관계를 맺는 2자적 해석과 환자의 자아의 현 구조 너머에 위치하는 환자의 상징 구조를 향해 나아가는 해석을 구분했어야 했습니다.

이를 통해 우리는 분석이 더 나가기 위해 필요한, 자아에 의한 떠맡음, 자아에 의한 *Bejahung*, 긍정이란 무엇인가라는 문제로 되돌아오게 됩니다. 분석이 나아가는 데서 필수적이라고 할 드러냄dévoilement을 구성하는 *Bejahung*이란 무엇일까요?

『정신분석요강』 불역판 40페이지에 실린 글 — 이 글은 「정신분석의 기술에 관해」란 제목을 달고 있다는 점에서 우리의 반경을 벗어나지는 않습니다 — 에서 프로이트는 우리에게 분석 상황으로의 진입을 결정해주는 것은 어떤 협약의 결과라고 말합니다. "환자의 병적인 자아는 우리에게 전적인 자치권을 허락한다. 다시 말해 그의 자기지각이 그에게 부여한 모든 것을 우리가 자유롭게 처분할 수 있도록 허락하는 것이다. 우리 쪽에서 볼 때 우리는 그에게 가장 큰 자유재량을 보장해준다. 무의식에 종속된 자료를 해석함에 있어 우리의 경험을 그가 사용할 수 있도록 내맡기는 것이다. 우리의 지식은 그의 무지를 보상하고 자아에게 그의 심리 작용이 잃어버린 영역을 회수하고 제어할 수 있도록 한다. 분석 상황 전체를 구성하는 것이 바로 이러한 협약이다."

자, 그런데 저의 지난 강연이 암시했듯이, 우리 지식이 정말로 피분석자의 무지를 해소해 줄 수 있다 해도 우리가 환자의 무의식에 위치한 상징적인 구성에 대해 알지 못한다면 우리 역시 마찬가지로 무지 상태에 있다고 할 수 있습니다. 게다가 그러한 성좌는 항상 구조화된 것으로, 복합적인complexe 어떤 질서에 의거해 구조화된 것으로 인식되어야 합니다. 79

"복합[콤플렉스]"이란 단어가 분석 이론의 표면에 등장하기 시작한 것은 일종의 내부적 알력에 의해서였는데, 왜냐하면 아시다시피 이 말을 창안한 사람은 프로이트가 아닌 융이기 때문입니다. 우리가 무의식의 발견에 도달할 때 만나게 되는 것은 구조적이고 조직적이면서 복합적인 상황들입니다. 프로이트는 오이디푸스 콤플렉스 속에서 그것의 최초의 모델, 표준을 우리에게 제시합니다. 여러분 중 제 세미나를 오래전부터 참석하신 분들은 다섯 가지 사례 중에서 프로이트 자신이 아주 세밀하게 윤곽을 잡아주었기 때문에 그나마 이견이 적은 세 가지 사례에 대한 저의 논평을 통해 오이디푸스 콤플렉스가 얼마나 문제가 많고 애매한지를 이해하셨을 겁니다. 요컨대 정신분석은 이 삼각 체계 속에 내포되어 있는 긴장들 하나하나를 차례대로 강조함으로써 발전되었습니다. 이 때문에 우리는 사람들이 오이디푸스에 대한 고전적 공식 — 즉 어머니에 대한 성적인 애착과 아버지와의 경쟁관계 — 안에 요약해놓은 저 큰 줄기와 완전히 다른 것을 보아야 하는 것입니다.

여러분은 오이디푸스 구조에 포함된 2자적 관계들 하나하나가 그 기원에서부터 뿌리 깊은 비대칭성을 간직하고 있다는 것을 알고 있을 것입니다. 주체가 어머니와 맺는 관계는 아버지와 맺는 관계와 구분됩니다. 아버지와의 나르시시즘적 또는 상상적 관계는 상징적 관계나 우리가 실재적이라고 불러야 할 관계 — 분석 상 우리의 관심을 끄는 구성물과의 관련 하에 잔여물로 남게 되는 관계 — 와 구분됩니다. 이 모든 것은 오이디푸스 구조가 얼마나 복합적인지를 보여주기에 충분합니다. 그리고 다른 방향의 탐구를 통해 우리가 지금까지 이루어진 것보다 훨씬 더 훌륭하게 오이디푸스 신화를 연구할 수 있으리라는 것도 충분히 생각할 수 있는 일입니다.

오이디푸스 관계에 내포된 자료의 풍부함에도 불구하고 우리는 프로이트가 제시한 도식에서 전혀 벗어나지 못했습니다. 그가 제시한 도식은 본질적인 것으로서 보존되어야 합니다. 왜 그러한지는 여러분도 아시겠지만 이는 그러한 프로이트의 도식이 주체를 이해하는 데 근본적일 뿐 아니라 이드, 무의식 — 프로이트의 이론적 작업 중 한 부분을 읽고 오직 자아만이 심리 작용 내에서 조직체라고 생각할 수도 있겠지만 사실 무의식은 조직화되지 않은 일련의 충동들이 아니라 하나의 자기-자신입니다 — 을 주체가 상징적으로 실현하는 데서도 정말로 근본적인 것이기 때문이지요.

지난 시간 우리는 부인된 것과 관련해 아무리 부정을 축소시킨다고 해도 환자 측의 *Bejahung*을 이끌어낼 수 없다는 것을 확인했습니다. 기대에 부응할만한 *Bejahung*을 인정하기 위해 우리가 요구하는 — 게다가 환자와 합의할 수 있는 — 규준들이 어떤 가치를 갖는지를 자세히 살펴보아야 합니다.

명증성의 원천은 어디에 있을까요? 그것은 환자가 확증해야 하는 분석의 재구성입니다. 추억이 재체험될 수 있는 것은 공백의 도움을 통해서입니다. 그런데 프로이트는 우리가 결코 기억을 전적으로 신뢰할 수 없다는 사실을 정확하게 지적하고 있습니다. 그렇다면 주체가 스스로 진실이라 느낄 만큼 사태가 적정 수준에 도달했다고 말할 때, 우리는 정확히 무엇에 대해 만족해하는 것일까요? 80

이 질문은 제가 지난 시간에 늑대인간의 환각 발생과 관련해 다루었던 현실감이라는 문제의 핵심으로 우리를 인도합니다. 저는 너무나 명백하고 너무나 구체적인 듯한, 대수학적인 것이나 다름 없는 다음과 같은 공식을 제시한 바 있습니다. 즉 실재, 또는 실재처럼 지각된 것은 상징화에 절대적으로 저항하는 무엇입니다. 결국 실재의 느낌이 최대한도로 표출되는 것은 비실재적, 환각적 현실의 강렬한 현시물 속에서가 아닐까요?

늑대인간에게서는 생식기적 차원의 의미가 상징화되는 과정이 *verworfen*되었습니다. 따라서 우리는 내용의 해석이라고 불리는 몇몇 해석을 주체가 상징화하지 못한다고 해서 전혀 놀랄 필요가 없습니다. 그러한 해석이 이루어지는 단계에서는 환자의 무의식이라고 할 수 있는 금지된 영역 속에서 그가 어디에 위치하는지를 그에게 전혀 드러내주지 못하는데, 왜냐하면 그것은 여전히 부정 또는 부정의 부정이라는 수준에 머물러 있기 때문입니다. 무언가 — 정확히 담화 저편에 있으면서 담화 안으로 도약할 수밖에 없도록 만드는 것 — 를 아직 건너뛰지 못한 것이지요. 억압은 그냥 단순히 사라질 수 있는 것이 아니고 *Aufhebung*이라는 의미에서 지양될 수 있을 뿐입니다.

안나 프로이트가 정동에 대한 방어를 분석하는 것이라고 말한 것은 환자가 아니라 그녀 자신에 대해 이해하는 단계였을 뿐입니다. 그녀는 일단 환자의 방어를 그녀 자신에 대한 방어로 믿은 것이 잘못된 길임을 깨닫고 나서야 전이 저항을 분석할 수 있게 됩니다.

그렇다면 이를 통해 안나 프로이트가 도달한 곳은 어디일까요? 바로 거기에는 없는 자, 제3자입니다. 그녀는 환자에게서 도라의 입장과 아주 비슷한 점을 도출해냈습니다. 즉 환자는 스스로를 아버지와 동일시했고 그리하여 그러한 동일화에 의해 구조화된 자아를 갖고 있었다는 것이지요. 이때 안나 프로이트는 이러한 자아의 구조화가 방어에 속한다고 지적합니다. 이는 동일시의 가장 피상적인 부분입니다. 하지만 바로 이러한 측면을 통해 우리는 좀 더 심층적 수준에 다다를 수 있고 상징적 질서 내에서의 환자의 입지를 확인할 수 있게 됩니다. 분석의 목적은 이와 다르지 않습니다. 분석의 목적은 성에 대한 수용이 결정되는 곳인 오이디푸스 콤플렉스를 최초의 세포로 하는 것으로서 인간관계의 모든 장을 포괄하는 상징적 관계의 질서 내에서 환자가 맡고 있는 기능이 무엇인지를 알아보는[인정하는] 것입니다.

자, 이제 클라인의 관점을 이해하는 데 도움을 주실 젤라니 양의 말씀을 들어볼 차례입니다. 클라인의 관점은 안나 프로이트의 관점과 대립 81 관계에 있습니다. — 비슷한 데가 전혀 없는 것도 아닌 이 두 여성이 메로빙거 왕조에서와 같은 경쟁 관계 속에서 대립했다는 것은 결코 우연이 아닙니다.

안나 프로이트의 관점은 주지주의적입니다. 따라서 그녀는 분석 내에서는 모든 것을 자아의 입장이라 할, 아무데도 치우치지 않는 절도 있는 입장에서 출발해 다뤄야 한다고 주장합니다. 그녀에게는 이 자아의 설득이나 교육이 모든 것의 출발점이자 종착점입니다. 여러분은 클라인이 특히나 까다로운 사례를 다루는데 있어 이와는 정반대 지점에서 출발한다는 사실을 확인하시게 될 것입니다. 우리는 만일 안나 프로이트라면 이 같은 경우에 예비적인 재교육이란 입장이 전제된, 강한 자아와 약한 자아라는 그녀 자신의 범주를 어떻게 활용할 수 있을지 자문해볼 수 있을 것입니다. 이와 동시에 여러분은 둘 중 누가 더 프로이트의 발견의 핵심에 가까운지도 가려낼 수 있을 것입니다.

1930년에 출간된 클라인의 논문 「자아 발달에서 상징 형성이 차지하는 중요성」은 1948년에 간행된 전집 『정신분석 논총: 1921~1945년』에 실려 있으며 불역본은 『정신분석 시론: 1921~1945년』이라는 제목으로 1968년 파리에서 출간되었다.

2

클라인은 꼬마 딕에게 너무나 거칠게 상징적 해석을 부과합니다. 그녀는 지체 없이 아이에게 거시적인 해석을 들이미는 것으로 시작합니다. 거침없는 말들로 오이디푸스 신화를 제시하며 아이를 몰아세우지요. 거기에는 우리뿐만 아니라 어떤 독자라도 불쾌하게 느낄 만한 표현들이 있습니다. "너는 작은 기차야. 너는 네 엄마와 하고 싶은 거야."

이러한 작업 방식은 당연히 이론적으로 논란거리가 되기 십상입니다. — 물론 이론적 논란은 사례의 진단과 떼어놓을 수 없습니다. 하지만 분명한 것은 클라인의 개입이 있고 나서 무엇인가가 이루어졌다는 것입니다. 그것이 바로 문제의 핵심입니다.

발표자께서는 딕에게 주변과의 접촉이 결여되어 있다는 점을 지적했습니다. 바로 그의 자아가 결손되었다는 것인데요. 아이는 자아가 형성되지 않은 것입니다. 어쨌든 클라인은 아주 무관심하고 아무 느낌도 받지 못하고 멍해 있다는 점에서도 딕을 신경증 환자들과 구분합니다. 사실 아이가 상징화하지 못한 것은 현실 자체임이 분명합니다. 이 꼬마 환자는 조직화되지 못한 순수 상태의 현실 속에 매몰되어 있다는 것이죠. 미분화된 상태 속에 매몰되어 있는 것입니다. 그런데 인간 세계를 구성하는 것은 무엇일까요? 그것은 바로 변별적인 것으로서의 대상들, 등가적인 것으로서의 대상들에 대한 관심입니다. 대상에 관한 한 인간 세계는 무한한 세계입니다. 이런 점에서 딕은 비인간적인 세계에 살고 있습니다.

이 텍스트는 경험이 풍부한 한 치료사, 한 여성이 쓴 것이라 귀중한 가치를 지닙니다. 그녀는 사태들을 느끼지만 그것들을 표현하는 데는 서툰데, 그렇다고 그것을 비난할 수는 없습니다. 이 텍스트에서 자아에 대한 이론이 온전한 모습을 갖추지 못한 것은 그녀가 그것을 보여주어야겠다고 마음먹지 않았기 때문일 것입니다. 하지만 그녀는 다음과 같은 점을 아주 훌륭하게 보여주고 있습니다. 즉 만일 인간 세계를 새롭게 할 만큼 대상들이 세계 속에서 풍요롭게 증식하거나 발전한다면, 이는 대상들이 원초적 파괴 본능과 결부된 어떤 배척expulsion 과정 속에서 나타나는 한에서 그렇습니다.

82

거기에서 문제는 바로 존재의 본능적인 뿌리 자체에 자리 잡고 있는 어떤 원초적 관계입니다. 엄밀한 의미에서 인간적인 현실, 소통 가능한 현실 영역으로 미처 조직되지 못한, 주체의 원초적 세계를 바깥으로 방출시킴에 따라 매번 새로운 유형의 동일시가 나타납니다. 그것은 참을 수 없는 무엇이고, 그리하여 그와 동시에 불안이 출현합니다.

불안이란 주체가 대상을 구성하기 위해 할당했어야 할 에너지 같은 것이 아닙니다. 클라인의 텍스트에서는 이러한 의미로 쓰인 문구를 전혀 찾아 볼 수 없습니다. 불안은 생겨나고 있는 것, *arising*하는 것으로 항상 규정됩니다. 대상관계들 각각에 하나하나의 동일시 방식이 상응하는데 그러한 동일시에 대한 신호가 바로 불안입니다. 여기서 말하는 동일시는 자아의 동일시에 선행하는 것입니다. 하지만 자아의 동일시가 이루어졌다고 해도 주체가 새롭게 재-동일시하게 되면 언제든 불안이 야기될 수 있습니다. — 이는 극도로 원초적인 수준들에 처한 주체가 겪게 되는 유혹, 현기증, 상실이라는 의미에서의 불안입니다. 불안은 하나의 함축con-notation, 프로이트가 항상 분명하게 말한바 있는 대로 하나의 신호signal, 주체적 특질, 색채입니다.

그런데 이 환자에게는 바로 이러한 불안이 전혀 일어나지 않았던 것입니다. 심지어 딕은 이미 상징 작용의 밑그림이 될 최초의 동일시에도 이르지 못했습니다. 이렇게 말하면 매우 역설적으로 들리겠지만, 그는 현실과 대면해 있으며 현실 속에 살고 있었지요. 클라인의 분석실 안에 있을 때 그에겐 타자도 없고 자아도 없습니다. 그냥 단순한 현실만 있을 뿐입니다. 두 문 사이에 있는 공간은 바로 어머니의 신체입니다. 기차들과 그로부터 파생된 것들은 분명 무엇이지만, 그것은 명명될 수도 없고 명명되지도 않은 무엇입니다.

바로 이때 당시까지는 이해 불가능했던 무수한 것을 야생적 직감으로 단번에 인식해버린 클라인은 이 용어의 상징적 의미에서 '응답하지 않는 자'라고 할 수 있는 아이에게 감히 말을 건넵니다. 거기서 아이는 마치 그녀가 존재하지 않는다는 듯이, 그녀를 가구家具처럼 대합니다. 하지만 그녀는 그에게 말을 겁니다. 말 그대로 이름을 붙입니다. 그녀가 이름을 붙이는 어떤 것은 즉시 명명될 수 있다는 점에서는 상징에 속한다고 볼 수 있습니다. 하지만 그것은 그때까지 환자 자신에게 단지 그냥 단순한 현실에 불과했던 것입니다.

바로 이곳이 클라인이 딕이 이미 어느 정도 생식기적 단계에 도달했다고 말하기 위해 사용했던 조산성prématuration이라는 용어가 의미를 갖게 되는 지점입니다.

정상적인 경우라면 주체[환자]는 자신이 원초적으로 동일시하는 대상에 일련의 상상적 등가물들을 부여해 세계를 증식시킵니다. — 주체[환자]는 어떤 대상을 갖고 동일시의 윤곽을 그리다가도 그러한 대상을 철회하곤 다시 다른 대상과 동일시를 이루는 식으로 과정을 반복합니다. 83 그때마다 불안은 최종적 동일시가 이루어지는 것을 막고 현실이 고정되는 것을 막습니다. 그런데 바로 그러한 왕복 운동이 인간적 실재라고 하는 극도의 복합적인 실재에 틀을 제공하게 될 것입니다. 환상들이 상징화되는 단계를 거치고 나서 현실이 고정되는 이른바 생식기적 단계가 옵니다.

그런데 딕의 경우는 현실이 분명히 고정되었지만 이는 그가 그러한 왕복 운동을 수행할 수 없기 때문입니다. 아이는 전혀 발전이 없는 어떤 현실 속에 그대로 눌러 앉아버린 것이지요.

하지만 그럼에도 그것이 전적으로 탈인간화된 현실이라는 의미는 아닙니다. 그러한 현실은 나름대로 의미를 갖습니다. 누군가가 그러한 현실에 어떤 의미를 부여할 수 있기 때문에 그것은 이미 상징화되었다고 할 수 있지요. 하지만 그러한 현실이란 무엇보다 왕복 운동 속에 있기 때문에 거기에는 '공백', '암흑'이라는 이름으로 불리는 단 한 차례의 최초의 동일시, 예기되고 동결된 어떤 상징화만 있을 뿐입니다. 환자의 고유한 구조 안에서 인간적인 것이 있다면, 그것은 바로 그러한 간극입니다. 환자 안에서 응답하는 것은 바로 그러한 간극이지요. 환자는 그러한 간극하고만 접촉해 있을 따름입니다.

이 간극 속의 환자에겐 여러분도 이미 보았듯이 그가 차마 이름조차 붙일 수 없는 아주 한정된 수의 대상만 있을 뿐입니다. 물론 환자는 어휘들에 대해 이미 상당한 이해를 갖고 있지만 그것들에 대한 *Bejahung*을 완수한 것은 아닙니다. 즉 그는 그러한 어휘들을 떠맡지 못한 것입니다. 역설적으로 들리겠지만 이와 동시에 환자는 불안하지 않는 어떤 방식으로 현실과 아주 좋은 관계를 맺고 있기 때문에 정상적인 경우보다 훨씬 더 큰 감정이입의 가능성을 보입니다. 클라인의 블라우스에서 연필을 깎은 부스러기들을 발견하자 환자는 이렇게 말합니다. "불쌍한 클라인."

다음 시간에는 상징 작용과 실재의 관계라는 문제를 가장 어려운 각도에서, 즉 그것의 기원이 되는 지점에서부터 살펴볼까 합니다. 여러분은 그것이 지난 시간 이폴리트 선생이 지적했던 것, 인간의 현실이 구성되는 데 파괴 작용이 하는 기능과 어떤 관련을 맺고 있는지를 확인하시게 될 것입니다.

1954년 2월 17일

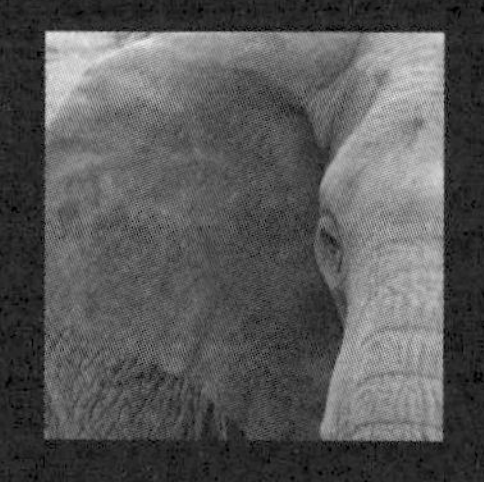

상상적인 것의 지형학

LA TOPIQUE DE'IMAGINAIRE

7

상상적인 것의 지형학

광학에 대한 성찰
뒤집어진 꽃다발에 대한 소개
현실: 근원적 카오스
상상적인 것: 자아의 탄생
상징적인 것: 주체의 입지
정신분석에서 오이디푸스 신화의 기능

오늘 말씀드릴 간단한 이야기는 '상상적인 것의 지형학'이란 제목으로 예고 드린 바 있습니다. 이 같은 주제는 몇 년의 수업을 할애해야 할 만큼 꽤 방대한 것입니다. 그럼에도 강의 중에 상징적 구조 속에서 상상적인 것이 차지하는 위치에 관해 몇 가지 문제가 제기되었기 때문에 오늘 같은 여담에 이런 제목을 붙일 수 있을 겁니다.

지난 시간에 다룬 사례는 그전부터 이미 강조했던 세 개의 핵심 용어인 상상적인 것, 상징적인 것, 실재 간의 상호작용을 집약적으로 보여주기 때문에 특히나 중요한 가치를 갖습니다. 여러분에게 그러한 사례를 소개한 것은 사전에 계획된 면이 없지 않은데, 기대하건대 이 계획 전체가 얼마나 엄밀한 것인지를 여러분이 이해하실 수 있으면 좋겠습니다.

세 가지 참조 체계가 없다면 프로이트의 기술과 경험에 대해 아무것도 이해할 수가 없습니다. 이 세 가지를 구별하면 많은 난제가 해명되고 근거가 분명해질 것입니다. 이는 지난 시간에 젤리니에 양이 클라인의 텍스트에서 잘 이해되지 않는다고 지적했던 부분과 관련해서도 마찬가지입니다. 하나의 경험을 다룰 때 중요한 것은 이해되는 부분이라기보다는 오히려 이해되지 않는 부분입니다. 젤리니에 양의 발표가 지닌 장점은 정확히 텍스트에서 이해되지 않는 부분을 분명하게 해주었다는 점입니다.

텍스트 주해라는 방법이 풍부한 결실을 보여주는 것은 바로 이런 맥락에서입니다. 텍스트를 주해하는 일, 그것은 분석을 행하는 것과 같습니다. 제가 지도하고 있는 분석가들이 제게 '전 그가 이것, 저것을 말하고 싶었음을 이해했다고 생각합니다'라고 말할 때마다 저는 그들에게 다음과 같은 점을 주지시키곤 했는데요. 즉 분석가가 가장 경계해야 할 일 중의 하나는 너무 지나치게 이해하려 하지 말 것, 주체의 말에 담겨 있는 것보다 더 많은 것을 이해하려 하지 말아야 한다는 겁니다. 해석하는 것과 이해했다고 스스로 상상하는 것, 이 둘은 결코 같은 것이 아닙니다. 88 오히려 정확히 그와 반대입니다. 심지어 분석적 이해로 들어가는 문을 여는 것은 어느 정도 이해에 대해 거부하는 것을 기반으로 한다고까지 말할 수 있겠지요.

하나의 텍스트가 조리 있는 듯한 느낌을 주는 것만으로는 충분하지 않습니다. 물론 클라인의 텍스트는 우리가 늘 접하는 상투적인 것들, 가령 본능의 성숙이니 원초적 공격 본능이니 구강적 사디즘, 항문적 사디즘이니 하는 것들의 틀에서는 잘 들어맞습니다. 하지만 클라인이 끌어들이는 영역 속에는 몇 가지 잘 들어맞지 않는 부분들이 있는데, 이에 대해 다시 세부적으로 살펴볼 것입니다.

모든 것은 젤리니에 양이 자아의 기능에서 모순적이고 역설적이며 특이하다고 생각했던 부분을 중심으로 맴돕니다. 즉 자아는 지나치게 발달하면 발달을 완전히 멈춰버리지만 발달하고 있는 도중엔 현실 쪽으로 나 있는 문을 다시 열게 된다는 것입니다. 어떻게 해서 자아의 발달에 의해 현실의 문이 다시 열리게 된다는 것일까요? 주체에게 끼어 넣기intrusion와 덧씌우기placage를 특징으로 하는 클라인의 해석은 정확히 어떤 기능을 할까요? 이것이 바로 오늘 우리가 다시 다루게 될 문제들입니다.

이제 여러분은 앞의 어린 환자의 사례에서는 실재, 상상적인 것, 상징적인 것이 확연히 드러나면서 가시화된다는 사실을 인식해야 합니다. 저는 상징적인 것을 언어와 동일한 것으로 간주해야 한다는 것을 이미 지적한 바 있는데, 그렇다면 무엇인가가 발생한 것은 이를 테면 클라인이 말하는 한에서가 아닐까요? 다른 한편, 클라인이 나쁜 대상의 투사, 내사, 배척, 재투사 등과 같은 상호작용에 의해 대상들이 구성된다고 말할 때, 그리고 자신의 사디즘을 대상에게 투사한 주체가 그러한 대상으로부터 사디즘이 되돌아오는 것을 목격하게 되고 바로 이 때문에 불안한 두려움에 사로잡히게 된다고 말할 때, 여러분은 논의가 상상적인 것의 영역에 머물러 있다는 것을 느낄 수 있지 않나요?

그럼 이제 문제는 실재를 구성하는 데 상징적인 것과 상상적인 것이 어떤 기능을 수행하는가 하는 것입니다.

1

문제를 좀 더 명확히 이해하기 위해 거울 단계를 대신할 만한 작은 모델을 하나 생각해냈습니다.

제가 종종 강조했듯이 거울 단계는 단순히 발달의 한 단계로 그치지 않습니다. 거울 단계는 주체가 자아의 *Urbild*인 자기 이미지와 맺는 몇

몇 관계를 드러낸다는 점에서 또한 하나의 범례로 기능합니다. 그런데 거울 단계, 존재를 부인할 수 없는 이 거울 단계는 광학적으로 나타낼 수 있습니다. — 이 또한 부인할 수 없는 것입니다. 이것은 우연일까요?

과학들, 특히 정신분석과 같은 신생 과학은 빈번히 다른 과학들에서 모델을 빌려오게 됩니다. 여러분은 우리가 얼마나 지질학에 빚지고 있는지를 상상하실 수 없을 텐데요. 하지만 지질학의 도움 없이 어떻게 하나의 동일한 수준을 다루면서 최근의 층위에서 훨씬 이전 층위로 넘어갈 수 있다고 생각할 수 있을까요? 말이 나온 김에 말씀드리면, 분석가라면 지질학에 관한 책자를 한 권 구입하는 것도 나쁘진 않을 것 같습니다. 예전에 지질학자이면서 분석가인 뢰바Leuba라는 사람이 쓴 책이 있는데, 꼭 한 번 읽어보시기 바랍니다.

이런 이야기라면 광학 또한 할말이 있을 겁니다. 이 점에서도 저는 우리의 스승이 확립한 전통과 배리된다고는 생각하지 않습니다. 여러분 중 일부는 분명 『꿈의 해석』의 「꿈 과정의 심리」라는 장에서 무의식의 모든 과정을 집약한 다음과 같은 프로이트의 유명한 도식을 본 적이 있으실 테니 말입니다.

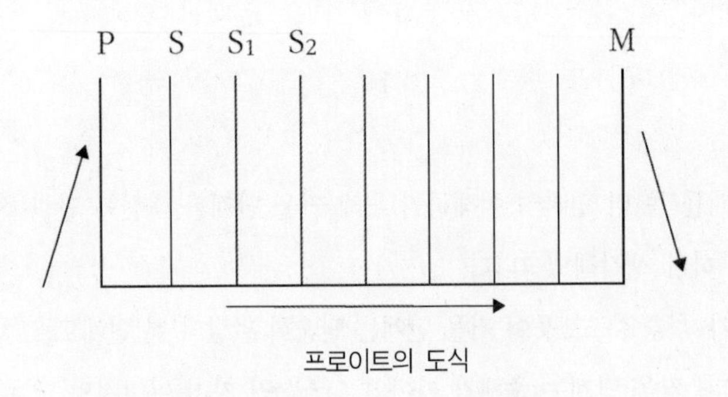

프로이트의 도식

프로이트는 지각 수준, 즉 즉각적 인상 수준에서 구분되는 다양한 층위 — 이미지이자 동시에 기억을 의미하는 S_1, S_2 등등 — 를 위 도식 안에 위치시켰지요. 그렇게 새겨진 흔적들은 이후에 무의식 속으로 억압됩니다. 매우 훌륭한 이 도식은 우리에게 요긴하게 쓰일 것이기 때문에 앞으로 다시 살펴보게 될 것입니다. 그런데 저는 이 도식에 설명이 하나 붙어 있다는 점을 지적하고 싶습니다. 이 설명은 프로이트의 거의 마지막 저작이라고 할 『정신분석요강』에서 또 다른 형태로 다시 등장하고 있음에도 지금껏 아무런 주목도 받지 못했던 것 같습니다.

이 설명을 『꿈의 해석』에 실린 원문 그대로 한 번 읽어보겠습니다. "그렇게 해서 우리에게 제공된 관념은 어떤 심리적 장소에 대한 관념이다." — 여기서 문제는 분명 심리적 현실의 장, 다시 말해 자아의 운동 의식과 지각 사이에서 일어나는 모든 것입니다. "즉시 해부학적인 위치 결정 개념은 논외로 치기로 하고, 심리적 영역만 생각하기로 하자. 그리고 단지 복식 현미경이나 사진기 등과 비슷한 심리적 활동을 위한 어떤 기구를 그려보도록 하자. 심리적 장소는 이미지가 만들어지는 이 기구의 어느 한 지점에 상응할 것이다. 그런데 알다시피 현미경이나 망원경에는 눈으로 확인되지 않는 이상적인 지점들이 있다. 나로서는 쓸데없이 이러한 비교가 불완전하다고 변명할 필요는 없을 것이다. 나는 심리적 메커니즘의 배열을 분석하고 각 부분의 기능을 결정하면서 그것을 잘 이해할 수 있도록 하기 위해서만 그러한 기구를 이용할 뿐이다. 내 생각으로는 90 이전에는 아무도 그러한 심리적 기구를 만들어 보려고 하지 않았던 것 같다. 시도는 전혀 위험한 것이 아닌데도 말이다. 나는 비계 구조물을 건물 자체와 혼동하지 않고 비판적 판단력을 유지하기만 한다면, 이 가설을 그대로 밀고 나가도 된다고 말하고 싶다. 그리고 미지의 사실에 다가

가기 위해선 이외의 보조적 도식들이 필요할 따름이다. 그중에서도 가장 단순하고 가장 구체적인 것이 가장 좋을 것이다."

마치 충고란 지키지 않기 위해 있는 것인 양 우리가 프로이트 이후 줄곧 비계 구조물을 건물 자체와 혼동해왔다는 것은 굳이 말할 필요도 없습니다. 다른 한 편, 제가 감히 하나의 도식을 만들어볼 엄두를 내게 된 것은 프로이트가 어떤 미지의 사태에 접근하기 위해 보조적 관계들을 활용해도 좋다고 우리에게 허락해주었기 때문입니다.

유치하다고도 할 수 있겠지만 오늘 우리에게 도움을 줄 것은 바로 복식 현미경보다 훨씬 더 단순한 광학 기구입니다 .— 이미 거론된 비교를 따르는 것이 유쾌한 일은 아닐 테지만 그럼에도 우리는 이를 통해 좀 더 멀리까지 논의를 개진할 수 있을 겁니다.

여러분이 광학에 대해 깊이 생각해볼 것을 적극 권장하는 바입니다. 우리가 하나의 형이상학 체계 전체를 기하학과 역학에 정초시키고 그것들에서 이해를 돕는 모델들을 찾았던 것에 반해, 광학과 관련해선 지금껏 그것의 가능성에 걸맞은 연구가 없었다는 것은 참으로 기이한 일입니다. 그럼에도 자연에 해부, 절단, 분할 등을 가하는 다른 과학들과 달리 기구들을 이용해 소위 '이미지'라고 하는 독특한 것을 만들어내려고 애쓰는 이 희한한 과학이 어쩌면 어떤 공상처럼 보일지도 모르겠습니다.

이렇게 말한다고 제가 지금 여러분에게 팥으로 메주를 쑤었다고 믿게 하거나 광학적 이미지들이 우리가 관심을 갖고 있는 이미지들이라 믿게 한다고는 생각하지 마시기 바랍니다. 하지만 그럼에도 이들이 똑같이 이미지란 이름으로 불린다는 데는 전혀 이유가 없지 않습니다.

광학적 이미지들은 특이하리만치 다양합니다. 어떤 것들은 순전히 주관적인 것으로 허상이라고 불립니다. 반면 어떤 것들은 실상으로, 말하자면 몇몇 측면에서 대상처럼 작동하거나 그렇게 간주될 수 있습니다. 이보다 훨씬 더 특이하다고 할 만한 것은 실상을 대상으로 해서 허상을 만들어낼 수도 있다는 점입니다. 이렇게 되면 실상이었던 대상은 당연히 허상적 대상이라고 불리게 됩니다.

사실 이보다 도 더 놀라운 사실은 광학은 전적으로 어떤 수학 이론에 근거하며 그러한 이론 없이는 광학을 구조화하기가 절대로 불가능하다는 점입니다. 광학이 존재하려면 실재 공간에 주어진 한 점에 또 다른 공간 속의 한 점, 단 하나의 점이 상응해야 합니다. 여기서 '또 다른 공간'이란 상상적인 공간을 말합니다. 이는 기본이 되는 구조적 전제입니다. 너무 단순해 보이지만 이런 전제가 없이는 어떤 최소한의 방정식도 세울 수 없으며 아무것도 상징화해낼 수 없을 겁니다. — 결국 광학이란 것도 불가능하겠지요. 이러한 전제를 모르는 사람조차도 그러한 전제가 없이는 광학을 갖고 아무것도 할 수 없을 겁니다. 91

여기서도 상상적 공간과 실재적 공간은 뒤섞여 있습니다. 하지만 당연히 양자를 별개의 것으로 생각해야 한다는 것에는 변함이 없습니다. 광학에서 우리가 빈번하게 연습하게 되는 몇 가지 구분은 현상이 표상되는데 상징적 원동력이 얼마나 중요한지를 보여줍니다.

다른 한편 광학에는 마찬가지로 경험에 의거하기 때문에 전적으로 실재적이라고 할 수 있지만 그럼에도 매순간 주관성이 개입되는 일련의 현상이 있습니다. 여러분이 무지개를 본다면 이는 완전히 주관적인 어떤 것을 보는 것입니다. 일정한 거리를 떨어져서 보면 무지개는 마치 풍경 위에 수놓아져 있는 것처럼 보입니다. 그러나 무지개는 거기에 없습니다. 그것은 하나의 주관적 현상이지요. 그럼에도 사진기 덕분에 우리는 무지개를 전적으로 객관적으로 기록할 수 있습니다. 그렇다면 그것은 대체 무엇일까요? 우리는 무엇이 주관적이고 무엇이 객관적인지를 더 이상 판단할 수 없습니다. 혹 우리는 우리의 조그만 뇌 속에서 혹시 객관적인 것과 주관적인 것을 명확히 구분하려는 타성에 젖어 있는 건 아닐까요? 사진기는 주체, 다시 말해 순전히 살고 있는 영역, 다시 말해 언어의 영역에 있는 *x*와 *y*의 도움으로 만들어진 주관적 장치가 아닐까요?

이러한 질문들은 일단 젖혀두기로 하고 한 가지 작은 예로 곧장 들어가 봅시다. 칠판에 그리기 전에 그것을 먼저 머릿속에 그려주셨으면 좋겠습니다. 칠판에 그려진 것만큼 위험한 것은 없으니 말입니다. — 칠판은 언제나 다소 밋밋하지요.

이는 물리학이 즐거웠던 시절, 즉 진정한 물리학의 시절에 행해진 한 가지 고전적 실험과 관련된 것입니다. 마찬가지로 우리, 우리는 지금 진정 정신분석의 시대를 살고 있지요. 우리가 즐거운 정신분석에 가까워질수록, 그것은 진정한 정신분석이 될 겁니다. 이후에 그것은 어영부영 넘어가고 잔머리를 굴리게 될 겁니다. 전혀 광학이란 걸 모른 채 현미경을 만들어내듯이 분석가들은 자신이 무엇을 하는지 전혀 이해하지 못할 겁니다. 자, 그러니 정신분석을 즐기도록 합시다. 그래야만 우리가 여전히 정신분석을 하고 있는 것이 됩니다.

자, 그렇다면 제가 있는 곳에 커다란 가마솥이 하나 있다고 가정해봅시다. 언젠가 공명상자처럼 제 역할을 훌륭히 해낼 가마솥은 가능한 한 반구형에 가까운 것으로 오목거울처럼 내부가 광이 나야 합니다. 그것을 칠판 쪽으로 약간만 옮기면 여러분은 그 안에서 자신의 모습을 볼 수가 없을 텐데, 이는 제가 가마솥으로 변신한다고 해도 저와 학생들 사이에서 종종 생기곤 했던 신기루가 여기서는 생기지 않으리라는 것을 의미합니다. 오목거울은 하나의 실상을 만들어냅니다. 대상이 일정거리가 떨어진 곳에, 되도록 오목거울의 중앙 쪽에 위치하면 대상의 각 지점에서 발사된 광선이 거울 표면에 반사된 후 수렴하게 되는데, 이러한 수렴을 통해 [대상이 있는 곳과] 같은 쪽에서 광선의 각 지점에 상응하는 또 하나의 광점이 나타납니다. 이 광점이 바로 대상에 대한 실상을 이룹니다. 92

유감스럽게도 저는 오늘 가마솥도 실험 기구도 준비하지 못했습니다. 여러분은 그냥 머릿속에 그려보시기 바랍니다.

한쪽이 뚫려있는 상자가 하나 있다고 가정해봅시다. 이 상자가 반구형의 오목거울 중앙에 세워져 있다고 해봅시다. 상자 위에는 꽃병, 진짜 꽃병을 하나 갖다 놓아봅시다. 밑에는 한 다발의 꽃이 있습니다. 자, 이제 무슨 일이 벌어질까요?

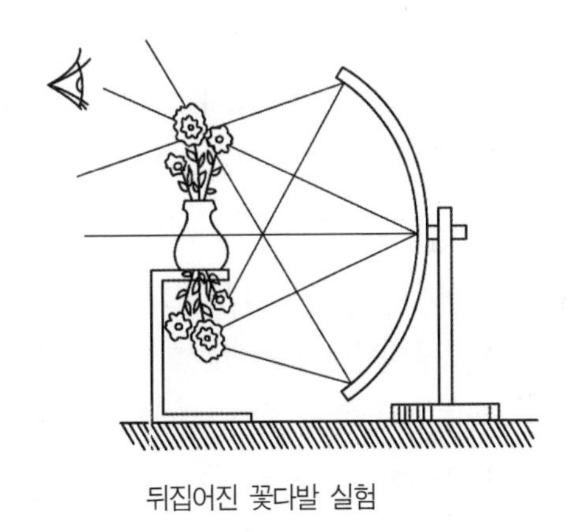

뒤집어진 꽃다발 실험

꽃다발은 오목거울의 표면에 반사되어 이에 대칭되는 광점에 도달합니다. 오목거울의 표면이 가진 속성상 주어진 한 점으로부터 나오는 모든 광선은 하나의 동일한 대칭점에서 만나게 됩니다. 이렇게 해서 하나의 실상이 생겨납니다. 제 그림에서 광선들이 딱 맞게 교차하지는 않는다는 점을 주목하시기 바랍니다. 이는 현실에서도 마찬가지고 모든 광학 기구에서도 마찬가지인데, 즉 우리는 근사치만 얻을 수 있을 뿐입니다. 광선들은 눈 뒤쪽 너머로 계속 나아가면서 다시 분산됩니다. 하지만 눈 앞쪽에서는 광선들이 수렴하며 실상을 만들어냅니다. 수렴하는 상태에서 눈에 들어온 광선은 실상을 만들어낸다는 특성을 갖기 때문입니다. 광선들은 눈 쪽으로 접근하면서 수렴하고 눈 쪽에서 멀어지면 분산됩니다. 만일 광선들이 분산된 형태로 눈에 들어온다면 나타나는 것은 허상일 겁니다. 그것이 바로 여러분이 거울 속의 이미지를 볼 때 일어나는 일입니다. 이 경우 여러분은 이미지가 없는 곳에서 이미지를 봅니다. 여기서는 반대로, 이미지가 있는 곳에서 봅니다. — 물론 이는 오로지 여러분의 눈이, 이미 하나의 조응점에서 교차하는 광선들의 장 속에 위치한다는 조건하에서 그렇습니다.

그러한 순간에는 감추어진 실재 꽃다발이 보이지 않겠지만, 만약 여러분이 적당한 위치에 있다면 아주 신기한 상상적 꽃다발이 꽃병 목 바로 위에 나타나는 것을 보게 될 겁니다. 광선들이 정밀하게 교차하진 않기 때문에 뭔가 이상하고 어색하게 느껴지긴 해도 여러분의 눈이 동일한 수준에서 일직선으로 움직여야 하는 이상 여러분은 현실감을 갖게 되실 겁니다. 여러분이 멀리 있으면 있을수록 시차視差가 더 많이 작용할 테고 환영은 그만큼 더 완벽해질 겁니다.

93

이것은 우리에게 아주 유용하게 쓰이게 될 우화입니다. 물론 그렇다고 이 그림이 소위 말하는 현실적 내지 객관적 관계든 상상적 관계든 우리가 분석에서 다루는 무엇과 실질적으로 연관된 것을 건드리고 있다는 의미는 아닙니다. 하지만 이 그림은 심리적 경제 내에서 상상적 세계와 실재적 세계가 긴밀하게 얽힘으로써 무엇이 야기되는지를 아주 간명하게 보여줍니다. 이제 이러한 얽힘이 어떻게 가능한지를 보여드리도록 하겠습니다.

2

저는 이 작은 실험을 좋아합니다. 이 실험을 고안한 것은 제가 아닙니다. 그것은 오래전부터 '뒤집힌 꽃다발 실험'이란 이름으로 알려져 온 것입니다. 우리를 위해 고안된 것은 아니겠지만 그러한 실험은 원래 상태 그대로, 순진무구함과 더불어 꽃병과 꽃다발이라는 우연적인 세부사항에 이르기까지 우리를 매료시킵니다.

실제로 *Ur-Ich*나 *Lust-Ich*라고 하는 원초적 자아의 고유 영역은 외부 세계와의 구별, 분할에 의해 구성됩니다. — 그러한 자아 안에 포함된 것은 배제, *Aufstossung* 과정이나 투사 과정 등에 의해 거부된 것과는 구별됩니다. 그리하여 자아 형성의 원초적 단계에 대한 모든 분석적 인식에서 가장 중요한 개념이 있다면 그것은 바로 내용물과 그것을 담는 용기容器라는 개념입니다. 바로 이러한 이유에서 꽃병과 거기 담긴 꽃다발의 관계가 은유, 그것도 더없이 값진 은유로 쓰일 수 있습니다.

아시다시피 주체[환자]는 그의 역사[이력]의 한 순간에 생리적 성숙과정 덕분에 운동신경 기능들을 실질적으로 통합하고 자기 신체의 실재적 통제력에 이를 수 있게 됩니다. 다만 주체가 자기 신체를 하나의 전체로 의식하는 것은 그에 상응하는 어떤 방식을 통해서긴 하지만 그보다 앞서 이루어진 일입니다. 이 점이 바로 제가 거울 단계 이론에서 주장했던 바입니다. 주체는 인간 신체의 전체 형태를 한 번 본다는 것만으로도 실재적 통제력에 앞서 자기 신체에 대한 상상적 통제력을 얻을 수 있다는 겁니다. 이러한 형성 과정은 성장 과정 자체와는 별도로 진행되기에 서로 혼동되어선 안 됩니다. 주체는 미리 앞질러 심리적 통제력을 획득하게 되고, 그러한 앞지름은 운동신경을 향후 실질적으로 통제하는 모든 과정에 고유한 흔적을 항상 남기게 됩니다.

94 이는 인간이 경험적으로 처음으로 자신을 자신이 아닌 다른 것으로 바라보고 반성하고 생각해보게 되는 본원적 모험입니다. — 이는 인간의 환상적인 삶 전체를 구조화하는 인간의 본질적 차원이지요.

우리는 이드, 대상, 본능, 욕망, 성향 등등 모든 것이 처음부터 자리 잡고 있다고 가정합니다. 따라서 그것들은 무엇으로도 한정되지 않고 아직 정의의 대상조차 되지 못하는 그저 단순한 현실, 좋지도 나쁘지도 않으며 혼돈스러우면서도 절대적이고 본원적인 현실이라는 것이죠. 이는 프로이트가 「부인」에서 존재 판단, 즉 있느냐 없느냐의 판단과 관련해 언급했던 차원입니다. 그런데 신체 이미지가 주체에게 자아인 것과 자아가 아닌 것을 확정지을 수 있도록 해줄 최초의 형태를 제공하게 되는 것은 바로 이 수준에서입니다. 자, 그런데 신체 이미지를 우리의 도식에서 찾는다면, 그것은 실재 꽃다발이 담겨 있는 상상적 꽃병과 같은 것이라고 말할 수 있겠지요. 이런 방식으로 우리는 자아가 탄생하기 이전의 주체와 자아의 출현을 그려볼 수 있습니다.

여러분도 느끼시겠지만 제 설명은 도식적입니다. 하지만 하나의 은유, 사유를 위한 장치를 개발하려면 처음부터 그것이 어디에 쓸모가 있는지를 느낄 수 있게 해줘야 합니다. 여러분은 이 장치가 어떠한 조작도 가능할 만큼 운용하기 쉽다는 사실을 확인하시게 될 겁니다. 우리는 실험 조건들을 뒤집을 수도 있습니다. 가령 꽃병을 아래에 놓고 꽃을 위에 놓을 수도 있습니다. + − + 또는 − + − 라는 기호들의 관계를 보존하기만 한다면 우리는 마음 내키는 대로 실재적인 것을 상상적인 것으로 만들 수도 있지요.

환영이 나타나려면, 다시 말해 우리 눈앞에서 세계가 상상적인 것이 실재를 포함하면서 그것에 형태를 부여하고 또 실재 역시 상상적인 것을 포함하면서 그것을 위치시킬 수 있는 곳으로 성립되려면, 한 가지 조건이 충족되어야 합니다. 여러분에게 이미 언급한 바 있지만, 바로 우리 눈이 어떤 일정한 위치에 자리 잡고 있어야 한다는 것이 그것입니다. 즉 우리 눈은 원추 내부에 있어야 한다는 겁니다.

만일 눈이 원추 바깥에 위치하면 상상적인 것을 볼 수 없을 텐데, 이는 단순히 광선이 방사되는 원추가 우리 눈에까지는 미치지 않기 때문입니다. 이 경우 눈은 실재 상태를, 있는 그대로를, 다시 말해 메커니즘 내부를 보게 될 것입니다. 경우에 따라 빈 꽃병이나 따로 떨어져 있는 꽃을 보게 되겠지요.

여러분은 제게 이렇게 말씀하시겠지요. '우리는 그냥 눈이 아닙니다. 어슬렁거리며 돌아다니는 이 눈은 무엇인가요?'

상자는 여러분의 고유한 신체를 나타냅니다. 꽃다발은 여기 저기 옮겨 다니는 욕망의 대상들, 본능들, 욕망들입니다. 그러면 가마솥은 무엇일까요? 그것은 대뇌피질이라고 할 수 있을 겁니다. 왜 안 되겠습니까? 참 재미있는 발상입니다. — 그것에 대해서는 언젠가 다뤄보도록 할 것입니다.

그중에서 우리 눈은 돌아다니지 않습니다. 우리 눈은 대뇌피질을 간질이는 작은 돌기처럼 한자리에 고정됩니다. 그렇다면 저는 왜 여러분에게 그것이 돌아다닌다고 말하면서 위치에 따라 어느 때는 작동하고 어느 때는 작동하지 않는다고 말할까요?

아주 자주 그래왔듯이 눈은 여기서 주체의 상징입니다.

95 모든 과학은 주체를 하나의 눈으로 환원시키는 것에 근거합니다. 언젠가 여러분에게 설명드릴 기회가 있겠지만, 과학이 여러분 앞에 투사된다고, 다시 말해 객체화된다고 할 수 있는 것은 바로 이 때문이지요. 본능 이론에 관해서라면 어느 핸가 혹자가 아주 멋진 이론을 내놓은 바 있는데 그것은 본능들을 실체화하는 이론으로 제가 지금껏 들어본 것 중 가장 역설적인 이론이었지요. 마지막에 가서는 본능 중 어느 하나 제대로 성립할 수 있는 것이 없게 되는데, 이런 명목 때문에 논증해보면 유용한 이론입니다. 잠시 동안이나마 하나의 눈이 되고자 한다면, 우리는 자신이 하나의 눈에 지나지 않는다고 공표하고 문에다 다음과 같이 써 붙일 수 있는 과학자 위치에 있어야 합니다. '실험 중이니 방해하지 마시요.' 실생활에서는 우리가 그냥 눈이 아니기 때문에 사태가 완전히 달라집니다. 그렇다면 거기에 있는 눈이란 무엇을 의미할까요?

이것이 의미하는 바는 상상적인 것과 실재의 관계에선 그리고 그 결과로서 세계를 구성하는 과정에서는 모든 것이 주체의 상황에 의존한다는 것입니다. 그리고 제가 누차 강조해 여러분도 잘 알고 있듯이 주체의 상황은 본질적으로 주체가 상징적 세계 속에서, 다시 말해 말의 세계 속에서 어떤 자리를 차지하느냐에 의해 결정됩니다. 그러한 자리는 자신을 '페드로'라고 부를 권리가 있느냐 없느냐에 따라 정해지는 겁니다. 그것에 따라 주체는 원추의 장 속에 있을 수도 있고 그렇지 않을 수도 있게 되는 것이죠.

비록 여러분이 보시기에 이것이 다음 논의의 이해를 위해서는 좀 무리가 있어 보이겠지만 여러분은 바로 이 점을 반드시 명심하셔야 합니다.

3

우리는 클라인의 텍스트를 있는 그대로, 즉 경험에 대한 하나의 보고서로 간주해야 할 겁니다.

저자의 말에 따르면 이 보고서는 종합적인 발달 수준이 생후 15~18개월 사이에 머물러 있는 4살 정도의 한 사내아이에 관한 것입니다. 어떻게 정의하느냐가 문제일 텐데, 사실 저자는 자신이 하는 말이 무슨 뜻인지 결코 알지 못합니다. 그러한 수준을 측정하는 데 어떤 도구를 썼을까요? 그녀는 가끔 그것을 정확히 밝히지 않습니다. 생후 15~18개월 사이의 정동의 발달이라는 개념은 제가 방금 실험을 통해 만들어낸 꽃의 이미지보다 훨씬 더 모호합니다.

아이는 매우 한정된 어휘만 사용합니다. 한정되기보다는 부정확하다고 해야 할 텐데요. 의미를 알고 있는 때도 있지만 대부분의 경우 아이는 단어들을 왜곡시키고 부적절하게 사용합니다. 클라인이 그중 가장 놀라운 사실이라면서 강조한 것은 이 아이에게는 자신을 표현하고자 하는 욕망이 없다는 겁니다. 아이는 의사소통하려고 하지 않습니다. 그나마 다소간 놀이에 가까운 단 하나의 행동은 소리를 내지르고 그처럼 무의미한 소리, 소음들 속에서 흡족해하는 것입니다.

그럼에도 이 아이는 언어다운 무언가를 갖고 있습니다. 그렇지 않다면 클라인도 아이에 대해 분명하게 설명하지 못할 겁니다. 아이는 상징적 장치의 몇 가지 요소를 사용할 줄 압니다. 한편 클라인은 아주 중요한 첫 대면에서부터 아이의 태도를 냉담하고 무관심하다고 규정합니다. 하지만 아이에게 어떤 일관된 경향이 없는 것은 아닙니다. 아이는 저능아 같은 인상을 주지 않을 뿐더러 그와는 거리가 멀지요. 클라인은 아이가 96

가시적인 불안감을 보이지 않는다는 점을, 심지어 신경증자들이 보이는 것과 같은 감정의 폭발이나 위축, 경직, 소심함 등과 같은 은폐된 형태를 통해서라도 그런 불안감을 드러내지 않는다는 점을 강조하면서 자신이 이전에 보아온 모든 신경증 환자와 차이를 둡니다. 클라인 같은 경험 많은 치료사께서 이 점을 놓칠 리 없겠지요. 아이는 마치 아무 일도 일어나지 않은 양 거기에 있습니다. 아이는 마치 가구를 쳐다보듯이 클라인을 바라봅니다.

제가 이러한 측면을 강조하고자 하는 것은 아이에게는 현실이 한결같이 똑같다는 것을 부각시키기 위해서입니다. 아이에겐 모든 것이 똑같이 실재적이며 그래서 아무래도 상관이 없습니다.

젤리니에 양이 당혹스러워 하기 시작하는 것은 바로 이 지점에서부터입니다.

클라인 말에 따르면 유아의 세계는 하나의 용기容器라고 할 수 있을 엄마의 신체와 신체에 든 내용물로부터 생겨납니다. 유아는 엄마라는 특권화된 대상과 본능적 관계를 맺으면서 일련의 상상적 체내화incorporation의 관계들을 형성하게 됩니다. 유아는 엄마의 신체를 물거나 빨 수 있습니다. 이러한 체내화는 파괴의 방식으로 이루어집니다.

엄마의 신체 속에서 유아는 수많은 대상을 만나리라 예상하는데, 그러한 대상들은 속에 유아에게 위험할 수도 있는 또 다른 대상들을 담고 있으면서도 나름 상당히 통일성을 갖추고 있는 것처럼 느껴집니다. 그러한 대상들이 무엇 때문에 위험한 것일까요? 이는 유아가 그러한 대상들에게 위협적인 것과 마찬가지 이유에서입니다. 유아는 거울을 통해 대상들을 바라보며 자신에게서 느끼는 파괴력을 그러한 대상들에 부여합니다. 바로 이 때문에 유아는 그러한 대상들이 자아의 첫 테두리들 바깥에 위치한다고 강조하면서 그것들을 똥, 나쁜 것, 위험한 것으로 거부하게 되는 것이죠.

당연히 그러한 대상들은 유아에게 최초의 현실을 이루는 완전한 제국, 엄마의 신체의 환상적 이미지라는 최초의 모든 것[전체], 최초의 전우주적 용기와 분리되어 외부에 놓이게 될 겁니다. 하지만 유아 눈에 그러한 대상들은 여전히 마찬가지의 불길한 조짐을 지닌 것처럼 보이게 될 것이며, 그러한 조짐은 유아가 그러한 대상들과 맺게 될 최초의 관계들을 물들이게 될 겁니다. 바로 이러한 이유에서 유아는 그러한 대상들을 재내사하고ré-introjecter 이보다 덜 위험한 다른 대상들로 관심을 돌리게 될 겁니다. 가령 유아는 소위 '똥-오줌' 등식을 작동시키게 될 것입니다. 외부 세계의 다른 대상들, 좀 더 중화된 대상들이 하나의 상상적 — 저는 이것을 강조하는 바입니다 — 등식을 통해 최초의 대상들과 동일한 가치를 지니는 것으로 놓이면서 그것들과 연결될 것입니다. 이런 대상들 사이에서 우리가 재발견하게 될 상징적 방정식은 이렇듯 배척과 내사, 투사와 흡수 등이 번갈아 나타나는 어떤 메커니즘, 즉 하나의 상상적 놀이에서 출발합니다.

제가 실재적 대상을 상상적인 것이 포함하거나 반대로 어떤 실재적 울타리 안에 상상적 대상들이 포획되어 있는 형태의 도식으로 나타내려고 했던 것이 바로 이 상상적 놀이입니다. 97

딕을 관찰하면서 우리는 아이가 이를테면 외부 세계를 어렴풋하게 상상화하고 있음을 확인하게 됩니다. 이러한 상상화는 이제 막 시작되고 있는 참이지만 준비 단계에 머물러 있을 뿐입니다.

딕은 용기와 내용물을 갖고 놉니다. 벌써 딕은 아주 자연스럽게 상당수의 성향을, 심지어는 인물을 작은 기차와 같은 몇몇 대상 속에서 실체화시키기 시작했습니다. 가령 아빠는 큰 기차, 자신은 작은 기차라는 식으로 말입니다. 그런데 딕에게 중요한 의미를 갖는 대상들의 수는 놀랍게도 극도로 제한되어 있습니다. 그것들은 안과 밖, 내용물과 용기를 표현할 만큼의 최소한의 기호로 제한됩니다. 이렇게 해서 어두운 공간은 딕이 숨어들 수 있는 엄마의 신체 내부와 곧바로 동일시됩니다. 그런데 이 경우에는 상상적 형태와 실재적 형태 등과 같이 상이한 형태의 대상들의 결합과 같은 자유로운 놀이는 일어나지 않습니다.

젤라니에 양에겐 매우 놀랍게도, 딕이 엄마의 텅 빈 어두운 신체 안으로 숨어들었을 때 그 속에 아무 대상도 없었던 것은 바로 이 때문입니다. 이는 어떤 단순한 이유에서인데, 즉 딕의 경우에는 꽃다발과 꽃병이 안에 동시에 자리 잡지 못했기 때문입니다. 이 점이 바로 문제를 푸는 열쇠입니다.

젤리니에 양의 놀라움은 클라인에게서는 모든 것이 똑같은 현실, 그녀의 표현에 따르면 *unreal reality*[비현실적 현실]라는 수준에 있다는 점에서 비롯됩니다. 이 때문에 클라인에겐 실제로 원시적 대상들의 상이한 '세트들' 간의 분열이 인식되지 않았던 것이지요. 왜냐하면 그녀에겐 상상적인 것에 대한 이론도 자아에 대한 이론도 없기 때문입니다. 그러니까 그런 개념들을 도입하고, 현실의 일부분이 상상되면 다른 쪽은 실재적이 되며 반대로 한 쪽이 현실이면 다른 쪽은 상상적인 것이 된다는 사실을 이해하는 것은 우리 몫입니다. 이렇게 해서 우리는 왜 처음에 다양한 부분들, '세트들'의 결합이 절대로 완성될 수 없는지를 이해하게 됩니다.

우리는 지금 거울상의 관계 속에 있는 것입니다.

이것을 투사면plan de projection이라고 부르도록 합시다. 그런데 투사의 상관물을 어떤 식으로 지적할 수 있을까요? '내사'와는 다른 말을 찾아야 할 텐데요. 분석에서 사용되는 것과 같은 내사는 투사의 반대말이 아닙니다. 여러분이 유념해야 할 것은 내사라는 용어는 실제 분석에서는 상징적 내사와 관련해서만 사용된다는 점입니다. 이 용어는 항상 어떤 상징적인 명명을 동반합니다. 내사는 언제나 타자의 말에 대한 내사이고 바로 이 점이 투사와는 전혀 다른 차원을 도입합니다. 여러분이 초자아의 기능과 2자적 영역에 속한 자아의 기능을 구별할 수 있는 것은 바로 이런 구분을 통해서입니다. 정신분석 이론이 이 둘을 구분하는 것이나 초자아, 진정한 의미에서의 초자아는 이상적 자아라는 기능과 비교할 때 2차적 내사라는 점을 인정하는 것에는 다 그럴만한 이유가 있습니다.

98

이야기가 그만 옆으로 새버렸네요. 클라인이 기술한 사례로 돌아가 보도록 합시다.

한 아이가 있습니다. 아이에게는 일정수의 의미 있는 영역이 존재합니다. 클라인 자신이 지적했듯이 그녀는 이 아이에겐 그러한 영역 중의 하나인 상상적 영역이 극도로 축소되어 있다는 점을 강조합니다. 정상적인 경우 통상 정동적이라 일컬어지는 수준에서 대상들이 점진적으로 좀 더 높은 가치를 부여받을 수 있게 되는 것은 바로 상상적 치환의 작동 가능성을 통해서입니다. 이는 모든 상상적 방정식들을 널리 펼치고 확대시킴으로써 가능해지는데, 바로 이러한 상상적 방정식 덕분에 인간 존재는 동물 중에서는 유일하게 거의 무한한 대상 — *Umwelt* 속에서 게슈탈트의 가치가 부여된 대상들, 형태를 통해 구별된 대상 — 을 마음대로 이용할 수 있는 것이지요. 클라인은 아이에게는 상상적 세계가 빈약하다는 점을, 그러면서 동시에 구조로서의 대상들과 어떤 실질적 관계를 맺는 것이 불가능하다는 점을 강조합니다. 중요한 것은 이 두 측면의 상관성을 파악하는 것입니다.

아이의 태도에 대해 클라인이 기술한 것 전체를 요약하자면 요점은 간단합니다. 즉 아이는 누구도 호명하지 않는다는 겁니다.

호명, 이것이 바로 제가 여러분에게 명심하길 당부하고 싶은 개념입니다. 여러분은 이렇게 말씀하시겠지요. '역시 라캉 박사야, 여기서 또 언어 이야기를 하시는군.' 그런데 아이는 이미 자신의 언어 체계를, 그것도 전혀 나무랄 데 없이 갖고 있습니다. 아이가 그러한 체계를 갖고 놀고 있다는 것이 증거입니다. 아이는 심지어 그것으로 어른들이 간섭하려는 것에 대항하기 위해 놀이를 사용하기도 합니다. 가령 아이는 본문에 쓰여진 대로 표현하자면 '거부증적인négativiste' 방식으로 행동합니다. 엄마가 아이에게 제대로 따라할 수 있을 만한 이름을 하나 가르쳐주면 아이는 그것을 아무짝에도 쓸모없는 말로 변형시키고 알아들을 수 없게 사용합니다. 여기서 우리는 이폴리트 선생이 환기시킨 — 이는 선생의 소양이 풍부하다는 것뿐만 아니라 이미 스스로 환자들을 관찰한 적이 있다는 것을 보여주는 일이지요 — 거부증과 부인이라는 구별을 다시 만나게 됩니다. 딕이 언어를 사용하는 방식은 정확히 거부증적이라고 할 수 있습니다.

그 결과 호명이란 말을 쓰면서 제가 은연중에 말하고자 했던 것은 언어가 아닙니다. 심지어 이렇게 말할 수도 있겠지요. '언어가 아닐 뿐만 아니라 언어보다 더 상위의 수준도 아니다.' 굳이 수준을 따지자면 심지어 언어 아래의 것이라고 할 수 있습니다. 언어를 소유하지 못한 존재도 완벽하게 호명할 수 있다는 것, 어떤 의미에서 자신이 결여한 것을 주지시키기 위해 상대를 호명할 수 있다는 것은 집에서 키우는 동물만 보더라도 알 수 있습니다. 하지만 인간의 호명은 언어의 차원을 이미 획득한 존재에게서 생긴 것이기 때문에 이후에 보다 풍부하게 발전되게끔 되어 있지요.

도식적으로 정리해봅시다.

99

뷜러Karl Bühler라는 어떤 사람이 언어 이론을 하나 창안했는데, 독보적인 것도 아니고 최고로 훌륭한 것도 아니지만 그래도 꽤 흥미로운 부분이 있습니다. 그는 언어를 세 가지 단계로 구분했습니다. 유감스럽게도 그러한 단계들을 그것들의 이해에 그리 도움이 될 만한 영역들과는 결부시키진 못했지만 말입니다.

먼저 언표 자체의 수준이 있습니다. 이는 거의 자연적으로 주어진 수준입니다. 제가 누군가에게 극히 단순한 것을 말할 때, 가령 명령을 내릴 때 저는 언표 수준에 있습니다. 주체의 본성과 관련된 것이라면 모두 이 언표 수준에 위치시켜야 합니다. 관리나 교수는 노동자나 십장 같은 언어로 명령을 내리지 않습니다. 말투나 억양에 이르기까지 우리가 언표 수준에서 알게 되는 모든 것은 주체의 성질과 관련된 것입니다.

어떤 명령문이건 거기에는 또 다른 수준이 존재하는데 그것은 바로 호명이라는 수준입니다. 이때 중요한 것은 명령문이 제시되는 어조입니다. 같은 말이라도 어조에 따라 완전히 다른 가치를 담을 수 있습니다. '멈추시오'와 같은 간단한 언표도 상황에 따라 전혀 다른 호명의 가치를 지닐 수 있지요.

세 번째 가치는 바로 의사소통입니다. 즉 무엇이 문제가 되고 있고, 그것이 상황 전체와 어떻게 관련되어 있는가 하는 것입니다.

딕은 호명 수준에 있습니다. 호명은 이미 터득된 언어 체계 내부에서 제 가치를 갖습니다. 그런데 문제는 이 아이가 어떤 호명도 발화하지 않는다는 겁니다. 주체로 하여금 언어 속에 자리 잡게 해주었던 체계가 말의 수준에서 지장을 받게 된 것이지요. 언어와 말은 같은 것이 아닙니다.

— 이 아이는 어느 수준까진 언어를 소유하고 있지만 그럼에도 말을 하진 못합니다. 거기에 있지만 말 그대로 응답하지 않는 주체인 것이죠.

아이에게는 말이 도래하지 않았습니다. 아이에게선 극히 한정되어버린 — 기차들, 문의 손잡이, 어두운 장소 등에만 가치가 부여됩니다 — 상상적 체계에 그의 언어가 연결되지 못했던 것입니다. 아이의 표현 능력 — 이는 의사소통 능력이 아닙니다 — 이 딱 그러한 지점에 머물러버린 것이지요. 아이에겐 실재와 상상적인 것이 동등한 가치를 지닙니다.

이 때문에 클라인은 거기서 모든 기술을 포기하지 않을 수 없게 됩니다. 그녀에게는 최소한의 도구밖에 없습니다. 그녀는 놀이조차 할 수 없습니다. 아이가 놀이를 하지 않기 때문이지요. 아이는 드물게 작은 기차를 집어 들기도 하지만 그것을 갖고 놀이를 하진 않습니다. 허공을 스치듯이 그것을 대했을 뿐입니다. 마치 자신이 투명인간인 양, 아니 오히려 어떤 의미에선 자신의 눈에 아무것도 보이지 않는 양 말입니다.

클라인 자신도 분명히 의식하고 있듯이 이때 그녀는 어떠한 해석도 시도하지 않습니다. 그녀의 말에 따르면, 그녀는 이 단계에서 일어나는 일에 관해 자신이 생각하는 바, 통념들에서 출발합니다. 즉 그녀는 돌려 말하지 않고 아이에게 단도직입적으로 이렇게 말합니다. "딕은 작은 기차, 큰 기차는 아빠 기차."

그러자 아이가 작은 기차를 갖고 놀기 시작하며 '스테이션station', 즉 '기차역'이란 말을 하게 됩니다. 이것은 중대한 순간, 언어가 이제 막 주체의 상상적인 것과 연결되기 시작하는 순간이지요.

100

클라인은 아이에게 이렇게 대꾸합니다. "기차역, 그건 엄마야. 딕이 엄마 속으로 들어가네." 바로 여기서부터 모든 것이 풀리기 시작됩니다. 그녀는 아이에게 딱 이런 식으로만 개입할 것입니다. 그런데 아이는 아주 빠른 속도로 좋아졌습니다. 이는 하나의 사실입니다.

그렇다면 클라인, 그녀는 무엇을 한 것일까요? 다름 아니라 언설화 verbalisation를 도입한 것일 뿐입니다. 그녀는 어떤 실질적 관계, 호명된 한 존재와 한 타자 사이의 어떤 실질적 관계를 상징화한 것입니다. 그녀는 오이디푸스 신화 — 그러한 관계를 원래 이름대로 불러보자면 —의 상징화를 아이에게 뒤집어씌운 것이지요. 용기와 재접촉하기 위해 암흑의 공간으로 몸을 숨기는 첫 의례가 끝나고 아이에게 새로운 무언가가 일깨워지기 시작한 것은 바로 이 지점에서부터입니다.

아이는 처음으로 호명을 언설화합니다. 말로 호명을 한다는 것이죠. 아이는 한때 자신과 함께 방에 들어왔으면서도 아무도 없는 양 자신이 거들떠보지도 않았던 간호사를 부르기 시작합니다. 처음으로 아이는 호명을 통해 반응을 보입니다. 이는 어떤 존재라도 흉내 낼 수 있는 단순한 정서적 호명이 아니라 응답이 전제된 언설화된 호명입니다. 이는 고유한 의미, 기술적 의미에서의 첫 번째 의사소통입니다.

그러고 나서 사태는 좀 더 발전되어 클라인은 그렇게 해서 조직된 어떤 상황에 속한 다른 모든 요소들을 끌어들이기에 이릅니다. 아버지 자신까지 끌어들여져 거기서 본연의 역할을 맡게 됩니다. 상담 바깥에서도 아이가 맺는 관계들이 오이디푸스라는 차원에서 발전되고 있다고 클라인은 말합니다. 아이는 클라인이 제공한 상징 작용이라는 꿈틀거리는 작은 세포, 그것의 중핵을 기점으로 제 주위의 현실을 상징화합니다.

바로 이것을 두고 클라인은 나중에 아이의 무의식의 입구를 열었다고 말하게 됩니다.

클라인이 환자의 무의식이라고 하는 저 뭔지 모를 과정을 이해하고 있다는 것을 보여줄 만한 무언가를 — 그것이 무엇이든 — 행했다면, 이는 어떤 점에서일까요? 그녀는 늘 하던 대로 그것을 단번에 이해합니다. 이 사례집을 전부 다시 읽어보면 놀랍게도 여러분은 제가 늘 제시하던 '무의식은 타자의 담화'라는 공식을 분명하게 확인하게 될 겁니다.

이 사례는 이 공식이 절대적으로 분명하게 드러나는 경우입니다. 주체 안에는 어떤 종류의 무의식도 없습니다. 아이가 처음부터 갖고 있던 무기력한 자아에 오이디푸스 상황의 최초의 상징들을 난폭하게 이식시켜버린 것은 바로 클라인의 담화입니다. 클라인은 언제나 이렇게 다소간 암시적이면서 다소간 자기 맘대로 환자들을 대한 것입니다.

한편의 드라마 같은 이 사례 속에서, 어떠한 호명도 내보내지 못했기 때문에 인간적 현실에는 도달하지 못한 이 주체에게 이 여자 치료사가 도입한 상징화는 어떤 효과를 내고 있는 걸까요? 그러한 상징화는 주체가 상상적인 것과 실재를 작동시키고 자신의 발달을 획득하는 데 기점이 될 어떤 최초의 자리를 결정해줍니다. 환자는 대상들이 상호 대체될 수 있는 어떤 체계, 일련의 등가 관계 속으로 쓸려 들어가게 됩니다. 환자는 일련의 등식을 모두 거친 후, 마치 전체적 용기容器의 절대적 어둠 속으로 101 피신하듯 몸을 숨겼던 두 문짝 사이의 틈새로부터 빠져나와 그것을 대체할 수 있는 대상들 — 가령 세숫대야 — 로 넘어가게 됩니다. 이렇게 해서 환자는 자기 세계 전체를 펼쳐놓고 분절해냅니다. 그러고 나서 세숫대야에서 전기스토브로, 점점 더 정교한 대상들로 옮겨갑니다. 그는 점점 더 풍부한 내용물들에 가까워지는데, 가령 내용물과 비내용물을 구분할 수 있게 됩니다.

왜 이 사례에서 자아의 발달에 대해 말하는 것일까요? 항상 그렇듯이 자아와 주체가 혼동되고 있습니다.

발달이 일어나는 것은 오로지 환자가 상징적 체계에 통합되어 진정한 말을 실행함으로써 자신을 실행하고 자신을 긍정하는 한에서입니다. 보시면 아시겠지만 심지어 말이 반드시 주체의 말일 필요도 없습니다. 감정의 개입이 가장 덜 된 형태로 일시적으로 구성된, 치료사와 환자라는 한 쌍의 커플 안에서도 어떤 진정한 말이 이루어질 수 있습니다. 물론 그것은 그냥 아무 말이 아닙니다. — 바로 여기서 우리는 오이디푸스의 상징적 상황의 효능을 확인하게 됩니다.

매우 축약되긴 했지만 이것이 바로 열쇠입니다. 저는 이미 여러분들에게 아마도 한 꾸러미의 열쇠가 있었을 것이라는 말을 한 적이 있습니다. 아마 언젠가 여러분에게 이 점과 관련해 원시인들의 신화가 우리에게 무엇을 의미하는지에 대해 강연할 기회가 있을 것입니다. 방금 저는 '미개한 원시인'이란 표현을 쓰지 않았습니다. 그들은 미개하지 않을 뿐더러 이 주제에 대해 우리보다 더 많은 것을 알고 있기 때문입니다. 우리가 신화, 가령 한 수단족에게서 볼 수 있을 어떤 신화를 연구해보면 오이디푸스 콤플렉스 같은 것이 그들에게는 아주 사소한 농담거리밖에 되지 않는다는 사실을 알 수 있습니다. 그것은 어떤 거대한 신화 속에 들어 있는 아주 작은 부차적인 사항일 뿐입니다. 풍요롭고 복잡한 주체들 사이의 일련의 관계를 분류할 수 있게 해주는 그러한 신화와 비교한다면, 오이디푸스 콤플렉스는 너무 요약된 축약본과 같아 결국 항상 쓸모가 있는 것은 아닙니다.

하지만 아무래도 상관없습니다. 우리 분석가들은 현재까지 그러한 정도에서 만족한 상태입니다. 물론 그것에 대해 좀 더 고민해보려는 시도가 있긴 하지만 아직은 미진하기만 합니다. 분석가들은 항상 자신이 끔찍하게 미궁에 빠져버린 느낌을 받게 되는데, 이는 상상적인 것, 상징적인 것, 실재적인 것을 잘 구분하지 못하기 때문입니다.

저는 이제 다음과 같은 사항을 여러분에게 주지시키고 싶습니다. 즉 클라인이 환자에게 오이디푸스 도식을 제시했을 때 아이가 체험한 상상적 관계는 비록 극도로 빈약한 것이긴 하나 그럼에도 자기 세계를 갖고 있다고 말해도 좋을 만큼 이미 충분히 복잡한 것입니다. 그러나 그러한 원시적 실재는 우리로서는 문자 그대로 말로 표현할 수 없는 것입니다. 환자가 그것에 대해 한마디도 하지 않는 한, 클라인처럼 모든 체계를 애매하게 만드는 상징적 외삽법을 통해서가 아니라면 우리에겐 그것을 꿰뚫어볼 방도가 전혀 없습니다. 가령 클라인은 환자가 아빠의 페니스엔 아랑곳하지 않고 형제들과 함께 엄마의 신체라는 제국 속에 머물고 있다고 말하고 있습니다. 정말 그럴까요?

이는 중요한 것이 아닙니다. 어쨌든 우리는 이렇게 해서 어떻게 세계가 작동하게 되고 어떻게 상상적인 것과 실재가 구조화되기 시작하고, 102 어떻게 일련의 투자들이 발달해 인간적 대상들, 다시 말해 명명 가능한 대상들의 다양성을 제한하게 되는지를 이해할 수 있기 때문입니다. 이 모든 과정은 한 번의 의미 있는 말에 의해 만들어진 첫 번째 프레스코화에서 출발해 말의 법칙 속에서 인간을 인간답게 만드는 어떤 근본 구조를 공식화하게 됩니다.

이것을 또 다른 방식으로 어떻게 설명할 수 있을까요? 호명이 말의 장 속에서 무엇을 의미하는지를 생각해봅시다. 자, 그것은 바로 거절될 수 있는 가능성입니다. 저는 '가능성'이라고 말했습니다. 호명은 거절을 함축하지 않습니다. 호명은 어떠한 이분법도, 어떠한 양분법도 함축하지 않습니다. 하지만 여러분은 주체에게 의존 관계가 생겨나는 것은 호명이 이루어진 순간에서라는 것을 확인하실 수 있을 겁니다. 그러한 순간부터 아이는 두 팔을 벌려 간호사를 맞이하고 일부러 문 뒤에 몸을 숨김으로써 자신이 잠시 머물렀던 구석진 곳에서 동무를 갖고 싶다는 욕구를 클라인에게 내비치게 됩니다. 그러고 나서 의존 관계가 나타나게 됩니다.

따라서 이 사례집에서 여러분은 아이에게 언어 이전의 관계들과 언어 이후의 관계들의 계열이 서로 독립적으로 작용하고 있음을 볼 수 있습니다. 그리고 여러분은 외부 세계 — 우리가 실재 세계라고 부르는 것, 그리고 상징을 통해 원시적 현실 속에 도입된 초월에 의해 구성된 인간화되고 상징화된 세계에 불과한 것 — 란 일련의 만남이 제 위치에서 이루어질 때만 구성될 수 있다는 사실을 확인하실 수 있을 겁니다.

이러한 위치 설정은 제 도식에서 눈의 위치에 따라 상황이 다르게 구조화된다는 것과 동일한 원리에 속합니다. 저는 이 도식을 다시 사용하게 될 텐데요. 저는 오늘 꽃다발만 소개하고 넘어갈 생각이었지만 다른 것을 소개할 수도 있습니다.

저는 딕의 사례에서 출발해 실재적인 것, 상징적인 것, 상상적인 것 등의 범주들을 사용하면서 여러분에게 다음과 같은 점을 보여주었습니다. 즉 어떤 주체가 언어의 모든 요소를 활용할 수 있고 일정수의 상상적 전치들을 통해 자기 세계를 구축할 수 있다 해도 실재 속에 있지 못할 수도 있다는 겁니다. 그가 왜 실재 속에 있지 못할까요? 이는 오로지 사태가 어떤 일정한 질서에 도달하지 못했기 때문입니다. 전체로서의 그림이 그려지지 않았다는 겁니다. 일말이라도 전체에 발달을 일으킬 방도가 없다는 겁니다.

여기서 말하는 발달이란 자아의 발달일까요? 클라인의 텍스트를 다시 한 번 살펴봅시다. 그녀는 아이의 자아가 너무 성급히 발달한 나머지 상상적인 것이 도입될 수 없기 때문에 아이가 현실과 지나치게 실재적 관계를 맺게 되었다고 말합니다. — 그러고 나서 문장의 두 번째 부분에서 발달을 중단한 것은 바로 자아라고 말하지요. 결국 그녀의 말은 자아가 외부 세계를 구조화하기 위한 장치로 적당하게 쓰일 수 없다는 것을 의미할 뿐입니다. 한 가지 사소한 이유에서, 즉 눈이 적당한 위치에 자리 잡고 있지 않기 때문에 순전히 자아가 출현하지 않았다는 겁니다.

꽃병이 허상이라고 해봅시다. 그러면 꽃병은 나타나지 않고 주체는 축소된 현실 속에, 마찬가지로 축소된 상상적 짐을 짊어지고 머물게 됩니다.

103 여러분이 반드시 이해해야 할 이 사례집의 핵심은 이미 설립된 전형적인, 의미 있는 어떤 상징적 체계와 말의 행위가 조화를 이루며 기능하는 한에서만 말이 효력을 갖게 된다는 것입니다.

텍스트를 다시 읽고 문제들을 제기해보시면, 그리고 이 작은 도식을 훑어봄으로써 그것이 여러분 스스로에게 어떤 도움이 되는지를 아시게 된다면 뜻 깊은 일이 될 것 같습니다.

저는 오늘 여러분에게 지난 시간에 젤리니에 양이 제기한 문제들의 주제와 정반대되는 이론적 논의를 제시했습니다. 앞으로 2주 후에 열릴 다음 수업 제목을 알려드리겠습니다. '우리가 연구해야 할 서로 다른 수준에서의 전이'입니다.

1954년 2월 24일

8

늑대다! 늑대!

로베르 사례
초자아 이론
말의 골갱이

토론을 이어오면서 여러분은 우리의 주해를 관통하는 야심, 즉 분석 경험의 기본이 되는 텍스트들을 재고해보려는 야심을 느꼈으리라 생각합니다. 우리의 탐구의 핵심은 다음과 같은 생각입니다. 즉 어떤 경험에서 가장 잘 보이는 것, 그것은 언제나 일정 정도 떨어져 있는 것입니다. 여하튼 우리가 오늘 이 자리에서 분석 경험을 이해하기 위해서는 그것의 가장 직접적인 소여에 포함되어 있는 것, 즉 상징적 기능, 우리의 용어로 하자면, 말의 기능에서 다시 시작해야 한다는 것에 대해 놀랄 필요가 없습니다.

분석 경험의 이러한 중심 영역, 그것은 프로이트의 저작 곳곳에서 지적되고 있음이 확인됩니다. 프로이트는 그것에 정확하게 이름을 부여하지는 않았지만 그럼에도 매 단계마다 그것을 지적하고 있지요. 그것이 프로이트의 어떤 텍스트로부터든 즉각적으로, 거의 대수적이라 말할 수 있을 정도로 바로 읽어낼 수 있는 사항이라고 말하는 것이 괜한 억지를 부리는 것은 아닐 것입니다. 그런데 이러한 독해는 프로이트가 솔직하게 — 마치 완전한 체계가 존재하는 양 자신의 텍스트가 폐쇄되어 있는 것이 결코 아니라는 점을 드러낼 만큼 솔직하게 — 드러냈던 많은 모순점들에 대해 해결책을 제시해줍니다.

다음 시간에는 어느 분이 제가 방금 말한 사항을 잘 보여줄 만한 한 논문에 대해 주해를 맡아주셨으면 좋겠습니다. 그것은 『기술론』에서 가장 중요한 두 편의 논문 「기억하기, 반복, 돌파하기」와 「전이애에 대한 고찰」 사이에 쓰여진 논문으로 제목은 「나르시시즘 입문」입니다.

이 텍스트는 우리가 정신분석적 대화 상황에 접근하려는 이상 우리의 논의 과정에서 반드시 고려해야 할 대상입니다. 여러분이 '상황'과 '대화', 이 두 용어에 함축된 확장된 의미를 이해하고 있다면 제 의견에 동의하리라 믿습니다.

106 우리는 저항을 그것의 고유한 장 속에서 정의하려고 했습니다. 그러고 나서 우리는 전이에 대한 정의를 하나 공식화한 바 있습니다. 그런데 여러분은 저항과 우리가 분석 상 기술적으로 다루게 될 사랑이라는 현상 사이에 커다란 괴리가 있다는 것을 느낄 수 있을 것입니다. 저항은 분석가가 주체에게서 기대하는 충만한 말로부터 주체를 분리시키는 기능이며 상징적 교환 차원에서 전이에 의해 지극히 근원적인 방식으로 구성되는 불안 발생적인 굴절 기능입니다. 반면 사랑은 프로이트가 설명했듯이 우리에게 전이의 에너지적 원동력처럼 보이는 현상입니다.

「전이애에 대한 고찰」에서 프로이트는 주저 없이 전이를 사랑이라는 이름으로 부릅니다. 프로이트는 아주 구체적인 의미에서의 정념적 사랑이라는 현상을 기피하지 않으며 심지어 전이는 우리가 일상적으로 사랑이라고 부르는 것과 본질적으로 다르지 않다고까지 말합니다. 전이라는 인위적 현상과 흔히 말하는 사랑, 더 정확히 말한다면 정념으로서의 사랑이라는 자연발생적 현상, 이 두 현상의 구조는 심리적 수준에서는 동등한 가치를 갖는다는 것입니다.

프로이트는 그러한 현상을 전혀 기피하지 않습니다. 그는 외설적인 것을 통상적인 의미에서의 상징적인 것, 다시 말해 환영적이고 비현실적인 것 속에 넣어 용해시켜버리려고도 하지 않습니다. 전이, 그것은 곧 사랑입니다.

우리 세미나는 이제 전이-사랑을 중심으로 삼아 『기술론』에 관한 연구를 마무리하게 될 것입니다. 이를 통해 우리는 제가 이제 소개하려고 하는 또 다른 개념, 즉 상상적인 것의 기능의 핵심에 다다르게 될 텐데, 이 개념 없이는 분석 경험에서 우리가 다루는 것을 정확히 위치시킬 수 없을 것입니다.

프로이트의 텍스트에서는 상상적인 것의 기능이 다루어지지 않았다고는 생각하지 마시기 바랍니다. 상징적인 기능이 프로이트의 텍스트에 나와 있듯이 상상적인 것의 기능 또한 마찬가지입니다. 프로이트는 그저 그것이 나오는 모든 곳에서 그것을 강조하고 있지 않고 전면에 내세우지 않았을 뿐입니다. 여러분 중 일부에겐 다소 놀라운 일이 될 수도 있겠지만 「나르시시즘 입문」을 연구해보면 프로이트 자신이 조발성 치매, 정신분열증, 정신병 등과 신경증 사이에 존재하는 차이를 지적하기 위해 다름 아닌 다음과 같은 정의를 내리고 있음을 확인하게 될 겁니다. "히스테리나 강박 신경증으로 고통 받는 환자는 그러한 병의 영향력이 확장되는 과정에서 정신병자처럼 현실과의 관계를 포기해버리게 된다. 하지만 분석해보면 신경증자는 자신이 사람이나 사물과 맺은 에로틱한 관계들을 절대로 깨트리지 않는다는 사실이 밝혀진다. 신경증자는 그러한 관계들을 여전히 환상 속에서 보존한다. 한편으로 그는 운동 행위를 더 이상 실재 사물들과 연관된 목적을 달성하는 데 사용하지 않는다. 하지만 다른 한편으로 실재 대상들을 자신의 기억에 바탕을 둔 상상적 대상들로 대체하거나 두 가지를 섞어 버린다. 지난번 내 그림을 상기해보기 바란다. 우리는 오직 이런 조건의 리비도에만 융이 무분별하게 사용했던 리비도의 내향 투사라는 용어를 정당하게 사용할 수 있을 것이다. 하지만 망상분열증 환자의 경우엔 사정이 다르다. 아마도 그는 실제로 외부 세계의 사람과 사물에서 리비도를 회수해버리는 것 같다. 그것들을 다른 환상들로 대체하지 않고 말이다." 이는 그가 상상적 세계를 재창조한다는 것을 의미합니다. "이 과정은 2차 과정처럼 보이고, 재구성을 통해 리비도를 대상에 다시 집중시키려는 그의 노력에 속한다."

107

우리는 여기서 상상적인 것의 기능과 관련해 신경증과 정신병을 구분할 수 있는 본질적 변별점을 얻게 되는데, 올해가 가기 전에 슈레버를 분석하기 시작한다면 우리는 그러한 변별점을 더 깊이 연구할 수 있게 될 수 있으리라 기대합니다.

오늘은 지금 제 오른쪽에 있는 저의 제자 르포르Rosine Lefort 양에게 말을 넘기도록 하겠습니다. 어제 저녁에 들은 바에 따르면 우리의 아동정신분석분과에서 그녀가 오래전에 제게 언급한 바 있는 한 아이의 사례집을 발표했다고 합니다. 이 사례는 질병분류학적으로 매우 모호해 진단하기가 꽤 까다로운 중증 사례 중의 하나입니다. 여러분도 곧 확인하시겠지만 르포르는 그럼에도 그러한 사례에 대해 깊은 통찰력을 보여주었습니다.

앞의 두 강의를 클라인의 사례집으로 시작했듯이, 오늘 강의는 르포르 양께 맡겨볼까 합니다. 시간이 허락되는 한 그녀가 질문을 제기해주면, 저는 그에 대한 해답을 찾아볼 것이고, 그것은 '상상적인 것 속의 전이'라는 제목의 다음번 강의에 포함될 것입니다.

르포르 양, 자 이제 우리에게 로베르 사례를 발표해주시기 바랍니다.

1

로베르 사례

르포르 양_ *"로베르는 1948년 3월 4일에 태어났습니다. 아이의 개인사를 재구성하는 것은 쉽지 않았습니다. 그가 겪은 트라우마를 알 수 있게 된 것은 특히 면담을 통해 수집된 자료들 덕분입니다.*

아이의 아버지에 대해선 전혀 알려진 바가 없습니다. 현재 아이 엄마는 편집증으로 입원 중입니다. 그녀는 아이가 생후 5개월이 될 때까지 이 집 저 집을 떠돌면서 아이를 키웠습니다. 그녀는 젖을 먹이는 것조차 잊을 정도로 기본적인 보살핌조차 제대로 하지 못했지요. 옆에서 누군가가 아이를 보살펴야 한다고, 씻기고 젖을 먹여야 한다고 끊임없이 일러주지 않으면 안 되었습니다. 아이는 굶주림에 고통 받을 정도로 방치되어 있었음이 분명합니다. 로베르는 생후 5개월째 입원해야만 할 만큼 심한 영양장애성 발육부진과 영양실조 상태에 빠졌지요.

아이는 양쪽 귀에 이염耳炎이 생겨 유양돌기제거 수술을 받아야 했는데, 그때에도 거의 치료를 받지 못했습니다. 이후 아이는 엄격한 예방 치료로 유명한 폴케Paul Parquet 재단에 보내졌습니다. 아이는 거식증 때문에 격리되어 음식물 주입관으로 영양을 공급받았지요. 생후 9개월 째 로베르는 반강제적으로 엄마에게 보내졌습니다. 엄마와 함께 보낸 2개월 동

안 아이에게 무슨 일이 있었는지는 전혀 알려진 바가 없습니다. 우리는 로베르가 다시 영양실조에 빠져 병원에 실려 간 생후 11개월부터 비로소 아이 흔적을 다시 찾을 수 있었습니다. 아이는 이후 몇 개월간을 엄마와 떨어져 완전히, 그리고 합법적으로 버려지게 됩니다.

108

생후 3살 9개월이 될 때까지의 세월을 따라가보면 아이는 엄격히 말해 한번도 가정이란 것을 가져보지 못하고 양육원이나 병원 등을 전전하면서 25번이나 사는 곳이 바뀌었습니다. 또한 유아기 질병들 때문에 병원 신세를 져야 했고, 거기서 선양절제술과 신경조직검사, 심실검사, x선 뇌 검사 등을 받아야 했습니다. 검사 결과는 정상이었지요. 하지만 위생검사와 건강진단을 했을 땐 아이에게는 심한 신체장애 및 정신적 문제가 심각하다는 것이 밝혀졌습니다. 물론 이후 아이의 신체는 회복되었습니다. 로베르가 3살 반이 되었을 때 당페르에서의 마지막 검사가 있었는데, 검사 결과 뚜렷하진 않은 준-정신병 상태로 지속적 입원이 불가피하다는 소견이 나왔습니다. 게젤Gesell 테스트 결과는 발달지수가 43이라고 나왔습니다.

이렇게 해서 로베르는 3살 9개월째 당페르 병원의 부속 시설에 보내어졌고, 거기서 제가 아이 치료를 맡게 되었습니다. 당시 로베르는 다음과 같은 상태를 보였습니다.

양쪽 귀의 만성 이루耳漏만 제외하면 신장이나 몸무게로 볼 때 아이는 아주 양호한 상태였습니다. 운동 면에서는 똑바로 걷지 못했고 움직임이 서툴렀으며 지속적인 과잉 행동을 보였습니다. 언어는 올바로 사용할 줄 몰랐고 자주 소리를 질렀으며 귀에 거슬리는 웃음소리를 목구멍에서부터 냈습니다. 말이라고는 고작 두 마디밖에 할 줄 몰랐는데, '아줌마!'와 '늑대다!'가 바로 그것입니다. 이중 '늑대다!'라는 말을 하루 종일

중얼거려 저는 아이에게 '늑대 아이'라는 별명을 붙여 주었는데, 왜냐하면 바로 아이가 스스로를 그렇게 표상했기 때문입니다.

행동을 살펴보면 아이는 과잉 행동을 보였습니다. 항상 별다른 목적 없이 갑작스럽고 불안정한 움직임으로 뒤치락거렸지요. 무언가를 잡는 행위도 능숙하지 못했습니다. 물건을 잡기 위해 팔을 앞으로 뻗을 때 그것에 닿지 못하면 동작을 수정하는 것이 아니라 처음부터 다시 시작해야 했습니다. 잠자는 것도 문제가 많았지요. 이런 고질적 상태들 외에 아이는 진짜 경련은 아니지만 경련에 가까운 발작을 일으켰고 얼굴이 붉어지면서 귀가 찢어질 듯한 고함을 질러댔습니다. 이런 일은 일상생활에서 옷을 벗을 때나 식사와 같은 활동이나 변기, 특히 빈 변기, 열린 문을 볼 때마다 일어났습니다. 아이는 그런 것들을 견디지 못했습니다. 어둠이나 다른 아이들이 지르는 소리도 마찬가지였고 우리가 곧 보게 되겠지만, 방을 바꾸는 것도 그러했지요.

이보다 더 흔치 않게 아이는 정반대의 발작을 보이는 경우도 있었는데, 완전한 의기소침에 빠져 우울병 환자처럼 조용히 눈을 멍하게 뜨고 있곤 했습니다.

어른과 함께 있으면 실질적 접촉이 없어도 과도한 흥분을 보였고 정신을 잃었습니다. 주변의 아이들에 관해서라면 로베르는 무시하는 듯 했습니다만 아이들 중의 하나가 소리를 지르거나 울기라도 하면 곧 경련발작을 일으켰지요. 발작이 일어나면 아이는 과격해지고 위협적이 되며 다른 아이들의 목을 졸랐습니다. 그래서 아이는 밤이나 식사 시간에 항상 격리되어 있어야 했습니다. 하지만 이 경우 아이에게 어떠한 불안이나 감정도 찾아볼 수 없었습니다.

우리는 아이를 어떤 범주에 넣어야할지 잘 몰랐습니다. 하지만 과연 109

성과가 있을지 의문이 들면서도 아이를 치료하려고 노력했습니다.

이제 첫 1년 동안의 치료에 대해 말씀드릴까 합니다. 치료 이후 1년 동안 치료가 중단되었지만, 치료는 여러 단계로 이루어졌습니다.

첫 번째 치료 단계에서 로베르는 평소의 행동을 그대로 유지했습니다. 늘 그랬던 것처럼 목구멍에서 끌어 오르는 비명 소리를 질러댔습니다. 진찰실에 들어와서는 끊임없이 뛰어다니고 소리를 지르고 공중으로 뛰어 오르다가 웅크리고 또 머리를 두 손으로 감싸기도 하고 문을 열었다 닫았다 불을 껐다 켰다 정신이 없었습니다. 물건들은 집어 들거나 내던졌으며, 또는 제 몸 위에 쌓아올려 놓기도 했습니다. 턱을 유난히 내밀고 다녔지요.

첫 면담을 통해 확인할 수 있었던 유일한 것은 로베르는 젖병 근처에는 가려고 하지 않거나 아니면 가까스로 그쪽으로 갈 수 있었다는 점입니다. 저는 또한 아이가 세숫대야에 관심을 갖고 있다는 사실에 주목했습니다. 거기에 물이 가득 차 있으면 아이는 공포감으로 진짜 발작을 일으킬 기세였지요.

첫 번째 치료 단계가 끝날 무렵 면담 중에 아이는 매우 흥분한 상태로 제 몸 위에 갖가지 것을 쌓아 올려놓고는 갑자기 달아났습니다. 그러고 나서 아이는 혼자서는 내려올 수 없을 정도의 계단 꼭대기까지 올라가 애처로운 목소리로, 말하자면 평소와는 다른 아주 낮은 목소리로 허공을 향해 "엄마"라고 소리치는 것이었습니다.

이 첫 번째 치료 단계는 면담 시간 중이 아닐 때 일어난 어떤 일로 끝나버렸습니다. 즉 어느 날 저녁 취침 후 아이가 침대 위에 올라가 플라스틱 가위를 들고 겁에 질린 다른 아이들 앞에서 자기 성기를 자르려고 했던 것입니다.

두 번째 치료 단계가 되자 로베르는 자신에게 "늑대다!"라는 말이 무엇을 의미하는지를 보여주기 시작했습니다. 아이는 끊임없이 그런 소리를 질러댔습니다.

어느 날인가 로베르는 제가 치료 중이던 한 여아의 목을 조르려고 했습니다. 우리는 둘을 떼어놓고 각기 다른 방으로 보내야 했지요. 그러자 아이의 반응은 난폭해졌고 격렬해졌지요. 그래서 아이를 평소에 이미 잘 아는 어떤 방으로 데리고 가야 했습니다. 방에 들어서자 "늑대다!"라는 소리를 지르고는 방에다 모든 것을 던지기 시작했습니다. 그곳은 급식실이었고 아이가 던진 것은 음식과 그릇이었습니다. 며칠이 지나도 아이는 방 앞을 지날 때마다 똑같이 소리쳤습니다. "늑대다!"

이는 또한 로베르가 문에 대해 보였던 태도, 즉 문이 열려 있는 것을 참지 못한다는 사실을 분명하게 보여주었습니다. 상담 중 아이는 문을 열려고 애썼는데, 이는 아이가 "늑대다!"라고 외치면서 제가 문을 다시 닫아주도록 조르기 위함이었지요.

이 지점에서 우리는 로베르의 성장 과정을 기억해야 합니다. 아이는 주변의 어른이나 거처가 계속해서 바뀌면서 살았는데, 이렇게 장소나 방이 바뀌는 것은 그에게 곧 파괴를 의미했습니다. 그것은 아이에게 파괴의 실질적 근원이 되어 초기에 소화와 배설 활동 등이 표현되는 데 있어 강렬한 흔적을 남겼지요. 아이는 파괴를 항상 두 가지 장면으로 표현했는데, 하나는 젖병에 대한 것이고 다른 하나는 변기에 대한 것이었습니다.

110

로베르는 마침내 손으로 젖병을 집어 들게 되었습니다. 어느 날인가 문을 열기 위해 문가로 간 아이는 상상 속의 누군가에게 젖병을 내밀었지요. 방 안에 어른 한 명과 혼자 있을 때 매번 계속해서 주위에 다른 아이들이 있다는 듯이 행동했습니다. 아이는 젖병을 내밀었습니다. 고무젖꼭지를 빼버리고는 제게 와서 저보고 그것을 원래대로 해달라고 했습니다. 그리고는 밖으로 다시 젖병을 내밀고 문을 열어둔 채 제게 등을 돌리고는 우유를 두 모금 마신 후 저를 쳐다보고 고무젖꼭지를 빼버렸습니다. 머리를 뒤로 젖혀 우유를 제 얼굴에 흘러넘치게 하더니 나머지를 저에게 부어버렸습니다. 그리고는 공포에 사로잡혀 무의식적으로, 그리고 무작정 달아나버렸습니다. 그러다 계단에서 굴러 떨어졌고 저는 아이를 안아 일으켜야 했습니다. 저는 그 순간 아이가 파괴에 탐닉해 있고 열어둔 문과 우유가 관련이 있다는 인상을 받았습니다.

다음에 일어난 변기와 관련된 장면도 역시 똑같이 파괴라는 특성이 각인되어 있습니다. 치료가 시작되자 아이는 면담 중에 똥을 누어야 한다고 믿었습니다. 저에게 무언가를 주게 된다면 저를 지킬 수 있으리라 생각했기 때문입니다. 아이는 저에게 몸을 바싹 붙이고만 배변을 볼 수 있었습니다. 변기 위에 앉아 배변을 보면서 한쪽 손으로는 제 앞치마를 붙잡고 다른 손으로는 젖병이나 연필을 잡았습니다. 아이는 배변을 보기 전후로, 특히 배변을 본 이후에 무언가를 먹었습니다. 그것은 우유가 아니라 사탕이나 케이크 같은 것이었지요.

감정의 강렬함은 극심한 공포를 나타냈습니다. 이러한 배변과 관련된 장면을 통해 아이에게 배변과 장소의 바뀜에 의한 파괴가 서로 관련이 있다는 사실을 알게 되었습니다.

면담 중에 아이는 제 옆에 앉아 배변을 보기 시작했습니다. 그리고는 똥을 자기 옆에 두고는 책을 하나 집어 들어 페이지를 넘기며 쭉 훑어보았지요. 그러다가 밖에서 나는 소음을 들었습니다. 정신을 잃을 정도로

겁에 질린 아이는 밖으로 나가 변기를 집어 방금 누군가가 들어간 옆방 문 앞에 갖다 놓았지요. 그러고 나서 제가 있는 방으로 돌아와 문에 몸을 밀착시키고는 이렇게 외쳐댔습니다. "늑대다! 늑대!"

제가 보기에 그것은 속죄의 의식儀式인 것 같았습니다. 아이는 똥을 저에게 줄 수 없었습니다. 아이 자신도 어느 정도는 제가 그것을 요구하지 않았다는 것을 알고 있었습니다. 아이는 똥을 밖에다 내놓았는데 그러면서도 그렇게 되면 누군가가 그것을 내다 버리게 될 것이고 결국 그것이 훼손될 것임을 잘 알고 있었지요. 저는 아이에게 그러한 의식을 해석해주었습니다. 그러자 아이는 곧장 변기를 들고 와서 그것을 다시 제 옆방에다 갖다 두곤 "아 퓌, 아 퓌"라고 말했습니다. 그리고는 마치 이젠 그것을 주지 않아도 된다는 듯이 휴지로 덮어버렸지요.

이후 아이는 공격적으로 저를 대하기 시작했습니다. 제가 마음대로 할 수 있는 대변을 통해 스스로에 대한 소유권을 아이에게 부여하고 그럼으로써 공격적이 될 수 있도록 만들었던 것 같습니다. 분명 그때까지 아이는 공격성을 알지 못했습니다. 오직 자기 파괴를 알고 있었으며, 그것도 특히 다른 아이들을 공격할 경우에만 그럴 뿐이었지요.

그날 이후 로베르는 더 이상 면담 중에 똥을 누어야 한다고 믿지 않았습니다. 그는 상징적 대체물인 모래를 사용했습니다. 자기 자신, 자기 몸의 내용물, 대상들, 아이들 그리고 자기를 둘러싸고 있는 어른들 등을 완전히 혼동했습니다. 불안, 동요 상태는 갈수록 심해졌으며 일상생활에서 그는 감당하기 어려워졌지요. 저 자신도 면담 중에 도저히 어찌할 수 없는 큰 소란들을 겪었습니다.

즉 어느 날 로베르는 우유를 조금 마신 후에 그것을 땅에 엎질러 버렸습니다. 그러자 물이 담긴 세숫대야에 모래를 집어넣고는 모래와 물로 111

젖병을 가득 채우더니 변기에 소변을 보고 안에 모래를 집어넣었습니다. 그러고 나서 모래와 물이 섞긴 우유를 모아 그것을 전부 변기에 넣고 위에 고무로 만든 아기 인형과 젖병을 올려놓았지요. 그리고 그것을 전부 저에게 맡겼습니다.

그때 아이는 문을 열러 갔다가 공포로 부들부들 떠는 얼굴로 되돌아왔습니다. 변기 위에 있던 젖병을 다시 집어 들어 위를 잡아 뜯으면서 산산조각 내버렸지요. 그런 다음엔 파편들을 조심스레 주워 모아 변기의 모래 안에 묻어 버렸습니다. 아이 상태로 보았을 때 저는 그를 포기해야 할 것 같았습니다. 아이를 위해 더 이상 아무것도 할 수 없을 것 같았기 때문이지요. 아이는 변기를 가져왔습니다. 그러다가 모래가루들이 바닥에 떨어졌는데 그러자 아이는 엄청난 공포감에 빠졌습니다. 아이는 모래가루가 마치 자기 몸의 일부라도 되는 듯이 한 알도 빠뜨리지 않고 모조리 주워 모았습니다. 그리고 소리쳤지요. "늑대다! 늑대!"

로베르는 무리 안에 있는 것을 견딜 수 없어 했고 어떤 아이든 자기 변기에 가까이 오는 것을 참을 수 없어 했습니다. 아이가 극도로 긴장된 상태에 빠지면 우리는 그를 재워야 했습니다. 놀랍게도 그러한 긴장은 설사를 한 후에야 비로소 누그러졌는데, 그때 아이는 손으로 똥을 벽과 침대 사방에 묻혀 놓았습니다.

어찌나 애처롭고 아이의 불안이 생생히 느껴지던지 그러한 장면을 보면서 저는 몹시 걱정스러웠습니다. 그러면서도 저는 아이가 자기 자신을 어떻게 생각하고 있는지를 깨닫기 시작했지요.

다음날 제가 아이를 좌절에 빠트리자 아이는 자신에 대해 생각하는 바를 보다 분명하게 보여주었습니다. 아이는 창문으로 달려가 그것을 열고 소리쳤지요. "늑대다! 늑대!" 그리고 유리에 비친 자신의 이미지를 보더니 그것을 두들기며 "늑대다! 늑대!"라고 소리쳤습니다.

로베르는 자신을 그렇게 표현했습니다. 아이는 "늑대!"였던 것입니다. 아이가 손으로 두들기면서 엄청난 긴장 속에서 떠올리려고 했던 것은 자기 자신의 이미지였던 것이지요. 아이가 자기 몸 안으로 들어온 것과 나간 것을 담았던 변기, 소변과 대변, 사람을 닮은 인형, 깨진 젖병 파편들, 이것들은 사실 하나같이 늑대를 닮은 아이 자신의 이미지였던 것입니다. 모래가루들이 바닥에 떨어졌을 때 아이가 휩싸였던 공포감이 그것을 증명해줍니다. 자기가 변기 안에 담았던 모든 요소 하나하나가 그러면서 동시적으로 아이 자신이었던 것입니다. 아이는 자신의 일상생활과 접촉하게 해준 일련의 사물, 자신의 몸의 내용물에 불과합니다. 모래는 대변의 상징이고, 물은 소변의 상징이며, 우유는 자기 몸 안에 들어온 것의 상징입니다. 하지만 변기 사건은 아이가 이 모든 것을 거의 구분하지 않는다는 것을 보여줍니다. 아이에게 모든 내용물은 자기 몸이 지속적으로 파괴되고 있다는 느낌 안에서 하나가 되어 버립니다. 아이의 몸은 이러한 내용물에 대해 용기容器를 표상하는데, 아이는 그것을 깨진 젖병으로 상징화했고 조각들을 파괴적인 내용물들 안에 묻어버린 것입니다.

다음 단계에서 로베르는 "늑대!"라는 귀신을 몰아냈습니다. 제가 '귀신을 몰아낸다'는 표현을 쓴 것은 아이가 마치 귀신들린 것 같은 인상을 주었기 때문입니다. 제가 쭉 옆에 있어준 덕분에 아이는 자신을 그토록 괴롭히던 일상생활의 장면들을 자신이 마시는 약간의 우유를 통해 몰아낼 수 있었습니다.

당시 저의 해석들은 무엇보다 정서적 관점에서 아이의 몸과 내용물

112 을 구별하는 쪽으로 나아갔습니다. 우유는 받는 것입니다. 대변은 주는 것이지요. 대변의 가치는 누군가로부터 받은 우유에 달려 있습니다. 소변은 공격성을 말해줍니다.

많은 세앙스들이 그렇게 진행되었습니다. 변기에 소변을 보면서 아이는 저에게 이렇게 말했습니다. "응아가 아니라 쉬아야." 아이는 실망했지요. 저는 아이에게 너는 조금밖에 받지 못했기 때문에 남에게 줘버리면 네가 부서진다고 말하면서 안심시켰습니다. 이 말을 듣고 아이는 안심했지요. 그렇게 해서 아이는 화장실에 변기를 비우러 갈 수 있었지요.

변기 비우기는 무수한 보호 의식 속에서 치뤄졌습니다. 아이는 수도꼭지를 틀어 소변이 물에 흘러가도록 하면서 화장실 세면대에 소변을 비우기 시작했습니다. 변기를 철철 흘러넘치게 하고는 변기를 다시 채웠지요. 마치 용기는 내용물에 의해서만 존재할 수 있고 또한 내용물을 담으려면 흘러 넘쳐야만 한다는 듯이 말입니다. 거기에는 시간 속의 존재를, 완전히 자궁 안의 생명에서나 볼 수 있는 용기와 내용물처럼 보는 혼합주의적인 관점이 있습니다.

여기서도 아이는 자기 자신에 대해 갖고 있던 혼란스런 이미지와 다시 마주쳤습니다. 아이는 소변을 비워버리다가도 그것이 자기 자신이란 생각이 들어 그것을 주어 담으려고 했습니다. 그리고는 "늑대다!"라고 소리쳤지요. 변기는 아이에게 가득 차 있을 때만 현실성을 가졌습니다. 저는 아이에게 소변을 비우고 나서도 여전히 건재한 변기의 현실성을 보여주려고 노력했습니다. 마치 로베르 자신이 소변을 보고 나서도 그대로 남아 있으며 물이 흘러내려가도 수도꼭지가 쓸려나가지 않는 것처럼 말이죠.

제가 이런 식으로 해석해주고 계속 옆에 있어 주자 로베르는 점점 비우고 나서 가득 채우기까지 좀 더 기다릴 수 있게 되었습니다. 그리고 드디어 어느 날 아이는 두 팔에 빈 변기를 안고 의기양양한 표정으로 돌아왔습니다. 아이는 확실히 자기 몸이 지속된다는 생각을 갖게 되었습니다. 아이에게 옷은 자신의 용기容器였습니다. 그래서 그것을 벗는다는 것은 일종의 죽음을 의미했지요. 실제로 옷을 벗기는 일은 아이에게 발작을 일으켰습니다. 아주 최근에 그의 옷을 벗기는 데 무려 3시간이나 걸렸지요. 한 직원은 당시 아이를 귀신들린 사람 같다고 묘사했습니다. 아이는 이 방 저 방을 뛰어다니며 변기에서 찾은 대변을 다른 아이들에게 묻히며 "늑대다!"라고 외쳐댔습니다. 아이는 일단 묶이고 나서야 얌전해졌지요.

다음날 면담 중에 아이는 극심한 불안 상태 속에서 옷을 벗기 시작했습니다. 완전히 벗은 후엔 침대 위로 올라갔습니다. 아이가 완전히 벗은 채 침대에서 약간의 우유를 마실 수 있게 되기까지는 3차례의 면담을 더 해야 했습니다. 아이는 창문과 문을 가리키고 자신의 이미지를 두들기면서 "늑대다!"라고 소리쳤습니다.

그러면서 일상에서 옷을 벗는 일이 수월해졌지만 깊은 우울증이 뒤따랐습니다. 아이는 아무 이유 없이 밤마다 흐느끼기 시작했고 침대 아래로 내려와 감독관에 안겨 위로받으며 잠들었습니다.

제가 꾸준히 옆에 있어줌으로써 우유가 건설적인 요소로 바뀔 수 있었던 것처럼 이 단계가 끝날 무렵 로베르는 저와 함께 변기를 비우는 일뿐만 아니라 옷을 벗는 일에서도 귀신을 몰아낼 수 있게 되었습니다. 하지만 최소한이나마 건설해야 한다는 일념에 아이는 일상적인 삶의 현재만 안중에 있고 옛날 일은 생각하지 못했습니다. 마치 기억이란 것이 없는 양 말이죠.

113 *다음 단계에서 "늑대!"가 된 것은 바로 저였습니다.*

아이는 자신이 구성해낸 극히 작은 것들을 일부 이용해, 자신이 마신 나쁜 것 모두를 저에게 투사하고 어느 정도 기억을 다시 되찾았지요. 이렇게 해서 아이는 점차 공격적이 될 수 있었습니다. 이는 비극적인 것이 될 것입니다. 과거의 것에 떠밀려 아이는 제게 공격적이 되어야 했지만 그러면서도 저는 현재 아이에게 필요한 사람이기 때문입니다. 저는 해석을 통해 아이를 안심시키고 과거가 아이 자신을 공격적이 되도록 떠밀고 있다는 사실을 말해주어야 했습니다. 그리고 그렇다고 해서 제가 사라지진 않을 것이고 아이에게 늘 벌처럼 여겨지는 거처의 변동도 없을 것이라고 확신시켜야 했습니다.

아이는 저에게 공격적인 태도를 취하고 나서 스스로를 파괴하려고 했습니다. 아이는 자신을 표상하던 젖병을 깨트리려고 했던 것입니다. 저는 아이 손에서 젖병을 빼앗았는데, 이는 아이가 그것이 파괴되는 것을 견딜 수 있을 만한 상태가 아니었기 때문입니다. 그러자 아이는 면담에 다시 참여했는데 그러면서도 저에 대한 공격적인 태도를 계속 견지했지요.

그때 아이는 제게 자신을 굶긴 엄마 역할을 맡도록 했습니다. 아이는 저를 우유 잔이 놓여있는 의자에 억지로 앉히고는 제가 우유를 엎질러 자신이 좋아하는 그것을 자신에게서 빼앗아가도록 했지요. 그리고는 "늑대다! 늑대!"를 외치면서 유아용 침대와 세숫대야를 창문 밖으로 집어 던졌습니다. 아이는 저를 향해 돌아서더니 "늑대다! 늑대!"라고 외치면서 매우 난폭하게 젖병의 더러운 물을 저에게 마시게 했습니다. 젖병은 여기서 나쁜 음식물을 표상합니다. 그리고 자신을 굶긴 엄마와의 이별과

사람들이 자신에게 겪게 했던 모든 변화를 환기시킵니다.

이와 함께 아이는 제게 나쁜 엄마라는 또 다른 역할, 즉 자신을 떠나는 엄마 역할을 맡겼습니다. 어느 날 저녁 아이는 제가 퇴근하는 것을 보았습니다. 예전에는 그것을 보아도 자신의 감정을 표현하지 못했는데, 이번엔 다음날 바로 반응을 보였지요. 그날 로베르는 극도로 공격적이고 불안한 상태로 저에게 오줌을 갈겼던 것입니다.

이러한 광경은 저에 대한 마지막 공격 장면에 비하면 서막에 불과합니다. 즉 아이는 자신이 겪은 모든 나쁜 것들을 명백히 제 책임으로 돌리면서 제게 "늑대!"를 투사했습니다.

아이는 자신을 떠났다는 이유로 제게 젖병에 든 더러운 물을 마시게 했고 공격적으로 소변을 갈겼습니다. 즉 저는 "늑대!"가 되었던 것이지요. 상담 중에 로베르가 저를 화장실에 가둔 것은 "늑대!"를 멀리 떨어트리기 위함이었습니다. 저를 가둔 후 그는 홀로 상담실로 돌아와 비어 있는 침대로 올라가 울먹이기 시작했습니다. 그는 저를 부를 수가 없었습니다. 하지만 저는 아이 옆에 계속 같이 있어주어야 했기 때문에 아이에게 돌아와야 했습니다. 저는 돌아왔습니다. 로베르는 처량하게 누워 입 속에 엄지손가락을 2센티미터 정도 물고 있었습니다. 면담 중 처음으로 아이가 제게 양팔을 내밀어 위로를 받았습니다.

이후로 시설 내의 사람들은 아이의 행동이 완전히 변했음을 목격했습니다.

저는 아이가 "늑대!"라는 귀신을 물리쳤다는 인상을 받았습니다.

이 순간부터 아이는 "늑대다!"라는 말을 더 이상 입에 담지 않았으며 다음 단계, 즉 자궁 내로의 퇴행, 그때까지 아이가 할 수 없었던 것, 114

즉 자기 몸, 자아-신체를 구성하는 단계로 넘어갈 수 있었습니다.

자신이 항상 사용했던 내용물-용기의 변증법을 사용해 로베르는 자신을 구성하기 위해 저의 내용물이 되어야 했습니다. 하지만 아이는 저의 소유물, 다시 말해 자신을 담을 미래의 용기에 대해 확신해야 했지요.

아이는 물이 가득 든 통을 집어 들면서 이 시기에 돌입했는데, 통의 손잡이는 밧줄로 되어 있었습니다. 아이는 밧줄이 양쪽 끝에 매달려 있는 것을 정말로 참을 수 없었습니다. 그것은 한쪽이 풀려 있어야 했습니다. 놀랍게도, 제가 통을 들어 올리려고 밧줄을 조여야만 했을 때 아이는 그것 때문에 거의 육체적이다시피 한 고통을 느꼈습니다. 어느 날 아이는 통에 물을 가득 채워 다리 사이에 놓고 밧줄을 잡은 후 끄트머리를 자기 배꼽까지 들어 올렸습니다. 그때 아이는 통을 저와 동일시하며 탯줄로 자신과 저를 연결시켰던 것 같습니다. 그러고 나서 물이 든 통의 내용물을 엎어 버리고, 옷을 다 벗은 후 몸을 웅크린 태아의 자세를 취하고 물속에 누워 버렸습니다. 아이는 때때로 기지개를 키기도 했고, 미국의 최근 실험들에서 보았듯이 양수羊水를 마시는 태아처럼 입을 빠끔거리기를 반복했지요. 저는 아이가 이렇게 해서 자신을 건설하고 있다는 느낌을 받았습니다.

시작은 극도로 불안정했지만 아이는 쾌락을 주는 어떤 현실을 깨닫게 되었습니다. 그리하여 모든 것은 두 개의 중요한 장면에 도달하게 되었는데, 그러한 장면들은 아이 연령과 상태에 비해 아주 놀랄 만큼 깊이 집중해서 연출된 것이었습니다.

첫 번째 장면에서 로베르는 제 앞에서 완전히 발가벗은 채 손을 오므려 물을 모으고는 자기 어깨 높이까지 올려 몸을 타고 흘러내리게 했지요. 그렇게 몇 번을 다시 하더니 제게 부드럽게 말했습니다. "로베르야,

로베르."

이 물 세례 — 경건하게 거행했다는 점에서 하나의 세례라고 할 수 있습니다 — 다음에는 우유 세례가 치루어졌지요.

아이는 물속에서 놀면서 경건함보다는 쾌락을 찾기 시작했습니다. 그런 다음엔 우유 잔을 들어 우유를 마셨습니다. 그러고 나서 고무젖꼭지를 다시 끼우고 젖병의 우유가 자기 몸을 타고 흘러내리도록 했습니다. 우유가 빨리 흘러내리지 않자 고무젖꼭지를 뽑아 다시 시작했습니다. 아이는 우유가 자기 가슴, 배, 페니스를 따라 흘러내리자 강렬한 기쁨을 느꼈지요. 아이는 제 쪽으로 돌아서서 페니스를 잡고 제게 보여주면서 황홀해했습니다. 그러고 나서 우유를 마셨습니다. 이렇게 해서 물을 갖고 연출했던 장면과 똑같이, 내용물이 내용물이면서 동시에 용기容器가 될 수 있도록 우유를 자신의 안과 밖 양쪽 모두에 위치시켰지요.

다음 단계로 로베르는 구강적 구성 단계로 접어들었습니다.

이 단계는 극도로 까다롭고 복잡합니다. 먼저, 아이는 4살이고 여러 단계 중 가장 원초적인 단계를 살았습니다. 게다가 당시 같은 기관에서 제가 치료를 맡았던 다른 아이들은 여자아이들이었는데, 이 점이 아이에게는 문제가 되었습니다. 마지막으로, 아이의 행동 '패턴들'은 완전히 사라지지 않았고 아이가 좌절을 겪을 때마다 되풀이되는 경향이 있었습니다. 115

물과 우유 세례를 치른 후 로베르는 엄마와 아이의 원초적 관계의 특징이라고 할 수 있는 공생을 체험하기 시작했습니다. 보통 아이들이 그것을 겪게 될 경우 적어도 엄마를 보는 신생아의 관점에 성性은 전혀 문제가 되지 않습니다. 하지만 로베르에겐 그것이 문제가 됩니다.

로베르는 여자인 엄마와 공생해야 했는데 바로 이것이 거세 문제를 일으켰습니다. 문제는 아이의 거세를 수반하지 않고도 아이가 음식을 받아들이도록 할 수 있느냐는 것입니다.

아이는 처음엔 단순한 형태로 그러한 공생을 체험했습니다. 아이는 제 무릎 위에 앉아 음식을 먹었습니다. 이후 아이는 제 반지와 손목시계를 빼서 자기가 했으며, 제 외투에서 연필을 꺼내 이로 물어뜯기도 했습니다. 그때 저는 아이에게 그것을 해석해주었지요. 거세를 수행하는 남근적 어머니와의 동일시는 그때부터 과거 차원에 남게 되었고, 그것에 대한 반작용으로 동기에 따라 변천하는 공격성이 수반되었습니다. 아이가 연필심을 부러뜨린 것은 오직 그러한 공격성에 대해 스스로를 벌주기 위함이었지요.

이후 아이는 제 팔에 안겨서 젖병에 담긴 우유를 마실 수 있게 되었는데, 젖병을 들고 있던 것은 아이 자신이었습니다. 제가 젖병을 들어주는 것을 아이가 견딜 수 있게 된 것은 좀 더 시간이 흐른 후의 일이었습니다. 마치 자신의 과거 때문에 자신에게 그렇게나 소중한 대상의 내용물을 저로부터 받아들이는 것이 아이에게 금지된 듯 보였지요.

공생에 대한 아이의 욕망은 여전히 아이의 과거와 갈등을 일으키고 있었습니다. 이 때문에 아이는 스스로 젖병을 쥐는 쪽을 택한 것이죠. 하지만 죽이나 케이크 같은 다른 음식을 통해 이러한 공생 속에서 저로부터 음식을 얻는 것이 자신을 여자아이로 만들지는 않는다는 것을 경험하면서부터 저에게서 그것을 받아들일 수 있게 되었습니다.

아이는 무엇보다 저와 음식물을 나누는 것에 의해 저와 자신을 구분하려 노력했습니다. 아이는 자신을 만지면서 "로베르야"라고 말하고 저를 만지면서는 "로베르가 아니야"라고 말하면서 먹을 것을 모두 저에게 주었습니다. 저는 아이가 자신을 차별화하는 것을 돕기 위해 해석에서

이 상황을 아주 많이 활용했습니다. 그런데 더 이상 아이와 저 사이에서만 상황이 진행되는 것이 아니었습니다. 로베르가 제가 치료하던 여자아이들을 끌어들였던 것입니다.

거세가 문제였습니다. 아이가 자기 면담 시간 전후로 여자아이들이 저와 면담하려고 올라온다는 것을 알았기 때문이지요. 아이가 필요로 했던 저와의 공생 관계가 깨진 것이 여자아이들 때문이었던지 정서적 논리상 로베르는 여자가 되기를 바랐습니다. 이런 상황은 갈등을 초래했지요. 아이는 이 상황을 다양한 방식으로 연출했습니다. 아이는 변기에 앉아 소변을 보기도 했고 서서 소변을 보기도 했는데 서서 볼 때는 자신을 공격적으로 보이게 했습니다.

로베르는 이제 받을 수도 줄 수도 있게 되었지요. 아이는 자신의 대변을 저에게 주었는데 그러면서도 그러한 선물 때문에 자신이 거세당하지는 않을까 두려워하게 되었습니다.

이렇게 해서 우리는 다음과 같이 요약될 수 있는 치료 단계에 이르게 되었습니다. 즉 아이의 몸의 내용물이 더 이상 파괴적이거나 나쁘지 않게 되었다는 것입니다. 로베르는 용기, 즉 몸의 존재와 통일성을 문제시하지 않고도 서서 소변을 보면서 자신의 공격성을 표현할 수 있게 되었지요.

게젤Gesel 발달지수도 43에서 80으로 증가했습니다. 테르망메릴 116 Terman-Merill 지능지수도 75를 기록했습니다. 임상기록도 달라졌지요. 운동 장애와 턱을 내미는 습성도 사라졌습니다. 다른 아이들과의 관계에서도 로베르는 종종 애정 어린 마음으로 더 어린 아이들을 보호하곤 했습니다. 이제 로베르를 그룹 활동에 참가시킬 수 있게 되었지요. 오직 언어만이 미발달 상태였습니다. 로베르는 문장을 만들지 못하고 기본적인 단

어만 사용할 수 있을 뿐이었습니다.

이후 저는 휴가를 떠났습니다. 2달 동안 자리를 비웠지요.

제가 돌아왔을 때 아이는 자신 안에서 과거의 패턴들과 현재의 구성이 공존하고 있음을 보여주는 어떤 장면을 연출했습니다.

제가 없는 동안 아이의 행동은 제가 떠나기 전 그대로였습니다. 아이는 이별이 자신에게 뜻하는 바, 저를 잃을지도 모른다는 두려움을 예전 방식대로, 하지만 그동안 쌓인 경험을 통해 훨씬 풍부하게 표현했습니다.

제가 돌아왔을 때 아이는 우유, 자신의 소변, 대변 등을 파괴하려는 듯이 비워내고 턱받이를 벗어 물속에 집어던졌습니다. 그렇게 함으로써 아이는 저의 부재라는 트라우마에 의해 환기된 자신의 옛 내용물과 옛 용기를 파괴했던 것입니다.

다음날 심리적 반응이 한계에 달하자 아이는 육체적 차원에서 자신을 표현하기 시작했습니다. 대량의 설사, 구토, 실신 등이 바로 그것입니다. 아이는 자신에게서 과거의 자기 이미지를 완전히 비워버린 것입니다. 오직 제가 옆에 쭉 있어준 것만이 아이로 하여금 새로운 자기 이미지와 관계를 맺을 수 있게 해주었습니다. 마치 새롭게 탄생한 것처럼 말이죠.

바로 그때 아이는 자신에 대한 새로운 이미지를 획득했습니다. 아이는 면담 중에 우리가 모르는 예전의 트라우마들을 재연했습니다. 그는 젖병에 든 것을 마시고 고무젖꼭지를 자기 귀에 갖다 대곤 아주 난폭하게 깨트려버렸습니다.

그런데 아이는 몸의 통일성을 훼손 받지 않고도 그것을 재연할 수 있게 되었습니다. 아이는 젖병의 상징에서 분리되었고 대상으로서의 젖병을 통해 자신을 표현할 수 있게 되었지요. 당시 면담에서 아이가 그러

한 상황을 2번이나 반복하는 것을 보면서 상당히 충격을 받은 저는 아이가 생후 5개월째 받은 유돌동 절개술antropie이 어떻게 이루어졌는지를 조사해보았습니다. 조사를 통해 아이가 마취도 없이 이비인후과 수술을 받았고, 그처럼 고통스러운 수술 내내 입에는 설탕물이 든 젖병이 억지로 물려져 있었다는 사실을 알게 되었습니다.

이 트라우마적 에피소드는 로베르가 분명히 자신을 학대하고 굶겼던, 위험천만한 편집증적인 엄마를 마음속에 어떤 식으로 그렸는지를 보여주었습니다. 그런 일이 있고 나서 이별이 있었으며 억지로 물린 젖병 때문에 아이는 울음을 꾹 참을 수밖에 없었습니다. 튜브를 통해 강제로 음식물이 주입되는 일도 있었으며 25차례나 계속해서 거처가 변하기도 했습니다. 제가 보기에 로베르의 비극은 바로 이 아이의 구강-사디즘적 환상이 실제 삶의 상황 속에서 실현되었다는 것입니다. 아이의 환상은 현실이 된 셈이지요.

마지막으로 저는 아이로 하여금 현실에 직면하도록 해야 했습니다. 저는 1년 동안 자리를 비웠고 임신 8개월이 되서 돌아왔습니다. 아이는 제가 임신한 것을 보았습니다. 아이는 이 아기를 파괴하려는 환상을 연출하기 시작했지요.

저는 해산을 위해 로베르를 떠나 있었습니다. 제가 없는 동안 제 남편이 치료를 맡았는데 아이는 아기를 파괴하는 장면을 연출했습니다. 제가 돌아왔을 때 아이는 제 배가 홀쭉해지고 아기도 데리고 있지 않은 것을 보았습니다. 그러자 아이는 자신의 환상이 실현되어 자기가 아기를 죽였고 그래서 제가 자기를 죽이러 왔다고 확신했습니다. 117

아이는 2주 동안 극심한 불안 상태에 빠져 있다가 어느 날 제게 그것

을 털어놓았습니다. 그때 저는 아이를 현실과 직면시켰습니다. 저는 아이의 불안감을 지우기 위해 제 딸을 데려왔지요. 아이의 동요 상태는 말끔히 가라앉았습니다. 하지만 다음날 다시 면담이 시작되었을 때 아이는 마침내 질투의 감정을 표출하기 시작했습니다. 아이는 죽은 것이 아니라 살아있는 것에 집착했습니다.

아이는 내내 환상이 현실 자체인 단계에 머물러 있었습니다. 이는 아이가 치료 도중 자궁 내 구성이라는 환상이 왜 현실이었는지, 그리고 어떻게 그가 그렇게 놀라운 것을 구성해낼 수 있었는지를 설명해줍니다. 만일 그가 이 단계를 건너뛰었다면, 저는 그가 자기 자신에 대해 구성해낸 것을 얻을 수 없었을 겁니다.

어제 말씀드렸듯이 저는 아이가 실재 아래로 잠겨 있었고 치료 초기엔 아이에게 상징적 기능이 존재하지 않았고 상상적인 기능은 더 말할 필요도 없다는 느낌을 받았습니다.

그럼에도 불구하고 아이는 두 개의 단어를 갖고 있었지요.

2

이폴리트 선생_ 늑대라는 단어에 대해 질문을 드리고 싶습니다. 이 단어는 어디서 유래한 것입니까?

르포르 양_ 아이를 돌보는 시설에서는 종종 간호사들이 늑대를 갖고 아이들에게 겁을 주는 경우가 있습니다. 제가 로베르의 치료를 맡았던 기관에서도 어느 날인가 아이들이 극성스러워 도저히 감당할 수가 없었는데, 아이들을 조용히 시키기 위해 놀이방에 가두고는 간호사 한 명이 밖으로 나가 늑대 울음소리를 낸 적이 있습니다.

이폴리트_ 그렇다고 해도 여전히 어떻게 해서 늑대에 대한 공포가 다른 아이들처럼 로베르에게 고착되었는지가 설명되어야 합니다.

르포르 양_ 어떤 의미에서 늑대는 분명 게걸스럽게 먹어치우는 엄마였습니다.

이폴리트_ 당신은 늑대가 항상 게걸스러운 엄마라고 생각합니까?

르포르 양_ 동화에서 늑대는 항상 잡아먹으려고 하는 동물로 나옵니다. 사디즘적 구강기에 아이는 자기 엄마를 먹고 싶어 하면서 동시에 엄마가 자신을 잡아먹을 것이라고 생각합니다. 이렇게 해서 엄마는 늑대가 됩니다. 확실한 건 아니지만 아마 이것이 이 단어의 기원이 아닐까 생각합니다. 이 아이 이야기에서는 제가 알 수 없는 일들이 많습니다. 이전에 아이가 제게 공격적이 되려고 했을 때는 네 발을 쓰지 않았고 짖지도 않았습니다. 하지만 지금은 그렇게 합니다. 지금은 자신이 인간이라는 것을 알고 있습니다만 그럼에도 생후 18개월 된 아이가 그렇듯이 가끔 자신을 동물과 동일시하려고 합니다. 이제 공격적이 되려고 할 때는 전혀 불안함이 없이도 늑대 소리를 내며 네 발을 사용합니다. 그러고 나서 아이는 다시 일어나서 면담을 계속했지요. 아이는 여전히 그러한 단계에서밖에 자신의 공격성을 표출할 수 없습니다. 118

이폴리트_ 그렇습니다. 그것은 *zwingen*과 *bezwingen*의 중간입니다. 이 둘은 전혀 다른 것으로, 하나는 강박이 있는 반면 다른 하나는 강박이 없습니다. 강박, *Zwang*은 로베르를 불안하게 하는 늑대이고, 극복된 불안, *Bezwingung*은 아이가 늑대를 연기하는 순간입니다.

르포르 양_ 맞는 말씀이십니다.

당연히 늑대는 상징 작용과 관련된 온갖 문제를 제기합니다. 즉 그것은 하나로 한정될 수 있을 만한 기능이 아닌데, 왜냐하면 우리는 어떤 일반적인 상징화 속에서 그것의 기원을 찾아야 하기 때문이지요.

왜 하필 늑대일까요? 늑대는 이곳 프랑스에서는 그리 친숙한 캐릭터가 아닙니다. 그러한 효과를 내기 위해 선택된 것이 늑대라는 사실은 우리를 곧장 신화적, 민속적, 종교적, 원시적 차원에 있는 좀 더 폭넓은 기능이라는 문제로 이끕니다. 늑대는 하나의 혈통 전체와 연관되어 있습니다. 그러한 혈통을 통해 우리는 토템을 선택하거나 한 인물과 동일시하는 방식으로 하나의 은밀한 집단을 집단에 내포된 통과 의례적 측면과 함께 형성하게 됩니다.

이처럼 기본적인 현상에 대해 이러한 구별을 하는 것은 어려운 일입니다만, 억압을 결정짓는 초자아와 자아 이상 사이에 존재하는 차이에 주의하셨으면 좋겠습니다.

여러분이 다음과 같은 사실을 알고 있는지 궁금합니다. 즉 이 두 개념은 우리가 환자의 행태를 설명하고자 어떤 변증법 안에 대입시키고자 할 때 서로 정반대 방향으로 향하는 듯이 보인다는 겁니다. 초자아는 억누르는 반면 자아 이상은 부추긴다는 것이지요.

사람들은 이 점을 얼버무리려는 경향이 있는데, 마치 두 가지가 동의어라도 되는 듯이 용어를 혼동합니다. 그것은 전이 관계와 관련해 제기해볼 만한 가치가 있는 문제입니다. 사람들은 치료 행위의 근거를 찾을 때 주체가 분석가를 자신의 자아 이상과 동일시한다거나 아니면 반대로 자신의 초자아와 동일시한다고 이야기합니다. 그리고 동일한 논문 안에서 그러한 차이를 제대로 설명하지도 않고 논증이 흘러가는 대로 용어를 맞바꾸어 사용하기도 합니다.

어쨌든 초자아 문제를 검토하게 될 날이 분명히 있을 겁니다. 지금 이 자리에서 언급해둘 사항은 우리가 우리의 키워드이자 우상인 이 초자아라는 용어를 신화적이고 맹목적으로 사용하는데 그치지 않는다면, 초자아는 자아 이상과는 다르게, 본질적으로 말의 상징적 차원에 위치한다 119 는 것입니다.

초자아는 하나의 명령입니다. 상식과 통상적 용법을 보면 알 수 있듯이, 초자아는 법이라는 영역과 개념, 다시 말해 언어 체계의 총체와 긴밀하게 연관되는데, 이는 초자아가 인간의 상황을 인간적인 것으로, 다시 말해 단순히 생물학적 개인이 아닌 것으로서 규정하는 만큼 그렇습니다. 하지만 다른 한편, 이것과는 반대로, 우리는 초자아가 갖고 있는 무조건적 명령과 단순한 폭군이라는 무분별하며 맹목적인 성질 또한 강조해야 합니다. 그렇다면 우리는 어떤 방향으로 이 두 개념을 종합할 수 있을까요?

초자아는 법과 관련이 있습니다. 하지만 그러면서도 그것은 그것이 법인지를 알아볼 수 없을 만큼 무분별한 법이기도 합니다. 우리는 신경증자에게서 초자아가 항상 그런 식으로 활개 치는 것을 목격하게 됩니다. 분석 상에서 초자아 기능을 세심하게 연구해야 하는 것은 신경증자의 도덕성이 무분별하고 파괴적이며 순전히 압제적이고 거의 항상 무법적이기 때문이 아닐까요?

초자아는 법이면서 동시에 법의 파괴입니다. 그러한 한에서 초자아는 법의 뿌리밖에 남지 않은 한에서의 법의 명령, 말 자체입니다. 법은 표현조차 할 수 없는 어떤 것으로 완전히 환원됩니다. 모든 의미를 박탈당한 '너는 해야만 한다'라는 말에서와 같이 말입니다. 초자아가 결국 주체의 원초적 경험에서 가장 파괴적이면서ravageant 가장 매혹적인 부분과 동일시되어 버리는 것은 바로 이런 의미에서입니다. 초자아는 결국 제가 '잔혹한 인물'이라고 부른 것, 다시 말해 어떤 트라우마든 아이가 겪었던 원초적 트라우마와 관련될 수 있는 인물들과 동일시되기에 이릅니다.

이처럼 예외적인 사례에서 우리는 언어의 기능이 구체적으로 나타남을 확인할 수 있습니다. 거기서 우리는 언어의 기능을 가장 축소된 형태로, 하나의 단어로 축소된 상태로 생생히 확인할 수 있습니다. 그러한 단어는 우리로선 아이에게 그것이 어떤 의미를 갖고 어떤 의의가 있는지를 규정할 수조차 없지만 그럼에도 아이로 하여금 인간 공동체에 참여하게 해줍니다. 당신이 아주 적절하게 지적해주었듯이 아이는 순수한 야생 상태에서 살았을지 모르는 늑대 소년이 아니라 말하는 아이입니다. 그리고 당신이 처음부터 대화를 시작할 수 있는 가능성을 얻었던 것은 바로 "늑대!"라는 말 때문입니다.

이 사례집에서 경탄할 만한 부분은 바로 당신이 서술한 어떤 장면 후에 아이가 더 이상 "늑대!"라는 단어를 사용하지 않게 되는 순간입니다. 첫 번째 단계에서 두 번째 단계로의 이행은 로베르에게는 법의 집약체였던 이 단어와의 관계를 중심으로, 그러한 언어 활동을 축으로 해서 이루어집니다. 그리고 나서 아이가 엄청난 자기 세례를 거행하며 자기만의 이름을 발음하는 것으로 귀착되는 아주 놀라운 작업이 시작됩니다. 우리는 거기서 인간과 언어의 기본적 관계가 가장 집약된 형태로 나타나는 것을 볼 수 있습니다. 그것은 특히나 감동적입니다.

질문할 게 더 있으신지요?

르포르 양_ 어떤 진단을 내릴 수 있을까요?

벌써 나름의 진단을 내린 분들이 계십니다. 랑 박사께서 어제 저녁 120 이와 관련해 제가 보기에 흥미로운 사항을 언급하셨다고 들었습니다. 제 생각으로는 선생이 내리신 진단은 단지 유추적인 듯합니다. 선생이 질병 기술학에 있는 기존의 표를 참조하면서 사용한 단어는 ……

랑 박사_ 환각성 망상이라고 했습니다. 우리는 줄곧 아이들의 행동에서 나타나는 심각한 문제와 우리가 성인에게서 알고 있는 것 사이에 어떤 유추 관계를 찾아내려고 고심해왔지요. 그리고 너무도 자주 무슨 일이 일어나고 있는지도 모르면서 유아 정신분열증에 대해 이야기합니다. 로베르의 경우는 정신분열증 내지 해리라는 진단을 내리기에는 근본적인 요소가 하나 빠져 있습니다. 아이에게는 구성된 것이라고 할 만한 것이 전혀 없기 때문에 해리란 것이 존재하지 않습니다. 아마도 이 때문에 저는 몇몇 형태의 환각성 망상 조직의 몇몇 형태를 떠올리게 된 것이겠지요. 저는 어제 저녁에 많은 유보조항을 달았는데, 왜냐하면 그러한 나이의 또래아이를 직접 관찰한 것과 우리가 통상적인 질병 기술학에 대해 알고 있는 것 사이에는 차이가 있기 때문입니다. 이 사례에는 아직도 설명되어야 할 것이 많은 것 같습니다.

그렇습니다. 선생 말을 전해 들었을 때 제가 이해한 바가 바로 그것입니다. 선생이 만성 환각성 정신병이란 의미로 사용한 환각성 망상에는 이 주체[환자]에게서 일어나고 있는 것과 그저 한 가지 공통점만이 있을 뿐입니다. 그것은 바로 르포르 양이 세밀하게 강조한 차원으로 아이는 실재적인 것만을 체험하고 있다는 것입니다. '환각'이라는 말이 무언가를 의미한다면 그것은 바로 이러한 현실감입니다. 환각에는 환자가 진정 실재적인 것으로서 받아들이는 무언가가 있습니다.

선생은 이것이 환각성 정신병에서조차 얼마나 문제가 되고 있는지를 아시겠지요. 성인의 만성적 환각성 정신병에서는 상상적인 것과 실재적인 것의 어떤 통합이 발견되는데, 이것이 정신병의 핵심적 문제입니다. 우리는 여기서 르포르 양이 강조한 상상적인 2차 가공, 즉 막 형성되고 있는 존재하지 않는 게 아님non-inexistence을 만나게 됩니다.

이 사례에 관해서는 한동안 다시 검토해보진 못했습니다. 하지만 그럼에도 저는 지난 시간에 여러분에게 꽃병과 꽃다발의 도식을 제시했습니다. 거기서 꽃은 상상적이고 허상적이고 환영적인 것에 속하고 꽃병은 실재적인 것이었습니다. 기구를 반대 방향으로도 배치할 수 있기 때문에 또한 그와 반대의 경우도 가능할 겁니다.

이 기회에 저는 꽃-내용물과 꽃병-용기의 관계를 중심으로 세워진 이 모델이 얼마나 적합한 것인지를 지적하지 않을 수 없습니다. 왜냐하면 제가 거울 단계에 부여한 의미의 핵심적 수준에 이미 위치시킨 바 있는 용기-내용물의 체계를 우리는 바로 이 모델에서 완벽하고도 순수한 형태로 확인할 수 있기 때문입니다. 우리는 앞의 아이가 많든 적든 용기가 수행하는 신화적 기능에 따라 행동하다가, 르포르 양이 지적했듯이 오로지 마지막이 되어서야 용기가 비어 있는 것을 참을 수 있게 되는 것을 볼 수 있습니다. 용기가 비어 있는 것을 참을 수 있다는 것은 결국 고유한 의미에서의 인간적 사물, 다시 말해 자체의 기능과 분리되어 생각할 수 있는 하나의 도구instrument로서의 정체성을 용기에 부여한다는 것을 의미합니다. 그런데 이는 인간 세계에는 용구utile뿐만 아니라 또한 공구outil가, 다시 말해 독립적인 것으로 존재하는 도구가 존재하는 만큼 근본적인 것입니다. 121

이폴리트_ 보편적인 것으로 존재하는 도구지요.

랑 박사_ 늑대가 서 있는 위치에서 네발로 걷는 위치로 이동하는 과정은 아주 흥미롭습니다. 제가 보기에 처음의 늑대는 아이에게 체험 수준에 있었던 것 같습니다.

처음에 늑대는 아이도 아니고 어느 누구도 아니었지요.

랑 박사_ 그것은 현실입니다.

아닙니다. 제 생각에 그것은 본질적으로 고갱이만 남을 때까지 축소된 말입니다. 그것은 어느 누구도 아닙니다. "늑대!"라는 말을 하는 한에서 로베르는 분명 "늑대!"입니다. 하지만 "늑대!"라는 이름이 붙여질 수 있다면 무엇이든 "늑대"가 될 수 있습니다. 여러분은 거기서 말이 매듭지어져 있는 상태를 볼 수 있습니다. 자아는 여기서 완전한 혼란에 빠져 있고 말은 정지되었지요. 하지만 그가 자기 자리를 잡고 스스로를 구성할 수 있게 된다면 그것은 전적으로 "늑대!"를 출발점으로 해서입니다.

바르그Bargues 박사_ 저는 아이가 자기 배설물을 갖고 놀 때 한순간 변화가 일어났다는 것을 지적한 바 있습니다. 아이는 모래와 물을 담기도 하고 바꾸기도 하고 건네기도 했습니다. 저는 아이가 구성하고 표현하기 시작하는 것이 다름 아닌 상상적인 것이라고 생각합니다. 아이는 이미 대상, 자신의 배설물과 좀 더 멀찌감치 거리를 둘 수 있게 되었고 이후 점점 더 거리를 두게 됩니다. 저는 그것이 선생께서 말씀하시는 의미에서의 상징이라고 말할 수는 없을 것이라 생각합니다. 하지만 어제 저는 르포르가 그것을 상징이라고 말하는 듯한 인상을 받았습니다.

그것은 까다로운 문제입니다. 그것은 자아라고 불리는 어떤 것에 접근하는 열쇠가 될 수 있기 때문에 지금 우리가 풀어야 할 문제입니다. 자아란 무엇일까요? 균질한 심급들로 이루어진 것이 아닙니다. 어떤 심급은 현실이고 어떤 심급은 이미지, 상상적 기능입니다. 자아 그 자체도 이들 심급 중의 하나지요.

오늘 수업을 마치기 전에 살펴보고 싶었던 것은 바로 이 점입니다. 간과하지 말아야 할 것은 당신이 처음에 우리에게 그토록 열정적으로 기술해준 아이의 운동 기능에 대한 것입니다. 아이의 신체 기관에는 어떠한 장애도 없는 듯이 보입니다. 현재 아이의 운동 기능은 어떤가요? 물건을 잡을 때는 어떤 자세를 취하나요?

르포르 양_ 물론 지금은 처음과 같진 않습니다.

처음에 당신이 기술한 바에 따르면, 아이는 원할 경우에는 단 한 번 의 동작으로밖에는 대상을 잡을 수 없었습니다. 만일 동작이 조금이라도 잘못되면 처음부터 다시 시작해야 했지요. 그러니까 아이는 시각적으로는 잘 적응할 수 있었지만 거리 감각에서는 혼란을 겪고 있었던 것입니다. 이 야생의 아이는 잘 발육된 한 마리 작은 동물처럼 항상 자신이 원하는 것을 움켜쥘 수 있지만 행위에 착오나 실수가 생기면 전부 다 다시 하지 않으면 안 되었지요. 그렇기 때문에 우리는 추체로계錐體路系와 관련해서라면 아이에겐 어떠한 결손이나 지연도 없는 것 같다고 말할 수 있지만 분석 이론에서 말하는 의미에서의 자아와 관해서라면 자아의 종합 기능들에서 균열의 조짐을 발견하게 됩니다. 122

또한 당신이 처음에 지적했던 주의력 산만이나 어정쩡한 동작 역시 자아 기능의 장애와 관련이 있음이 분명합니다. 게다가 우리는 몇 가지 점에서 분석 이론이 잠의 기능까지도 자아의 기능으로 보고 있다는 것을 유념해야 합니다.

르포르 양_ 앞서 아이가 저를 가두었다고 언급한 바로 그날부터 아이의 운동 장애가 수그러들기 시작했습니다. 그리고 그전까지 잠도 자지 않고 꿈도 꾸지 않던 아이가 밤에 꿈을 꾸고 꿈에서 엄마를 부르기 시작했지요.

제가 말하고 싶은 것이 바로 그것입니다. 저는 아이의 변칙적 수면과 비정상적 발달이 직접 관련이 있음을 지적하지 않을 수 없습니다. 아이는 정확히 상상적인 것의 수준, 즉 상상적 기능으로서의 자아 수준에서 발달이 지연되었지요. 사례집에 따르면 상상적인 것의 발달이 그토록 지연된 것은 이른바 상부구조적 수준보다 외면상 더 하위에 있는 것처럼 보이는 몇 가지 기능이 교란되어 있기 때문입니다.

사례집에서 가장 관심을 끄는 부분은 주체에게서 상상적인 통제 기능이 엄밀한 의미에서의 감각 운동의 성숙과 맺고 있는 관계입니다. 이 부분이 바로 문제의 핵심입니다. 요점은 과연 이러한 분절이 어느 정도까지 정신분열증과 관련이 있느냐는 것입니다.

정신분열증의 메커니즘과 근본적 원동력에 대해 각자가 어떤 생각을 갖고 있고 어떤 성향이냐에 따라 우리는 이 사례를 정신분열적 질환이라는 틀 속에 포함시킬 수도 포함시키지 않을 수도 있습니다.

한 가지 분명한 사실은 당신이 보여준 의미와 유동성이라는 맥락에서 그것은 하나의 상태état로서의 정신분열증은 아니라는 것입니다. 하지만 거기에는 세계와의 관계에서 어떤 정신분열증적 구조와, 엄밀히 말해 긴장병緊張病 계열과 근접시킬 수 있는 일련의 현상이 존재합니다. 물론 정확히 말하자면 이에 대한 어떠한 증상도 발견할 수 없기 때문에 우리는 랑 박사처럼 이 사례를 그러한 틀 속에 위치시킨다 하더라도 그저 근사적인 것이라고 밖에는 말할 수 없을 것입니다. 하지만 인간으로서의 123 적응면의 몇몇 결손이나 실패는 좀 더 나중에 유추적으로 정신분열증으로 나타날 수 있을 무언가를 향해 열려 있습니다.

제가 생각하기에 이 사례가 하나의 예에 불과하다는 것 말고는 우리는 더 이상 말할 수 없습니다. 결국 우리는 질병 분류학적 틀이 아주 오래전부터 거기에 있으면서 우리를 기다려왔다고 생각할 이유가 전혀 없습니다. 페기Péguy의 말처럼 못이 작으면 항상 작은 구멍밖에 들어갈 수 없지만 작은 못이 작은 구멍에 맞지 않는 이례적인 상황이 발생하기도 합니다. 여기서 문제는 바로 정신병에 속한 현상, 더 정확히 말해, 정신병으로 귀착될 수 있는 현상임은 의심할 여지가 없다고 생각합니다. 이는 정신병의 초기 증상이 모두 비슷하게 나타나는 것이 아님을 의미합니다.

르클레르Leclaire, 다음 시간에는 특별히 선생이 『선집』 4권이나 『전집』 10권에 실려 있는 「나르시시즘 입문」에 관해 발표를 맡아주셨으면 합니다. 여러분은 거기서 다루어지는 것이 우리가 지금 연구 중인 상상적인 것이라는 영역과 관련된 문제들임을 확인하시게 될 겁니다.

1954년 3월 10일

9

나르시시즘에 대해

행위를 하는 것에 관해
성욕과 리비도
프로이트냐 융이냐
신경증에서의 상상적인 것
정신병에서의 상징적인 것

지난 시간에 참석하지 않은 분들을 위해 지금 프로이트의 논문 「나르시시즘 입문」을 소개하는 것이 얼마나 유용한지를 보여드릴까 합니다.

1

지금까지 도달한 지점을 어떻게 정리할 수 있을까요? 이번 주에는 제가 얼마 전부터 여기서 제시하고 있는 상징적인 것과 실재적인 것이라는 범주를 체계적으로 활용하는 법에 대해 여러분 몇몇이 진지하게 고민해보기 시작했다는 것을 알게 되었는데요. 그러한 사실을 알고 저는 기쁜 마음이 없지 않았습니다. 아시다시피 저는 우리가 분석에 개입할 때, 특히 해석을 통해 적극적으로 개입할 때 우리가 하는 것이 무엇인지를 이해하려면 항상 상징적인 것이라는 개념에서 출발하는 것이 바람직하다고 하면서 앞의 두 개념을 강조한 바 있습니다.

우리는 저항의 어떤 측면이 말이 발화되는 것과 동일한 수준에 위치한다는 점을 강조하는 데까지 이르렀지요. 말은 주체의 존재를 표현해 줄 수 있지만 어느 정도까지는 결코 그러한 수준까지 이르지 못합니다. 이제 다음의 질문을 제기해야 할 차례입니다. 즉 우리는 분석 경험 내에서 전이의 작용을 정의하고자 할 때 일반적으로 환기되곤 하는 모든 정동, 모든 상상적 참조물을 말과 관련해 어떤 식으로 자리매김할 수 있을까요? 이것이 쉽지 않은 문제라는 점은 여러분도 잘 아시리라 믿습니다.

꽉 찬 말은 서로 간의 인정 속에서 정립되는 진리를 겨냥하고 그러한 126 진리를 형성해내는 말입니다. 꽉 찬 말은 행위를 하는 말입니다. 주체들 중에는 그 후로 이전의 자신과는 다른 자신을 만나게 되는 경우도 있습니다. 바로 그렇기 때문에 이러한 차원은 분석 경험에서 피할 수 없는 것입니다.

우리는 분석 경험을 일종의 게임이나 덫, 거짓 술책, 암시 같은 것으로 생각할 수 없습니다. 분석 경험은 충만한 말을 끌어들입니다. 일단 그렇게 되면 여러분이 이미 엿볼 수 있었듯이 많은 것이 제자리를 찾고 해명되지만 그와 함께 많은 역설과 모순 또한 나타나게 됩니다. 이런 식의 발상이 지닌 장점은 모호하거나 불분명하지 않은 바로 그러한 역설과 모순이 드러나도록 만든다는 점입니다. 반면 조화롭고 이해 가능한 것처럼 보이는 것이야말로 종종 어떤 불투명함을 숨기고 있습니다. 우리가 투명성의 계기를 발견하게 되는 것은 반대로 이율배반, 간극, 곤경 속에서입니다. 우리의 방법은 이러한 관점에 근거하며 우리의 진보 또한 그래야 할 것입니다.

첫 번째로 나타나는 모순은 이렇습니다. 즉 정신분석 방법론이 꽉 찬 말을 겨냥한다면, 그러한 방법론은 너무나 특이하게도 주체로 하여금 가능한 한 책임질 필요가 없는 말을 하도록 한다는 점에서, 그리고 진정성에 대한 모든 제약으로부터 주체를 자유롭게 한다는 점에서 꽉 찬 말과는 정반대의 길로부터 시작합니다. 정신분석 방법은 주체에게 머릿속에 떠오르는 모든 것을 말하라고 명령합니다. 우리가 말할 수 있는 최소한의 사항은 그렇게 함으로써 그것이 주체로 하여금 말 속에서 인정보다 하위 수준에 있으면서 세 번째 항인 대상과 관련된 무언가의 길로 되돌아가도록 조장한다는 점입니다.

우리는 항상 인간의 말이 교환되는 두 가지 수준을 구분해왔습니다. 한편으로는 주체들 사이에 협약 관계를 맺게 함으로써 주체들을 변형시켜 의사소통하는 인간 주체로 만들어주는 인정 수준, 다른 한편으로는 호명, 토론, 인식, 정보 등과 같은 온갖 종류의 단계로 세분 가능하면서도 종국에는 대상과의 합치를 지향하는 소통의 내용이라는 수준이 바로 그것이지요. 합치라는 말이 나오긴 했지만 여기서 강조점은 말의 작용의 외부에 있는 것으로 간주되면서 말을 통해 표현되는 대상에 놓여야 합니다.

당연히 대상에는 말이라는 준거가 없지 않습니다. 대상은 부분적으로는 대상적 또는 객관적 체계 속에 이미 주어져 있습니다. 그러한 체계에는 과학적 작업에 의해 더없이 정교하게 다듬어진 것에서 시작해 지극히 단순하고 우발적인 것 — 이런 것 역시 과학적 준거들과 광범위하게 교류하며 심지어는 그러한 준거들에 영향을 미치기도 합니다 — 에 이르기까지 일련의 심리학적 가설, 심지어 편견을 포함해 하나의 문화 공동체를 구성하는 편견의 총체가 들어 있습니다.

따라서 주체는 그러한 체계에 자신을 완전히 내맡기도록 유도됩니다. — 그러한 체계 속에는 주체[환자]가 보유하는 과학적 인식이나 그가 자신의 상태, 문제, 상황에 대한 정보에 기초해 상상해낼 수 있는 과학적

인식, 그리고 신경증을 구성하는 데 상당한 역할을 하는 신경증적 환영 127 을 포함해 자신의 모든 환영의 근거가 되는 지극히 순진무구한 편견들이 포함되어 있습니다.

이러한 말의 행위의 진보는 분석가로부터 주어질 수 있다고 가정되는 교화적 개입, 다시 말해 보다 우월한 개입으로부터 도출된 어떤 지적인 확신의 길을 통해서만 가능한 것처럼 보일지도 모르겠습니다. — 바로 여기에 문제가 있는 것이죠. 분석은 교화를 통해 진보할 수 있으리라는 겁니다.

사람들이 주지주의적이라고 할 수도 있을 분석의 첫 번째 국면에 대해 이야기할 때 겨냥하는 것이 바로 이러한 교화입니다. 주지주의적 분석이라는 것이 한 번도 존재한 적이 없다는 것을 유념하시기 바랍니다. 아마도 분석에 대한 주지주의적 발상이 있었던 건 사실이겠지만 그렇다고 주지주의적 분석이 실제로 시행되었다는 뜻은 아닙니다. — 진정으로 문제가 되는 힘들은 처음부터 그곳에 있었습니다. 만일 그런 힘들이 없었다면 분석은 자신을 입증할 기회, 심리 치료적 개입의 한 가지 분명한 방법론으로 자신을 내세울 기회가 없었을 겁니다.

이 경우에 사람들이 주지화라고 부르는 것은 여기서 문제가 지적인 어떤 것이라는 의미와는 전혀 무관합니다. 우리가 여기서 문제가 되는 것의 다양한 수준을 얼마만큼 세심하게 분석해내느냐에 따라 분별되어야 할 것은 분별되고 통합되어야 할 것은 통합될 것이며 그만큼 우리의 기술도 빛을 발하게 될 것입니다. 이것이 바로 우리가 하려고 하는 것입니다.

따라서 분석가의 개입이 발휘하는 효과를 설명하기 위해서는 교화 말고 다른 무언가가 더 필요합니다. 우리는 바로 이 무언가가 전이의 작용 속에서 효과를 갖는다는 것을 분석 경험을 통해 확인했습니다.

바로 여기서부터 모호함이 시작됩니다. — 결국 전이란 무엇일까요?

여기서 문제가 되는 유효한 전이는 본질적으로 말의 행위에 지나지 않습니다. 사람이 사람에게 진실 되고 꽉 찬 말을 할 때마다 고유한 의미에서의 전이, 상징적 전이가 나타납니다. 즉 두 존재의 본성을 현존으로 변화시키는 무언가가 발생합니다.

그런데 이때 관건이 되는 전이는 처음에 분석에서 하나의 문제뿐만 아니라 장애물로 나타났던 때의 전이와는 다른 종류의 전이입니다. 실제로 전이의 그러한 기능은 상상적 차원에 위치시켜야 합니다. 여러분이 알고 계신 개념들, 옛날 상황의 반복, 무의식적 반복, 역사를 재통합하기 등과 같은 개념들이 고안된 것은 바로 그러한 기능을 확실히 하기 위해서입니다. 여기서 말하는 역사는 제가 언급했던 것과는 반대 의미의 역사입니다. 왜냐하면 여기서 관건이 되는 것은 상상적 재통합이기 때문입니다. 즉 주체가 오로지 역사적 차원을 몰인식하는 — 제가 무의식적이라고 말하지 않았음을 주목하시기 바랍니다 — 한에서만 과거의 상황을 부지불식간에 현재 속에서 체험하게 되는 것입니다. 그러한 개념들은 모두 우리가 관찰해낸 것을 규정하기 위해 도입되었고 믿을 만한 경험적 확증을 거쳤다는 데 가치가 있습니다. 하지만 그렇다고 그것들이 우리가 실재 속에서 관찰한 것의 근거, 기능, 의미 효과 등을 해명해주진 못합니다.

우리가 여러분 자신이 관찰한 것을 스스로 해명할 수 있기를 바라는 것이 너무 많은 것을 요구하는 것이고 지나치게 이론에 경도된 것이라고 말씀하실 수도 있겠지요. 머리가 나쁜 몇몇 분은 이쯤에서 선을 긋고 싶어 하실 수도 있을 겁니다. 128

하지만 저는 정신분석 전통이 그것에 대해 전혀 야망이 없었다고는 생각하지 않습니다. — 이에는 그럴 만한 이유들이 있습니다. 게다가 프로이트의 전례 속에서 정당성이나 동기를 찾든 찾지 않든 정신분석가치고 심적 발달론에 몰두해보지 않은 사람은 거의 없습니다. 이러한 메타심리학적 기획은 나중에 드러나게 될 어떤 이유들 때문에 사실은 전적으로 실현 불가능한 것입니다. 하지만 주르뎅 선생이 무언가를 말하려고 하면 원래의 의도와는 달리 산문을 지어낼 수밖에 없었던 것처럼, 아주 조금이라도 정신분석을 해보면 우리는 메타심리학적 용어를 생각하지 않을 수 없습니다. 이러한 사실은 우리의 활동에 명백히 구조적인 측면입니다.

저는 지난 시간에 전이애에 관한 프로이트의 논문에 대해 말씀드린 바 있습니다. 프로이트의 저작에 쓸데없는 부분이 전혀 없다는 사실은 여러분도 잘 알고 계실 겁니다. 그는 자신의 이력 속에서 ― 구체적 삶, 전기적 삶 속에서 그가 언제부터 가르침을 주기 시작했는지를 고려해본다면 그의 이력은 인간의 수명으로는 감당할 수 없는 것입니다 ― 시급히 꼭 다루어야 할 주제가 아니면 절대 손대지 않았습니다.

우리는 분석 이론의 가장 중요한 문제 중의 하나가 전이적 관계들과 사랑 관계의 긍적적, 부정적 성격들 사이에 어떤 관련이 있느냐에 있다는 것을 보지 않을 수 없습니다. 이는 임상 경험뿐만 아니라 소위 치료 효과의 원동력이라고 하는 것에 대한 이론적 논쟁사를 통해서도 잘 나타납니다. 요컨대 이 주제는 1920년대 이후 베를린 총회, 찰스부르크 총회, 마리엔바드 총회를 거쳐 줄곧 의제로 다루어져 왔습니다. 그때부터 우리는 환자의 주체성을 다루는 데서 전이 기능이 유용한지에 대해 줄곧 의문을 제기해 왔습니다. 심지어 우리는 전이 신경증 ― 이것은 주체가 무엇에 의해 영향을 받는지를 가리키는 질병분류학적 명칭입니다 ― 이라고 불릴 수 있는 것뿐만 아니라 2차 신경증, 인위적 신경증, 전이를 통한 신경증의 현재화, 흐름상 분석가의 상상적 인격을 연루시키는 신경증이라고 불릴 수 있는 것들을 분류해 왔지요.

우리는 이 모든 것을 알고 있습니다. 하지만 분석 속에서 일어나는 일의 원동력이 무엇인가라는 문제는 여전히 해명되지 않고 남아 있지요. 저는 지금 우리가 이따금 행동하는 방식이 아니라 치료 효과의 원천 자체에 대해 말하고 있는 것입니다.

우리가 말할 수 있는 최소한의 것은 이 주제와 관련해 정신분석 문헌 속에는 너무나 다양한 의견이 개진되고 있다는 사실입니다. 예전에 행해졌던 논의로 거슬러 올라가려면 페니헬의 소책자의 마지막 장을 보는 것으로 충분합니다. 제가 페니헬의 책을 읽어보라고 권하는 일은 매우 드문 일이지만 사료로서라면 아주 교훈적인 증인이 될 수 있습니다. 이 책을 통해 여러분은 잘츠부르크 총회에서 이 문제가 제기되었을 때 자흐Sach, 라도Rado, 알렉산더Alexander 등이 얼마나 다양한 견해을 제시했는지를 보실 수 있습니다. 또한 여러분은 라도라는 인물이 분석 효과의 원천과 관련해 자신이 어떤 방향으로 이론화할 계획인지를 언급하는 대목을 만날 수도 있을 텐데, 특이한 점은 그가 이 문제를 명확하게 해결하겠다고 공언해놓고 실제로는 한 번도 그런 적이 없다는 거지요. 129

여기에는 어떤 알 수 없는 저항이 일어나 이 문제를 상대적으로 어둠 속에 남겨놓고 있는 듯한 느낌입니다. 가끔씩 연구자들, 사려 깊은 주체[환자]들이 이따금 놀랄만한 총명함을 보여주었다는 것을 생각하면 이는 문제 자체의 불명확함 때문만은 아닙니다. 이 문제가 종종 할 수 있는 한 아주 세밀하게 다루어지고 검토되기도 하지만 뭔지 모를 어떤 반발력 때문에 그것이 개념화되는 것이 방해받는 듯한 느낌입니다. 아마도 다른 어떤 문제보다 이 문제와 관련해선 이론이 완성되는 것뿐만 아니라 발전하는 것까지도 위험하게 느껴질 수도 있습니다. 그런 느낌을 받을 수 있다는 것을 배제할 수 없습니다. 이는 아마도 가장 우호적인 가설일 겁니다.

전이 속에 세워진 상상적 관계의 본성에 대한 논의를 통해 개진된 견해들은 대상관계라는 개념과 더없이 밀접한 관련을 맺습니다.

대상관계라는 개념은 현재 정신분석 이론의 가장 중요한 부분을 차지하고 있습니다. 하지만 여러분은 이 이론이 이 문제에 대해 역시 얼마나 불확실한 태도를 보이고 있는지를 아실 겁니다.

가령 『국제정신분석저널』에 실린 치료 효과의 원동력에 대한 스트래치James Strachey의 핵심적인 논문을 예로 들어봅시다. 그것은 초자아의 역할에 역점을 둔 제법 훌륭한 텍스트입니다. 여러분은 그러한 발상이 귀착하게 되는 몇 가지 난점과 저자가 그러한 발상을 지지하기 위해 도입한 많은 보충적 가설을 만나게 될 겁니다. 그는 분석가는 주체[환자]에 대해 초자아 역할을 맡아야 한다고 주장합니다. 하지만 분석가를 순전히 초자아 기능의 지탱물로 보는 이 이론은 성립될 수 없는데, 왜냐하면 초자아 기능은 정확히 신경증을 초래하는 가장 결정적인 원동력 중의 하나이기 때문이지요. 따라서 거기에는 순환 논리가 있습니다. 거기서 빠져나오기 위해 저자는 어쩔 수 없이 기생적 초자아라는 개념을 도입하게 됩니다. — 이는 타당성이 전혀 입증되지 않은데다 오히려 그의 이론의 모순들 때문에 생긴 보충적인 가설입니다. 게다가 그는 어쩔 수 없이 선을 넘게 됩니다. 분석에서 기생적 초자아가 계속 존재하게 만들기 위해 그는 분석 받는 주체[주체]와 분석가라는 주체 사이에 일련의 교환, 내사, 투사가 일어난다고 가정하지 않으면 안 됩니다. 이를 통해 우리는 클라인에 의해 영국학파의 분석 실천 속에 도입된 좋은 대상과 나쁜 대상이 구성되는 메커니즘 수준에 이르게 됩니다.

피분석자와 분석가의 관계에 대한 질문은 이와는 전혀 다른 수준에 위치시킬 수 있습니다. 즉 자아와 비자아 수준, 다시 말해 주체의 나르시시즘적 경제 수준에 위치시킬 수 있습니다.

어쨌든 오래전부터 전이애 문제는 사랑 개념을 정신분석학적으로 가공해내는 것과 너무나 밀접한 관련을 맺어 왔습니다. 여기서 문제는 에로스로서의 사랑, 분석의 활동 무대인 모든 현실 이면에 보편적으로 현존하는, 주체들을 결합시키는 어떤 힘이 아닙니다. 문제는 주체가 일종의 심리적 파국으로 구체적으로 체험하는 사랑-정념이지요. 아시다시피 여기서는 어떻게 해서 이 사랑-정념이 근본에서 분석 관계와 연결되는가하는 문제가 제기됩니다.

130

앞서 여러분에게 페니헬의 책이 지닌 장점을 이야기했다면 이젠 단점을 이야기할 차례입니다. 전이와 사랑의 관계를 다룬 두 저자의 아주 타당성 있는 언급에 대해 페니헬이 어떤 식으로 반대하고 반발하기까지 하는지를 보면 재미있을 뿐만 아니라 놀랍기까지 합니다. 두 저자는 상상적 사랑의 관계가 가진는 나르시스적 성질을 강조합니다. 그들은 어떤 방식으로, 얼마만큼 사랑의 대상이 특질, 속성, 그리고 심리적 경제 내의 작용 등과 같은 온갖 측면을 통해 주체의 자아 이상과 혼동되는지를 보여줍니다. 그런데 우리는 페니헬의 사유가 보이는 일반적인 절충주의가 자신의 중도적 길과 얼마나 정교하게 결합되어 있는지를 확인하게 됩니다. 그러한 중도적 길로 말미암아 그는 상상적 사랑이 만들어내는 역설 앞에서 반발심을, 진정한 공포심을 느끼게 되었지요. 상상적 사랑은 본질적으로 환영과 함께하는데 페니헬은 사랑의 기능 자체가 그렇게 훼손되는 것을 보고 일종의 공포심을 느끼게 되었던 겁니다.

문제가 되고 있는 것은 정확히 이렇습니다. 즉 분석에서 상상적 원동력으로 개입하는 이 사랑이란 무엇일까? 페니헬이 느낀 공포심은 우리에게 당사자인 페니헬의 주체성의 구조에 대해 알려줍니다.

자, 그런데 우리가 정확히 해야 하는 것은 나르시시즘적 관계, 일반적 의미에서의 사랑의 기능, 실천적 효과라는 측면에서의 전이 등이 어떤 구조에 의해 서로 접속되느냐 입니다.

여러분도 이미 느끼셨겠지만 정신분석 문헌에서 매 걸음마다 새롭게 나타나는 모호함을 헤쳐 나갈 때 길을 잃지 않기 위해서는 여러 가지 방법이 있습니다. 저는 여러분에게 본질적 구별들을 가능하게 해주는 새로운 범주들을 일러줄 생각입니다. 본질적 구별이란 외재적이고 형식적인 scolastique 구별, 외연 상의 구별을 말하는 것이 아닙니다. — 이런저런 장을 서로 대립시키고 끝없이 양분하면서 언제나 보충적인 가설들을 도입하는 식으로 발전해나가는 것이 아니지요. 물론 그러한 방법도 가능하긴 하겠지만 저로서는 그것을 이해하는 데 한 걸음 더 나아가는 것이 목표입니다.

문제는 단순 개념들에 무엇이 내포되어 있는지, 그 속에 이미 존재하고 있는 것이 무엇인지를 분명히 하는 것입니다. 전이 개념에 대한 주목할 만한 어떤 작업에서 했던 것처럼 그러한 개념을 무한정 분해해버리는 것은 도움이 안 됩니다. 저는 그보다는 전이 개념이 다양한 가치를 지니며 상징적인 것, 상상적인 것, 실재적인 것 등 여러 영역에서 동시에 작용한다는 사실을 부각시키면서 그러한 개념에 경험적 총체성을 남겨주고 싶습니다.

이것은 세 개의 [다른] 장이 아닙니다. 상상적인 것, 상징적인 것, 실재적인 것 등과 같은 기능이 동일한 종류의 관계에 속하지 않는 이상 여러분은 동물의 왕국에서조차 동일한 행동들, 동일한 행태들에 대해 이

131

세 가지 기능을 정확히 구분해낼 수 있으리라는 것을 아셨을 겁니다.

개념들을 도입하는 데는 여러 가지 방식이 있습니다. 모든 원론적 설명이 그렇듯 제 설명 또한 나름대로 한계가 있습니다. 하지만 제 설명의 유용함은 비판적이라는 데 있습니다. 다시 말해 제 설명이 연구자들의 경험적 노력이 기존의 이론을 다루면서 어려움에 봉착하게 된 지점에서 등장했다는 데 있습니다. 이것이 텍스트에 주해를 다는 방법을 통해 논의를 진행하는 것이 유용한 이유입니다.

2

르클레르 박사가 「나르시시즘 입문」 초반부 몇 쪽을 읽고 주해를 시작한다. 일시 중단.

르클레르가 언급한 것은 전적으로 맞는 이야기입니다. 프로이트는 리비도 수준으로 넘겨진 것으로서의 x와 여러 가지 형태의 조발성 치매 — 이를 가능한 한 넓은 의미에서 이해하시기 바랍니다 — 에서 특징적으로 나타나는 외부 세계에 대한 [리비도의] 탈투자 사이에 어떤 관계가 있다고 보았습니다. 그런데 문제를 그런 관점에서 제기하게 되자 당시에 구성된 것과 같은 분석 이론에선 엄청난 난점들이 야기됩니다.

이를 이해하기 위해서는 원초적 자가성애라는 개념이 등장하는 『성욕에 관한 세 가지 시론』을 참조해야 합니다. 프로이트가 존재한다고 가정한 이 원초적 자가성애란 무엇일까요? 여기서 문제의 핵심은 리비도가 관심의 대상을 구성하며 일종의 배출구, 돌기부, 위족僞足 등을 통해 배분된다는 것입니다. 주체의 본능이 발달되고 고유한 본능의 구조에 따라 자신의 세계가 완성된다고 한다면, 이는 바로 그렇게 그가 자신의 리비도 투자들을 발산함을 통해서입니다. 이러한 개념은 프로이트가 욕망 자체와 무관한 모든 것을 리비도 메커니즘 밖으로 제외시키는 한 전혀 문제될 것이 없습니다. 프로이트에게서 욕망의 영역은 성욕이 구체적으로 발현되는 과정의 연장선상에 있습니다. 그것은 살아 있는 존재가 *Umwelt*, 자기 세계와 맺는 하나의 근본적 관계이지요. 따라서 이러한 개념은 보시다시피 두 극을 갖고 있습니다. 즉 한편에는 리비도의 주체가 있고 다른 한편에는 세계가 있습니다.

그런데 프로이트도 잘 알고 있듯이 지나치게 일반화해버리면 리비도 개념은 중화되어 결국 쓸모가 없게 됩니다. 게다가 자네Janet 선생이 실재의 기능이라고 불렀던 것처럼 기능한다면 신경증적 사태들을 개념화하는 데 실질적 도움이 되지 못한다는 것은 명백한 일이겠지요. 하지만 이에 반해 리비도의 고유한 의미는 그것이 욕망 기능과 무관한 모든 기능, 실재적이거나 현실성을 부여하는 관계, 자아와 외부 세계 사이의 관계에 속한 모든 것과는 구별된다는 데 있습니다. 리비도는 성적 영역 이외의 다른 본능적 영역들, 가령 개체 보존을 위한 영양 공급, 소화, 배고픔의 영역들과는 아무 관련이 없습니다. 만일 개체 보존 기능의 총체와 분리되지 않는다면 리비도는 아무 의미도 갖지 못할 겁니다.

132

그런데 정신분열증의 경우에는 주체와 실재의 관계가 완전히 교란되고 내용이 형식에 의해 파묻히게 됩니다. 이러한 사태는 리비도가 성적 영역을 주도적인 중심핵으로 삼는 것에 기초한 리비도에 대한 정의를 훨씬 넘어서는 것이 아닌가 하는 의문을 단번에 제기합니다. 리비도 이론이 난제를 야기하기 시작하는 것은 바로 여기부터입니다.

리비도 이론이 문제를 야기하기 때문에 실제로 여러 가지 이의가 제기되어 왔습니다. 저는 슈레버 법원장이 쓴 텍스트를 프로이트가 논평한 것을 분석할 때 그것을 보여드릴 생각입니다. 프로이트가 정신병에서의 리비도 투자라는 문제에 의해 제기된 난점들을 해명하게 되는 것은 바로 이 텍스트를 논평하면서입니다. 그런데 당시 프로이트는 자신이 리비도의 본성을 오로지 성적인 것으로 규정하길 포기했다는 평을 융으로부터 들을 만큼 애매한 개념들을 사용합니다. 융은 이 점에서 결정적인 일보를 내딛고 내향화라는 개념 — 프로이트의 비판에 따르면, 이는 융 자신에게 *ohne Unterscheidung*, 아무 변별력도 갖지 못하는 개념이지요 — 을 도입하기에 이릅니다. 그리고 그는 심리적 관심이라는 애매모호한 개념을 갖고, 개체 보존에 속하는 것과 개체가 대상들과 관련해 성적으로 이끌리게 되는 것을 단 하나의 영역 속에 뭉뚱그려 넣어 버립니다. 그리하여 주체가 자기 자신과 맺는 어떤 일정한 관계, 융이 리비도적 질서에 속한다고 말한 관계만 남게 됩니다. 여기서 관건은 주체가 생식기적 기능들을 소유하는 개체로 자신을 실현하는 것입니다.

이후 정신분석 이론은 리비도를 중화시키는 경향 쪽으로 흘러왔습니다. 이러한 경향은 한편으론 문제의 관건이 리비도임을 강하게 주장하면서도 다른 한편으로 그것이 단순히 자기 세계를 창조하는 영혼의 한 가지 속성 문제라고 말하게 됩니다. 대상들이 점차 구성되어 가는 과정의 출발점이 될 원초적 자가성애라는 프로이트의 관념이 융의 이론과 구조면에서 거의 흡사하다고 할 수 있는 만큼 그러한 발상은 분석 이론과 분리시켜 생각하기 힘든 개념입니다.

프로이트가 나르시시즘에 대한 논문에서 이기적 리비도와 성적 리비도를 구별해야 할 필요성에 의문을 제기하게된 것은 바로 이런 이유에서입니다. 여러분은 이제 그가 이 논문을 집필해야 했던 이유들 중의 하나를 이해할 수 있을 겁니다.

프로이트에게 이는 해결하기가 무척 까다로운 문제입니다. 두 가지 리비도를 구분하는 것을 유지하면서도 그는 논문 내내 이 둘의 등가성이라는 개념을 중심으로 맴돌고 있습니다. 그가 리비도가 자아 속으로 유입되는 것이 리비도가 대상으로부터 탈투자되는 한에서라고 말할 만큼 133 이 둘의 에너지적 등가성이란 개념을 보존한다면 어떻게 두 용어를 엄밀하게 구분할 수 있을까요? 바로 이것이 여기서 제기되는 문제입니다. 이러한 사실로 인해 프로이트는 나르시시즘을 2차 과정처럼 생각하게 됩니다. 자아에 상당하는 단일체는 애초부터 존재하는 것이 아니며, *nicht von Anfang*, 개체 속에서 처음부터 나타나는 것이 아닙니다. *Ich*는 *en-twichkeln werden*, 발달되어야 하는 것입니다. 반면 자가성애적 충동들은 처음부터 존재하고 있습니다.

제가 기여한 바에 대해 익숙하신 분들은 이런 생각이 저의 거울 단계 개념의 유용성을 확증해준다는 사실을 보시게 될 텐데요. 주체[환자]의 역사[이력]의 어떤 결정적 시점에 자아에 상당하는 하나의 단위인 *Urbild*가 구성되며, 바로 그러한 시점부터 자아가 제 기능을 발휘하기 시작한다는 것이죠. 이는 인간 자아가 상상적 관계에 근거해 구성된다는 것을 의미합니다. 프로이트가 기술한 바에 따르면 자아의 기능은 분명 *eine neue Aktion …… zu gestalten*를 지닙니다. 즉 심리가 발달하는 과정 속에서 어떤 새로운 것이 나타나 나르시시즘에 형태를 부여하게끔 기능한다는 겁니다. 이는 자아 기능의 상상적 기원을 가리키는 게 아닐까요?

이어지는 두세 차례 수업에서는 거울 단계를 어떻게 엄밀하면서도 다양하게 이용할 수 있는지를 분명하게 보여줄 생각입니다. 저는 거울 단계에 두 개의 영역이 함축되어 있다는 점을 처음으로 프로이트의 텍스트에 의거해 강론하게 될 겁니다. 마지막으로, 만일 제가 지난 시간에 상상적 기능이 개체의 체험의 복수성을 담아내는 것이라고 지적했다면, 정신병과 신경증이 구분되어야 하는 이상 저는 그러한 상상적 기능을 그러한 정도로 제한할 수 없다는 점을 보여드릴 생각입니다.

3

이 논문의 도입부에서 유념해야 할 중요한 사항은 프로이트가 융이 문제의 초점을 흐리게 만드는 것에 반대해 정신분석적 동력학의 독창성을 옹호하면서 어떤 어려움을 느꼈다는 점입니다.

융의 도식에 따르면 심리적 관심은 왔다 갔다, 나왔다 들어갔다를 반복하면서 [세계에] 색을 입힙니다. 그것은 세계 구성의 심층에 자리 잡고 있다고 가정되는 전우주적 마그마 속에 리비도를 매몰시킵니다. 여기서 우리는 정통 정신분석 이론과의 차이점을 보여주는 매우 오래된 어떤 관념을 다시 만나게 됩니다. 심리적 관심은 주체의 심리 작용의 박동 운동에 따라 현실로 투사되었다 물러섰다, 나왔다 들어갔다 할 수 있는 교차적 탐조등에 다름 아닙니다. 이것은 훌륭한 비유이긴 하지만 프로이트가 강조했듯이 실천에서는 아무것도 비추어주지 못합니다. 이러한 은유로는 세계에 대한 관심을 승화를 통해 일관성 있게 철회하는 것 — 이는 은자에게 일어날 수 있는 일이죠 — 과 정신분열증의 철회 사이에 있을 수 있는 차이점을 이해할 수 없습니다. 하지만 후자에서는 주체가 완전히 매몰되어 있기 때문에 전자와는 구조적으로 다른 결과가 나타납니다. 그런 식의 정신적 내지 종교적 금욕의 산물과 정신분열증자들의 산물을 134

비교한다는 점에서, 기발함과 독특한 스타일로 흥미로움을 안겨주는 융의 연구들은 분명 많은 임상적 고찰을 제시해주었습니다. 아마도 그러한 접근법은 연구자들의 관심에 색채와 활력을 불어넣어준다는 이점이 있지만 메커니즘이라는 측면에선 당연히 아무것도 해명해주는 바가 없습니다. — 프로이트는 놓치지 않고 이 점을 잔인하리만치 분명하게 강조하고 넘어가고 있습니다.

프로이트에게서 중요한 것은 신경증에서 확인할 수 있는 현실의 철회와 정신병에서 확인할 수 있는 현실의 철회 사이에 놓인 구조적 차이를 포착하는 것입니다. 프로이트가 제시하는 주요한 차이점 중의 하나는 — 어쨌든 이 문제들에 익숙하지 않은 사람들이 볼 때는 — 놀라운 것입니다.

신경증자가 보이는 현실에 대한 오인, 거절, 방벽 속에서 우리는 그가 판타지에 의존하고 있음을 확인하게 됩니다. 거기에 '기능'이 있는데, 이 기능이란 프로이트의 용어 체계에서는 상상적 영역에 위치시킬 수밖에 없는 말입니다. 우리는 신경증자의 주변인들과 주변의 것들의 가치가 얼마나 완전히 뒤바뀌게 되는지를 알고 있습니다. 그러한 뒤바뀜은 극히 통상적인 의미에서 상상적인 것이라 지적해도 전혀 무리가 없을 어떤 기능에서 비롯된 것입니다. '상상적'이란 용어는 1차적으로 주체가 자신을 형성하는 동일시들과 맺는 관계를 가리키는데, 이미지라는 용어가 정신분석에서 갖는 주된 의미가 바로 이것입니다. 두 번째로 이 용어는 주체가 실재와 맺는 환영적 성격의 관계를 가리키는데, 이는 상상적 기능 중에서 가장 빈번히 부각되는 측면입니다.

그런데 맞는 이야기인지 아닌지는 지금으로선 중요하지 않지만 프로이트는 정신병에는 이와 같은 일이 일어나지 않는다는 점을 강조합니다. 정신병적 주체[환자]는 실재를 현실화하는 데 실패했으면서도 그것에 대해 아무런 상상적 대체물도 찾아내지 못한다는 겁니다. 이것이 바로 신경증자와의 차이점입니다.

이러한 생각은 언뜻 범상치 않은 견해처럼 보일 수 있습니다. 여러분은 프로이트의 생각을 따르려면 개념이 만들어지는 과정 속으로 한 걸음 더 들어가야 함을 실감하실 겁니다. 우리가 가장 흔히 하는 생각 중의 하나는 망상에 빠진 주체는 꿈을 꾸고 있다는 것, 그런 주체는 상상적인 것 속에 완전히 매몰되어 있다는 것입니다. 따라서 우리는 프로이트의 사유 속에서 상상적인 것의 기능과 비현실적인 것의 기능을 구분해야 합니다. 그렇지 않다면 왜 그가 정신병자에겐 상상적인 것으로의 접근이 막혀 있다고 생각하는지를 이해할 수 없을 것이기 때문입니다. 그런데 프로이트가 통상 자신이 하는 말이 무슨 의미인지를 알고 말하는 한, 우리는 이 점과 관련해 그가 무슨 말을 하려고 하는지를 연구해볼 필요가 있습니다.

바로 이를 통해 우리는 상상적인 것과 상징적인 것의 관계들을 일관성 있게 접근할 수 있을 텐데, 왜냐하면 프로이트가 구조적 차이로 가장 힘주어 지적한 사항 중의 하나가 바로 그것이기 때문입니다. 정신병자가 자기 세계를 재구축할 때 주요하게 투자하는 것은 무엇일까요? 여러분 중 일부에겐 예상치 못한 길이겠지만 우리는 그것이 우리를 어떤 길로 이끄는지를 보아야 합니다. 여기서 투자되는 것은 바로 단어들입니다. 여러분은 여기서 상징적인 것이라는 범주를 알아보지 않을 수 없을 겁니다.

135

우리는 이러한 비판으로부터 시작된 것을 좀 더 멀리까지 개진하게 될 겁니다. 우리는 정신병자의 고유한 구조가 다름 아닌 어떤 상징적인 비현실이나 비현실적인 것에 의해 각인된 어떤 상징적인 것 속에 위치할 수 있다는 점을 보게 될 겁니다. 상상적인 것의 기능은 완전히 다른 곳에 있는 것이죠.

제 바람이겠지만 이제 여러분은 융과 프로이트가 정신병의 위치를 이해하는 데 차이가 있음을 감지하셨을 겁니다. 융에게서는 상징적인 것과 상상적인 것, 이 두 영역이 완전히 혼동됩니다. 반면 프로이트의 논문이 중요하다고 말할 수 있게 해주는 주된 주장 중의 하나는 두 영역 사이의 엄밀한 구분입니다.

오늘은 전초전에 불과합니다. 하지만 이 또한 중요한 것들인 이상 전초전이라고 성급히 끝내버릴 수는 없을 겁니다. 저는 여태껏 한 번도 제기된 적이 없는 몇 가지 질문을 소개하는 — 그런데 이는 이 논문의 제목 자체가 의미하는 바입니다 — 데 그쳤습니다. 이는 여러분에게 다음 시간까지 좀 더 공부하고 신중히 생각해볼 시간을 마련해줄 것입니다.

다음 시간에는 이 논문을 논평하는 데 가능한 한 효율성 있게 우리의 동료 르클레르의 협조를 얻었으면 좋겠습니다. 이 작업에 전이애에 관한 프로이트의 논문에 특히 관심이 있는 듯 보이는 그라노프를 참여시켜도 괜찮을 듯싶습니다. 그것을 소개하는 것이 그에게는 이 세미나에 참여할 수 있는 기회가 될 수도 있을 것입니다. 이외에도 다음 시간을 위해 누군가에게 맡겼으면 하는 3번째 논문이 있습니다. 그것은 이들과 동일한 시기의 메타심리학에 들어 있는 것으로, 우리가 다루는 텍스트와 긴밀하게 관련된 「꿈 학설에 대한 메타심리학적인 보론」, 즉 불어로는 「꿈의 이론」이라고 번역된 논문입니다. 저는 원하시는 분께 이 논문에 대한 논평을 맡겨보고 싶은데, 가령 우리의 친구 페리에가 어떨까요? 그에게는 정신분열증자들이란 주제에 대해 발표할 수 있는 기회가 될 테니 말입니다.

1954년 3월 17일

10
두 가지 나르시시즘

충동 개념
인간과 동물에게서의 상상적인 것
성적 행태는 특히나 미혹에 빠지기 쉽다.
Ur-Ich

「나르시시즘 입문」은 1914년, 전쟁이 터질 무렵까지 거슬러 올라갑니다. 이 시기에 프로이트가 그러한 연구를 계속했다는 것을 생각하면 감동을 느끼지 않을 수 없습니다. 메타심리학이란 제목으로 분류되는 모든 것은 『리비도의 변신과 상징들』이라는 제목으로 불역된 융의 저작이 1912년에 출간된 후인 1914~1918년 사이에 발전된 것입니다.

1

융은 정신질환에 대해 프로이트와는 완전히 다른 각도에서 접근했는데, 이는 프로이트의 경험이 신경증에 집중되었던 것과 달리 그의 경험이 정신분열증에 집중되었기 때문입니다. 융의 1912년 저작은 심적 에너지라고 하는 일원화된 장대한 개념을 제시하고 있습니다. 이 개념은 그것이 착상되고 심지어 정의되는 과정에서조차 프로이트가 리비도라는 이름으로 작업했던 개념과는 근본적으로 다른 개념이지요.

그럼에도 이 둘은 여전히 이론적으로 구별하기 어렵기 때문에 프로이트는 몇 가지 어려움에 봉착하게 되는데 우리는 그러한 어려움을 이 논문 전체에 걸쳐 느낄 수 있습니다.

프로이트에게서 관건은 리비도 개념을 제대로 한정해서 — 오늘날이라면 '조작적으로'라고 말할 수 있겠지요 — 사용하는 것인데, 이는 자신의 발견을 지탱하기 위해선 필수적인 일이었겠지요. 프로이트의 발견이 근거하는 것은 한 마디로 무엇일까요? 신경증자의 증상이 어떤 우회적 형태의 성적 만족을 드러낸다는 사실이 아닐까요? 프로이트는 신경증 138 자와 관련해 치료 효과를 주는 처벌을 최종항으로 하는 일련의 등가물을 통해 증상의 성적 기능을 아주 구체적으로 보여주었습니다. 이러한 토대 위에서 그는 자신이 기여한 것이 세계에 대한 이떤 새로운 총체적 철학이 아니라 전적으로 제한된 하나의 장에 근거해 명확히 규정되는 하나의 이론, 그러면서도 인간의 여러 현실, 특히 정신병리학적 현실을 포함하는 완전히 새로운 이론임을 항상 주장했지요. 정신병리학적 현실이란 정상 이하의 현상, 통상의 심리학이 연구하지 않는 현상, 즉 꿈, 말실수, 실수 행위 등과 같이 이른바 몇몇 상위 기능을 방해하는 현상들을 말하는 것이지요.

당시 프로이트가 씨름하던 문제는 정신병들의 구조에 관한 문제였습니다. 리비도의 일반 이론이라는 틀 속에서 어떻게 정신병의 구조를 세울 수 있을까 하는 것이었지요.

융은 다음과 같은 해결책을 제시했습니다. 즉 정신병에서 나타나는 현실의 심각한 변형은 리비도의 변용變容에서 기인한다는 것이지요. 이는 프로이트가 신경증과 관련해 엿보았던 변용과 유사한 것입니다. 다만 융은 정신병자의 경우 리비도가 주체의 내부 세계 속으로 내향화된다고 말합니다. 정신병자에게 현실이 몰락하며 붕괴되는 것은 내향화 때문이란 것이죠. 따라서 정신병의 메커니즘은 신경증의 메커니즘과 완전히 연속선상에 있는 겁니다.

경험에 입각해 아주 분명한 메커니즘들을 구성하려 애쓰고 항상 경험적 준거를 찾는 것에 민감했던 프로이트는 분석 이론이 융과 더불어 하나의 거대한 심리적 범신론으로 변질되는 것을 목격했습니다. 일련의 상상적 구체球體들이 서로가 서로를 감싸 안는데, 이러한 구체들은 내용물, 사건들, 개별적 삶의 *Erlebnis*, 궁극적으로 융이 말하는 원형과 같은 어떤 일반적 분류법으로 귀착하게 된다는 겁니다. 이런 길을 통해서는 프로이트가 자신이 연구하는 대상에 대한 임상적, 정신의학적 이론화를 계속해서 끌고 갈 수 없습니다. 바로 이런 이유에서 이제 그는 감추어졌지만 자신의 분석을 통해 계시된 것이므로 자신이 중시했던 성적 충동들과 그때까지 전면에 부각되지 않았던 자아 충동들 사이에 있을 수 있는 관계를 확실히 하려 애쓰게 됩니다. 현실이란 융의 이론의 기초를 이루는 것처럼 전우주적으로 이루어지는 리비도적 투사에 의해 구성되는 것일까요? 아니면 반대로 자아 충동들과 리비도 충동들 사이에는 어떤 갈등 관계, 대립 관계가 있는 것일까요?

프로이트는 이러한 구분을 유지하려는 자신의 집요함이 자신이 했던 신경증에 대한 분석에 기초한다는 점을, 그리고 결국 그것은 하나의 제한된 경험에 불과하다는 점을 언제나 그랬듯이 솔직하게 털어놓습니다. 바로 이런 이유에서 프로이트는 우리가 정신분석 연구를 통해 다다를 수 있는 것 이전의 어떤 원시적 단계에 어떤 나르시시즘 상태, 즉 두 가지 근본적인 충동 성향인 성적 리비도와 자아 리비도가 아무 구분 없이 공존하는 상태가 있음을 가정할 수 있다고 마찬가지로 분명하게 말합니다. 139 거기서 이 둘은 엉겨 붙어 떼어낼 수 없으며, *beisammen*, 뒤섞여 있으며 우리의 조잡한 분석으로는 구별되지 — *unterscheidbar* — 않는다는 것입니다. 그는 그럼에도 왜 자신이 그러한 구분을 유지하려 하는지를 설명합니다.

먼저 신경증에 대한 분석 경험이 있습니다. 그러고 나서 자아 충동과 성적 충동이 현재로선 명확히 구별되지 않는 건 아마도 충동이 우리 이론에서 최후의 준거이기 때문이라고밖에 생각할 수 없다고 프로이트는 말합니다. 충동 이론은 우리의 건물의 기반이 아니라 위층에 속한다는 것이죠. 충동 이론은 지극히 추상적이며, 따라서 프로이트는 나중에 우리의 신화라고까지 부르게 됩니다. 바로 이런 이유에서 그는 항상 구체적인 것을 추구하면서 그리고 항상 자신이 했던 사변적 작업들을 제자리에 위치시키면서 그것의 제한적 가치를 강조한 겁니다. 그는 충동 개념을 위해 물질, 힘, 인력 등과 같은 물리학의 고난도 개념들을 참조합니다. 이들은 과학이 역사적으로 발달하고 나서야 비로소 정교하게 다듬어진 개념들로, 그중에서도 초기의 개념들은 순화를 거쳐 응용되기 전까진 불명확할 뿐만 아니라 혼돈스럽기까지 했지요.

우리는 프로이트를 뒤따르려는 것이 아니라 그와 함께 나아가려는 것입니다. 우리가 다루는 어떤 개념이 프로이트의 저작 어디에 나온다고 해서 그것을 프로이트의 연구 정신 속에서 다루고 있다고는 확신할 수 없습니다. 우리가 따르고자 하는 것은 그의 연구의 정신, 구호, 스타일입니다.

프로이트는 당시의 생물학의 가르침에 의지해 자신의 리비도 이론을 개진합니다. 본능에 대한 이론은 개체 존속이란 목적과 종의 영속성이란 목적 간의 근본적 이분법을 고려하지 않을 수 없습니다. 이러한 이론의 배후에 자리 잡고 있는 것은 다름 아니라 여러분이 철학 시간에 들었을 법한 바이스만Weissmann의 이론입니다. 완전히 입증되진 않은 이 이론은 성세포들에 불멸의 실체가 존재함을 상정합니다. 이 성세포들이 지속적 생식에 의해 하나의 단일한 성적 계통을 구성된다고 가정됩니다. 성적 생식질은 종을 영속화하는 것이며 개체에서 개체로 이어진다고 가정됩니다. 반면 체세포 생식질은 종의 재생산이란 관점에서 볼 때 항구적인 성적 생식질을 실어 나르는 것을 부수적 목적으로 활동하는 개체적 기생물 같은 것으로 가정됩니다. 프로이트는 처음부터 자신의 이론을 생물학적 이론으로 만들려는 것이 아님을 분명히 합니다. 새로운 질서가 보일 때까지라는 조건부로 참조했던 생물학적 이론이 어떤 가치가 있다고 생각하든 만일 정신분석 연구의 고유 영역 안에서 사태들을 검토하는 데 쓸모없고 유해하다면 그는 주저 없이 폐기할 겁니다.

여하튼 프로이트는 그렇다고 그것이 *Sexualenergie*를 아직 밝혀지지도 않은 심리적 사태들의 장 속에 매몰시켜버릴 수 있는 이유가 되진 못한다고 말합니다. 문제는 리비도에서 모든 심리적 현상과의 어떤 보편적 친족성을 발견하는 것이 아닙니다. 그는 만일 그렇게 된다면 이는 마치 유산 싸움을 하면서 공증인 앞에서 자기 권리를 입증하기 위해 인간의 단일기원 가설 아래 모든 인간이 하나의 친족 관계에 있다고 주장하는 것과 똑같은 일이 될 것이라고 말합니다. 140

여기서 한 가지 사항을 지적하고 싶은데, 아마도 이는 여러분에게는 우리가 평소에 언급하는 것들과는 확연히 다른 이야기처럼 들릴 만한 사항이 될 것 같습니다. 하지만 여러분은 그러한 지적이 프로이트의 계속된 논의를 해명하려는 우리 임무에 도움이 되리라는 것을 아시게 될 겁니다. 이 논문의 처음 몇 페이지의 주해만으로도 여러분은 이미 프로이트가 자신의 논의에서 불분명한 점이나 막다른 골목들을 전혀 숨기지 않는다는 점을 보실 수 있을 겁니다. 그는 해결책을 제시하기보다는 우리가 매진해야 하는 일련의 질문을 제시하고 있습니다.

프로이트가 어딘가에서 말하고 있듯이 그가 이 논문을 집필하던 당시에는 본능에 대한 *ready-made*, 바로 쓸 수 있도록 준비된 이론이 없었습니다. 그런 이론은 오늘날에도 여전히 완성된 것은 아니지만 그래도 로렌츠의 연구에서 틴베르겐Tinbergen의 연구에 이르기까지 일정한 진전이 있었습니다. — 이는 지금 제가 여러분에게 제시하고자 하는 사항들, 다소 사변적이라고 할 수 있는 사항들에 정당성을 마련해줍니다.

만일 우리가 생식질의 불멸성이라는 바이스만식의 개념을 받아들인다면 거기서 어떤 결과를 얻을 수 있을까요? 만약 성장하는 개체가 생식질이 만들어내는, 죽지 않고 살아 있는 기본 물질과 근본적으로 구분된다면, 만일 기생적이라면 개체는 생명의 번식에서 어떤 기능을 담당한 걸까요? 아무 기능도 담당하지 않습니다. 종의 관점에서 보면 개체들은 이미 죽은 거나 다름없지요. 하나의 개체는 그의 품속에 숨겨진 불멸의 물질에 비하면 아무것도 아닙니다. 이 불멸의 물질이야말로 영속하는 유일한 것이며 생명으로 존재하는 것을 진정으로, 실질적으로 구현해주는 것입니다.

제가 무슨 생각을 하고 있는지 분명히 해보도록 하겠습니다. 심리학적 관점에서 볼 때 이러한 개체가 저 유명한 성적 본능에 이끌려 번식하게 되는 것은 무엇일까요? 바로 성적 생식질 안에, 생식 기관 속에 포함되어 있는 불멸의 물질입니다. 이러한 물질은 척추동물 수준에서는 정자와 난자를 통해 구현됩니다. 그것이 전부일까요? 물론 아닌데, 왜냐하면 실제로 번식되는 것은 바로 개체이기 때문입니다. 단 그것은 하나의 개체가 아니라 전형으로 번식되는 것입니다. 그것은 조상의 계통에 의해 이미 실현된 전형을 재생산할 뿐이지요. 이에 비해 그는 죽을 수 있는 존재일 뿐만 아니라 이미 죽어 있습니다. 그에게는 엄밀한 의미에서의 미래가 없기 때문입니다. 그는 이런저런 말이 아니라 [종으로서의] 말의 매체, 구현물이지요. 종이라는 개념이 세워졌다면, 자연사가 존재한다면 존재하는 것은 단순히 말들이 아닌 [종으로서의] 말입니다.

바로 이것이 우리가 본능 이론에 이끌리어 도달하게 되는 지점입니다. 실제로 심리학적 수준에서 성적 본능을 지탱하는 것은 무엇일까요?

방대한 성적 메커니즘을 작동시키게끔 결정짓는 구체적 원동력은 무엇일까요? 로렌츠를 따라 틴베르겐이 말한 [성적 메커니즘의] 방아쇠는 무엇일까요? 그것은 성적 파트너라는 현실, 한 개체의 특수성이 아니라 제가 방금 전형이라고 부른 것과 긴밀히 연관된 어떤 것, 다시 말해 이미지입니다.

동물행동학자들은 교미라는 메커니즘이 기능하는 데서 어떤 이미지가 중요한 위치를 담당한다는 사실을 입증해주었습니다. 그러한 이미지는 외양의 변화에도 불구하고 일시적 현상-전형으로 나타나면서 신호, 구성된 신호, 다시 말해 게슈탈트로 기능하고 이를 통해 생식 행태들을 작동시킵니다. 따라서 성적 본능은 본질적으로 이미지들의 관계, — 여러분이 기대하고 계신 용어를 쓰자면 — 상상적 관계에 의해 기계적으로 연동됩니다.

141

자, 우리가 *Libido-Trieb*와 *Ich-Trieb*를 접속시켜야 하는 것은 바로 이러한 틀 안에서입니다.

리비도적 충동은 상상적인 것이라는 기능에 집중되어 있습니다.

그렇다고 해도 이것이 정신분석 학설을 이상주의적이고 교훈주의적인 것으로 바꿔놓는 어떤 경향이 우리로 하여금 믿게 만들고 싶어 했던 바와 같이 주체가 상상적인 것 속에서 생식 능력의 이상적 상태 — 실재가 정립되기 위한 준거와 최종 원동력이라고 가정되는 것 — 로 진보한다는 뜻은 아닙니다. 따라서 우리는 이제 리비도와 상상적인 것, 리비도와 실재의 관계를 명확히 하고 자아가 심리적 경제 속에서 수행하는 실재적 기능이 무엇인지를 분명히 해야 합니다.

옥타브 만노니_ 한 말씀 드려도 되겠습니까? 저는 얼마 전부터 사태를 복잡하게 만들면서도 동시에 사태를 단순화하는 것 같기도 한 어떤 문제 때문에 곤혹감을 느끼고 있습니다. 즉 리비도의 대상 투자는 근본에서 하나의 리얼리즘적 메타포리는 것인데, 왜냐하면 그것은 대상의 이미지만 투자하기 때문입니다. 반면 자아의 투자는 심리내적 현상일 것이며, 여기서 투자되는 것은 자아의 존재론적 현실입니다. 리비도가 대상 리비도가 되었다면, 그것은 자아의 이미지에 대칭적이라고 할 만한 어떤 것만 투자할 수 있습니다. 따라서 우리는 존재론적 자아를 심리내적으로 투자하는 리비도냐 아니면 아마도 자아이상이라고 할 수 있는 무엇, 어쨌든 자아의 한 가지 이미지인 무엇을 투자하는 대상 리비도냐에 따라 두 가지 나르시시즘을 갖게 됩니다. 이렇게 되면 우리는 1차적 나르시시즘과 2차적 나르시시즘에 대한 매우 근거 있는 구분을 세우게 되는 것이 아닐까 하는데요.

제가 여러분을 어디론가 한 걸음 한 걸음 인도하고자 한다는 것을 분명히 느끼실 수 있을 겁니다. 제가 아무리 우리 여정 중에 발견할 수 있는 것을 받아들일 준비가 되어 있다 해도 우리는 아무렇게나 모험을 하려고 하는 것이 아닙니다. 우리의 동료 만노니가 우리의 주제를 향해 아주 멋지게 '도약' — 때로 그러한 도약을 하지 않으면 안 됩니다 — 을 해주었다는 점에 마음이 흐뭇하지만, 저는 먼저 제가 마지막 발걸음을 떼었던 곳으로 되돌아가야 합니다.

제가 하려는 것은 무엇일까요? 바로 성적 행태의 주기에 관한 본능 이론의 최근 연구들에 의해 밝혀진 근본적 경험에 합류하는 것입니다. 즉 성적 행태에서 주체는 본질적으로 미혹에 빠질 수 있다는 것입니다.

가령 가시고기의 경우 수컷이 암컷과 교미 춤을 추려면 수컷의 배와 등에 멋진 색깔을 보여야 합니다. 하지만 굳이 정교하진 않더라도 몇 가지 특징, *Merkzeichen*이 보이게끔 종이를 오려 보이기만 해도 암컷에게 똑같은 효과를 발휘할 수 있습니다. 성적 행태는 특히나 미혹에 빠지기 쉽습니다. 이는 우리가 도착증과 신경증의 구조를 연구하는데 중요한 교훈이 될 수 있습니다. 142

2

이제 이만큼 왔으니까 지난 시간에 상상적인 것의 지형학에 대해 간단히 다루면서 여러분께 제시했던 도식에 한 가지 보충을 해볼까 합니다.

제가 지적한 바 있듯이 이 모델은 이미 프로이트가 말하고 싶어 한 것과 연장선상에 있습니다. 프로이트는 대부분의 경우 기본적인 심리적 심급들이 카메라 속에서 일어나는 것, 다시 말해 실상이나 허상과 같이 카메라가 작동하면서 만들어내는 이미지처럼 간주되어야 한다는 점을 여러 곳에서, 특히 『꿈의 해석』과 『정신분석 개요』에서 설명한 바 있습니다. 유기체적 장치는 카메라 장치의 메커니즘으로 그려지며, 우리가 포착하게 되는 것은 바로 이미지들입니다. 실상과 허상이 동일한 것이 아닌 이상, 이미지들의 기능은 균질적이지 않습니다. 우리는 프로이트가 고안한 심급들을 실체화할 수 없으며 장치 자체의 변경에 비해 부차적인 현상처럼 간주할 수 없습니다. 따라서 심급들은 광학 도식을 통해 해석되어야 합니다. 프로이트는 이러한 생각을 수차례 언급했지만 한 번도 구체화시키진 않았습니다.

여기 왼쪽에 오목거울이 있습니다. 오목거울은 꽃다발이 뒤집혀 보이게 만듭니다. 여기서는 편의상 꽃다발을 뒤집혀진 꽃병으로 바꿔 보았습니다. 꽃병은 상자 속에 있고 꽃다발은 그것 위에 있습니다.

꽃병은 빛의 반사 놀이를 통해 허상이 아니라 실상으로 재현될 것이며, 그것에 눈의 초점이 맞춰질 수도 있습니다. 만일 초점이 미리 놓아둔 꽃에 맞춰진다면, 꽃병의 실상이 꽃다발 주위로 옮겨져 그것에 형태와 통일성 — 신체의 통일성의 반영 — 을 부여하게 될 겁니다.

이미지가 일정한 일관성을 지니기 위해서는 그것이 정말로 하나의 이미지여야 합니다. 광학에서 이미지란 어떻게 정의될까요? 대상의 각 지점마다 이미지의 한 점이 대응해야 하고 한 점에서 나오는 모든 빛이 어딘가에서 단 하나의 점에서 교차해야 합니다. 자명한 이야기이겠지만, 광학 장치는 일방적이거나 일대일 대응하는 광선들의 수렴을 통해서밖에 정의될 수 없습니다.

만일 여기 제가 있는 곳에 오목거울이 있고 환영술사가 한 것처럼 책상 앞에 작은 이미지가 짜 맞추어져 있다면 그것은 현실의 환영, 즉 실재적 환영을 만들어낼 만큼 뚜렷하겐 보이지 않을 겁니다. 여러분은 일정한 각도에 자리 잡고 있어야 합니다. 물론 바라보는 눈이 어떤 위치에

143

있느냐에 따라 우리는 무수한 경우의 수를 구분해낼 수 있을 테고, 이를 통해 주체가 얼마나 다양한 위치에서 현실을 바라보는지를 이해할 수도 있을 겁니다.

이미 언급한 바 있지만 주체는 당연히 눈이 아닙니다. 하지만 우리가 눈이 아주 중요한 위치를 차지하는 상상적인 것 속에 있기 때문에 이 모델은 타당성을 갖습니다.

만노니가 두 가지 나르시시즘에 대한 문제를 제기했습니다. 여러분은 이 문제가 바로 위와 같은 사항과 관련되어 있음을, 다시 말해 문제는 바로 만노니가 제법 적절하게 '존재론적'이라고 부른 신체 형태와의 관계가 현실 구성과 어떤 관련이 있냐 임을 느끼셨을 겁니다.

우선 오목거울로 되돌아가 봅시다. 이미 지적했듯이 우리는 그러한 거울이 유기체적 의미 가진 온갖 것, 특히 피질부위에 해당한다고 생각할 수도 있을 겁니다. 하지만 너무 성급히 실체화시키지는 말아야 합니다. 곧 보시겠지만, 여기서 관건은 단순히 인간-속의-소인에 대한 이론을 짜내려는 것이 아니기 때문입니다. 만일 제가 여기서 인간-속의-소인을 다시 거론하려는 것이라면, 제가 왜 그것을 항상 비판하려는지 납득 되지 않을 겁니다. 그런데 만일 제가 그러한 비판에 매진한다면, 이는 다 그럴만한 이유가 있어서입니다.

이제 눈, 제가 말씀드렸던 가설적 눈을 오목거울과 대상 사이 어딘가에 위치시켜 봅시다. 이 눈이 뒤집혀진 꽃병의 환영을 정확히 보려면, 다시 말해 방 맨 안쪽에 있는 듯이 보일 만큼 최적의 조건에서 그것을 보려면 한 가지 필요충분조건을 충족시켜야 합니다. 바로 방 한가운데쯤에 평면거울이 있어야 한다는 겁니다. 144

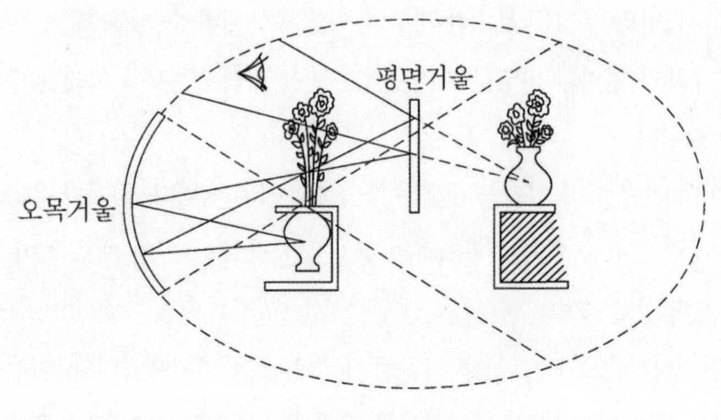

두 개의 거울로 만든 도식

바꿔 말해, 방 한가운데 거울을 놓으면, 오목거울을 등진 채 있으면서도 마치 방 맨 안쪽에 있는 것처럼 저는 꽃병의 이미지를 직접적으로는 아니겠지만 아주 잘 볼 수 있을 겁니다. 거울 속에서 저는 무엇을 보게 될까요? 우선 저 자신의 모습이 보일 것입니다. 그것이 그곳에 없는데도 말이죠. 다음으로 실상이 있는 지점과 대칭을 이루는 지점에서 실상이 허상처럼 나타나는 것을 보게 되겠죠. 이해가 되시는지요? 이해하기 어려운 이야기가 아닙니다. 집에 돌아가셔서 거울 앞에 서서 손을 앞으로 뻗어 보십시오. ……

이 작은 도식은 몇 년 전부터 거울 단계를 갖고 여러분에게 설명하려 했던 것을 아주 간략하게 정리해 본 것뿐입니다.

방금 전에 만노니가 두 가지 나르시시즘에 관해 언급했습니다. 실제로, 1차적으로 신체의 이미지와 관련된 나르시시즘이 있습니다. 신체의 이미지는 주체의 메커니즘 전체에 대해 동일성을 이루며, 주체의 *Umwelt*에 말馬이 아니라 인간으로서의 형태를 부과합니다. 육체의 이미지는 주체의 통일성을 만드는데, 우리는 그것이 수많은 방식으로 상징

작용의 상상적 원천 — 이러한 원천을 통해 상징 작용은 인간 존재, *Mensch*가 자신의 신체에 대해 갖는 감정, *Selbstgefühl*과 관련을 맺게 됩니다 — 이라고 불릴 수 있는 것에까지 투사되는 것을 볼 수 있습니다.

제 도식에서 이 첫 번째 나르시시즘은 이를 테면 실상 수준에 위치하는 것이라고 할 수 있습니다. 이는 실상이 이미 만들어진 무수한 틀을 통해 현실의 총체를 조직하는 한에서 그렇습니다.

물론 이러한 작용은 인간의 경우와 어떤 획일적인 *Umwelt*에 적응해 있는 동물의 경우에 각각 전혀 다르게 나타납니다. 동물의 경우에는 *Umwelt* 속에서 동물의 관심을 끄는 것, 말하자면 개체들 — 개체들은 그 자체가 이미 전형을 통해 종種을 존속시키는 기능입니다 — 이 존속하는 데 중요한 역할을 하는 것과 동물의 상상적 구조 사이에 일정한 상응 관계가 미리 세워져 있습니다. 반면 인간의 경우에는 거울 속의 반영이 특유의 어떤 노에시스적 가능성을 보여주면서 두 번째 나르시시즘을 도입합니다. 곧 이어 타자와의 관계가 그것의 기본 '패턴'이 됩니다.

거울 속에서나 동류의 모든 현실을 통해 감지되는 통합된 이미지가 [자신의 통일성을] 예상케 할 수 있는 만큼, 인간에게 타자는 매혹적인 가치를 갖습니다.

타자, 타아*alter ego*는 삶의 단계에 따라 많거나 적게, 프로이트가 논문에서 시시때때로 들먹이곤 하는 자아 이상과 혼동됩니다. 나르시시즘적 동일시 — 어떤 동일시인지를 말하지 않는다면 동일시라는 말은 쓸모없는 말일 것입니다 — 즉 두 번째 나르시시즘에 의한 동일시는 타자와의 동일시를 말하는데, 이러한 동일시는 정상적인 경우 인간으로 하여금 세계 일반과의 상상적, 리비도적 관계를 정확하게 자리매김할 수 있게 해줍니다. 그것은 인간으로 하여금 자신의 위치에서 '볼' 수 있게 해주고 그러한 위치와 그의 세계에 따라 자기 존재를 구축할 수 있게 해줍니다. 만노니는 방금 '존재론적'이라는 표현을 사용했는데 저도 이 표현에 동 145 의합니다. 좀 더 정확히 하자면 '리비도적 존재'라고 해야겠지요. 주체는 타자와의, 즉 자아 이상과의 어떤 반영 관계 속에서 자기 존재를 봅니다.

보시다시피 여기서 우리는 자아의 기능들을 구분해야 합니다. 한편으로 자아의 기능들은 다른 모든 존재와 마찬가지로 인간에게서도 현실을 구조화할 때 근본적 역할을 합니다. 다른 한편 자아의 기능들은 타자와의 관계뿐만 아니라 자아 이상에 대해서도 본원적 형태, *Ur-Ich*라고 할 수 있는 자기 자신의 거울 이미지에 의한 근본적 소외를 거쳐야 합니다.

이것으로 충분히 해명이 되었는지요? 저는 이미 이 도식의 첫 번째 요소를 제시한 바 있습니다. 오늘 다른 요소를 하나 더 제시한다면 그것은 바로 타자와의 반영 관계입니다. 여러분은 곧 이 도식이 어디에 쓰이게 되는지를 보시게 될 겁니다. 제가 여러분에게 제시했던 것처럼 흥미로운 장치들을 만들어보는 것이 그저 여흥거리가 아님을 유념하시기 바랍니다. 이는 매우 유용한 일이 될 것이며, 상상적인 것의 기능이 제기하는 거의 모든 임상적, 구체적 문제를, 특히 리비도 투자 — 사람들이 다루면서 결국엔 무엇을 말하는 건지 이해하지 못하는 것 — 와 관련해 자리매김할 수 있게 해 줄 것입니다.

사랑에 빠진 상태의 이론에 이 광학 도식을 적용하는 것에 관한 그라노프 박사의 발언에 대한 답변.

사랑의 관계에서 대상과 자아 이상이 엄밀한 등가성을 갖는다는 것은 프로이트 저작에서 가장 기본적인 생각 중의 하나인데, 우리는 이러한 생각을 프로이트 저작의 각 단계마다 발견할 수 있습니다. 사랑의 대상은 사랑의 투자 속에서 주체를 매료시킴으로 인해 자아 이상과 엄격히 등가적인 것이 됩니다. 암시, 최면 속에서 의존 상태라고 하는 아주 중요한 경제적 기능이 발견될 수 있는 것은 바로 이런 이유에서입니다. 여러분은 프로이트가 매우 정교하게 전개한 연애의 심리학을 아실 겁니다. 그것은 너무나 방대한 문제인지라 보시다시피 오늘은 맛보기 정도로 그칠 수밖에 없겠지요. 하지만 그가 대상 선택이라고 부른 주제에는 온갖 애매모호한 점이 있습니다.

그런데 여러분은 이러한 사랑 개념과 리비도적 금욕에 관한 정신분석의 몇몇 신화적 발상 사이에 모순이 있음을 간과할 수 없을 겁니다. 사람들은 생식 능력과 실재의 구성 사이에 있는 저 뭔지 모를 융합, 합체가 정동적 성숙이 완성되는 것이라고 말합니다. 저는 그런 것에 현실을 구성하는 데 본질적인 무언가가 없다고 말하는 것은 아니지만, 우리는 그것이 어떻게 그렇게 되는지를 이해해야 합니다. 사랑은 둘 중의 하나이기 때문이지요. 즉 프로이트가 기술한대로 사랑은 근본에 있어 상상적 기능이던지 아니면 세계의 토대와 기반이던지 둘 중의 하나입니다. 두 146 가지 나르시시즘이 있는 것처럼 사랑에도 분명 두 가지 사랑, 에로스와 아가페가 있습니다.

프로이트 텍스트에서 *Ich-Ideal*과 *Ideal-Ich*의 애매함에 관한 르클레르 박사의 질문에 대한 답변.

우리는 지금 세미나 중이지 '설교단상에서*ex cathedra*' 가르침을 전파하는 것이 아닙니다. 우리는 나아갈 방향을 모색하고 하나의 텍스트, 특히 발전 과정 중인 어떤 사상으로부터 얻을 수 있는 것을 최대한 뽑아내려 노력하고 있습니다.

아브라함과 페렌치를 포함한 최고 권위자들 역시 자아의 발달 그리고 그것이 리비도 발달과 맺고 있는 관계들에 관한 문제를 해결하기 위해 노력했다는 것은 만인이 다 아는 사실입니다. 최근 뉴욕학파에서 출간된 논문이 주제로 삼고 있는 것 또한 바로 이 문제입니다만 우리는 논의를 페렌치와 아브라함 수준에 한정할 생각입니다.

프로이트는 실재의 의미에 관해 다룬 것으로 1913년에 출간된 페렌치의 논문에 기대고 있습니다. 이것은 매우 애석한 일입니다. 페렌치는 저 유명한 단계들stades이라는 개념을 세인의 머릿속에 최초로 집어넣은 장본인입니다. 프로이트는 바로 이 개념을 참조합니다. 이는 당시 프로이트가 이론적으로 실재가 어떻게 구성되는지를 해명하려는 최초의 시도에서 비롯되었을 뿐이지만, 대답을 들었다는 것만으로도 프로이트에겐 충분히 큰 힘이 되었습니다. 페렌치는 그에게 무언가를 가져왔고 프로이트는 그것을 이용했던 것입니다.

말씀드린 페렌치의 논문은 결정적 영향력을 발휘했습니다. 그것은 마치 억압된 것과 같이, 잘 알려지지 않은 만큼 더더욱 중요한 의미를 갖습니다. 이와 마찬가지로 혹자가 너무나도 터무니없는 글을 썼을 때 그것을 아무도 읽지 않는다고 해서 전혀 효과가 없는 것은 아닙니다. 어차피 사람들은 읽어보지도 않고 반복해서 읊어 대기만 할 테니 말입니다. 부주의하게 논의 수준들을 뒤섞어버리는 것에 근거하는 이런 식의 우매한 것이 만연해 있습니다. 실재가 어떻게 구성되는지를 다룬 초창기 분석 이론은 다소간 신화적인 용어들을 통해 표현되었던, 당시 유행 중이던 인간 정신의 진화 단계들이라는 개념에 물들어 있었습니다. 인간 정신이 논리 이전의 혼돈 상태에 있다가 최종 순간에 가서야 비로소 결정적 진보를 거두게 될 것이라는 생각은 융뿐만 아니라 도처에서 발견됩니다. 마치 아리스토텔레스의 생각과 몇몇 다른 사상가의 생각 사이에 구조적으로 어떠한 차이점도 없다는 것이 전혀 이해 되지 않는다는 식이지요. 이러한 생각들은 그 자체로 혼란을 야기하며 해악을 퍼뜨릴 수 있습니다. 우리는 프로이트 자신이 페렌치의 논문을 참조하며 불편해했다는 사실에서 이 점을 확인할 수 있습니다.

원시인, 소위 원시인과 정신질환자들에 관해 이야기할 때는 그런 식의 관점이 아주 그럴 듯해 보입니다. 하지만 그런 발달론적 관점이 복잡해지는 지점은 바로 유아의 경우에서입니다. 그러한 지점에서 프로이트는 발달이란 참으로 알기 힘든 것이라고밖에 말할 수 없게 되지요.

147 실제로 유아의 경우에는 발달론에 잘못 기초한 개념들을 참조하지 않는 편이 나았을 겁니다. 발달에 관한 생산적인 견해가 자리 잡는 곳은 당연히 그것이 아닙니다. 오히려 문제는 어른들에게 집중된 우리의 분석 경험에서 작동하는 구조적 메커니즘을 밝히는 일이지요. 이를 통해 우리는 소급적으로, 유아에게서 일어나는 일을 가설적인 방식으로 그리고 많든 적든 검증 가능한 방식으로 해명할 수 있을 겁니다.

구조적 관점을 통해 우리는 프로이트를 따라 그의 직계 라인에 서게 되는데, 왜냐하면 구조적 관점이야말로 그가 도달한 종착점이기 때문입니다. 그의 이론의 마지막 진로는 몇 가지 구호를 피상적으로 사용하는 것에 기초한 유비론적, 발달론적 항해와는 거리가 멉니다. 사실 프로이트가 항상 강조했던 것은 정확히 이와 정반대로, 상이한 단계들로 간주될 수 있는 것이 모든 수준에 걸쳐 보존되어 있다는 것입니다.

다음 시간에는 한 걸음 더 나가도록 노력해보겠습니다. 이 모든 것을 단초로 삼으시기 바랍니다. 여러분은 이것이 상상적 전이 현상과 어떤 밀접한 관련을 맺고 있는지를 보시게 될 겁니다.

1954년 3월 24일

11

자아 이상과 이상적 자아

프로이트의 한 줄 한 줄
성욕의 미혹
상징적 관계가 상상적인 것 속에서의
주체의 위치를 결정한다.

우리를 위해 「나르시시즘 입문」이라는 난해한 텍스트를 연구한 르클레르 선생이 오늘도 계속해서 본인이 고찰한 내용과 의문점들을 우리에게 보여줄 겁니다. 자, 이제 이어서 2부를 다루어주시고 인용도 많이 해주시기 바랍니다.

1

르클레르 박사_ 이것은 요약하기가 불가능한 텍스트입니다. 거의 통째로 다 인용해야 할 판인데요. 1부에서 프로이트는 선생님께서 생식 생식질에 관해 고찰하기 위해 참고하신 바로 그 논거들을 갖고 리비도에 대한 근본적 구별을 제시합니다. 2부에서 프로이트는 자아 심리 연구에 이르기 위한 가장 좋은 길은 그가 망상분열증 군이라고 부른 조발성 치매에 대한 연구라고 말합니다. 하지만 그가 앞으로 계속해서 검토하게 되는 것은 이것이 아닙니다. 그는 자아 심리에 대한 성찰들에 이를 수 있는 다른 여러 길을 열거합니다. 그는 유기체적 질병이 리비도 분배에 영향을 미친다는 사실을 출발점으로 삼는데, 이는 정신 신체 의학을 소개하는 한 가지 훌륭한 방법으로 간주될 수 있습니다. 이를 위해 그는 자신이 이 주제를 놓고 페렌치와 나눈 한 대담을 언급하고, 환자가 질병, 고통을 겪을 때는 리비도 투자를 자신의 자아 쪽으로 회수하지만 치유된 후에는 다시 방출한다는 사실로부터 출발합니다. 그는 그것이 특별할 것이 없는 견해이긴 하지만 어쨌든 검토해볼 만한 가치가 있다고 생각합니다. 대상으로부터 리비도 투자를 철회하는 동안 리비도와 자아의 관심이 또 한 번 뒤섞이면서 다시금 동일한 운명을 따르기 때문에 그것들은 서로 구분하기가 불가능해집니다.

150 부쉬Wihelm Busch를 아시는지요? 유머 작가로 읽어보시면 배울 것이 무척 많은 사람입니다. 그의 작품에는 아주 인상적인 인물이 한 명 등장하는데 바로 '발뒨 발람*Balduin Bählamm*'이라고 불리는, 족쇄가 채워진 시인입니다. 이 시인은 치통으로 인한 아픔 때문에 자신이 품었던 이상주의적이고 플라톤주의적인 몽상을, 심지어 사랑의 영감까지도 모두 중단시켜 버립니다. 그는 고통 때문에 주가도, 세금도, 구구단까지도 잊어버리게 됩니다. 존재의 모든 습관적 형태가 갑자기 매력을 잃고 무화되어 버린 것이지요. 자, 이제 어금니의 작은 구멍 속에 영혼이 자리 잡습니다. 주가와 구구단의 상징적 세계가 고통에 완전히 투자된 것입니다.

르클레르 박사_ 그러고 나서 프로이트는 이와 마찬가지로 리비도적 입장들로부터 나르시시즘적 철회가 일어나는 수면 상태로 화제를 옮깁니다. 그런 다음에는 심기증으로 화제를 돌려 심기증과 유기체적 질환의 차이점과 공통점을 다룹니다. 그는 양자 사이의 차이점은 기관의 상해 여부에 있을 뿐 둘이 별로 다르지 않다는 생각에 도달하게 됩니다. 심기증과 유기체적 질환에 대한 연구를 통해 그는 특히 심기증에서도 분명 혈관운동이상, 혈액순환장애에 속한 유기체적 변화가 일어나며 신체의 어떤 부분의 흥분과 성적 흥분 사이에 유사성이 생겨난다는 사실을 명시하고 있습니다. 그는 생식기를 대신할 수 있고 생식기처럼 작동할 수 있는 성감대, 즉 [리비도의] 표출과 이완의 소재所在가 될 수 있는 성감대, 성감성이라는 개념을 도입합니다. 그러고 나서 한 기관 내에서 성감성의 유형이 변할 때마다 이에 병행해 자아 속에서의 리비도 투자가 변할 수 있다고 가정합니다. 여기서 바로 정신 신체적인 것에 관한 문제가 다시 제기됩니다. 어쨌든 신체의 아무 부분이나 성감성을 가지며 성감대가 될 수 있다는 점에 대해 연구하고 나서, 프로이트는 다른 현실 신경증들이 대상 리비도에 의존하고 있는 반면 심기증은 자아 리비도에 의존한 신경증으로 분류될 수 있다는 가정에 도달하게 됩니다. 제 생각엔 2부 전체에서 거의 한 단락을 차지하는 이 대목보다는 그가 대상 선택의 두 가지 유형을 정의하는 2부의 두 번째 단락이 더 중요한 것 같습니다.

프로이트의 핵심적 지적은 리비도의 가공 — 아시다시피 *Verarbeitung*을 번역하는 것은 상당히 어려운 일인데, élaboration은 정확한 번역어가 아닙니다 — 이 실재적 대상을 향해 일어나든 상상적 대상을 향해 일어나든 그것은 별로 중요한 것이 아니라는 겁니다. 차이는 좀 더

후에 리비도가 비실재적 대상을 향할 때 비로소 나타납니다. 이는 리비도의 *Stauung*, 장벽[제방]으로 귀착시키는데, 이는 자아 리비도의 문제인 이상 우리를 자아의 상상적 특질로 인도하는 것입니다.

옥타브 만노니_ 이 독일어는 댐을 쌓는 것을 의미합니다. 동력학적 의미를 갖는 듯 보이는 이 단어는 그러한 뜻 외에도 수위가 올라가는 것을 의미하며, 결과적으로, 리비도의 에너지가 점점 증가하는 것을 의미합니다. 영어로는 *damming*으로 번역됩니다.

151

*Damming up*이라고도 할 수 있지요. 말이 나온 김에 말씀드리자면 프로이트는 통상 『가곡집*Lieder*』와 함께 수록되는 『창작의 가곡집*Schöpfungslieder*』에서 하이네Heinrich Heine의 시 4연을 인용합니다. 그것은 7편의 시로 이루어진 아주 흥미로운 작품으로, 거기에는 많은 점에서 *Bildung*의 심리와 관련된 아이러니와 유머가 담겨 있습니다. 프로이트는 무엇 때문에 인간이 나르시시즘을 벗어나게 되는지 의문을 제기합니다. 인간은 왜 만족하지 못할까요? 과학적 논증이 필요한 중차대한 시점에 프로이트는 하이네의 시구를 꺼내듭니다. 시의 화자는 신인데, 신은 이렇게 말합니다. "병은 창조의 모든 추동력의 궁극의 근거이니. 창조하면서 나는 치유되었네. 창조하면서 나는 건강을 되찾았네."

르클레르 박사_ 다시 말해 그러한 내면의 작업에서 실재적 대상과 상상적 대상은 등가적인데 …….

프로이트는 등가적이라고 말하지 않았습니다. 그는 우리가 외부 세계를 형성할 때는 대상이 실재적인지 상상적인지 중요하지 않다고 말했지요. 그러한 구분은 나중에 장벽[제방]이 효과를 발휘할 때야 비로소 나타납니다.

르클레르 박사_ 이제 2부의 2절로 넘어가도록 하겠습니다. 거기서 프로이트는 나르시시즘 연구의 또 다른 핵심이 남자와 여자가 어떻게 각기 다른 방식으로 연애를 하는가를 분석하는 것에 있다고 말합니다. 그는 각각 의타적인 것과 나르시시즘적인 것이라 번역될 수 있는 두 가지 유형의 대상 선택을 구분하게 되고 그것이 성립하게 되는 기원을 연구합니다. 결국 그는 이렇게 말합니다. "남자에게는 두 가지 원초적인 성적 대상이 있다. 자기 자신과 자신을 돌보는 여자가 바로 그것이다." 우리는 이를 출발점으로 삼을 수 있을 겁니다.

"자기 자신"이란 자신의 이미지를 말합니다. 이는 아주 분명한 사실입니다.

르클레르 박사_ 프로이트는 선택의 기원을 서술하기에 앞서 그러한 선택의 형식 자체에 대해 더 상세히 논합니다. 그는 최초의 자기성애적 성적 만족이 자기 보존에서 어떤 기능을 맡고 있다고 명시합니다. 그러고 나서 성적 충동이 우선 자아 충동을 만족시키는 데 전념하고 자율적인 것이 되는 것은 더 나중일 뿐이라고 명시합니다. 이렇게 해서 유아는 처음에 자아 충동을 만족시키는 대상을, 다시 말해 자신을 돌봐주는 사람을 사랑합니다. 결국 그는 리비도 발달이 제대로 이루어지지 못한 이들에게서 유독 뚜렷이 나타나는 나르시시즘적 유형의 대상 선택을 정의하게 됩니다.

리비도 발달이 제대로 이루어지지 못한 이들이란 신경증자들을 말합니다.

152 **르클레르 박사_** 이 두 가지 기본 유형은 — 그가 이미 우리에게 예고했듯이 — 남성적인 것과 여성적인 것이라는 두 개의 기본 유형에 해당됩니다.

두 가지 유형이란 나르시시즘적 유형과 *Anlehnung*한 유형을 말합니다.

르클레르 박사_ *Anlehnung*는 지탱이란 뜻입니다.

Anlenung 개념은 이후 발달된 의존 개념과 관계가 없진 않습니다. 하지만 그것은 좀 더 광범위하고 풍부한 개념이지요. 프로이트는 성숙한 관계 — 이것은 정신분석의 신화입니다 — 라고 불릴만한 것이 배제된 다양한 유형의 애정 고착을 열거합니다. 애정 고착, *Verliebtheit*의 장에는 우선 나르시시즘적 유형이 있습니다. 그것은 이렇게 정의됩니다. 나르시시즘은 첫째, [현재] 자기 자신인 것을 사랑하는 것으로 정의되는데, 이때 프로이트는 자기 자신이라는 말에 괄호를 칩니다. 둘째, 나르시시즘은 자기 자신이었던 것을 사랑하는 것이며, 셋째, 자신이 되고 싶은 것을 사랑하는 것이고, 넷째, 자기 자아의 일부분이었던 것을 사랑하는 것으로 정의됩니다. 이것이 바로 *Narzissmustypus*이지요.

*Anlehnubgstypus*도 이에 못지않게 상상적인 것인데, 왜냐하면 이

역시 동일시의 전도에 근거한 것이기 때문이지요. 따라서 주체는 어떤 원초적 상황에 입각해 자신을 자리매김합니다. 주체가 사랑하는 자는 바로 자신에게 먹을 것을 주는 여성과 자신을 보호해주는 남성입니다.

르클레르 박사_ 거기서 프로이트는 유아의 1차적 나르시시즘을 구상하는 데 간접적 증거가 될 수 있는 몇 가지 고찰을 제시합니다. 그는 본질적으로 — 이는 재밌는 이야기일 텐데 — 그러한 고찰을 부모가 자식을 바라보는 방식 속에서 찾아냅니다.

여기서 문제는 나르시시즘이 발휘하는 유혹입니다. 프로이트는 나르시시즘적 유형으로 대표되는 존재, 만족감에 빠져 폐쇄된, 자기 안에 갇힌 충만한 세계의 특징들을 보이는 존재를 바라보는 것으로부터 우리 인간이 매혹되고 만족감을 느낄 수 있다는 점을 지적합니다. 그는 이것을 어떤 아름다운 동물이 발휘하는 극도의 매혹과 비교합니다.

르클레르 박사_ 프로이트는 "아이 폐하"라는 표현을 씁니다. 부모가 아이에게 이상을 투사하는 한 부모는 아이를 "아이 폐하"로 모십니다. 프로이트는 비록 거세 콤플렉스와 맞물려 있기 때문에 중요한 주제이기는 하나 아이의 1차적 나르시시즘의 장애를 다루지 않겠다고 명시합니다. 그가 이 개념을 활용한 것은 아들러의 남성적 항거*protestation*라는 개념을 좀 더 분명히 정의하고 그것을 원래의 자리로 되돌려 보내기 위해서입니다.

그렇기는 해도 그러한 자리는 시시한 것이 아닙니다.

153 **르클레르 박사**_ 그렇습니다. 그것은 프로이트가 본원적인 1차적 나르시시즘의 장애와 결부시킨 것으로 아주 중요한 것입니다. 우리는 다음과 같은 중요한 문제에 이르렀습니다. 정상적인 성인에게 자아 리비도는 어떻게 되는가? 우리는 자아 리비도가 완전히 대상 투자 속으로 합류되었다고 생각할 수 있는가? 프로이트는 이 같은 가설을 거부하고 억압이 요컨대 어떤 정상화 기능을 수행한다는 것을 상기시킵니다. 그는 이렇게 말합니다. "억압은 자아의 윤리적이고 문화적인 요청들을 통해 자아로부터 연유한다." 이것이 바로 그의 논증의 핵심입니다. "어떤 사람에게 일어난 사건이나 감정을, 어떤 사람이 자신 안에서 떠올리거나 또는 적어도 스스로 의식적으로 만들어낸 흥분이나 충동을, 또 다른 사람은 그것이 의식되기 전에 격분하여 물리치거나 억눌러 버리게 된다." 사람에 따라, 개인에 따라 행태의 차이가 있다는 것이지요. 프로이트는 이 차이를 다음과 같이 공식화하려고 했습니다. "우리는 어떤 이는 자기 내부에 현재의 자기 자아의 잣대로 삼을 이상을 세워놓는가 하면 어떤 이에겐 그런 것이 없다고 말할 수 있다. 따라서 이상의 건설이 자아에게 억압을 조건 지을 수도 있을 것이다. 유년기에 진정한 자아를 즐겁게 했던 자기애가 이제는 이러한 이상적 자아를 향해 움직인다." 그리고 계속해서 그는 ……

진정한 자아가 아니라 실재적 자아, 즉 *das wirklich Ich*입니다.

계속해서 그는 이렇게 말합니다. "나르시시즘은 유아기 자아처럼 자아의 값지고 완벽한 온갖 모습을 지닌 자신의 새로운 이상적 자아를 향해 방향을 돌리는 것 같다. 인간은 리비도의 영역에서는 언제나 그렇듯이 한 번 얻은 만족을 포기하지 못한다는 것을 보여준다." 프로이트는 이상적 자아라는 용어를 이 문장에서 처음으로 사용합니다. "유년기에 진정한 자아를 즐겁게 했던 자기애가 이제는 이러한 이상적 자아를 향해 움직인다." 하지만 그는 그러고 나서 이렇게 말합니다. "그는 유년기의 나르시시즘적 완벽함을 포기하려고 하지 않으며 [……] 자신의 자아 이상이라는 새로운 형태 속에서 그것을 찾으려고 한다." 따라서 여기선 이상적 자아와 자아 이상이라는 두 가지 용어가 모습을 드러냅니다.

프로이트의 엄격한 글쓰기를 생각한다면, 두 용어가 한 문장에 동시에 나타난다는 것은 르클레르 선생이 아주 잘 지적해주셨듯이 이 텍스트의 수수께끼 중의 하나입니다.

르클레르 박사_ '자아'라는 말이 '형태'라는 용어로 대체된 것을 보면 흥미롭습니다.

정확한 지적입니다. 그리고 프로이트는 *Ich-Ideal*이란 용어를 사용하는데, 이것은 *Ideal-Ich*과 정확히 대칭을 이루면서 대조를 이루고 있습니다. 이는 프로이트가 여기서 두 가지 상이한 기능을 가리키고 있다는 징후라고 할 수 있습니다. 이는 무슨 뜻일까요? 이에 대해선 조금 후에 명확히 해보기로 합시다.

르클레르 박사_ 제가 주목한 것은 프로이트가 '이상적 자아'라는 용어 154

를 '자아 이상'으로 대체하는 순간 자아 이상이라는 말에 '새로운 형태'라는 말을 덧붙였다는 것이지요.

물론입니다.

르클레르 박사_ 자아 이상이라는 새로운 형태, 그것은 바로 자아가 자신의 이상으로서 자기 앞으로 투사한 것이지요.

다음 단락은 이러한 난점을 해명해줍니다. 프로이트는 딱 한 번, 그의 저작에선 예외적으로 승화와 이상화의 차이점을 아주 상세하게 설명합니다. 계속하시기 바랍니다.

르클레르 박사_ 이렇게 해서 프로이트는 나중에 자아 이상이나 자아 이상 형태라고 부르게 될 이상적 자아의 존재를 상정했습니다. 그는 거기서 한 발짝만 더 내디디면 이상의 형성과 승화의 관계를 연구할 수 있다고 말합니다. 승화는 대상 리비도의 한 과정입니다. 반면 이상화는 확장되고 고양된 대상과 관련되는데, 이 경우 리비도의 본성은 변하지 않습니다. 이상화는 자아 리비도의 영역에서뿐만 아니라 대상 리비도의 영역에서도 가능한 것입니다.

다시 말해 프로이트는 다시 한 번 두 가지 리비도를 동일한 수준에 위치시킵니다.

르클레르 박사_ 자아의 이상화는 승화가 실패해도 일어날 수 있습니다. 자아 이상의 형성은 자아의 요구를 증가시키고 억압을 최대한 향상시킵니다.

자아는 상상적인 것의 영역에 있고 자아 이상은 상징적인 것의 영역에 있습니다. *Ich-Ideal*은 법의 요구의 총체 속에 자리 잡고 있기 때문입니다.

르클레르 박사_ 따라서 승화는 억압을 일으키지 않으면서 이러한 요구를 만족시키는 편법을 제공합니다.

그것은 승화가 성공을 거둔 경우입니다.

르클레르 박사_ 프로이트는 자아 이상과 승화의 관계를 다루는 이 짧은 단락을 바로 이 문제로 끝맺습니다. 그러고 나서 이렇게 말합니다. "우리가 자아 이상에서 유래하는 나르시시즘적 만족이 안전하게 이루어질 수 있도록 파수꾼 역할을 수행하는 어떤 특별한 심리적 심급을 발견한다는 것은 놀라운 일이 아니다. 이 심급은 현재의 자아를 끊임없이 관찰하고 감시한다." 감시와 보안 기능을 수행하는 어떤 특별한 심리적 심급에 대한 가설은 우리를 초자아로 인도합니다. 그리고 프로이트는 이를 입증하기 위한 근거로, 자신이 영향 증후군*syndrome d'influence*을 통해 그러한 심급이 특히나 가시적으로 드러난다고 언급한 정신병에서 한 가지 실례를 취합니다. 영향 증후군에 대해 이야기하기 전에 그는 만일 그러한 심급이 존재한다고 해도, 우리는 그것을 찾아낼 수 없고 다만 가정할 수 있을 뿐이라는 점을 분명히 합

155

니다. 제가 보기에는 초자아를 도입하는 첫 번째 방식으로, 그가 그러한 심급이 존재하지 않으며 우리는 그것을 찾아낼 수 없고 다만 가정할 수 있을 뿐이라고 말한다는 점은 아주 중요한 것 같습니다. 그는 또한 우리가 의식이라고 부르는 것이 그러한 기능을 수행하며 그런 특징을 갖고 있다고 덧붙입니다. 편집증의 증상 체계는 이러한 초자아 심급을 확인함으로써 이해할 수 있습니다. 이러한 유형의 환자들은 자신이 감시당하고 있으며 목소리들이 들려오며 사람들이 자기 생각을 알고 자신을 관찰한다고 불평합니다. 프로이트는 그들이 옳다고 말합니다. "이러한 불평은 근거가 있는 것이다. 우리의 모든 의도를 관찰하고 알아내고 비판하는 이 같은 힘은 실제로 존재한다. 실제로 그러한 힘은 우리의 정상적인 삶 속에서 우리 모두 안에 존재하고 있는 것이다." 우리가 다음에 발견하는 것은 …….

그게 정확히 그런 뜻은 아닙니다. 프로이트는 만일 그러한 심급이 존재한다면, 그것은 우리가 아직 발견하지 못한 무엇일 수 없다고 말하지요. 이는 그가 선택한 예들이 보여주듯이 그가 그러한 심급을 검열과 동일시하기 때문입니다. 그는 그러한 심급을 영향 망상délire d'influence 속에서 다시 발견합니다. 거기서 그러한 심급은 주체의 행위를 명령하는 심급과 혼동되고 있지요. 그러고 나서 그는 질버러가 기능적 현상으로 정의한 것 속에서 그러한 심급을 알아봅니다. 질버러에 따르면, 주체가 내면에서 자기 자신의 상태를, 정신적 메커니즘이라는 기능들을 지각하는 것이 그가 꿈속에 빠져드는 데서 어떤 형성자 역할을 수행한다고 합니다. 꿈은 이러한 지각에 대해 하나의 상징적 치환을 제공할 것으로 가정됩니다. 이때 '상징적'이라는 말은 단순히 '이미지화된' 것이라는 정도의 의미입니다. 우리는 여기서 주체가 분할되는 자연적 형태를 만나게 된다는 것이지요. 이러한 질버러의 생각에 대해 프로이트는 그러한 현상은 아주 중요하지만 그럼에도 꿈에서의 욕망의 발현에 비하면 부차적인 것이라고 말하면서 항상 이중적인 태도를 취했습니다. 어딘가에서 그는 아마도 이러한 태도는 자신의 성격상 자기 꿈에서는 다른 사람들의 경우에서처럼 그러한 현상이 중요한 의미를 갖진 않기 때문이라고 밝힌 바 있습니다. 프로이트가 강조하는, 꿈에서 지속적으로 나타나는 감시자로서의 자아는 잠의 파수꾼으로 꿈 활동의 저변에 위치하면서 아주 빈번히 그러한 꿈 활동에 훈수를 둘 기세입니다. 자아의 이러한 지분은 프로이트가 이와 관련해 검열이란 이름으로 고려했던 모든 심급과 마찬가지로 말하는 심급, 즉 상징적 심급입니다.

르클레르 박사_ 그리고 나서 프로이트는 일종의 종합을 시도합니다. 거기서는 정상적인 개인과 신경증자에서의 자기감sentiment de soi에 대한 논의가 이루어집니다. 자기감엔 세 가지 기원이 있지요. 1차적 나르시시즘의 만족, 성공의 기준, 즉 전능하고자 하는 욕망의 만족, 사랑의 대상들에게서 얻을 수 있는 만족 등이 그것입니다. 이것이 프로이트가 자기감에서 끌어낸 듯 보이는 세 가지 뿌리입니다. 논의를 세부적으로까지 진전시킬 필요는 없을 겁니다. 보충적 언급들 중 첫 번째 것으로 되돌아가는 편이 나을 듯싶은 데요. 제가 보기에 이는 굉장히 중요합니다. "자아의 발달은 1차적 나르시시즘과의 거리두기를 통해 구성되는데, 이후 그것을 만회하기 위한 피나는 노력이 나타난다. 이러한 거리두기는 외부에서 부과된 자아 이상 속으로 리비도가 이동함으로써 이루어진다. 그리고 만족은 그러한 이상을 성취함으

156

로써 나타난다.” 따라서 자아는 일종의 거리두기, 이상이라고 하는 중간 항을 거치며, 그러고 나서 자신의 처음 위치로 되돌아갑니다. 이러한 운동은 제가 보기에 발달에 대한 비유 자체라고 할 수 있습니다.

옥타브 만노니_ [발달이 아니라] 구조화입니다.

그렇습니다. 구조화지요. 아주 정확한 지적입니다.

르클레르 박사_ 이처럼 리비도가 어떤 이상 속으로 이동하는 것에 대해 분명히 할 필요가 있을 텐데, 이는 다음 둘 중의 하나이기 때문입니다. 리비도는 어떤 이미지, 자아의 어떤 이미지, 다시 말해 자아의 어떤 형태, 지금 현재의 이미지나 과거의 이미지와는 비슷하지 않다는 점에서 이상적이라고 할 수 있는 어떤 형태 속으로 다시 한 번 더 이동하거나, 그렇지 않으면 우리는 자아의 형태 너머에 있는 어떤 것, 즉 이념[이데아], 형상과 밀접히 연관된 것으로 정확히 하나의 이상이라고 할 수 있는 것을 자아 이상이라고 부르게 될 겁니다.

맞는 말씀이십니다.

르클레르 박사_ 우리가 이 구절에 담긴 풍부한 의미를 전부 이해할 수 있다면 이는 바로 이런 의미에서일 것입니다. 하지만 구조화에 대해 말한다면, 이는 자아 이상을 자아 이상 형태로 생각하는 것이라는 점에서 여전히 모호함이 남습니다. 그러나 이 텍스트에선 이 점이 분명하게 드러나 있어 않습니다.

이폴리트_ 프로이트의 문장을 다시 읽어 주시겠습니까?

르클레르 박사_ "자아의 발달은 1차적 나르시시즘과의 거리두기를 통해 이루어지는데 이후 그것을 만회하기 위한 피나는 노력이 이루어진다."

이폴리트_ 거리두기란 *Entfernung*을 말하는 겁니까?

그렇습니다. *Entfernung*입니다.

이폴리트_ 그런데 그렇게 해서 자아 이상이 산출된다는 뜻인가요?

르클레르 박사_ 그렇진 않습니다. 프로이트는 자아 이상에 대해서는 더 앞에서 말하고 있습니다. 거리두기는 리비도가 외부에서 부과된 자아 이상 속으로 이동하면서 생겨납니다. 그리고 그러한 이상이 달성되면서 만족이 생겨나지요. 당연히 그러한 이상이 성취됨에 따라 …… 157

이폴리트_ 그것은 성취될 수 없는 것입니다. 왜냐하면 그것은 결국 파괴적이고 매혹적인 초월성의 근원이기 때문입니다.

르클레르 박사_ 하지만 그것은 분명하게 언급되고 있진 않습니다. 이상적 자아에 대해 처음 이야기했을 때 프로이트가 말하려고 한 것은 이제 자기애가 향하는 곳이 바로 이상적 자아라는 것입니다.

옥타브 만노니_ 제가 보기에는 우리가 종종 서로 다른 언어로 이야기를 나누고 있는 듯한 느낌입니다. 저는 개인의 발달과 자아의 구조화를 구분해줘야 하지 않을까 하는 생각입니다. 이런 것이야말로 우리가 서로를 이해할 수 있도록 해주는 것이 아닐까 합니다. 구조화하는 것은 자아이지만 그것은 발달하는 어떤 존재 속에서 구조화하는 것이기 때문입니다.

그렇습니다. 우리는 구조화라는 문제를 다루고 있습니다. 정확히 여기, 상상적인 것과 상징적인 것이 접합되는 지점이 모든 분석 경험이 전개되는 곳입니다. 방금 전에 르클레르가 이미지의 기능이란 무엇이며 그가 이념이라고 부른 것이 어떤 기능을 하는지 물었습니다. 이념[이데아], 우리는 그것이 절대로 혼자 존재하는 것이 아님을 알고 있습니다. 플라톤이 우리에게 이미 가르쳐주었듯이, 그것은 다른 모든 이념[이데아]들과 함께 존재합니다.

좀 더 명확한 설명을 위해 제가 얼마 전부터 이 세미나에서 소개하고 있는 작은 장치를 활용해봅시다.

2

동물에서 시작해봅시다. 마찬가지로 이상적이라고 할 수 있는 한 마리의 동물, 다시 말해 성공한 동물 — 실패한 동물이란 우리한테 잡힌 동물을 말합니다 — 을 예로 들어볼까 하는데요. 이 이상적인 동물은 우리에게 완전함, 성취에 대한 한 가지 비전을 제시해줄 텐데, 왜냐하면 이 동물은 완벽한 조화를, 심지어 *Innenwelt*와 *Umwelt*의 일치를 전제로 하고 있기 때문입니다. 그것이 바로 조화로운 외관을 만들어내는 그러한 생명의 형태를 매력적인 것으로 만들어주지요.

이와 관련해 본능적 기능의 발달이 보여주는 것은 무엇일까요? 그것은 바로 이미지가 매우 중요하다는 사실입니다. 가시고기 수컷과 암컷이 상호 보완적 행태를 보일 때 작동하는 것은 무엇일까요? 바로 게슈탈트들입니다. 158

이야기를 단순화해 어느 한 시점에 한정해 그러한 작용을 고려해보도록 합시다. 수컷이든 암컷이든 동물 주체는 어떤 게슈탈트에 포획되어 있는 듯 보입니다. 주체는 발동을 거는 자극에 말 그대로 동일시되어 있지요. 수컷은 자기 자신과 성적 행동의 순환이 작동하도록 명령하는 이미지 사이에 확립된 관계에 의해 지그재그 댄스에 빠져들게 됩니다. 암컷도 이와 마찬가지로 그러한 쌍쌍댄스에 사로잡히게 됩니다. 그것을 댄스, 두 개의 몸뚱이를 끌어당기는 것으로 항상 특징지어지는 무언가가 겉으로 발현되는 것으로만 보는 것으로는 부족합니다. 이는 지금까지 물리학에서 가장 풀기 어려운 난제 중의 하나지만 자연계에서는 짝짓기 관계를 통해 실로 조화롭게 실현되고 있는 것이지요. 그러한 순간에 주체는 어떤 운동 행태를 시작하도록 명령하는 이미지와 자신을 완전히 동일시합니다. 그러한 행태는 당사자 자신을 형성할 뿐만 아니라 어떤 스타일 속에서 댄스의 다른 부분을 잇게끔 상대방에게 명령을 내리기도 합니다.

자연 속에서 나타나는 둘만의 완결된 세계는 대상 리비도와 나르시시즘적 리비도의 접합에 대한 비유를 우리에게 제공합니다. 실제로 각 대상이 다른 대상에 대해 갖는 애착은 이미지에 대한 나르시시즘적 고착에서 생겨나는 것인데, 이는 전자가 후자에게서 기대한 것이 이미지, 딱 그것뿐이기 때문이지요. 이것이 바로 생명계에서는 같은 종의 파트너만이 — 사람들은 한 번도 충분히 이 사실을 주목한 적이 없지요 — 소위 성적 행태라고 하는 특별한 행동 형태를 촉발시킬 수 있는 이유입니다. 물론 몇 가지 예외가 있긴 하지만 그것들은 자연 현상이 보여주는 실수의 서곡으로 생각해야 합니다.

동물 세계에서는 성적 행태의 주기 전체가 상상적인 것에 의해 지배되고 있다고 말할 수 있을 겁니다. 다른 한편 우리가 최대의 치환 가능성을, 그것도 동물에게서 찾아볼 수 있다면 이 또한 성적 행태라는 측면에서입니다. 우리는 경험적으로 이미 그것을 활용하고 있는데, 가령 대강 비슷한 모양의 허상에 지나지 않는 수컷 파트너, 가짜 이미지, 미끼를 동물에게 보여주는 경우가 바로 그렇습니다. 수많은 종에서 성적 행태를 불러오는 생물학적 시기에 해당하는 현상 유형들이 출현할 때는 이러한 미끼를 보여주는 것만으로도 성적 행태를 유발하기에 충분합니다. 치환 가능성, 상상적이고 환영적인 차원은 성적 행태의 질서에 속한 모든 것에 핵심적인 것이지요.

인간에게선 어떨까요? 마찬가지일까요? 우리가 방금 전에 이야기했던 *Ideal-Ich*가 바로 그런 이미지가 될 수도 있을 겁니다. 왜 안 되겠습니까? 하지만 사람들은 이러한 미끼를 *Ideal-Ich*라고 부를 생각을 전혀 하지 못합니다. 그렇다면 이 *Ideal-Ich*을 어디에 위치시킬 수 있을까요? 바로 여기서 저의 작은 장치의 장점들이 돋보이게 됩니다.

이 장치의 효력은 무엇일까요? 저는 여러분에게 실상이라는 물리적 현상에 대해 이미 설명했습니다. 실상은 오목거울에 의해 만들어지는 것으로, 그것이 원래 있는 자리에서 모습을 드러내며, 실재적 대상 세계 속

159

에 삽입되어 실재적 대상과 동일한 순간에 적절하게 나타날 수 있습니다. 심지어 그것은 그러한 실재적 대상에 상상적 질서를 부여할 수 있지요. 이를테면 실재적 대상을 끌어안거나 배제하면서 그것을 자리매김하고 보완할 수 있다는 겁니다.

그것은 제가 동물을 예로 들어 상술한 상상적 현상과 다르지 않습니다. 동물에게서는 실재적 대상과 자신이 품고 있는 이미지가 일치하게 됩니다. 뿐만 아니라 프로이트의 텍스트들에서 지적된 것처럼 이미지와 실재적 대상의 일치는 이미지를 견고히 하고 실체화한다고, 다시 말해 현실화한다고 말할 수도 있을 겁니다. 이때 이미지를 매개로 주체를 대상을 향해 끌어당기게 될 어떤 행태들이 촉발될 것입니다.

인간의 경우에도 이런 일이 일어날까요?

인간의 경우 성적 기능의 발현은 엄청난 무질서로 특징지어져 있습니다. 딱 들어맞는 것이 아무것도 없습니다. 신경증에서든 도착증에서든 우리 정신분석가들이 찾아 헤매는 이미지는 일종의 파편화, 파열, 부적응, 부적합 등을 보여줍니다. 이미지와 그것의 보통의 대상 사이에는 숨바꼭질 놀이 같은 것이 존재하지요. — 우리가 성욕의 작용과 관련해 어떤 규범의 이상을 따르는 만큼 더더욱 그렇지요. 그렇다면 이러한 무질서한 이미지화로 하여금 그럼에도 결국 제 기능을 다 할 수 있도록 해주는 메커니즘을 어떻게 그려볼 수 있을까요?

여러분의 사고를 돕기 위해 몇 개의 간단한 용어를 사용해볼까 합니다. 물론 좀 더 복잡한 용어들을 사용할 수도 있을 겁니다. 하지만 보시다시피 분석가들이 공개적으로 골치아파하면서 꾸준하게 제기하는 것이 바로 이 문제입니다.

우리의 친구 발린트 — 그가 우리 학회에 곧 방문할 예정임을 고지해드립니다 — 의 논문을 아무거나, 가령 제가 여러분을 위해 읽었던 최근 논문을 읽어보시기 바랍니다. 그는 '치료의 끝이란 무엇인가'라는 문제를 제기합니다. 이번 3분기 마지막 시간에 저는 분석의 종결에 대해 이야기했으면 합니다. — 아마도 거기까지 갈 수 있을지 모르겠지만 물론 제 기분에 달려 있겠지요. 이것은 하나의 도약입니다. 하지만 저항과 전이 메커니즘에 대한 우리의 연구가 그러한 도약을 가능하게 해주지 않을까요?

자, 치료의 끝이란 무엇일까요? 그것은 어떤 자연적 과정의 끝과 비슷한 것일까요? 생식기적 사랑 — 분석가에게 약속되어 있고, 우리가 환자들에게 무분별하게 약속한 황금의 땅Eldorado — 은 하나의 자연적 과정일까요? 아니면 반대로 특정한 경우에만 실현될 수 있는 일련의 문화적 근사치에 불과할까요? 그렇다면 분석, 분석의 종료는 온갖 종류의 우연에 달려 있는 것일까요?

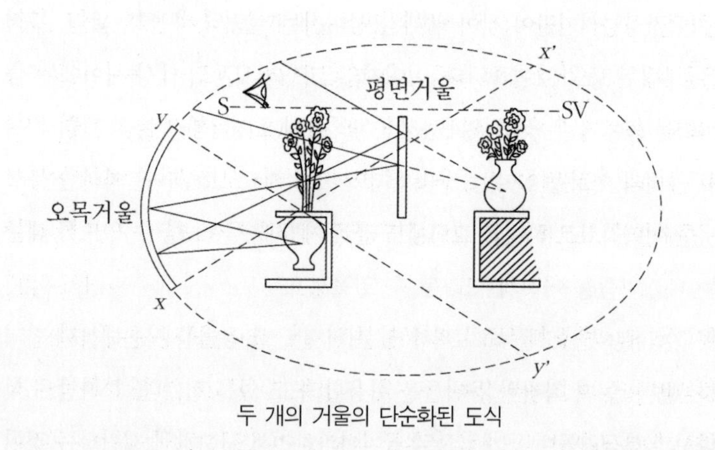

두 개의 거울의 단순화된 도식

160 여기서 관건은 무엇일까요? 그것은 바로 상상적인 것과 실재적인 것 사이의 합치 속에서 타인, 다른 인간이 어떤 기능을 하는지를 살펴보는

것이 아닐까요?

앞의 작은 도식으로 되돌아가 봅시다. 저는 지난 시간에 제가 입증하려고 하는 것의 핵심적인 부분을 더 넣어서 이 도식을 보강했습니다. 실상은 이 장치의 실재적 공간의 어떤 장, 오목거울과 뒤집혀진 꽃다발에 의해 구성된 장치 앞쪽에 있는 장 속에서만 일관적이게 보일 수 있습니다.

우리는 주체를 오목거울의 가장자리에 위치시켰습니다. 하지만 아시다시피, 주체에게서 평면거울 속에서 나타난 이미지는 평면거울 건너편에 있는 관찰자, 즉 주체가 자신의 이미지를 보게 되는 곳과 동일한 위치에 있는 관찰자에 의해 실재적 대상의 이미지라고 가정될 수 있는 어떤 것과 정확히 등가적인 것입니다. 결국 우리는 주체를 환영이 가능할 수 있는 범위를 규정하는 원추 내부, 즉 *x'y'*의 장에 위치하고 있는 가상적 주체 *SV*로 대체할 수 있습니다. 따라서 제가 고안한 이 장치는 우리가 실상과 아주 가까운 한 점에 위치한다고 해도 그러한 이미지를 거울 속에서 허상의 상태로 볼 수 있다는 사실을 보여줍니다. 이것이 바로 인간에게서 일어나는 일입니다.

그것의 결과는 무엇일까요? 그것은 바로 아주 특별한 하나의 대칭입니다. 실제로 가상적 주체, 신화적 눈의 반영, 말하자면 우리 자신이라고 할 수 있는 타인이 우리가 처음에 우리 자신의 자아를 보았던 그곳에 — 우리 밖의 인간적 형태 속에 — 있습니다. 이러한 형태는 우리 바깥에 있습니다. 이는 그것이 성적 행태를 포획하기 위해 만들어졌기 때문이 아니라 인간 존재의 원초적 무력함과 근본적으로 연관되어 있기 때문입니다. 인간 존재는 전체로서 실현된 자신의 형태, 자기 자신의 신기루를 자신 바깥에서만 보게 됩니다. 이러한 개념은 우리가 연구한 논문에선 161 아직 등장하지 않습니다. 그것은 프로이트 저술에서 좀 더 나중에 나타나게 되지요.

존재하는 주체가 거울 속에서 보는 것은 하나의 이미지입니다. 그것은 선명한 이미지일 수도 있고 분할된, 비일관적인, 불완전한 이미지일 수도 있습니다. 그것은 주체가 실상에 대해 어떤 위치에 있느냐에 달려 있습니다. 너무 가장자리에 있으면 잘 보이지 않습니다. 모든 것이 거울이 당시 어떤 각도에 있느냐에 달려있지요. 선명한 이미지를 얻을 수 있는 것은 주체가 원추 속에 있을 때뿐입니다.

따라서 여러분이 어느 정도로 완전한 모습의 이미지를 볼 수 있느냐는 거울의 기울기에 달려 있습니다. 가상적 관찰자, 즉 거울의 가설에서 실상을 보도록 되어 있는, 여러분 자신에 해당된다고 할 수 있는 가상적 관찰자는 평면거울이 어느 정도 기울어지는 것만으로도 잘 볼 수 없게 됩니다. 그렇게만 해도 여러분에게는 마찬가지로 거울 속의 이미지가 잘 보이지 않게 됩니다. 이는 인간의 경우에는 상상적인 것의 조절이 어렵다는 것을 의미한다고 할 수 있습니다.

이제 우리는 평면거울의 기울기가 타자의 목소리에 의해 조종된다고 가정해볼 수 있습니다. 이는 거울 단계의 수준엔 존재하지 않지만 우리가 맺는 타인과의 관계 전체에 의해, 즉 상징적 관계에 의해 이후에 실현됩니다. 이렇게 해서 여러분은 이폴리트 선생께서 말씀하신 바와 같이, 상상적인 것의 조정[조율]을 초월적인 무언가가 맡고 있다는 것을 이해하게 됩니다. 여기서 초월적인 것이란 다름 아닌 인간 존재들 간의 상징적 관계를 말합니다.

상징적 관계란 무엇일까요? 자세히 설명하자면, 그것은 사회적으로 우리가 법의 매개를 통해 규정된다는 것을 말합니다. 우리가 서로 서로에 대해 각기 다른 자아를 위치시키는 것은 상징들의 교환을 통해서입니다. 당신은 만노니로, 나는 자크 라캉으로 이렇게 우리는 상징적 관계 속에 있는 것인데, 이 상징적 관계는 우리가 자리 잡고 있는 상이한 수준에 따라, 우리가 경찰서에 함께 있느냐, 이 강의실에 함께 있느냐, 함께 여행을 하느냐에 따라 복잡해집니다.

바꿔 말하면, 주체로 하여금 보는 자voyant의 위치에 있도록 규정하는 것은 바로 상징적 관계입니다. 상상적인 것으로 하여금 다소 높은 단계의 완벽함, 완전함, 근사치에 이를 수 있도록 결정하는 것은 바로 말, 상징적인 것의 기능입니다. 이 그림 속에서는 *Ideal-Ich*와 *Ich-Ideal*, 이상적 자아와 자아 이상의 구분이 이루어집니다. 타인와의 모든 관계는 자아 이상이 관장하는 관계들의 놀이에 달려 있습니다. 그리고 상상적 구조화가 어느 정도로 만족스럽냐는 바로 타인과의 관계에 달려 있지요.

이런 식의 도식은 여러분에게 상상적인 것과 실재적인 것이 동일한 수준에서 작동한다는 것을 보여줍니다. 이 장치를 약간 더 보강해보면 이 점을 쉽게 이해할 수 있습니다. 거울 대신 유리가 있다고 생각해보시기 바랍니다. 유리에는 여러분 자신의 모습이 보이면서 너머에 있는 대상들도 보일 겁니다. 이것은 정확히 몇몇 이미지와 실재 사이의 일치에 관한 문제입니다. 우리가 구강적, 항문적, 성기적 현실을 환기하면서, 다시 말해 우리의 이미지들과 이미지들 사이의 어떤 일정한 관계를 환기하면서 염두에 두었던 것이 바로 이것이 아닐까요? 그것은 인간 신체의 이미지들과 세계의 인간화 — 신체의 구조화와 결부된 이미지에 의거한 세계의 지각 — 에 다름 아닙니다. 거울을 매개로 하면서 거울을 통과하는 실재적 대상은 상상적 대상과 동일한 자리에 위치합니다. 이미지의 고유한 특성은 바로 리비도에 의해 투자되고 있다는 사실입니다. 대상을 욕망할 만하게 만드는 것, 다시 말해 다양한 방식으로 그리고 다양한 정도 162

로 구조화된, 우리 내부에 있는 이미지와 그것의 대상을 혼동하게 만드는 것을 우리는 리비도의 투자라고 부르지요.

따라서 이 도식을 통해 여러분은 프로이트가 항상 조심스럽게 구분했고 독자들에게는 언제나 수수께끼처럼 남아 있는 지형학적 퇴행과 발생론적, 시원적 퇴행 — 사람들이 역사적 퇴행이라 일컫는 것 — 사이의 차이를 그려볼 수 있을 겁니다.

오목거울 상의 이미지는 거울의 기울기에 따라 중간에도 나타날 수 있고 가장자리에도 나타날 수 있습니다. 심지어 우리는 그러한 이미지가 변형될 수 있다고도 생각할 수 있지요. 어떻게 처음에 입이었던 것이 마지막에는 남근이 되는 것일까요? — 이를 위해 재미있는 물리학 원리를 이용해 작은 모델을 하나 만들어내는 것은 그리 어려운 일이 아닐 겁니다. 이는 인간에게 진정 효과적이고 완벽한 상상적 조정은 또 다른 차원의 개입을 통해서만 이루어질 수 있음을 가리킵니다. 그러한 조정이 바로 정신분석이 적어도 신화적으로나마 추구하는 바입니다.

나의 욕망이란 무엇일까요? 상상적 구조화 속에서 나는 어디 위치할까요? 이러한 위치는 상상적인 것 너머의 상징적 수준, 즉 인간 존재들 사이의 언설적 교환으로만 구현될 수 있는 법적 교환 수준에 어떤 길잡이가 자리 잡고 있다는 점을 통해서만 이해될 수 있습니다. 주체에게 명령을 내리는 길잡이, 그것이 바로 자아 이상입니다.

이러한 구분은 절대적으로 본질적인 것으로, 우리에게 분석 도중 상상적 수준에서 일어나는 것, 소위 전이를 이해할 수 있게 해줍니다.

전이를 이해하기 위해서는 — 이것이 바로 프로이트의 텍스트의 장점입니다 — *Verliebtheit*, 사랑이 무엇인지를 이해해야 합니다. 사랑은 상상적 수준에서 일어나며 말 그대로 상징적인 것의 섭입subduction을 초래하는 현상, 자아 이상의 기능을 폐지하고 방해하는 현상입니다. 사랑은 — 에둘러 말하는 성격이 아닌 프로이트가 솔직하게 썼듯이 — 완전무결함을 향해 다시 문을 열어놓습니다.

자아 이상, *Ich-Ideal*은 말하는 한에서의 타인, 나와 상징적이고 승화된 어떤 관계를 — 우리의 동력학적 운용 속에서 상상적 리비도와 비슷하면서도 상이한 어떤 관계를 — 맺는 한에서의 타인입니다. 상징적 교환은 말parole과 같이 인간 존재들을 서로 이어주며 주체를 정체화할 수 있도록 해주는 것이지요. 상징이 지적 존재를 낳는다는 헤겔의 말은 메타포가 아닙니다.

말을 하는 한에서의 자아 이상이 대상들의 세계 속에 자리 잡게 될 수도 있습니다. 다시 말해, 이상적 자아의 수준, 즉 프로이트가 이 텍스트에서 줄곧 귀가 닳도록 언급하는 나르시시즘적 매혹이 일어날 수 있는 수준에 자리 잡게 될 수도 있습니다. 당연히 그러한 혼동이 일어나면 무엇으로도 그러한 장치를 제어할 수 없을 겁니다. 바꿔 말해 세간에서 말하듯 사랑에 빠졌을 때 우리는 미쳐버리는 것입니다. 163

여기서 저는 첫눈에 반했을 때의 심리를 설명해볼까 합니다. 베르테르가 한 아이를 돌보고 있는 로테의 모습을 처음 보았을 때를 떠올려보시기 바랍니다. 그것은 의타적 수준에서 *Anlehnungstypus*를 완벽하게 만족시키는 이미지입니다. 괴테의 주인공에게 나타난 근본 이미지와 대상 사이의 이러한 일치는 그에게 치명적인mortel 애착을 촉발합니다. 우리는 다음 시간에 그러한 애착이 왜 근본적으로 치명적인가를 해명해야 할 겁니다. 사랑이란 바로 이런 것입니다. 사랑에서 우리가 사랑하는 것은 바로 자기 자신의 자아, 상상적 수준에서 실현된 자기 자신의 자아입니다.

사람들은 다음과 같은 문제를 입이 아프도록 읊어댑니다. 즉 사랑에 대해 꼼짝없이 족쇄가 채워진 신경증자의 경우에는 전이가 어떻게 일어날 수 있는가? 전이가 일어나는 것은 전적으로 보편적이고 말 그대로 자동적인 특성을 지니고 있습니다. 반면 사랑의 요구들은 다들 아시다시피 아주 특정한 것이지요. 우리가 자신의 욕망에 딱 맞는 것처럼 보이는 것을 만나는 것은 매일같이 일어나는 일이 아닙니다. 그렇다면 분석 관계 속에서는 어떻게 사랑과 동일한 본성을 지니는 전이가 — 프로이트는 제가 그라노프에게 면밀히 검토하도록 맡겼던 바로 그 텍스트에서 이렇게 말하고 있지요 — 분석이 시작되기도 전에 일어나는 것일까요? 물론 분석 전과 분석 중은 완전히 똑같은 것이 아닐 것입니다.

시간이 지났습니다. 1시 45분을 넘기지는 않았으면 좋겠습니다. 다음 시간에는 다음과 같은 문제에서 다시 시작하도록 하겠습니다. 피분석자와 분석가의 관계 속에서 — 그것도 분석이 시작되기도 전에 분석의 현존과 기능에 의해 — 거의 자동적으로 가동되는 전이 기능이 어떻게 우리로 하여금 이상적 자아의 상상적 기능을 작동시키게 해줄까요?

1954년 3월 31일

12

Zeitlich-Entwickelungsgeschichte

죽음의 이미지
잠들어 있는 자의 [원래의] 자기
이름, 법
미래에서 과거로

알랭Alain은 팡테옹에 대해 우리가 마음속에 그리고 있는 이미지로는 그것의 기둥이 몇 개인지를 셀 수 없다고 지적했습니다. 그것에 대해 저라면 '팡테옹을 설계한 건축가는 제외하고는'이라고 기꺼이 대답했을 겁니다. 이제 이 작은 문을 통해 우리는 실재적인 것, 상상적인 것, 상징적인 것의 관계 속으로 들어가게 되었습니다.

1

이폴리트_ 광학적 이미지의 구조에 관해 질문해도 괜찮을까요? 이 실험장치와 관련해 좀 더 명확히 해주셨으면 하는 게 있습니다. 제가 장치의 구조를 잘 이해했다면, 오목거울이 있고 대상이 거울 중간에 뒤집힌 실상으로 나타난다는 건데요. 그러한 이미지는 스크린 위에 나타날 수 있을 겁니다. 이미지가 스크린 위에 나타나는 대신 우리

육안으로 관찰할 수도 있을 겁니다.

맞는 말씀이십니다. 눈이 실재적 대상이 가리키는 어떤 평면 위에 초점을 맞추는 한에서 그것은 실상이란 이야기지요. 제게 영감을 불어넣어 준 그처럼 흥미로운 실험에서 문제의 핵심은 실재적 꽃병의 목 부분에 위치하는 뒤집혀진 꽃다발이었습니다. 실상에 초점을 맞추는 한 눈은 그러한 이미지를 봅니다. 광선들이 모두 가상적 공간의 한 점으로 수렴되는 한, 다시 말해 대상의 각 점에 이미지의 각 점이 대응하는 한 또렷한 실상이 형성됩니다.

이폴리트_ 눈이 이미지를 볼 수 있다면 이는 눈이 빛의 원추 속에 있는 한에서입니다. 그렇지 않다면 그것이 보이지 않을 겁니다.

166 실험에서 증명된 것처럼, 이미지가 보이기 위해서는 반드시 관찰자가 오목거울의 축에서 멀리 떨어져 있지 않고 이를테면 오목거울의 벌어진 구면의 연장면 안에 위치해야 합니다.

이폴리트_ 이 경우 우리가 평면거울을 위치시킨다면, 평면거울은 실상을 대상으로 삼아 그것의 허상을 만들게 되겠죠.

육안으로 보이는 것은 모두 거울 속에서도 보이는 것입니다. 이는 정확히 그것이 서로 일대일로 대응하면서 대칭을 이루는 실재적 부분과 허상적 부분으로 구성된 하나의 총체를 형성하면서 가시화되는 것처럼 이루어집니다. 허상적 부분은 그것에 대립된 위치에 있는 실재적인 부분에 상응하며, 그 역도 마찬가지입니다. 그렇기 때문에 마치 실재적 이미지가 이 경우 대상으로 기능하면서 가시화되듯, 거울속의 대칭적 자리에 있는 상상적, 가상적 관찰자는 거울 속의 허상을 보고 있게 된다는 겁니다.

이폴리트_ 저는 바칼로레아를 준비하거나 자연계열 교양과정을 공부할 때처럼 장치를 처음부터 다시 한 번 구성해보았습니다. 그런데 거기엔 실상의 허상을 보기 위해 거울 안을 들여다보는 눈이 또한 있습니다.

제가 실상을 식별할 수 있는 순간, 그 사이에 거울을 놓으면 저는 마찬가지로 제가 있는 곳, 다시 말해 실상과 오목거울 사이, 심지어 그것의 뒤편 등 여러 위치에서 보았을 때 실상이 생겨나는 것을 목격하게 될 겁니다. 실상이 거울 속에서 나타나는 것이 보일 겁니다. 거울이 조금이라도 적당한 자리에 위치한다면, 다시 말해 거울이 방금 전에 언급한 오목거울의 축선과 직각을 이룬다면, 오목거울의 오목 면이 평면거울 위에 비치면서 방금 전과 똑같은 실재적 이미지가 희미한 배경 위로 모습을 드러낼 겁니다.

이폴리트_ 저는 그러한 거울을 들여다보면서 가상적인 꽃다발과 가상적인 제 눈을 동시에 발견합니다.

이는 조금이라도 저의 실재적인 눈이 존재하는 한에서, 그러니까 제 눈 자체가 하나의 추상적인 점이 아닌 한에서 가능한 이야기입니다. 사실 저는 우리가 하나의 눈이 아님을 강조한 바 있습니다. 그런데 여기서는 제가 추상화抽象化 속으로 발을 들여놓고 있는 겁니다.

이폴리트_ 그렇다면 이미지는 제가 제대로 이해하고 있는 것이군요. 하지만 상징적 대응은 여전히 잘 모르겠습니다.

제가 여러분에게 조금 더 설명해보려는 것이 바로 그것입니다.

이폴리트_ 실재적 대상, 꽃, 실재적 이미지, 허상, 실재 눈, 가상적인 눈 등은 어떤 식으로 대응할까요? 실재적 대상부터 시작해봅시다. 선생께 실재적인 꽃은 무엇을 의미하나요?

167 이 도식의 이점은 당연히 그것이 여러 용도로 쓰일 수 있다는 점입니다. 프로이트는 이미 이 도식과 비슷한 것을 고안한 적이 있으며, 특히 『꿈의 해석』과 『정신분석요강』에서 심리적 심급들을 상상적 현상들에서 출발해 인식해야 한다고 지적했습니다. 『꿈의 해석』에서 그는 지각과 기억이 새겨지는 층위들에 대한 도식을 만들었습니다. 그러한 층위들 속에서 어떤 것들은 의식을 구성하고 어떤 것들은 무의식을 구성하는데, 무의식은 의식과 함께 투사되고 우연하게 자극-응답의 원환을 완성하게 됩니다. 이를 통해 그는 당시 우리에게 생명체의 회로를 이해시키기 위해 노력했던 것이지요. 우리는 거기서 사진 필름들이 겹쳐진 것 같은 것을 보게 됩니다. 하지만 이 도식은 완벽하지 않음이 분명한데, 왜냐하면 ……

이폴리트_ 선생의 도식을 사용해서 생각해볼 수 있을 것 같습니다. 1

차적으로 이들이 무엇에 대응하는지를 생각해보고 있습니다.

대충 무엇에 대응하느냐는 말씀이시죠? 단적으로 말씀드리자면 우리는 실상, 일정 수의 실재적 대상들을 포함하는 동시에 배제하는 기능을 하는 실상에 자아의 한계라는 의미 효과를 부여할 수 있습니다. 하지만 만일 여러분이 이 모델의 한 요소에 그러한 기능을 부여한다면, 또 다른 요소는 이와 다른 기능을 할 수밖에 없을 겁니다. 여기서는 모든 것이 관계적 용법으로만 쓰일 따름입니다.

이폴리트_ 가령 실재적 대상이 *Gegenbild*를, 자아의 성적 상대를 의미한다고 생각할 수 있을까요? 동물의 도식에서 볼 때 수컷은 *Gegenbild*를, 다시 말해 구조적으로 자신을 보완해줄 파트너를 발견하게 됩니다.

*Gegenbild*가 없으면 안 되지요.

이폴리트_ 헤겔의 용어군요.

*Gegenbild*라는 용어 자체는 *Innenbild*에 대한 조응을 함축합니다. 그것은 *Innenwelt*와 *Umwelt*의 조응까지 거슬러 올라갈 수 있습니다.

이폴리트_ 바로 그런 이유에서 저는 실재적 대상인 꽃이 동물적 지각 주체의 상관항으로서의 실재적 대상을 의미하는 반면, 꽃병의 실상은 실재적 구조에서 반영된 상상적 구조를 의미한다고 말하는 것입니다.

그보다 정확한 설명도 없을 것입니다. 그것은 동물일 경우에만 일어나는 일이지요. 그리고 이는 저의 첫 번째 구성에서 오목거울만 있을 때, 168 실험이 실상이 실재적 사물들과 뒤섞이는 것을 보여주는 경우에 국한했을 때 일어나는 일입니다. 실제로 그것은 우리가 *Innenbild*를 그려볼 수 있는 한 가지 방식입니다. *Innenbild*는 서로 딱 맞는 바늘과 실처럼 동물이 자신에게 고유한 파트너를 찾을 수 있게 해주고 동물의 리비도가 종의 번식을 위해 쓰일 수 있게끔 인도해주지요. 이러한 관점에서 저는 전형type과 비교했을 때 개체가 본질적으로 일시적인 것이라는 사실을 직관적으로 확인할 수 있다는 것을 강조한 바 있습니다.

이폴리트_ 종의 주기를 말씀하시는 거군요.

종의 주기뿐만 아니라 개체가 지나치게 전형의 포로가 됨으로 그것 앞에서 무화되어버린다는 점을 말씀드리는 겁니다. 헤겔이 말한 바와 같이 — 정말로 그가 이렇게 말했는지는 모르겠습니다만 — 개체는 종이 누리는 영원한 생명에 비하면 이미 죽은 것입니다.

이폴리트_ 선생의 비유를 풀이해보면서 저는 헤겔식으로 이렇게 표현해 보았습니다. 즉 "지식*savoir*, 다시 말해 인간성은 성욕의 실패이다."

조금 성급한 말씀입니다.

이폴리트_ 중요한 것은 실재적 대상이 종 수준에 있는 실재적 개체의 실재적 파트너처럼 간주될 수 있다는 사실입니다. 하지만 그렇게 해서 상상적인 것 내에서 어떤 발달이 일어나고, 그러한 발달 덕분에 오목거울 속에 있을 뿐인 파트너가 또한 하나의 실상이 될 수 있게 됩니다. 상상적인 것 속에 투사되었던 실재 대상이 부재함에도 이미지 자체로서 매혹을 발휘하는 이미지, 개체를 매혹시키고 평면거울에까지 포획시켜버리는 이미지가 될 수 있게 된다는 겁니다.

선생께선 동물이 무엇을 지각하고 무엇을 지각하지 못하는지를 가늠하는 것이 얼마나 까다로운 일인지를 잘 알고 계시겠지요. 이는 인간과 마찬가지로 동물에서도 지각이 실험적 행태들, 다시 말해 인위적 행태들을 통해 명시화될 수 있는 것들보다 훨씬 더 복잡하게 이루어지기 때문일 겁니다. 우리는 동물이 우리로서도 의심의 여지가 없는 어떤 것들에 기대어 선택을 행할 수 있다는 점을 종종 깨닫게 됩니다. 그럼에도 우리는 동물이 본능적 유형의 행태 주기 속에 들어가면 외부 세계에 대한 지각이 두터워지고 응축되며 혼탁해진다는 사실을 알고 있습니다. 이때 동물은 몇 가지 상상적 조건들 속에 완전히 눌러 붙기 때문에 절대 속아 넘어가선 안 되는 지점에서 너무나 쉽게 속임을 당할 수 있게 됩니다. 여기서 어떤 항들에 대한 리비도적 고착은 일종의 깔때기 같은 것이 되어 버립니다.

이것이 바로 우리의 출발점입니다. 그런데 인간에 대해 좀 더 복잡하고 좀 더 정교한 장치를 만들 필요가 있다면, 이는 인간의 경우엔 그것이 161 그런 식으로 일어나지 않기 때문입니다.

오늘 다름 아닌 선생께서 친히 제게 다시 힘을 불어넣어주신 이상 헤겔의 기본 명제를 환기하지 않을 이유가 없다고 봅니다. 그것은 바로 인간의 욕망은 타자의 욕망이라는 건데요.

이는 우리의 모델 속에서는 평면거울로 표현되는 바입니다. 또한 바로 거기서 우리는 자크 라캉의 고전적인 거울 단계 이론, 즉 개체가 거울 속의 자기 이미지, 자기 자신을 갖고 수행하는 의기양양한 연습, 발달 속에서 나타나는 전환의 순간을 다시 만나게 됩니다. 우리는 그의 행태의 몇 가지 관련성을 통해 여기서 관건은 처음으로 통제에 대한 예기된 포착이라는 것을 이해할 수 있습니다.

우리는 또한 다른 어떤 것을, 즉 선생께서 사용하신 것과는 다른 의미에서 제가 *Urbild*, *Bild*라고 불렀던 것 — 인간이 자신의 리비도와 관련해 지체되어 있고 떨어져 있다는 사실이 각인되어 있는 첫 번째 모델 — 을 포착할 수 있습니다. 이러한 간극은 욕망의 만족과 욕망의 성취를 향한 추구 사이에 근본적 차이를 만듭니다. — 본질적으로 욕망은 특별히 본원적이지는 않지만 전환을 이루는 어떤 중대한 시점에 도입된 부정성이지요. 욕망은 우선 타자에게서, 그것도 아주 혼동된 형태로 포착됩니다. 우리는 타자의 욕망에 대한 인간의 욕망의 상대성을 경쟁, 경합과 같은 모든 반작용 그리고 인간에 의한 인간의 착취, 합의에 근거한 기본적인 착취를 포함해 문명의 발달 전반에서 만나게 됩니다. 우리는 그것의 끝을 헤아릴 수 없는데, 이는 그것이 절대적으로 구조적이며, 헤겔에 의해 결정적으로 인정된 바와 같이 노동 개념의 구조 자체를 함축하기 때문입니다. 물론 거기서 문제는 더 이상 욕망이 아니라 본질적으로 활동, 인간 욕망의 길속으로 접어든 한에서의 인간적 활동의 완전한 매개입니다.

주체는 본래 자신의 이미지뿐만 아니라 동류의 신체를 매개로 해서 욕망을 인정하고 알아보게 됩니다. 인간 존재에게서 의식이 자기의식으로 분리되는 것은 정확히 바로 그러한 순간에서입니다. 교환이 이루어지는 것은 인간 존재가 자기 욕망을 인정하는 것이 바로 타자의 육체를 통해서기 때문입니다. 그가 자신을 타자의 육체에 동화시키고 육체로 자신을 인정하는 것은 자기 욕망이 다른 쪽으로 이행되는 한에서입니다.

동물에게 의식이 육체 자체와 분리되어 있다고, 동물의 육체성이 객관화될 수 있는 요소라고 말할 수 있는 근거는 아무것도 없습니다.

이폴리트_ 두 가지 의미에서 '규정적[입상적*statutaire*]'이라고 할 수 있는 요소가 아니지요.

맞는 이야기입니다. 반면 불행한 의식이라는 영역이 출현하기도 전 170 에 우리에게 주어진 어떤 근본적 소여가 있다면 이는 의식과 육체의 구분임이 확실합니다. 이러한 구분으로 인해 우리의 육체는 작위적인factice 무언가가 되며 우리의 의식은 육체로부터 떨어질 수 없지만 스스로를 별개의 것으로 인식합니다. — 이들은 가장 적절한 용어라고 보긴 어렵겠지만 말입니다.

의식과 육체의 구분은 타자가 문제일 때 거울의 경험 속에서 일어나는 갑작스런 역할 교환 속에서 이루어집니다.

만노니가 어제 저녁 우리에게 개인들 간의 상호 관계 속에는 타인을 우리 자신에게 투사하는 것과 같은 작위적인 무언가가 항상 개입한다는 이야기를 했습니다. 아마도 그러한 이야기가 가능한 것은 우리가 우리 자신을 육체로 인정할 수 있는 것이 우리의 욕망을 인정하기 위해 꼭 필요한 타자들 역시 그 자체가 하나의 육체를 갖는 한에서, 더 정확히 말해, 우리가 그들처럼 하나의 육체를 갖는 한에서이기 때문일 것입니다.

이폴리트_ 제가 잘 이해가 안 되는 것은 자기 자신과 육체라는 구분보다는 두 가지 육체 사이의 구분입니다.

그렇지요.

이폴리트_ 한편으로 자기*soi*가 이상적 육체로 표상하는 것이 있고 또 다른 한편으로는 내가 느끼는 육체가 있기 때문에 두 개의 육체가? ……

그건 결코 그렇지 않습니다. 프로이트의 발견의 핵심이 있는 것은 바로 이것입니다. 즉 인간은 초기 단계에서 결코 단번에 어떤 극복된 욕망에 다다를 수 있는 게 아니라는 겁니다. 그가 타자의 이미지 속에서 알아보고 고정시키는 것은 바로 조각난 욕망이지요. 그런데 거울 이미지를 외관상 전체로 통제하는 것이 적어도 가상적으로나마 그에게 주어집니다. 이는 이상적 통제입니다.

이폴리트_ 그것이 바로 제가 이상적 육체라고 부르는 것입니다.

그것은 *Ideal-Ich*이지요. 반면 그의 욕망은 구성되지 않았습니다. 주체가 타자에게 발견하는 것은 우선 일련의 양가적 층위들, 그의 욕망, 여전히 조각나 있는 욕망의 소외들입니다. 우리는 우리가 본능의 진화에 대해 알고 있는 모든 것을 통해 이에 대한 도식을 얻을 수 있습니다. 프로이트에게서 리비도 이론은 성숙한 욕망에 다다르거나 다다르지 못한 무수한 부분 충동의 점진적 구성, 보존을 통해 만들어지기 때문입니다.

이폴리트_ 저는 우리가 같은 이야기를 하고 있다고 생각합니다. 그렇지 않습니까? 선생께선 조금 전에 그렇지 않다고 말씀하셨지만 우리는 생각이 같습니다. 제가 두 가지 육체라고 말한다면 이는 단순히 171 타자에게서나 거울 속의 나 자신의 이미지 속에서 구성된 것으로 내가 보는 것은 내가 아닌 어떤 것, 실제로는 자아 저편에 있는 어떤 것이라는 의미입니다. 그것이 바로 제가 이상적 육체, 서있는 상으로서의 [규약상의*statutaire*] 육체, 입상*statue*이라고 부르는 것이지요. 「젊은 파르크」에서 발레리가 이렇게 말했던 것처럼 말입니다. "하지만 나의 입상이 동시에 떨고 있다." 말하자면, 분해된다는 것입니다. 이러한 분해가 제가 말하는 또 다른 육체지요.

스스로를 찾는 조각난 욕망으로서의 육체와 자기의 이상으로서의 육체는 주체가 타자를 완벽한 육체로 바라보는 동안, 주체 쪽으로 자신을 조각난 육체로 재투사합니다. 주체에게서 조각난 육체는 본질적으로 절단될 수 있는 육체의 이미지입니다.

이폴리트_ 주체가 자신을 입상으로 보는 동시에 절단된다는 의미에서, 어떤 끊이지 않는 변증법 속에서 그러한 절단을 입상에 투사한다는 의미에서 두 육체는 서로 서로 재투사한다고 할 수 있습니다. 제가 제대로 이해했는지를 확실히 하기 위해 선생께서 이미 말씀하신 바를 반복한 것에 양해를 구합니다.

선생께서 괜찮으시다면 곧 한 걸음 더 나갈 수 있을 겁니다.

결국, 실재는 당연히 여기 거울 이쪽에 있습니다. 하지만 그 너머에는 무엇이 있을까요? 이미 살펴보았듯이 우선 거기에는 타자와의 거울상적 변증법이 이루어지는 시원의 상상적인 것이 있습니다.

이 근본적인 변증법은 이미 두 가지 의미에서 죽음 본능의 치명적 차원을 도입합니다. 첫 번째로 리비도적 매혹[포획]은 그것이 영원한 삶의 *x*에 복종하는 한에서 개인에게 치유할 수 없을 만큼 치명적인 가치를 지닙니다. 두 번째는 인간에게 죽음 본능은 그의 리비도가 본래 상상적 단계를 지날 수밖에 없다는 점에서 또 다른 의미 효과를 지닌다는 것인데, 이는 프로이트의 사유에 의해 강조되고 있지만 「쾌락원칙을 넘어서」에선 완벽하게 구분되어 있지 않지요.

게다가 이러한 이미지의 이미지는 인간에게서 리비도의 성숙을 해치는 것, 동물에게서의 가설 — 결국 우리가 그것에 대해 무엇을 알고 있는지는 의문이니 말입니다 — 에 따른다면 원칙상 존재해야 할 상상적인 것과 현실 사이의 합치[적응성]를 해치는 것이지요. 동물에게서는 조종 장치의 확실성이 너무나 분명하기 때문에 바로 거기서부터 인간의 *natura mate*라는 위대한 환상, 자연이라는 관념 자체가 유래합니다. 그러한 환상을 기준으로 인간은 자신의 본원적인 불합치[부적응성]을 그리면서 그것을 다양한 방식으로 표현하지요. 우리는 전적으로 객관화가 가능한 방식으로 그러한 불합치[부적응성]의 좌표를 생명의 기원에 있는 아주 특별한 무능력 속에서 찾을 수 있을 것입니다. 그러한 조산성을 처음 생각해낸 것은 정신분석가들이 아닙니다. 여전히 논란의 여지가 있긴 하지만, 조직학적으로 볼 때 유기체 내에서 신경장치 역할을 하는 장치는 출생 시점에선 완전하지 않습니다. 인간은 리비도의 대상을 만나기 전에 자신의 리비도를 완성합니다. 인간이 어떤 동물들에게보다 훨씬 더 치명적인 어떤 타자와의 관계 속에서 영구적으로 존재하게 될 특유의 균열을 안게 되는 것은 바로 이 때문입니다. 인간은 자신이 거울 이미지의 172 형태 아래 보게 되는 주인의 그러한 이미지와 죽음의 이미지를 혼동하게 됩니다. 인간은 절대 주인과 대면할 수 있습니다. 인간이 그것을 배웠든 안 배웠든 이는 처음부터 그래왔습니다. 인간이 죽음의 이미지에 종속되어 있는 한에서 말이지요.

이폴리트_ 동물은 교미할 때 죽음에 맡겨지지만 그것을 알진 못합니다.

하지만 인간은 그것을 알고 있습니다. 그것을 알고, 느낍니다.

이폴리트_ 그래서 인간은 스스로 자신에게 죽음을 부여한다고까지 말할 수 있습니다. 인간은 타자를 통해 자기 자신의 죽음을 원합니다.

사랑이 자살의 한 형식이라는 데 우리는 모두 동의하겠지요.

랑 박사_ 선생님께서 강조하셨지만 어떤 의미에서 강조하셨는지가 잘 이해가 안 되는 사항이 하나 있습니다. 이는 바로 문제의 장치에서 우리가 어떤 일정한 장 속에 존재해야 한다는 것입니다.

선생께서 제 의중을 읽으시긴 했지만 그것을 어디에 끼워 넣어야 할지 모르시는 걸 보면 제가 그것을 충분히 보여주진 않은 것 같습니다.

문제의 관건은 여기서도 역시 여러 차원에서 작용할 수 있습니다. 우리는 이 사태를 구조화 수준에서도 또 기술 수준에서도 또는 치료를 다루는 수준에서도 해석할 수 있습니다. 어느 순간에 이미지의 가시화를 결정하는 것이 — 주체는 항상 동일한 자리에 있고 — 반사면을 어떻게 움직이느냐에 달려 있는 도식의 도움을 받는다면 아주 편해질 것입니다. 이미지가 충분히 완전하게 보이기 시작하는 것은 어떤 일정한 가상적 시점視點으로부터 뿐입니다. 우리는 이 가상적 시점을 마음대로 바꿀 수 있습니다. 하지만 거울이 돌면 무엇이 바뀔까요?

바뀌는 것은 단순한 배경, 다시 말해 주체가 배경에서 보는 것, 가령 자기 자신 또는 이폴리트 선생이 지적해준 바와 같이 주체 자신의 반영만이 아닙니다. 실제로 우리가 평면거울을 움직여보면 일정 수의 대상이 그러한 장 밖으로 벗어나는 순간이 있습니다. 맨 마지막까지 남아 있다 나오는 것은 물론 가장 가까운 것들이지요. 이는 제가 잠시 수수께끼로 남겨둔 것, 제가 관찰자라고 불렀던 것이 아니라 다른 어떤 것과 관련해 이상적 자아가 자리 잡는 어떤 방식을 설명하는 데 이미 사용될 수 있습니다. 여러분은 그것이 단지 관찰자 문제만이 아님을 유념하시기 바랍니다. 그것은 결국 우리가 말하고 말해지는 데서의 출발점인 상징적 관계의 문제입니다.

그런데 그것만 변하는 것이 아닙니다. 거울을 기울이면 이미지 자체가 변합니다. 실상을 움직이지 않고 거울을 변화시키는 것만으로 오목거울 쪽에 위치한 주체가 거울 속에서 보게 될 이미지가 입 형태에서 남근 형태로 또는 어느 정도 완전한 욕망에서 제가 조금 전에 조각났다고 말한 욕망 형태로 바뀌게 될 겁니다. 바꿔 말해, 그러한 작동은 프로이트가

173

항상 생각했던 것, 즉 지형학적 퇴행이란 개념과 그가 *zeitlich-Entwickelungsgeschichte*라고 부른 퇴행 — 이는 프로이트 자신이 얼마나 시간적 관계에 의해 골치아파했는지를 잘 보여줍니다 — 사이에 가능할 수 있는 상관성들을 이해할 수 있게 해줍니다. 프로이트는 *zeitlich*, 즉 '시간적인', 그리고 줄표를 긋고, '발달의 역사'라고 말합니다. 그런데 여러분은 *Entwickelung*이라는 용어와 *Geschichte*라는 용어 사이에 어떤 내적 모순이 있는지를 잘 알고 있을 겁니다. 그는 이 세 용어를 함께 사용합니다. 각자에게 이 문제를 해결해보라고 하는 것이죠.

우리가 반드시 해결해야 하는 것은 아니지만, 그렇다면 우리가 여기 있을 이유도 없는 것입니다. 그런데 그렇게 되면 매우 불행한 일이겠지요.

자, 페리에 선생, 「꿈 이론에 대한 메타심리학적 보론」을 다루어주시기 바랍니다.

2

페리에 박사_ 예, 이 텍스트는 ……

텍스트가 약간 골치 아픈 것처럼 보이나요?

페리에 박사_ 사실 그렇습니다. 아마도 이 텍스트에 대한 도식을 그려보는 것이 가장 좋은 방법이 아닐까 생각합니다. 프로이트는 몇몇 병적 증상과 그러한 증상을 연구할 수 있게 해주는 정상적 원형들*prototypes*, 가령 애도, 우울, 꿈, 잠, 몇몇 나르시시즘적 상태를 대조해보면 많은 것을 얻을 것이라고 말하면서 논문을 시작합니다.

이와 관련해 그는 정상적 원형들을 가리키기 위해 *Vorbild*라는 용어를 사용하는데, 이것은 *Bildung*이라는 의미로 이해될 수 있습니다.

페리에 박사_ 프로이트는 나중에 이 논문의 말미에서 명시될 어떤 목적을 염두에 두고 꿈 연구에 이르게 된 것인데, 가령 정신분열증과 같은 나르시시즘적 질환들 속에서 만나게 되는 몇몇 현상의 연구를 심화시키는 것이 그것입니다.

병적 질환의 정상적 전조, *Normalvorbilden-Krankheitsaffektion*이지요.

174

페리에 박사_ 그래서 프로이트는 잠은 잠자는 사람을 원초적 태아 상태로 이끌고 또 심리적 조직의 한 부분 전체를 벗어던지게 하는 심리적 탈의脫衣 상태라고 말하게 됩니다. 마치 잠자기 전에 가발, 의치, 옷 등을 벗어놓는 것처럼 말이죠.

그가 주체의 나르시시즘을 잠의 근본적 본질로 삼으면서 그것에 대해 이러한 이미지를 제시하면서도 그것이 모든 인간 존재에게 해당되진 않는다는 언급 — 이는 생리학적인 취지의 언급은 아닌 듯싶습니다 — 을 덧붙였다는 점은 아주 흥미롭습니다. 아마도 옷을 벗는 것이 상례일 테지만 다른 옷을 입기도 한다는 건데요. 그가 우리에게 갑자기 제시한 비유, 즉 안경 — 우리 중 상당수는 태생적으로 눈이 나쁘기 때문에 안경이 필수적인 존재들이죠 — 뿐만 아니라 의치, 가발 등을 벗어놓은 장면을 생각해보시기 바랍니다. 이는 존재가 해체되는 흉측한 이미지지요. 그렇게 해서 우리는 한계를 가늠할 수 없을 만큼 인간 자아가 부분 부분 해체 가능하고 분해 가능하다는 생각에 근접하게 됩니다. 의치가 내 자아의 일부가 아닌 건 분명하겠지만, 진짜 치아가 어디까지 내 자아의 일부가 될 수 있는지는 가늠하기가 쉽지 않습니다. 왜냐하면 진짜 치아는 명백히 대체 가능한 것이기 때문입니다. 자아의 한계가 불분명하고 모호한 성격을 띤다는 생각은 꿈의 메타심리학 연구가 도입되는 서두에서 제일 중요하게 강조되는 사항입니다. 잠으로의 준비가 우리에게 그러한 의미 효과를 드러내주지요.

페리에 박사_ 다음 단락에서 프로이트는 나중에 자신이 연구하게 될 주제 전반에 대한 개요 같은 것을 소개합니다. 그는 우리가 정신병을 연구할 때마다 각 사례에서 시간적 퇴행, 즉 사례가 그것의 진화 단계에서 어떤 지점으로 퇴행하게 된다는 사실에 직면하게 된다는 점을 환기합니다. 이때 그는 그러한 퇴행 중 어떤 것은 자아의 진화 속에서, 또 어떤 것은 리비도의 진화 속에서 확인된다고 말합니다. 그의 말에 따르면 이 모든 것[정신병에서의 퇴행]에 상응하는 꿈속의 어떤 것 속에서 리비도 진화의 퇴행은 원초적 나르시시즘을 복원해내는 데 이르게 됩니다. 꿈에서 나타나는 자아 진화의 퇴행은 또한 욕망의 환각적인 만족에 이르게 될 겁니다. 이유를 막론하고 적어도 저에게는 이 점이 명확하게 이해가 되진 않습니다.

우리 도식을 통해 본다면 좀 더 명확해지지 않을까요?

페리에 박사_ 프로이트가 시간적 퇴행, 주체의 역사 속에서의 퇴행으로부터 출발한다는 것을 주목하면, 우리는 그것을 예감할 수 있을 것입니다. 그러한 사실로부터 자아의 진화에서의 퇴행은 욕망의 환각적인 만족이라는 가공되지 않은 전적으로 기초적인 원초적 상태에 이르게 되는 겁니다. 그는 우선 우리를 꿈 과정에 관한 연구로, 특히 꿈에서 일어나는 일과 관련해 잠의 나르시시즘에 관한 연구로 다시 안내하게 될 겁니다. 그는 무엇보다 꿈의 이기주의에 대해 언급하는데, 이는 나르시시즘이란 용어와 비교했을 때 다소 놀라운 용어지요.

175 그는 어떻게 꿈이 이기적이라는 것을 입증할까요?

페리에 박사_ 그는 꿈의 중심인물은 항상 잠들어 있는 사람이라고 말합니다.

그는 또한 주인공 역할을 맡는 사람이지요. *agnosieren*이 정확히 무슨 뜻인지 누가 말씀해주실 수 있을까요? 저는 이 독일어 단어를 본 적이 없습니다. 하지만 의미는 명확합니다. 그것은 항상 본래의 자기로 인정되어야 하는 사람, *als die eigene Person zu agnosieren*을 말합니다. 누가 이 단어의 용법을 설명해주실 수 있으신지요? 프로이트는 우리가 우리의 변증법 속에서 끊임없이 이야기하있는 것과 같은 의미의 인정이란 차원을 함축한다고 할 수 있는 *anerkennen*란 용어를 사용하지 않습니다. 잠들어 있는 사람은 어떤 수준에서 인정되는 것일까요? 우리의 해석 수준 또는 점술 수준일까요? 이 둘은 완전히 같은 것이 아닙니다. *anerkennen*과 *agnosieren* 사이에는 우리가 알고 있는 것과 우리가 이해한 것의 차이가 있고 그러한 차이에는 어쨌든 어떤 근본적 애매함이 각인되어 있지요. 프로이트 자신이 『꿈의 해석』에서 식물학 논문에 대한 유명한 꿈을 어떻게 분석하는지 살펴보시기 바랍니다. 좀 더 나아가면 우리는 꿈과 시나리오의 의미 효과를 향한 첫 번째 접근들 속에 담긴 천재적 면모를 좀 더 분명하게 볼 수 있을 겁니다.

아마도 X여사께서 이 *agnosieren*에 대해 뭔가 말씀해주실 수 있지 않을까요?

X 여사_ 프로이트는 이따금 빈에서 쓰는 표현들을 사용합니다. 앞의 단어는 독일에선 더 이상 사용되고 있지 않습니다. 하지만 선생께서 제시하신 의미는 정확합니다.

빈에서 쓰고 있는 의미라니 흥미롭습니다.

이 점과 관련해 프로이트는 형제와 같은 어떤 인물, 친구이기도 하고 적이기도 한 어떤 인물과의 관계에 대해 아주 깊은 이해를 보여줍니다. 그는 그러한 인물이 자신이 존재하는 데 아주 중요한 인물로, 인간에겐 그런 종류의 *Gegenbild*에 의해 덧입혀진 누군가가 항상 있다고 말합니다. 그런데 이와 동시에 프로이트는 연구실의 한 동료에 의해 체현된 바로 그러한 인물을 매개로 해서 — 저는 이전 세미나들에서, 맨 처음, 우리가 프로이트의 연구 경력의 첫 단계들에 대해 이야기하면서 이 인물을 환기한 적이 있습니다 —, 다시 말해 그러한 동료, 그의 행위, 그의 감정을 매개로 해서 그리고 그것들과의 관련 하에서 자신의 잠재적 욕망을, 다시 말해 자신의 공격성과 야망의 요구를 꿈속에 투사하고 소생시켰던 것입니다. 그리하여 *eigene Person*[그 사람 자신]이란 전적으로 모호한 것입니다. 우리가 주인공 역할을 맡은 인물 속에서 잠들어 있는 자의 본래의 자기를 찾아야 하는 곳은 바로 꿈 의식의 내부 자체, 좀 더 정확히 말해 꿈의 신기루의 내부입니다. 하지만 그 사람 자신이란 잠들어 있는 사람이 아니라 타자입니다.

176 **페리에 박사_** 그때 그는 나르시시즘과 이기주의가 사실은 동일한 것이 아닌가라고 자문하고 있습니다. 그리고 나르시시즘이라는 단어는 이기주의의 리비도적 특성을 강조하기 위해 쓰인 것일 뿐이라고 말합니다. 다시 말해, 나르시시즘은 이기주의의 리비도적 보완물로 여겨질 수 있다는 것이죠. 그는 삽입절에서 꿈의 진단 능력에 대해 이야기합니다. 이를 위해 그는 각성 상태에선 잘 보이지 않는 어떤 방식으로 몇 가지 유기체적 변화를 꿈속에서 지각할 수 있다는 것을 환기시킵니다. 그러한 변화들은 각성 상태에서도 잘 보이지 않는 어떤 것을 진단할 수 있게 해준다는 것이지요. 그러한 순간 심기증이라는 문제가 거론됩니다.

바로 거기에 약간 미묘한 것, 좀 더 까다로운 것이 있습니다. 그것이 무엇을 의미하는지 잘 생각해보시기 바랍니다. 저는 상상적 상황 속에서 나르시시즘화되고 리비도화된 타자의 이미지와 주체의 이미지 사이에서 생겨나는 교환에 대해 말씀드린 바 있습니다. 또한 동물에게서 세계의 어떤 부분들이 불투명해지고 매혹적으로 변하는 것과 마찬가지로 타자의 이미지 또한 불투명해지고 매혹적이 됩니다. 우리는 꿈속에서 잠자는 사람의 본래의 자기를 순수한 상태로 *agnosieren*할 수 있습니다. 꿈속에서는 그것에 대한 주체의 인식 능력이 그만큼 증가한다는 것이지요. 반면 각성 상태에서는 — 적어도 그가 『꿈의 해석』을 읽은 적이 없다면

— 자신이 자는 동안 내부에서 느껴지는 무언가를 예고할 수 있는 자신의 육체 감각을 충분하게 지각할 수 없을 겁니다. 주체가 자신의 육체를 잘 느끼는 것까진 아니더라도 좀 더 잘 지각하고 인식할 수 있는 것은 바로 꿈속의 리비도적 불투명화가 거울 건너편에 있는 한에서입니다.

이 메커니즘을 이해하셨는지요?

각성 상태에서는 타자의 육체가 주체에게 반영되고, 그리하여 주체는 자기 자신의 많은 것을 몰인식하게 됩니다. 자아가 몰인식의 능력이라는 사실은 모든 분석 기술의 토대입니다.

이러한 몰인식은 매우 멀리까지 뻗쳐있습니다. 구조화, 조직화, 동시에 암점화 — 저는 이 용어가 아주 적절하게 사용되었다고 생각합니다 — 에까지, 그리고 우리가 우리 자신에 대해 캐낸 온갖 정보 — 이는 그 자체가 또한 이질적 기원을 가진 육체성을 우리에게 되돌려주는 특수한 놀이입니다 — 에까지 뻗쳐있습니다. 이는 "그들은 아무것도 보지 않기 위해 눈이 있나니"라는 문장에도 미치고 있지요. 사람들은 이것이 반어적 표현이라 생각하지만 복음서의 문장들은 언제나 자구 그대로 받아들여야 합니다. 그렇지 않고는 당연히 아무것도 이해할 수 없습니다.

페리에 박사_ 꿈은 또한 내적 과정의 투사, 외재화입니다. 프로이트는 내적 과정의 외재화는 잠을 깨는 것에 대한 한 가지 방어 수단임을 환기시킵니다. 히스테리적 공포증에서는 그 자체가 방어 수단인 이런 식의 투사가 내적 기능을 대체합니다. 하지만 프로이트는 잠을 자려는 의도가 왜 방해 받는가라는 질문을 던집니다. 잠을 자려는 의도는 외부에서 오는 자극이나 내부에서 오는 흥분에 의해 방해받을 수 177 있지요. 내부의 방해물이 제일 흥미로운 경우인데, 우리는 이 부분을 연구해볼 것입니다.

이 대목을 잘 이해해야 합니다. 이 대목만 잘 이해하면 투사라는 용어를 분석에서 어느 정도 엄밀하게 사용할 수 있을 것이기 때문이지요. 우리는 줄곧 투사라는 용어를 혼란스럽게 사용합니다. 특히 동류에 대한 감정의 투사에 관해 이야기하면서 줄곧 이 용어의 고전적 용법으로 미끄러져 들어가곤 합니다. 우리가 분석 중에 불가피하게, 다시 말해 체계의 일관성이라는 법칙에 따라 이 용어를 사용해야 할 때 관건은 그것이 아닙니다. 우리가 다음 학기에 슈레버 사례와 정신병 문제를 다루게 되면, 투사에 어떤 의미를 부여할 수 있을지를 최대한 명확히 다룰 수 있게 될 것입니다.

제가 방금 한 말이 무슨 뜻인지 이해했다면, 여러분은 우리가 여기서 내적 과정이라고 부르는 것이 최초로 나타나는 것은 항상 바깥으로부터라는 사실을 이해할 겁니다. 내적 과정이 인정되는 것은 우선 바깥의 매개를 통해서입니다.

페리에 박사_ 어제 저녁 저를 도와주셨던 베르네르*Beirnaert* 신부님, 레만*André Lehmann* 등과 함께 부딪쳤던 어려움은 바로 다음과 같은 문제입니다. 즉 꿈의 전의식적 욕망이란 무엇일까?

프로이트가 꿈의 욕망이라고 부르는 것은 무의식적 요소이지요.

페리에 박사_ 맞습니다. 프로이트는 제가 보기에 각성 상태에서 꿈의 전의식적 욕망이 형성된다고 보는데, 바로 이것 덕분에 무의식적 충동이 전의식적으로 남아 있는 낮의 찌꺼기들을 소재로 해서 자신을 표현할 수 있게 된다고 합니다. 바로 여기서 저를 난처하게 했던 문제가 제기됩니다. 꿈의 전의식적 욕망이라는 용어를 사용한 후에 프로이트는 그것이 굳이 각성 상태로 존재할 필요는 없으며 이미 모든 무의식적인 것에 고유한 비이성적 특성을 갖고 있다고 말합니다. 사람들은 그것을 의식의 측면에서 해석합니다.

이는 중요한 사항입니다.

페리에 박사_ 프로이트는 꿈의 욕망을 전의식적 수준에 있는 어떤 것과도 혼동해선 안 된다고 말합니다.

바로 그렇습니다.

이 대목이 보통 어떻게 이해되는지 주목해 시기 바랍니다. 사람들은 현재적인 것과 잠재적인 것이 있다고 말합니다. 그렇게 해서 그들은 상당수의 복잡한 문제와 부딪히게 되지요. 겉으로 드러난 것, 그것은 배합물composition입니다. 꿈 가공을 통해 주체는 현재적인 것을 환기할 수 있게 됩니다. — 이는 기억이라는 첫 번째 양상의 아주 멋진 전환이지요. 하지만 꿈을 배합하는 당사자는 우리가 찾아내야 하는 것, 진정으로 무의식적인 어떤 것입니다. 그러한 욕망을 찾아내든 찾아내지 못하든 배후에서 무엇이 펼쳐지는지는 절대로 볼 수 없습니다. 무의식적 욕망은 모든 *Tagesresten*, 즉 막연하게 의식되는 투자들을 일정한 방식으로 조직하게끔 주도하는 힘과 같습니다. 이러한 배합은 현재적인 내용에 다다르게 됩니다. 다시 말해, 우리가 재축조해야 하는 무의식적 욕망에는 전혀 부 178

응하지 못하는 하나의 신기루에 다다르는 것이죠.

3

이것을 제 작은 도식으로 어떻게 나타낼 수 있을까요? 마침 이폴리트 선생 덕분에 어쩔 수 없이 제가 오늘 강의 초반에 전력을 쏟아야 했는데요. 오늘은 이 문제를 해결할 수 없겠지만, 조금 더 앞으로 나가지 않으면 안 됩니다.

여기서 우리는 조종 장치라고 부를 수 있는 것을 개입시키지 않을 수 없습니다.

그러므로 주체는 자기 자신의 통제라는 환영을 제공해주는 타자의 이미지를 매개로 타자 속에서 자기 욕망을 의식하게 됩니다. 과학적 추론에서 주체를 하나의 눈으로 환원시키는 일이 꽤 빈번하듯이, 우리는 또한 주체를, 그의 발달 과정과는 독립적으로 자신에 대해 미리 주어진 이미지와의 관계 속에서 단번에 포착된 어떤 인물로 환원시킬 수도 있을 겁니다. 그럼에도 주체는 여전히 인간적인 존재입니다. 그는 무력한 상태에서 태어납니다. 그는 울어야만 영양분을 공급받을 수 있는 아주 이른 시기부터 말, 언어를 사용해 누군가를, 더없이 불쌍하게 누군가를 부릅니다. 사람들은 이미 어머니의 원초적 보살핌을 의존 상태와 연관 지은 바 있습니다. 하지만 그렇다고 그처럼 아주 이른 시기부터 주체가 타자와의 그런 관계에 이름을 붙이고 있다는 사실을 궁극적으로는 감출 수 없을 겁니다.

아무리 막연하더라도 그러한 이름은 어떤 특정한 인물을 가리키며, 바로 거기에 정확히 인간적 상태로의 이행이 있습니다. 만일 인간이 어떤 순간에 인간적이 되는지를 규정해야 한다면, 이는 그가 일말이라도 상징적 관계 속으로 들어가는 순간이라고 말할 수 있습니다.

이미 강조한 바 있듯이 상징적 관계는 영원한 것입니다. 그것이 영원하다면, 이는 단순히 사실상 항시 세 명의 인물이 있어야 하기 때문이 아니라 상징이 세 번째 항, 매개의 요소를 도입하기 때문입니다. 이 세 번째 항은 두 인물을 대면시키면서 그들을 또 다른 차원으로 이동시키고 변형시킵니다.

오늘은 중간에 수업을 마치더라도 이 점을 다시 한 번, 그리고 좀 더 깊이 다루어 보고 싶습니다.

게슈탈트학파 철학자이신 켈러 선생은 그런 명목 하에 자신이 기계 179 론적 철학자들보다 한수 위라고 자신하면서 자극-응답이란 테제를 온갖 방식으로 비꼬아 댑니다. 어디선가 그는 다음과 같은 이야기를 한 바 있습니다. "뉴욕의 출판인 아무개 씨로부터 원고 청탁을 받는 것은 어쨌든 재미있는 일이다. 우리가 자극-반응의 영역에 있다고 한다면, 나는 청탁에 의해 자극을 받을 것이고 내 책은 자극에 대한 반응이라 생각될 것이기 때문이다." 켈러 선생은 지극히 정당한 방식으로 경험적 직관에 호소하며 이렇게 말합니다. "하지만…… 그러한 요청에 반응하는 것이 내게 유쾌한 일이 아니며 엄청난 긴장을 준다. 긴장이 해소되어 균형 — 이는 게슈탈트주의적 개념입니다 — 을 되찾으려면 그러한 긴장이 텍스트로 현실화되는 형태를 취해야 한다. 그러한 요청을 받게 되면 내 안에서 불균형이라는 어떤 역동적 상태가 나타난다. 그것이 충족되는 것은 오로지 그것이 받아들여지게 될 때, 즉 어떤 완전한 반응을 요청한다는 사실 자체에 의해 이미 예기豫期된 원환이 닫힐 때뿐이다."

이는 전혀 만족스러운 기술記述이 아닙니다. 켈러는 주체에게서 올바른 반응이라는 미리 만들어진 모델을 전제하고 기존의 요소를 도입합니다. 극단적으로 말하자면 이는 마약이 졸음을 유발하는 것은 그것이 수면제 효과를 갖기 때문이라는 식으로 대답하는 것이 됩니다.[1] 즉 그는 관계들이 어떤 행동을 유발하는 것은 그것의 모델이 이미 주체 안에 깊이 새겨져 있음에도 주체가 그것을 현실화하지 못했기 때문이라는 식의 가정으로 만족합니다. 이는 기계주의적 이론을 약간 더 발전시켜 옮겨 적은 것에 불과하지요.

그러나 우리는 여기서 인간 존재가 인간 존재로 구성되는 장인 상징적 영역을 알아보아야 합니다. 실제로 청탁을 받고 '예'라고 대답한 후 계약서에 사인하는 순간부터 켈러 선생은 더 이상 이전과 똑같은 켈러가 아닙니다. 또 다른 켈러, 계약에 묶인 켈러가 있고, 또 다른 출판사, 또 하나의 계약서, 또 하나의 상징을 쥐고 있는 출판사가 있는 것이죠.

제가 이처럼 저속하면서도 구체적인 실례를 든 것은 그것이 우리를 노동의 변증법 속으로 깊숙이 인도해주기 때문입니다. 제 자신을 어떤 남자의 아들로 규정하고 그를 제 아버지로 규정한다는 단 하나의 사실 속에, 너무나 추상적인 듯 보이지만 그럼에도 우리를 하나로 묶어주는 육신의 대물림만큼이나 무거운 무언가가 있습니다. 심지어 그것은 사실 인간 질서에서는 그런 대물림보다 도 더 무거운 것이라고 할 수 있지요. 왜냐하면 제가 아버지와 아들이라는 단어를 발음하기도 전에, 아버지가 노망이 들어 더 이상 그런 말들을 내뱉을 수 없더라도 우리 주변 인간의 체계 전체가 그것이 포함하고 있는 모든 결과와 함께 우리를 이미 아버지와 아들로 규정하고 있기 때문이지요.

1) 몰리에르.

그러므로 자아와 타자의 변증법은 타자와의 관계를 통해, 언어 체계의 기능만으로도 초극되어 좀 더 높은 차원에 위치하게 됩니다. 그러한 언어 체계가 우리가 규칙이라고 부르게 될 어떤 것, 아니 좀 더 정확히 말해 법loi이라고 부르는 것과 어쨌든 근본적으로 연결되어 있고 많든 적든 그것과 동일한 면이 있는 한에서 말입니다. 이러한 법은 개입하는 매순간마다 새로운 어떤 것을 만들어냅니다. 우리가 아무것도 이야기하지 않기 위해 말을 하는 경우가 아니라면, 각각의 상황은 어떤 식으로든 법의 개입에 의해 변형되지요.

180

하지만 제가 다른 곳에서 설명했듯이 아무것도 이야기하지 않기 위한 것조차도 나름의 의미 효과를 가집니다. 이제는 더 이상 "사람들 사이를 조용히 옮겨 다니다 닳아버린 한 닢의 동전" — 이것은 제가 로마 강연에서 인용했던 말라르메의 문장입니다 — 으로밖에 사용되지 않는 언어의 실현은 언어의 순수한 기능, 즉 더도 말고 우리에게 우리가 존재한다는 확신을 주는 기능을 보여줍니다. 아무 의미 없이 말할 수 있다는 것 역시 사람들이 말할 때 보통 어떤 의미를 담고 있는 것만큼이나 의미가 있습니다. 놀랄만한 일이 있다면, 그것은 사람들이 말을 하지 않을 수도 있음에도 불구하고 말하는 경우가 많다는 사실입니다. 하지만 침묵하는 것, 거기에는 분명 훨씬 더 어려운 무언가가 있습니다.

자, 여기서 우리는 언어가 최초의 경험들과 아무 매개 없이 맞붙어 있는 원초적 수준으로 들어가게 됩니다. 왜냐하면 인간의 환경을 상징적 환경으로 만드는 것은 생존을 위해 꼭 필요한 일이기 때문이지요.

저의 조그만 모델에서 상징적 관계의 파급 효과를 이해하기 위해서는 거울의 회전을 일으키는 것이 바로 언어 관계들의 개입이라고 가정해 보는 것만으로 충분합니다. 이때 거울의 회전은 타자, 절대 타자 속에서 주체 자신의 욕망의 다양한 얼굴을 주체에게 보여주게 될 겁니다. 주체의 역사 — *Entwickelung*, 발달이 아니라 주체가 과거와 미래 속에서 동시다발적으로 자신을 알아보게[인정하게] 되는 *Geschichte* — 가 거기 기입되어 있는 한에서 상상적 차원과 상징적 체계는 서로 연결되어 있습니다.

과거와 미래라는 단어에 대해 성급히 말씀드린 것은 저도 잘 알고 있습니다. 좀 더 천천히 다시 말씀드리도록 하겠습니다.

과거와 미래는 정확히 서로 조응을 이룹니다. 물론 그러한 조응은 아무 방향으로나 이루어지는 것이 아닙니다. 즉 여러분이 분석이 가리키고 있다고 믿는 방향, 즉 과거에서 미래를 향한 방향으로가 아니죠. 이와 정반대로 정신분석에서 분석 기술이 실제 효과를 발휘하는 제대로 된 순서는 미래에서 과거를 향한 방향입니다. 여러분은 자신이 쓰레기통에서 환자의 과거를 찾는 중이라고 생각할 수도 있겠지만, 반대로 여러분이 거꾸로 거슬러 올라갈 수 있는 것은 환자가 어떤 미래를 갖고 있는 한에서입니다.

왜 그런지는 당장은 말씀드릴 수 없습니다. 계속해보도록 하겠습니다.

모든 인간 존재는 상징의 세계에 참여하고 있습니다. 그들은 상징의 세계를 구성하기보다는 그러한 세계에 속하고 종속되어 있지요. 그들은 상징의 세계의 작인이라기보다는 매체라고 해야 할 겁니다. 주체로 하여금 변화무쌍하고 파편화되어 있고 조각나 있고 경우에 따라서는 완전히 해리되어 있는 퇴행적 자기 이미지를 갖도록 만드는 변주들이 일어나는 것은 바로 상징, 그의 역사의 상징적 구성에 의거해서입니다. 이것은 분석 중에 좀 더 체계화된 방식으로 확인할 수도 있지만 주체의 일상생활의 정상적 *Vorbilden* 속에서도 충분히 확인할 수 있는 일입니다.

그렇다면 여기서 무의식과 전의식이란 과연 무엇일까요?

오늘은 여러분이 그것을 알고 싶어도 설명을 아껴야 할 것 같은데요. 어쨌든 오늘 우리의 관점에서 이 문제에 대해 대략적으로 제시할 수 있는 첫 번째 사항은 이렇습니다. 즉 여기서 문제의 관건은 바로 몇몇 차이, 좀 더 정확히 말씀드리면, 주체가 자신의 발달을 새겨 넣는 곳인 주체의 역사와 결부된 몇몇 불가능성이라는 겁니다.

181

지금 우리는 프로이트의 애매한 표현, *Zeitlich-Entwicklungsgeschchite*에 새로운 가치를 부여하고 있는 중입니다. 그런데 역사만 한정해서 본다면, 실상의 몇몇 부분이나 돌발적인 몇몇 국면이 나타나는 것은 주체의 역사의 몇몇 특수성 때문이라고 할 수 있습니다. 여하튼 문제의 관건은 어떤 유동적 관계입니다.

분석 내부의 작용 속에서 실상의 몇몇 국면과 얼굴은 — 부담 갖지 마시고 말놀이를 해봅시다 — 허상 속에서는 절대로 나타날 수 없을 겁니다. 이와는 달리 단순히 허상 속에서 거울을 움직여봄으로써 접근할 수 있는 것, 우리가 허상 속에서 볼 수 있는 실상의 부분은 오히려 전의식에 해당합니다. 반면 한 번도 모습을 드러내지 않을 실상의 어떤 부분들, 장치가 돌아가지 않고 멈추어버린 — 이렇게 좀 더 은유적으로 말하는 것쯤은 괜찮습니다 — 장소들, 그것이 바로 무의식입니다.

여러분 자신이 이해했다고 생각하신다면 분명 오산입니다. 여러분은 이러한 무의식 개념이 난해하다고 생각하실 테지만, 저는 난해하다는 것을 보여주는 것 말고 다른 욕심은 없습니다. 한편으로 무의식은 제가 방금 정의한 것처럼 부정적인 것, 관념적으로는 접근할 수 없는 어떤 것입니다. 하지만 다른 한편 무의식은 거의 실재적이라고 할 수 있는 어떤 것이기도 하지요. 결국 그것은 상징적인 것 속에서 현실화되어질 어떤 것,

더 정확히 말하자면, 분석 중 상징적 진보 덕분에 마치 있어 왔던 것처럼 될aura été 어떤 것입니다. 저는 무의식 개념이 이 세 가지 관점을 만족시켜야 한다는 것을 프로이트의 텍스트들에 의거해 보여드릴 것입니다.

지금 이중 세 번째 관점을 구체적으로 설명해 보도록 하겠습니다. 갑자기 세 번째 관점부터 소개해서 놀라실 지도 모르겠습니다.

프로이트가 처음엔 억압을 고착과 동일한 것처럼 설명했다는 사실을 잊지 마시기 바랍니다. 그러나 고착의 순간에는 억압이라고 할 만한 것이 전혀 없습니다. 가령 늑대인간의 억압은 고착보다 훨씬 이후에 나타난 것이지요. *Verdrängung*은 항상 *Nachdrängung*입니다. 그렇다면 억압된 것의 회귀는 어떻게 설명해야 할까요? 역설적인 방법일 수 있겠지만 설명할 수 있는 방법은 딱 한 가지입니다. 즉 회귀는 과거로부터 오는 게 아니라 미래로부터 온다는 것이죠.

억압된 것이 하나의 증상을 통해 회귀한다는 사실을 제대로 이해시켜드리려면 인공두뇌학자들에게서 빌려온 비유를 다시 거론해야 할 겁니다. — 덕분에 저는 그런 비유를 직접 고안하는 일은 피할 수 있을 텐데, 사실 너무 많은 것을 고안하는 것은 가급적 자제해야 합니다.

위너Wiener는 서로 반대 방향으로 흐르는 시간 차원을 사는 두 인물을 가정합니다. 당연히 이는 뭔가를 말하려고 하는 이야기가 전혀 아니지만, 그런 얘기가 바로 이런 식으로, 갑자기 전혀 다른 차원에서 뭔가를 의미하게 될 수 있습니다. 가정된 두 명 중 한 명이 다른 한 명에게 메시지를 보내면, 가령 사각형을 보내면 시간이 반대 방향으로 가고 있는 사람은 그러한 사각형이 나타나는 모습을 보기도 전에 그것이 사라지는 모습을 182 먼저 보게 된다는 겁니다. 우리가 목격하는 것 또한 바로 이런 것입니다. 증상은 우선 우리에게 하나의 흔적으로 나타납니다. 그것은 단지 하나의 흔적일 뿐이며 분석이 꽤 많이 진전되어 우리가 의미를 실현할 때까지는 언제나 이해되지 않은 채로 남아 있습니다. 또한 *Verdrängung*이 항상 *Nachdrängung*에 지나지 않듯이, 억압된 것의 회귀를 통해 우리 눈에 들어오는 것은 앞으로 주체의 역사 속으로 통합될 때만, 상징적으로 현실화될 때만 가치를 갖게 될 무언가의 지워진 신호라고 할 수 있습니다. 말 그대로 그것은 어떤 성취의 순간에 마치 "[그렇게] 있어 왔던 것처럼 될" 어떤 것일 뿐이지요.

여러분은 저의 조그만 장치 덕분에 이 점을 좀 더 잘 이해하실 수 있을 겁니다. 비밀을 하나 털어놓자면 저는 매일같이 이 장치에 약간씩 무엇인가를 덧붙이고 있는 중입니다. 저는 주피터가 아니기에 제 머릿속에서 미네르바를 탄생시키듯 그것을 완성된 형태로 꺼내 보일 수 없습니다. 그것에 신물이 나서 결국 놓아버릴 수밖에 없게 될 때까지 그것에 매달려 봅시다. 그때까지 그것은 무의식 개념에 필요한 세 가지 얼굴이 어떻게 구성되는지를 우리에게 보여줄 것이며, 결국 우리는 페리에가 프로이트의 텍스트를 소개하면서 만났던 모순을 모두 해소하고 무의식 개념을 이해할 수 있게 될 것입니다.

오늘은 이 정도로 마치도록 하겠습니다. 저는 아직 분석가가 왜 허상이 있는 곳에 위치하고 있는지를 설명하지 않았습니다. 분석가가 왜 거기 있는지를 이해하게 되는 날 여러분은 분석 속에서 일어나는 거의 모든 일을 이해하실 수 있게 될 겁니다.

1954년 4월 7일

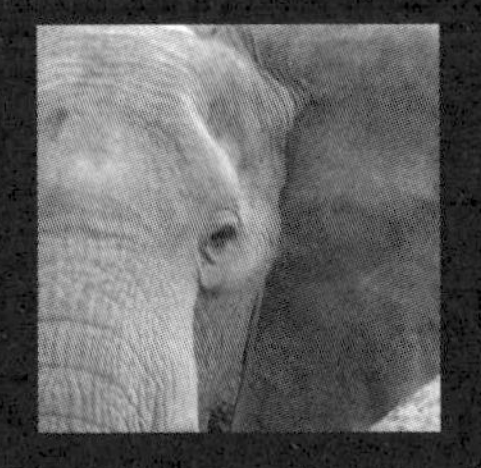

심리학을 넘어서

AU-DELA DE PSYCHOLOGIE

13

욕망의 시소

분석에서 언어의 혼란
'나'의 탄생
몰인식은 무지가 아니다
내사의 신비주의자
원초적 마조히즘에 대해

이제 3번째 3분기로 접어들었는데 다행히 이번 학기는 짧게 끝날 것 같군요. 저는 올해가 끝나기 전에 슈레버 사례를 다루려고 했습니다. 슈레버 법원장의 독창적 저작에 대한 번역을 제가 추진하고 있는 만큼 거기까지 갔다면 매우 즐거운 자리가 되었겠죠. 프로이트가 친히 그 저작에 대해 연구했고 또 우리에게도 일독을 권한 바 있지만 그 책이 희귀본인 이상 현재까진 그것을 읽어보라는 권고는 부질없는 일이 될 것입니다. 유럽에선 2부 정도가 남아 있는 걸로 알고 있습니다. 저는 그중 한 부를 구해 마이크로필름 2부를 만들었습니다. 하나는 저의 개인적 용도로 쓰고 나머지 하나는 〈프랑스정신분석학회〉 도서관에 기증했지요.

슈레버를 읽어보면 아주 흥미진진합니다. 그 책은 편집증에 관한 완벽한 연구와 정신병의 메커니즘에 대한 풍부한 논평을 가능케 할 수 있을 겁니다. 이폴리트 선생은 제 인식이 편집증적 인식에서 출발한다고 말씀하셨습니다. — 제 이론이 거기서 출발한 게 사실이더라도 그것이 그러한 정도로 머물진 않았으면 하는 바램입니다.

거기엔 구멍이 있습니다. 우리는 무턱대고 그곳에 뛰어들진 않을 겁니다. 그곳에 빠졌다간 헤어 나오지 못할 테니까 말입니다.

지금까지 우리는 프로이트의 『기술론』에 대해 진전을 보았습니다. 저는 지금까지 계속해서 현재의 분석 기술, 다시 말해 혹자들이 말하는 '최근의 발전'과 비교하는 작업을 암묵적으로 해왔는데 이젠 그것을 좀 더 앞으로 밀고나가지 않으면 안 될 것 같습니다. 현행의 분석 기술이란 여러분이 수퍼비전을 통해 교육받은 내용을 은연중에 가리키는 것인데, 그러한 내용에 따르면 분석은 저항에 대한 분석, 자아의 방어 체계에 대한 분석이 되어 버립니다. 이러한 발상은 초점이 잘못 맞추어진 것입니다. 거기서 근거가 되는 것은 구체적이지만 제대로 체계화되지 않고 심지어 때로는 공식화되지 않은 가르침에 불과합니다.

186 다들 지적하는 바와 같이 기술에 관한 정신분석 문헌들이 드물긴 하지만 상당수 저자가 이 주제를 다룬 바 있습니다. 그들은 엄밀한 의미에서 저서를 쓰진 않았지만 그들이 쓴 논문들이 있습니다. — 아주 신기하게도 그중 가장 흥미로운 논문들은 아직도 작업 중이라고 합니다. 사실, 거기에는 우리가 꼼꼼하게 살펴보아야 할 많은 자료가 있습니다. 몇 분이 협력해주시면 좋을 텐데요. 그분들께는 이중 몇 편의 논문을 빌려드리도록 하겠습니다.

먼저 잘츠부르크 심포지엄을 옮겨놓은 작스Sachs, 알렉산더, 라도Rado 등이 쓴 3편의 논문이 있습니다. 페니헬의 책을 뒤적거려 보았다면 이들의 이름을 들어보셨을 겁니다.

다음, 마리엔바드 총회에서는 분석의 — 그들이 말하는 — 성과들에 대한 심포지엄을 발견할 수 있을 겁니다. 현실적으로 거기서 문제가 되고 있는 것은 성과라기보다는 그것을 초래한 과정입니다. 여러분은 그곳에서 제가 분석 상의 언어의 혼란이라고 부르고 있는 것, 즉 어떤 식으로든 분석 과정의 적극적 수단들에 관한 생각들이 극도로 잡다해지기 시작하고 심지어 이미 벌써 지나치게 잡다해져 있음을 확인할 수 있을 겁니다.

세 번째 단계는 현재 진행 중인 것으로, 여기서는 미국의 삼인방인 하르트만, 뢰벤슈타인, 크리스 등에 의해 이루어진 자아 이론에 대한 최근의 업적을 전면에 놓을 수 있습니다. 이들의 논문들은 이따금 개념들을 가지치기해버림으로써 큰 혼란을 빚게 됩니다. 그들은 "탈성화된" — 그나마 "탈리비도화된"이라 하지 않아 다행이죠 — 리비도나 "탈공격성화된" 공격에 대해 끊임없이 언급합니다. 거기서 자아는 프로이트의 세 번째 시기의 저술에서 이미 나타난 바 있는 그처럼 의심스러운 기능을 점차 수행하게 됩니다. — 저는 이 세 번째 시기를 연구 대상에서 제외시키고 1910~1920년까지의 중간 시기까지만 보기로 했는데, 이는 그 사이에 자아에 대한 최종 이론이라고 할 수 있는 것이 나르시시즘 개념과 더불어 완성되기 시작하기 때문입니다. 불어판으로 『정신분석 논집*Essais de psychanalyse*』이라는 제목의 책을 읽어보시기 바랍니다. 거기에는 「쾌락 원칙을 넘어서」, 「집단 심리와 자아의 분석」, 「자아와 자기」 등이 수록되어 있지요. 올해는 이 책을 분석할 수 없겠지만 제가 언급한 저자들이 치료 이론에 어떤 발전을 기여했는지를 이해하고 싶다면 반드시 필요한 작업이라고 할 수 있습니다. 1920년 이래의 치료 이론들은 언제나 프로이트의 최종 진술에 중점을 두어 왔습니다. 그러한 치료 이론들은 대체로 아주 어설픈 것들이었는데, 왜냐하면 나르시시즘 개념의 발생 자체를 깊이 연구하지 않으면 정말로 기념비적이라고 할 이 세 편의 논문에서 프로이트가 언급한 말들의 진의를 파악하기가 매우 어렵기 때문입니다.

이것이 바로 제가 전이와 저항에 대한 분석과 관련해『기술론』속에서 지적하고자 했던 점입니다.

187

1

기본적으로 저의 길은 논증적입니다. 저는 여러분에게 프로이트의 텍스트들에서부터 출발해 하나의 문제틀을 제시하려고 노력했습니다. 하지만 종종 교육적 공식에 주력하면서 분석의 역사 속에서 이 문제들에 대해 이루어진 다양한 공식화들을 통합해야 합니다.

체계를 갖춘 것과는 거리가 멀고 그저 참고를 위한 이미지에 불과할 뿐이지만, 저는 여러분에게 모델을 하나 제시하면서 어떤 중도적 방법을 택했습니다. 제가 여기서 만들기 시작한 광학적 도식을 조금씩 조금씩 여러분에게 소개했던 것은 바로 이 때문입니다.

여러분은 이제 이 장치가 익숙하실 텐데요. 저는 오목거울을 통해 형성된 실상이 어떻게 주체 내부, 우리가 O라고 부르게 될 지점에서 만들어지는지를 여러분께 보여드렸습니다. 주체가 수평거울을 기점으로 대칭적인 어떤 가상적 위치 속에 있다고 느끼는 한에서, 주체는 O'라는 지점에서 그러한 실상을 평면거울 속의 허상처럼 보게 됩니다.

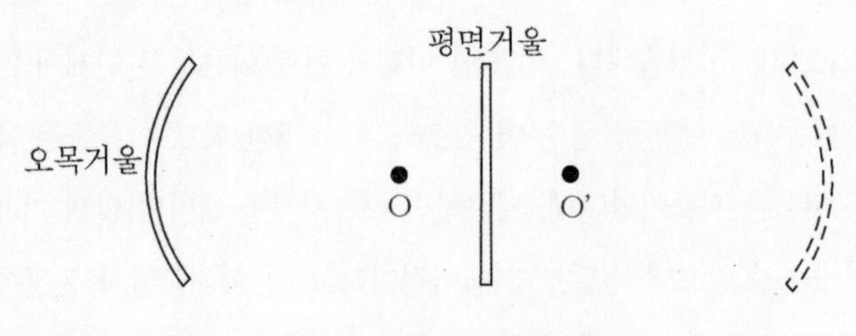

두 거울의 단순화된 도식

여기에는 두 점 O와 O'이 있습니다. 왜 O와 O'일까요? 한 계집아이 — 잠재적인[가상적인] 숙녀, 따라서 남자들보다 실재에 훨씬 더 구속되어 있는 존재 — 가 어느 날 이런 말을 하게 됩니다. "아! 내 모든 삶이 O와 O' 사이에서 굴러갈 거라고 생각하지 마." 하지만 불쌍하게도 이 아이의 삶은 누구나 그렇듯 O와 O' 사이에서 굴러가게 될 것입니다. 아이의 말은 그녀가 무엇을 열망하는지를 보여줍니다. 저는 이 아이를 기리는 뜻에서 이 점들을 O와 O'라고 불러볼까 합니다.

이것만 있으면 문제는 이미 해결된 거나 다름없습니다.

어떻게 되더라도 우리는 이 O와 O'에서 출발해야 합니다. 이미 아시다시피 여기서 관건은 *Ich-Ideal*이 아니라 *Ideal-Ich*의 구성입니다. 바꿔 말해, 관건은 자아가 갖고 있는 근본적으로 상상적인, 거울상적인 기원입니다. 이것이 바로 제가 몇 개의 텍스트를 통해 여러분에게 보여주고자 했던 것인데, 그것의 주축이 『나르시시즘 입문*Zur Einführung des Narzissmus*』입니다. 188

저는 여러분이 이 텍스트 속에서 대상 형성과 자아 형성 사이에 놓인 긴밀한 관계를 이해하셨기를 바랍니다. 나르시시즘 문제가 등장하는 것은 대상과 자아가 엄밀하게 상관적이며 그들의 출현이 정말로 동시적인 것이기 때문입니다. 이 시기의 프로이트의 사상에서 리비도는 리비도 본래의 변증법이 아니라 다른 변증법, 말하자면, 대상의 변증법을 따르고 있는 것으로 나타납니다.

나르시시즘은 생물학적 개체가 자연 대상과 맺는 관계가 아닙니다. 이 둘의 관계가 아무리 다양하게 전개되고 풍부하다고 하더라도 말이죠. 나르시시즘에는 그에 해당하는 어떤 특별한 투자가 존재합니다. 자아의 이미지라고밖에 볼 수 없는 어떤 것이 리비도적으로 투자되는 것이죠.

지금 말한 것은 굉장히 개략적인 것입니다. 저는 이를 보다 정교한 언어, 철학적 언어로 풀이할 수도 있었겠지만 여러분에게 이 논의를 구체적으로 보여주고 싶었습니다. 프로이트의 경험이 발전하는 어느 한 시점부터 문제의 핵심이 자아의 상상적 기능에 놓였음은 전적으로 분명합니다. 하지만 프로이트 이후의 정신분석의 역사 전체는 자아를 심리적 종합 기능으로 보는 개념, 전통적이 아니라 아카데믹한 개념으로 회귀하는 과정과 일치합니다. 그런데 만일 자아가 인간 심리와 관련해 해줄 말이 있다면, 이는 초심리학적trans-psychologique 수준에서만, 또는 프로이트가 분명하게 — 프로이트는 자아를 공식화하는 것이 매우 어려운 일임에도 불구하고 결코 실마리를 놓치지 않았지요 — '메타심리학적'이라 일컬었던 수준에서만 가능한 일입니다.

그런데 심리학을 넘어선다는 의미가 아니라면 메타심리학이란 대체 무슨 의미겠습니까?

2

'나'라고 말한다는 것은 무엇일까요? 그것은 정신분석 개념인 '자아'일까요? 우리는 여기서부터 출발하지 않으면 안 됩니다.

여러분이 '나'라는 말을 사용할 때 그것은 무엇보다 어떤 심리를 참조하고 있다는 것을 간과할 수 없을 겁니다. 인간에게서 벌어지는 일을 관찰하며 그곳에 심리가 있다고 말할 때처럼 말이죠.. 인간은 어떻게 '나'라고 말할 줄 알게 되었을까요?

'나'는 말로써 표현되는 것이며 그것의 용법은 타자를 일정하게 참조함으로써, 그것도 말의 방식으로 참조함으로써 습득됩니다. '나'는

'너'를 참조함으로써 탄생합니다. 심리학자들이 이에 근거해 상호성의 관계 — 유아의 내면적 발달 속에서 일어나거나 일어나지 않으면서 뭔지 모를 어떤 단계를 결정한다고 하는 — 인지 뭔지 하는 것들을 생각해냈다는 것은 다들 아실 겁니다. 그들은 마치 유아가 처음에는 인칭대명사를 사용하는 데 서툴다는 사실로부터 상호성의 관계를 도출해낼 수 있으며 분명 그렇게 할 수 있다고 믿습니다. 유아는 다른 사람이 자신에게 '너'라고 부르면서 말한 문장을 '나'로 바꾸지 않고 그대로 반복합니다. 여기서 문제는 언어를 습득하는 과정에서 일어나는 어떤 더듬거림입니다. 그러한 더듬거림을 무시할 수는 없습니다. 하지만 이는 이 '나'가 무엇보다 언어의 경험을 통해 구성된다는 점을 보여줍니다. '나'는 '너'를 참조하면서 구성되며, 그것도 타자가 자신에게 무언가를 드러내는 어떤 관계 속에서 구성됩니다. 그런데 여기서 이 무엇이란 무엇일까요? 바로 유아가 인정해야 하는 아버지, 어머니, 선생님, 또래친구 등의 명령들, 욕망들입니다.

189

분명히 처음에는 지극히 직접적인 방식으로서가 아니라면 자기 욕망을 인정받을 수 있는 기회가 아주 희박합니다. 적어도 처음에는 개인이 꼬마 주체의 머릿속에서 정확히 어느 지점에서 반향을 일으키는지를 전혀 알 수가 없습니다. 이것이 바로 그러한 주체를 그토록 불행하게 만드는 겁니다.

그런데 어떻게 하면 그가 자기 욕망을 인정받을 수 있을까요? 그는 어떻게 하면 자기 욕망을 인정받을 수 있을지 전혀 알지 못합니다. 그가 그것에 대해 전혀 알지 못한다는 생각은 지극히 당연한 것이라고 할 수 있습니다. 이것이 바로 성인에 대한 분석 경험이 우리, 우리 분석가들에게 보여주는 바입니다. 실제로 성인은 자신의 욕망을 찾지 않으면 안 됩니다. 그렇지 않다면 분석이란 게 필요 없겠지요. 이러한 사실은 그가 자기 자아와 관련된 것으로부터 분리되어 있음을, 다시 말해 자기 자신 중에서 인정받을 수 있는 부분으로부터 분리되어 있음을 보여주기에 충분합니다.

저는 '그가 어떻게 하면 자기 욕망을 인정받을 수 있을지를 전혀 알지 못한다'고 말했습니다. 이 말은 애매모호합니다. 하지만 분석은 우리들에게 사태를 단계적으로 일깨워줍니다. — 프로이트의 저작이 진화하는 과정을 따라가보는 것이 유익한 것은 바로 이 때문입니다. 자, 이제 이 말이 무슨 의미인지를 해명해보도록 합시다.

무지ignorance란 무엇일까요? 이는 분명 변증법적 개념입니다. 무지란 오로지 진리라는 관점 속에서만 무지인 것이니 말입니다. 주체가 진리를 참조하지 않는다면 무지란 것도 존재하지 않습니다. 만일 주체가 자신이 무엇이고 무엇이 아닌지하는 의문을 제기하지 않는다면, 진리니 거짓이니 하는 것도 존재할 수 없으며 심지어는 현실이니 외관이니 하는 것도 존재할 수 없습니다.

주의하시기 바랍니다. 우리는 완전히 철학적인 주제로 발을 들여놓고 있는 중입니다. 무지는 도달가능하다고 여겨지는 진리의 가상적 위치에 대해 대극을 형성하는 방식으로 구성된다고 할 수 있습니다. 따라서 무지는 말하는 존재인 한에서의 주체의 한 가지 상태입니다.

분석 속에서 주체로 하여금 암묵적으로나마 진리를 추구하도록 만드는 시점부터 우리는 바로 그의 무지를 구성해내기 시작합니다. 이러한 상황을, 그리하여 무지를 만들어내는 것은 바로 우리 자신입니다. 주체의 욕망에 대해 자아가 아무것도 알지 못한다고 우리가 말할 수 있는 것은 프로이트의 사유 속에서 이루어진, 경험에 대한 이론 작업덕분이지요.

따라서 이러한 무지는 그냥 단순한 무지가 아닙니다. 이는 *Verneinung* 과정을 통해 구체적으로 표현되고, 또 주체의 정역학적 총체 속에서는 몰인식이라고 불리는 것입니다.

몰인식은 무지가 아닙니다. 몰인식은 주체가 특정한 방식으로 긍정 190 과 부정을 조직화하고 그것을 고수하는 것입니다. 따라서 몰인식은 그것과 상응하는 인식 없이는 생각할 수 없을 겁니다. 만일 주체가 무언가를 몰인식할 수 있다면, 우리는 그러한 기능이 무엇을 중심으로 작용했는지를 알아야 합니다. 주체의 몰인식 배후에는 몰인식되어야 하는 무언가에 대한 어떤 일정한 인식이 있었어야 합니다.

자신과 가까운 사람의 죽음을 몰인식하는 상태로 살고 있는 한 망상증자를 예로 들어봅시다. 그가 죽은 사람을 산 사람으로 혼동하고 있다고 생각하면 오산입니다. 그는 그 사람이 죽었다는 사실을 몰인식하거나 인정하기를 거부하고 있는 것입니다. 그러나 그의 행태를 통해 전개되는 모든 활동은 자신이 인정하고 싶지 않은 무언가가 있다는 사실을 그가 인식하고 있음을 보여줍니다.

그렇다면 자아의 기능 배후에 함축된 몰인식, 본질적으로 인식에 속한다고 할 수 있는 이 몰인식이란 무엇일까요? 바로 여기에 우리가 자아 문제를 다루게 될 출발점일 있을 것입니다. 아마도 이것이 우리 경험의 구체적이고 실질적인 기원일 것입니다. 즉 우리는 분석 가능한 것과 대면해 예언의 작업, 다시 말해 번역 작업에 몰두하게 되는데, 이러한 작업의 목적은 인식 수준에서는 모호한 채로 있는 주체의 언어를 넘어서 진리를 해방시키는 것입니다. 이러한 영역에서 진일보하기 위해서는 몰인식을 이끌고 주도하는 인식이 무엇인지를 물어야 합니다.

동물에게서 인식은 유착, 상상적 유착입니다. 세계가 *Umwelt* 형태로 구조화되는 것은 동물 각각에게 고유하게 세계를 조직하고 특징짓는 일정한 수의 관계들, *Gestalten*이 투사됨으로써 입니다.

사실 동물의 행태를 다루는 심리학자들, 동물행동학자들은 구조화의 몇몇 메커니즘, 방출의 몇몇 경로를 동물에게 선천적인 것으로 규정합니다. 동물의 세계는 동물이 진화해가는 환경입니다. 즉 미분화된 현실 속에서 동물의 행태적 활동이 몸담고 있는 경로들, 무엇보다 자연도태적이라고 할 경로들을 따라 짜이고 분할되는 환경입니다.

하지만 인간에게서는 그러한 것이 존재하지 없습니다. 분석 경험은 인간의 기본적인 충동들이 무정부적임을 보여줍니다. 인간의 파편적 행태들, 대상 — 리비도적 대상 — 에 대한 인간의 관계는 다양한 우발적 요소들에 좌우됩니다. 종합이 실패한다는 겁니다.

그렇다면 동물에게는 삶의 길잡이인 그처럼 선천적인 인식은 인간의 경우에서는 무엇에 해당될까요?

물론 동물에게서도 아주 중요한 것이지만 인간에게서는 자기 자신의 육체의 이미지가 수행하는 기능을 강조해야 합니다.

여러분과 함께 웬만큼 걸어온 것 같으니 이쯤에서 조금 도약을 해볼까 합니다.

아시다시피 생후 6~18개월 사이의 유아가 거울 앞에서 취하는 태도는 인간 개체와 이미지의 관계가 근본적이라는 점을 보여줍니다. 지난해 우리는 유아가 그러한 시기 내내 거울 앞에서 굉장히 즐거워한다는 사실을 게젤 선생의 필름을 통해 확인할 수 있었습니다. 그는 물론 저의 거울 단계에 대해 한 번도 들어본 적이 없으며 정신분석의 본성에 대해 문제를 제기해본 적도 없던 사람입니다. 하지만 이러한 사실은 그가 그처럼 중요한 순간을 아주 훌륭하게 포착해냈다는 것을 오히려 더 의미

191

있게 만들 뿐입니다. 물론 자신은 거기서 그러한 순간을 근본적으로 특징짓는 열광적 성격을 충분히 강조하진 않습니다. 왜냐하면 가장 중요한 것은 그러한 행동이 생후 6개월쯤에 출현한다는 사실이 아니라 생후 18개월에 사라진다는 사실이기 때문이지요. 지난 해 보았던 것처럼 행태는 그런 즈음에 갑자기 완전히 돌변해버리며, 도구적 놀이와 통제 활동이 작용을 가하는 하나의 현상, *Erscheinung*, 여느 경험 중의 하나가 되어버릴 뿐입니다. 이전 시기에 그토록 확실하게 두각을 나타냈던 징후들이 사라져버리는 것이죠.

여기서 일어나는 일을 설명하기 위해 여러분이 몇몇 글에서 읽어 적어도 익숙해졌을 법한 용어를 하나 참조해 보겠습니다. — 그것은 잘못 사용되고 있는 용어 중의 하나이지만 그럼에도 우리에게 하나의 정신적 도식에 상응하는 것이라고 할 수 있지요. 아시다시피, 오이디푸스 콤플렉스가 사라지는 순간에 소위 말하는 '내사'가 이루어집니다.

너무 성급하게 이 용어에 지나치게 확정적인 의미를 부여하진 마시기 바랍니다. 이 용어는 어떤 작용이 전도처럼 이루어질 때 사용된다고 할 수 있습니다. 전도라 함은 외부에 있던 것이 내부가 되고 아버지였던 것이 초자아가 되는 것을 말합니다. 눈에 보이지도 않고 우리로선 상상조차 할 수 없는 주체, 주체라고 이름붙일 수도 없는 주체 수준에서 무언가가 일어난 겁니다. 그런데 그것은 자아 수준일까요? 이드 수준일까요? 이 둘 사이에 있는 수준입니다. 바로 그렇기 때문에 초자아라고 불리는 것이죠.

이렇게 해서 우리의 영혼이 줄곧 씨름하곤 하는, [내사라는] 거의 신화에 가까운 전문용어가 탄생하게 됩니다. 결국 그러한 도식들은 그럭저럭 받아들일만한 것이 됩니다. 우리는 항상 그럭저럭 받아들일만한 도식들 속에 묻혀 살지요. 하지만 만일 누군가가 정신분석가에게 이렇게 묻는다면 어떨까요? "당신은 정말로 유아가 자기 아버지를 먹어치우면, 그것이 뱃속에 들어가 초자아가 된다고 믿으십니까?"

우리는 모든 것이 자명하다는 듯이 행동합니다. 멋도 모르고 내사라는 용어를 사용하기도 하는데 도가 지나친 경우도 있습니다. 저 빌어먹을 정신분석이란 것이 무엇인지 한 번도 들어보지 못한 어떤 인류학자가 갑자기 분석에서 무슨 일이 벌어지는지 궁금해서 이곳에 왔다고 가정해봅시다. 그는 이렇게 말할 겁니다. "피분석자들은 아주 신기한 원시인들처럼 자기 분석가를 도륙해서 먹어치우는구나."

따라서 제가 핵심 저자로 꼽는 그라시안Baltasar Gracian의 논설을 읽어보시기 바랍니다. — 니체와 라로슈푸코는 『궁정인』과 『크리티콘』에 비하면 아무것도 아닙니다. 성찬식을 믿는 순간 그리스도를, 그리하여 그의 달콤한 귓불을 먹는 것이라고 생각하지 못할 이유는 전혀 없습니다. 성찬식엔 왜 골라먹을 수 있는 메뉴판이 없는 걸까요? 그렇게 되면 화체설化體說을 믿는 사람들이 좋아할 텐데 말입니다. 하지만 나머지 우리, 과학을 지향하는 합리적인 분석가들에겐 어떨까요? 슈테켈과 다른 저자들의 글에서 발견되는 것은 결국 분석가를 적절히 내사하는 것에 불과할 뿐이며, 이는 외부에서 보면 성찬식의 신비주의 정도로 풀이될 수밖에 없을 겁니다.

192

어쨌든 그것은 우리가 실제로 생각하는 것과는 거리가 멉니다. 이는 우리가 그래도 생각을 하긴 한다는 조건에서 한 이야기입니다. 다행히 우리는 생각하지 않으며, 그것이 우리의 변명거리가 됩니다. 항상 그렇듯이 우리의 가장 큰 오류는 존재는 자신이 생각하고 말을 하고 있다고 믿는 것입니다.

우리는 생각하지 않습니다. 하지만 그렇다고 자신이 왜 그토록 명백히 무의미한 말들을 내뱉는지를 이해하려고 노력하지 않아도 되는 건 아닙니다.

본론으로 돌아가봅시다. 거울 단계가 사라지는 시기는 심리 발달의 몇몇 시기에 나타나는 시소 놀이의 순간과 비슷한 면모를 보여줍니다. 이는 유아에게서 그의 행동과 타자의 행동이 등가성을 갖는 전이성 현상들 속에서 확인될 수 있습니다. 유아는 자신이 프랑수아를 때렸으면서도 프랑수아가 자기를 때렸다고 말합니다. 유아와 그의 동무 사이에는 흔들거리는 거울이 놓여 있지요. 이러한 현상들을 어떻게 설명할 수 있을까요?

이러한 순간은 유아가 바로 타자의 이미지를 매개로 지금껏 이루지 못했던 통제를 제 것으로 떠맡으면서 희열을 느끼는 순간입니다. 그런데 주체는 그러한 통제를 완전히 자기 내부에서부터 떠맡을 수 있는 능력을 갖고 있는 것처럼 나타납니다. 일종의 시소 놀이지요.

물론 그가 그렇게 할 수 있는 것은 텅 빈 형태라는 상태에서만 가능한 일입니다. 그러한 형태, 통제의 외피enveloppe는 너무나도 분명한 것이기 때문에 저와는 아주 다른 길, 즉 리비도적 투자의 동력학을 통해 거기에 도달했던 프로이트도 그렇게밖에 달리 표현할 길이 없었습니다. 『자아와 이드』를 읽어보시기 바랍니다. 프로이트가 자아에 대해 말할 때 문제는 저 뭔지 모를 결정권과 결단력을 가진, 명령을 내리는 위치에 있는 무엇이 결코 아닙니다. 그런 것이라면 자아를 아카데믹한 심리학에서 '상위 심급들'이라고 불리는 것과 헷갈리게 만들 수도 있겠지요. 프로이트는 그것이 틀림없이 신체의 표면과 깊은 관련이 있으리라는 점을 강조합니다. 그것은 감각 기관을 갖고 감각을 느끼는 자극받는 표면이 아니라 하나의 형태로서 반영되는 것으로서의 표면입니다. 표면이 없는 형태는 없습니다. 하나의 형태는 표면에 의해, 다시 말해 동일한 것 속의 차이에 의해 규정됩니다.

주체는 타자의 형태의 이미지를 자기 것으로 떠맡습니다. 이렇게 그의 내면에 자리 잡은 표면 덕분에 인간 심리 속에 내부와 외부의 관계가 도입되고, 주체는 바로 그러한 관계를 통해 자신을 신체로 깨닫고 인식하게 되는 것이죠.

그런데 이것이 바로 인간 심리와 동물 심리 사이에 있는 진정으로 근본적인 단 하나의 차이입니다. 인간은 [신체] 내부에 있기에 자신을 신체로 깨달아야 할 아무런 근거가 없음에도 불구하고 자신이 신체임을 깨닫습니다. 동물 또한 [신체] 내부에 있지만 우리는 동물이 자신을 신체로서 마음속에 그리고 있다고는 생각할 수 없습니다.

193

자신이 신체, 신체라는 빈 형태임을 인간이 터득하게 되는 것은 타자와의 교환 운동, 시소 운동을 통해서입니다. 마찬가지로 자신 안에 순수한 욕망, 틀이 잡히지 않은 시초의 혼란스런 욕망, 울음소리를 통해 표현되는 욕망 등의 상태로 존재하는 모든 것을 유아가 인정하는 법을 터득하게 되는 것은 타자의 위치로 전도되는 것을 통해서입니다. 의사소통이 아직 작동하지 않는 이상 유아는 그것을 아직 터득하지 못했으며, 따라서 앞으로 터득해야 할 무엇입니다.

이러한 선행 단계는 연대기적인 것이 아니라 논리적인 것입니다. 그것은 오로지 연역되는 것입니다. 그럼에도 근본적인 것인데, 왜냐하면 그것은 상징적인 것, 상상적인 것, 실재적인 것의 수준 — 이것들이 없다면 우리는 오로지 신비주의에 가까운 표현을 갖고서만 분석 경험에 접근할 수 있을 겁니다 — 을 구분할 수 있게 해주기 때문이지요.

상징에 의해 자신을 인정받는 — 자, 이제 이 용어를 꺼내놓읍시다

— 법을 터득하기 이전에 욕망은 오로지 타자를 통해서만 모습을 드러냅니다.

태초에, 언어 이전에 욕망은 거울상적 단계의 상상적 관계라는 수준에서만, 다시 말해 타자 속으로 투사된 소외된 형태로만 존재할 수 있습니다. 따라서 그것이 야기하는 긴장은 출구가 없는 것입니다. 다시 말해, 헤겔이 가르쳐준 대로 타자를 파괴하는 것 말고는 어떠한 출구도 없습니다.

주체의 욕망은 이러한 관계 속에서 자신이 추구하는 대상과 관련해 타자와의 경쟁이나 경합을 통해서만 확증됩니다. 우리가 주체에게서 그러한 원초적 소외에 다가갈 때마다 더없이 근원적인 공격성이 산출됩니다. 그러한 공격성은 타자가 주체의 욕망을 지탱하는 한에서 타자를 죽이고자 하는 욕망입니다.

여기서 우리가 만나게 되는 것은 주체의 행태에서 심리학자라면 누구나 관찰할 수 있는 현상입니다. 가령 성 아우구스티누스는 제가 종종 반복해 인용하는 구절에서 꼬마 아이가 자신에게 중요한 욕망의 대상인 엄마의 젖가슴을 물고 있는 자신의 동류에게 느끼는 격정적인 파괴적 질투심에 대해 이야기한 바 있습니다.

바로 거기에 어떤 중심적인 기능이 있습니다. 주체를 상상적 기능으로 이끌면서 자신을 하나의 형태로 인식하도록 만드는, 주체와 자신의 *Urbild, Ideal-Ich* 사이에 존재하는 관계는 항상 [시소처럼] 뒤집어질 수 있습니다. 자신을 하나의 형태로, 하나의 자아로 터득할 때마다, 자신의 위상statut, 입상stature, 정역학statistque 속에서 자신을 구성하게 될 때마다 주체의 욕망은 외부로 투사됩니다. 인간들 사이에 어떠한 공존도 불가능한 것은 바로 이 때문입니다.

하지만 다행히도 주체는 상징의 세계 속에, 다시 말해 타자들이 말을 하고 있는 세계 속에 있습니다. 주체의 욕망이 인정에 의해 매개될 수 있는 여지가 있는 건 바로 이 때문입니다. 그러한 인정이 없다면 인간의 모든 활동은 타자 자체를 파괴하길 바라는 무한정한 소망을 위해 소진될 수밖에 없을 겁니다.

역으로, 주체로 하여금 다시금 *Ideal-Ich*의 이미지를 재투사하고 재 194 완충하고 '먹여 살릴nourrir' — 프로이트의 표현을 따르면 — 수 있게 하는 무언가가 타자의 모습 속에 나타날 때마다, 또 주체가 이와 유사한 방식으로 희열을 느끼며 거울 단계를 다시 떠맡을 때마다, 또 주체가 자신의 동류들 중의 하나에게 매혹될 때마다 주체 속으로 욕망이 되돌아오게 됩니다. 하지만 이번엔 언설화되어 되돌아오지요.

바꿔 말해, *Ideal-Ich*의 대상적 동일시가 이루어질 때마다 제가 처음부터 여러분에게 주목시킨 바 있는 현상, 즉 *Verliebtheit*가 나타납니다. *Verliebtheit*와 전이의 차이는 *Verliebtheit*는 자동으로 나타나진 않는다는 것이지요. — 그것이 나타나기 위해선 주체의 진화 과정에 의해 결정된 몇 가지 조건이 있어야 합니다.

「자아와 이드」 — 사람들은 단계들, 조그만 렌즈들, 선분 등을 구비하고 초자아라고 불리는 장치가 끼워 넣어지는 익히 알려진 우스꽝스런 도식만 생각한 나머지 프로이트가 이미 다른 도식들을 갖고 있다는 것이 분명한 마당에 무슨 생각에서 그러한 도식을 선보였는지를 제대로 읽어내지 못했지요 — 에서 프로이트는 자아는 사랑하는 대상들과의 일련의 동일시를 통해 구성된다고 썼습니다. 그러한 동일시를 통해 자아는 제 형태를 갖추게 되는 것이지요. 자아는 양파처럼 만들어진 대상입니다. 한 겹, 한 겹 벗겨내면 그것을 구성하는 일련의 동일시를 확인할 수 있을 겁니다. 이것 역시 제가 좀 전에 언급한 논문들에 나오는 내용입니다.

욕망에서 형태로, 형태에서 욕망으로 끊임없이 역전되는 것은, 다시 말해 의식, 신체, 파편적 욕망에서 주체가 말 그대로 자신을 버리고 스스로 동일시하는 사랑의 대상으로 끊임없이 역전되는 것은 자아와 결부된 모든 것의 주축이 되는 근본 메커니즘입니다.

우리는 이 시소 놀이는 그 자체로 불꽃, 불같은 것이기 때문에 주체가 무엇인가를 할 수 있는 순간 곧바로 끝나버린다는 것을 잘 이해해야 합니다. 장담컨대 주체는 그것을 순식간에 끝낼 수 있습니다.

제가 조금 전에 언급한 계집아이는 특별히 잔인한 점이라고는 전혀 찾아볼 수 없었습니다. 그런데 이제 막 걸음마를 뗀 나이에 자신이 놀던 한 시골 정원에서 큼지막한 돌멩이로 아주 태연하게, 자신이 동일시하던 같은 또래의 옆집 동무의 머리통을 맞추려고 버둥거린 일이 있었지요. 이 같은 카인의 몸짓이 지극히 즉각적인 방식으로, 심지어 더없이 의기양양하게 이루어지기 위해 굳이 정교한 운동 능력은 필요 없습니다. 아이는 전혀 죄의식을 느끼지 못했죠. "프란시스의 머리를 부셔버릴 거야." 아이는 전혀 동요함이 없이 초연히 이렇게 말했습니다. 그렇다고 아이가 앞으로 범죄자가 될 것이라고는 생각하지 않습니다. 아이는 상상적 수준에서 인간 존재의 가장 근본적인 구조, 즉 소외의 본거지라고 할 누군가를 파괴하는 것을 보여주었을 따름입니다.

그라노프 박사께서 뭔가 할 말이 있으신 모양입니다.

3

195

그라노프 박사_ 그렇다면 거울 단계의 마조히즘적 결말은 어떻게 이해할 수 있을까요?

잠깐만 기다려 주시기 바랍니다. 바로 그것을 설명하기 위해 제가 여기 있는 것이죠. 선생이 그것을 마조히즘적 결말이라고 부른다면, 나무는 보지 못하고 숲만 보는 겁니다.

마조히즘적 결말이란 — 강의 전개에 좀 방해가 되더라도 복습하는 것을 마다하지 않겠습니다 — 상징적 차원 없이는 이해할 수 없는 것입니다. 그것은 상상적인 것과 상징적인 것 사이의 접합부에 위치합니다. 일반적으로 원초적 마조히즘이라고 불리는 것의 구조를 구성하는 형태가 위치하는 곳은 바로 이 접합부입니다. 인간 주체의 근본적인 입장을 구성하는 소위 죽음 본능을 위치시켜야 하는 곳 또한 바로 그곳이지요.

원초적 마조히즘을 구별해냈을 때 프로이트가 그것을 정확히 유아의 놀이를 통해 예증했다는 점을 잊지 마시기 바랍니다. 정확히 생후 18개월 된 유아였는데요. 프로이트에 따르면 아이는 사랑의 대상의 현존과 부재라는 숙명적인 사실로 인해 초래된 고통스런 긴장을 어떤 놀이로 대체합니다. 아이는 그러한 놀이를 통해 부재와 현존을 스스로 조작하게 되고, 바로 이렇게 그것을 통제하는 데서 기쁨을 느끼게 됩니다. 아이는 실 끝에 매달린 조그만 실패꾸러미를 매개로 그것을 집어던졌다가 끌어당기며 그러한 대체에 도달합니다.

여기서 저는 저 스스로 어떤 변증법을 짜내려는 것이 아니라 프로이트의 사유의 기본 요소들을 해명하고 그의 문제에 답하려는 것입니다. 그렇기 때문에 저는 프로이트가 강조하진 않았지만 그의 생각 속에 명백히 함축된 사항을 하나 강조할까 합니다. — 언제나 그렇듯이, 그의 관찰은 우리로 하여금 이론화를 완성할 수 있게 해줍니다. 이 실패 놀이는 언어학자들 관점에서 보았을 때 언어의 토대 자체를 특징짓는 모음 발성vocalisation을 수반합니다. 이는 언어의 문제를, 다시 말해 하나의 단순 대립을 포착할 수 있게 해주는 유일한 것입니다.

중요한 것은 아이가 자신의 모국어에서 저기/여기에 해당하는 포르트/다 — 게다가 정확한 발음도 아닙니다 — 라는 말을 했다는 사실이 아닙니다. 여기서 중요한 것은 처음부터 이 음성 대립에서 언어가 최초로 등장하는 것을 확인할 수 있다는 사실입니다. 아이는 이 음성 대립 속에서 현존과 부재의 현상을 초월하고 그것을 상징적 수준에 이르게 합니다. 아이는 정확히 사물을 파괴하는 한에서 사물의 주인이 되는 겁니다.

가끔 프로이트의 텍스트를 조금씩 읽었으니 이번엔 저 자크 라캉의 텍스트를 읽어볼까 합니다. 최근에 그것을 다시 한 번 읽어보았는데 이해할 수 있을 만한 글이라는 생각이 들었습니다. 물론 제가 쓴 글이니 이는 당연한 일이겠지요.

저는 이렇게 썼습니다. "*이것들이 바로 욕망이 인간화되는 순간이* 196 *또한 유아가 언어 속으로 태어나는 순간임을 인식할 수 있도록 프로이트가 천재적 직관으로 우리 눈앞에 보여준 숨바꼭질 놀이이다. 이를 통해 주체가 자신의 박탈을 받아들임으로써 이 박탈을 통제할 뿐만 아니라 욕망을 한 단계 더 높은 욕망으로 고양시키는 것을 포착할 수 있다. 왜냐하면 주체의 행동은 대상의 부재와 현존을 예기하는 선동 속에서 — 선동provocation이란 단어의 고유한 의미에서, 즉 목소리voix에 의해 — 이 행동에 의해 출현하고 사라지는 대상을 파괴하기 때문이다. 그리하여 이 행동은 욕망의 힘의 장力場을 부정적인 것으로 만들고 스스로 자기 자신의 고유한 대상이 된다. 그런데 두 개의 초보적인 내뱉음jaculation의 상징적 쌍 속에서 곧바로 체현되는 이 대상은 주체 속에서 음소들의 이분법의 통시적 통합을 예고하고 기존의 언어는 이 음소들의 공시적 구조를 그가*

소화하도록 제공한다. 그리하여 아이는 이 주변들로부터 받아들인 단어들을 '포르트!'와 '다!'를 통해 다소 엇비슷하게 재생산함으로써 주변의 구체적인 담화 체계 속에 연루되기 시작한다.

실제로 이 꼬마 인간의 욕망이 자신을 지배하고 이제 자신의 형벌을 욕망의 대상으로 삼는 타자, 타아alter ego의 욕망이 되는 것은 이미 그가 홀로 있을 때부터이다.

아이가 이제 말을 거는 것이 상상적 상대방이든 실재적 상대방이든 그는 이 상대방 역시 자신의 담화와 부름의 부정성에 복종하고 있음을 보게 될 것이다. 그리고 그의 부름은 그를 빠져나가게 하는 효과를 갖기 때문에 그는 추방[추방하는 것]에 대한 어떤 긍정 속에서 자신의 대상을 이 욕망에 데려오는 회귀의 선동을 추구할 것이다."

보시다시피 — 타자의 '아니오', 타자의 거절이 도입되어 주체가 이폴리트 선생께서 언젠가 보여주신 것을 구성하는 법을 터득하기 이전부터 이미 — 단순 호명의 부정화négativation가 이루어지면서 현존과 부재로 이루어진 변별적 현상 앞에서 한 쌍의 상징이 출현하면서, 다시 말해 상징의 도입이 이루어지면서 위치들이 뒤집어집니다. 부재가 현존 속에서 환기되고 현존이 부재 속에서 환기되지요.

이는 바보스러울 정도로 당연한 이야기처럼 보일 수 있습니다. 하지만 반드시 언급하고 생각해볼 필요가 있는 것입니다. 왜냐하면 상징이 부정성의 세계를 여는 것은 상징이 그러한 전도를 허용하는 한에서입니다. 다시 말해, 존재하는 사물을 취소하는 한에서이지요. 그러한 부정성의 세계는 인간 주체의 담화를 구성하는 동시에 인간 세계의 현실을 인간적인 것으로 구성합니다.

원초적 마조히즘은 이 최초의 부정화를 중심으로 사물에 대한 시원적 살해를 중심으로 자리매김 되어야 합니다.

4

197

결론으로 간단히 몇 마디만 지적하겠습니다.

우리는 기대했던 것만큼 멀리가지 나가지는 못했습니다. 그럼에도 소외된 욕망이 *Ideal-Ich*를 외부로 재투사하면서 끊임없이 다시금 재통합된다는 사실을 여러분에게 설명했습니다. 바로 그렇게 해서 욕망이 언설화됩니다. 바로 여기서 서로 전도된 두 개의 관계 간의 시소 놀이가 이루어집니다. 다시 말해 주체가 떠맡고 현실화하는 자아의 거울 관계와 항상 새롭게 갱신될 수 있는 이상적 자아의 투사 사이에 시소 놀이가 이루어집니다.

원초적인 상상적 관계는 가능한 모든 에로티시즘의 근본 틀을 제공합니다. 그것은 에로스의 대상이 따라야 할 조건입니다. 대상관계는 항상 나르시시즘의 틀을 따르고 그것에 귀속됩니다. 대상관계는 당연히 그러한 틀을 넘어서지만 이는 상상적 수준에서는 실현될 수 없는 어떤 방식에 의해서입니다. 바로 그것이 주체에게서 제가 사랑이라고 부르게 될 어떤 것의 필연성을 구성하는 것이죠.

피조물은 자신을 인간 상호 간의 상징들의 일반적 체계, 보다 정확히 말해 보편적 체계 속에 포함된 피조물로 구성하는 어떤 계약, 협약pacte, 언어의 저편을 참조해야 합니다. 어떤 일정한 협약을 매개로해서가 아니라면 인간 공동체 속에서 기능적으로 실현될 수 있는 사랑은 존재하지 않습니다. 그러한 협약은 어떤 형태든 항상 언어 내부에 있으면서 동시에 언어 외부에 있는 어떤 일정한 기능을 통해 드러나는 경향이 있습니다. 이것이 바로 소위 성스러운 것의 기능으로 상상적 관계 저편에 있는 것입니다. 이에 대해선 나중에 다루게 될 겁니다.

논의를 조금 너무 서두른 감이 있는데요. 욕망은 어떤 언설적 형태로만, 상징적 명명 행위를 통해서만 재통합된다는 점을 명심하기 바랍니다. 바로 여기에 프로이트가 '자아의 언설적 핵'이라 일컬은 것이 있습니다.

바로 이를 통해 우리는 분석 기술을 이해하게 됩니다. 실제로 분석 기술을 통해 주체는 말의 관계를 제약하는 모든 닻줄을 끊어버리게 됩니다. 타자에게 예의를 갖추거나 신의를 지키거나 그를 존중하지 않아도 되는 것이죠. '자유연상'은 문제의 핵심을 정의하기엔 너무나 부족한 용어입니다. — 우리가 끊어버리려는 것은 바로 타자와의 대화의 닻줄입니다. 그러면 주체는 우리가 그를 밀어 넣은 언어라는 우주에 대해 상대적으로 자유로워지는 것이죠. 그가 타자의 면전에서 자기 욕망의 초점을 맞추는 동안 상상적 수준에서 거울의 흔들림이 일어납니다. 주체에게 통상 동시적으로 존재하지 않는 실재적인 것과 상상적인 것이 어느 정도 동시적으로 또는 몇몇 편차 속에서도 서로 만날 수 있게 되는 것은 바로 이러한 흔들림 덕분입니다.

바로 여기에 본질적으로 애매모호한 어떤 관계가 있습니다. 우리는 분석 속에서 주체에게 무엇을 보여주려는 걸까요? 우리가 진정한 말 속에서 주체를 이끌고자 하는 곳은 어디일까요? 우리가 주체의 담화를 자유롭게 하는 시점에서 우리의 모든 시도와 지침의 목표는 말의 본연의 기능 전체를 제거하는 것입니다. — 그렇다면 우리는 어떤 역설에 의해 그러한 기능을 되찾게 되는 걸까요? 이 역설적인 경로는 언어로부터 말을 추출해내는 것으로 이루어집니다. 그렇다면 그러는 사이에 일어나는 현상의 의의는 어떤 것일까요? 이것이 바로 제가 여러분 앞에서 발전시

198

키고자 하는 질문의 지평입니다.

다음 시간엔 O와 O' 간의 시소 놀이를 가능케 하는 거울의 흔들림, 닻이 풀려버린 담화의 경험이 어떤 결과에 이르는지를 보여드릴까 합니다. 발린트는 "종료된 것이라 여길 수 있는 보기 드문 분석들의 끝에서" 통상 얻을 수 있는 것에 대해 놀라운 정의를 내린 바 있습니다. 이것은 발린트 자신이 한 말입니다. 발린트는 자신이 말하는 바가 무슨 뜻인지를 알고 있는 얼마 안 되는 사람 중의 한 명입니다. 게다가 여러분도 곧 보게 되겠지만 분석에서 일어나는 것에 대한 그의 묘사는 아주 놀랍습니다. 그런데 여기서 논의되는 것은 제대로 수행된 분석입니다만 ……

다른 한편 현재 유행 중인 분석이 있는데, 그것이 올바르지 않다고 하는 것은 이전에 말씀드린 바 있습니다. '저항 분석', 그러한 이름이 틀린 것은 아니지만 저는 그것이 분석의 전제들에 합치되는 분석이 아님을 보여드리도록 하겠습니다.

1954년 5월 5일

14

리비도의 파동

공격성≠공격
'코끼리'라는 단어
말의 닻줄
전이와 암시
프로이트와 도라

지난 시간의 논의를 계속해 보도록 합시다. 수업을 질문으로 시작하면 좋을 것 같군요.

퓌졸 박사_ 선생님께선 타자의 욕망이라는 표현을 쓰셨습니다. 이는 타자가 갖고 있는 욕망을 말하는 건가요 아니면 타자를 향한 욕망인가요? 제가 볼 때 이들은 같은 것이 아닙니다. 선생님께서 마지막에 말씀하신 것은 타자에게 있는 욕망, 자아가 타자를 파괴함으로써 되찾을 수 있는 욕망이었지요. 하지만 이는 동시에 타자에 대한 자아의 욕망이기도 합니다.

1

타자와의 관계가 상상적인 것에 뿌리내리고 있는 한 그것이야말로 그러한 관계를 정초하는 본원적인 거울상적 토대가 아닐까요?

욕망의 첫 번째 소외는 구체적인 이 현상과 결부되어 있습니다. 만일 놀이가 아이에게 가치를 가진다면 이는 그것이 반사면을 구성하기 때문입니다. 아이는 그러한 반사면에 비친 타자의 모습에서 자신의 동작을 예기豫期하는 어떤 동작을 발견합니다. 타자의 동작은 아이의 동작보다 아주 조금 더 완벽하고 아주 조금 더 통제되어 있는 아이의 이상적 형태이기 때문이지요. 이렇게 해서 첫 번째 대상이 가치를 갖게 됩니다.

본격적 발달의 전 단계에서도 이미 인간의 대상은 동물의 대상과 근본적으로 다르다는 점이 나타납니다. 인간의 대상은 본래적으로 경쟁의 길에 의해, 경쟁자와의 관계가 격화됨에 의해, 위신과 기세 관계에 의해 매개되어 있습니다. 이는 이미 소외의 질서에 속하는 관계일 텐데, 왜냐하면 주체가 자신을 자아로 포착하는 것은 무엇보다 경쟁자를 통해서이기 때문입니다. 인간 주체에게 표현 불가능한 것과 체험된 것으로서의 200 신체의 전체성이라는 개념이 처음 나타나고, 또 그에게 갈망과 욕망의 격정이 처음 솟구치기 위해서는 먼저 주체 외부에, 무엇보다 주체 자신의 거울상에 투사되어 있는 것처럼 보이는 어떤 형태의 매개가 있어야 합니다.

두 번째 요점은 이렇습니다. 즉 인간은 자신이 하나의 신체라는 사실을 알고 있습니다. — 물론 자신이 신체 내부에 있는 이상, 그러한 사실을 결코 완전히는 지각하지 못하더라도 말이지요. 그러한 이미지는 욕망과 욕구의 혼란스런 다발이 자신이 되기 위해, 다시 말해 자신의 상상적 구조에 접근하기 위해 통과해야 할 구멍, 병목입니다.

'인간의 욕망은 타자의 욕망이다'라는 공식은 모든 공식이 그렇듯이 본래의 맥락 속에서 이해되어야 합니다. 그것은 단 하나의 의미로만 이해될 수 없습니다. 그것은 우리의 출발점인 상상적 매혹의 수준에서 가치를 갖습니다. 하지만 지난번 강의 말미에서 지적했듯이, 인간은 그것으로 끝나지 않습니다. 그렇지 않다면, 제가 신화적인 어조로 지적했듯이, 인간들 사이에는 헤겔 선생이 말씀하신 것처럼 의식들의 공존이 절대로 용납되지 않는 관계밖에 없을 겁니다. — 그렇게 되면 모든 '타자'는 본질적으로 인간 존재로부터 대상뿐만 아니라 욕망의 형식 자체를 빼앗는 자로 남게 될 것입니다.

바로 거기에 인간 존재들 사이에 파괴적이고 치명적인 어떤 관계가 있습니다. 게다가 그것은 인간 존재들에게 항상 잠재되어 있는 것이지요. *struggle for life*[생존투쟁]라는 정치적 신화는 많은 것을 편입시키는 데 쓰였습니다. 다윈 선생이 그러한 신화를 창안하셨다면 이는 그분이 인종주의를 기간 산업으로 하는 침략 국가에서 태어났기 때문입니다.

사실, 가장 강한 종이 살아남는다는 그의 주장은 모든 것과 배치됩니다. 이는 현실과 거꾸로 가는 신화이지요. 모든 면에서 각각의 종에는 그에 고유한 항구성과 균형의 지점들이 있으며 종들은 상호 협력적인 방식으로 살아간다는 점이 입증되고 있습니다. 심지어는 잡아먹는 자와 잡아먹히는 자 사이에도 그런 협력 관계가 있습니다. 포식성 종들이 더 이상 잡아먹을 것이 없어 전멸하게 될 것 같은 절대적 파괴 상태는 결코 일어나지 않습니다. 생물계에 존재하는 긴밀한 상호 조응inter-coaptation은 목숨을 건 사투 속에서 일어나는 것이 아닙니다.

우리는 매우 조야하게 사용되는 공격성이라는 개념을 보다 깊이 생각해보지 않으면 안 됩니다. 사람들은 공격성이 공격과 같은 것이라 생각하지만 둘은 아무런 관계가 없습니다. 공격성이 공격으로 표출되는 것은 사실상 극단적인 경우에 한에서입니다. 하지만 공격은 생존의 현실과는 아무런 관계가 없습니다. 그것은 상상적 관계와 결부된 어떤 실존적 행위acte입니다. 바로 여기에 우리의 문제를 포함해 많은 문제를 전혀 다른 각도에서 다시 생각해볼 수 있게끔 해주는 열쇠가 있습니다.

저는 선생께 질문을 제기해볼 것을 요구했습니다. 선생께서는 좋은 질문을 해주셨습니다. 하지만 본인에게 만족스러운 질문이라고 보시는지요? 제가 보기에 우리는 지난 시간에 그것보다 훨씬 더 멀리까지 나아간 것 같은데요.

인간 주체에게서 욕망은 타자 속에서, 타자에 의해, 선생의 표현을 빌자면, 타자'에게서' 실현됩니다. 바로 여기에 주체가 자아 형태를 통합 201 해내는 시점인 거울상적 시기, 두 번째 시기가 있는 것입니다. 하지만 그러한 통합은 자신의 자아를 타자 속에서 발견한 욕망과 정확히 맞바꾸는 첫 번째 시소 놀이를 거친 후에만 가능했던 것입니다. 자, 이제부터 인간의 욕망인 타자의 욕망은 언어에 의한 매개 과정 속으로 들어갑니다. 욕망이 명명되는 것은 타자 속에서이며 타자에 의해서입니다. 욕망은 '나'와 '너'의 상징적 관계 속으로, 서로 인정하는 관계, 초월성의 관계 속으로, 이미 어떤 개인의 역사라도 포용할 만반의 준비가 되어 있는 어떤 법의 질서 속으로 들어갑니다.

저는 '포르트'와 '다'에 관해 언급했습니다. 그것은 아이가 자연스럽게 그런 놀이 속으로 들어가는 방식을 보여주는 한 가지 사례입니다. 아이는 대상을 갖고, 좀 더 정확히 말해, 대상이 현존하고 부재한다는 사실만을 갖고 놀이를 시작합니다. 따라서 이는 하나의 변형된 대상, 상징적 기능을 가진 대상, 이미 하나의 기호라고 할 수 있는 비활성화된dévitalisé 대상입니다. 아이가 대상을 쫓아내는 것은 대상이 이미 여기 있는 한에서이고 불러들이는 것은 이미 여기 없는 한에서입니다. 이 최초의 놀이을 통해 대상은 자연스레 언어 수준으로 이동합니다. 상징이 출현하고, 대상보다 더 중요한 것이 됩니다.

이 점에 대해선 이미 수차례 언급한 바 있습니다. 만일 선생께서 기억하지 못하신다면 ……

인간 존재에게 단어나 개념은 물질성을 가질 뿐입니다. 그것은 사물 자체이지요. 그것은 단순히 사물의 그림자, 숨결, 허상이 아니라 사물 그 자체입니다.

실재 속에서 벌어지는 한 짧은 순간에 관해 생각해보시기 바랍니다. 인간이 손 하나 까딱하지 않고 코끼리에게 지금까지 일어났던 어떤 것 — 가령 강을 건너거나 숲이 고사해버리는 것 — 보다 더 중대한 결정을 코끼리와 관련해 내릴 수 있는 것은 '코끼리'라는 말이 인간의 언어 속에 존재하며, 그렇게 해서 인간이 코끼리에 대해 심사숙고할 수 있다는 사실 때문입니다. 코끼리에게 총이나 활을 쏘지 않고 그저 '코끼리'라는 단어와 그러한 단어를 사용하는 방식만 갖고도 코끼리에게 득이나 해가 될 수도 있으며 행운이나 불운 — 어쨌든 재앙 — 이 될 수도 있는 겁니다.

게다가 코끼리가 이곳에 있기 위해 정말로 코끼리가 여기 있어야 할 필요는 없습니다. 그것은 제가 코끼리에 대해 말하는 것으로도 분명 충분합니다. 이는 우연적인 코끼리-개체보다 더 실재적인 '코끼리'라는 단어 덕분입니다.

이폴리트_ 헤겔적 논리군요.

그렇다고 이 논리에 문제가 있다고 생각하시는지요?

이폴리트_ 아닙니다. 흠잡을 데 없는 논리입니다. 방금 만노니는 정치적인 것에 속한다고 말했습니다.

202 **만노니_** 이는 인간에게 정치적인 것이 등장하게 되는 측면입니다. 넓은 의미에서 말이죠. 인간이 동물처럼 행동하지 않는다면 이는 인간이 언어를 통해 자신의 인식을 교환하기 때문입니다. 그렇기 때문에 이는 정치적인 것입니다. 코끼리라는 단어 덕분에 코끼리에 대해 정치적인 것이 가능해진 겁니다.

이폴리트_ 하지만 그것이 다는 아닙니다. 코끼리 자체가 영향을 받습니다. 헤겔적 논리란 바로 이런 것입니다.

이 모든 것은 정치적인 것 이전의 문제입니다. 저는 이름의 중요성을 구체적으로 느낄 수 있도록 해주고 싶을 따름입니다.

여기서 우리는 그저 명명 행위 수준에 있을 뿐입니다. 심지어 이 수준에선 아직 통사가 나타나지도 않습니다. 물론 궁극적으로 통사가 명명 행위와 동시에 발생한다는 것은 분명한 사실입니다. 제가 이미 지적했듯이 아이는 음소들 이전에 통어소taxième를 분절해냅니다. '경우에는'이란 말이 이따금 개별적으로 나타나기도 합니다. 당연히 이것이 어떤 논리적 선행성에 대해 결정적 단서를 제시하진 않을 텐데, 왜냐하면 이는 그저 하나의 현상적인 등장에 불과하기 때문입니다.

요약해보기로 합시다. 이미지의 투사에 항상 욕망의 투사가 뒤따릅니다. 이에 상응해 이미지의 재투사와 욕망의 재투사가 일어납니다. 시소 놀이, 거울 놀이가 이루어지는 것이지요. 물론 이러한 분절은 일회적인 것이 아닙니다. 그것은 반복됩니다. 그런데 반복이 진행되면서 아이는 자기 욕망들을 재통합하고 자신의 것으로 다시 떠맡게 됩니다.

이제 상징적 수준이 상상적 수준과 접속되는 방식에 대해 주목해볼까 합니다. 실제로, 아시다시피 유아의 욕망은 무엇보다 거울 속의 타자를 경유합니다. 유아의 욕망이 동의를 얻든지 비난받든지, 용인되든지 거부되든지 하는 것은 바로 이 수준에서입니다 바로 이렇게 해서 유아는 상징적 질서를 습득하고 그러한 질서의 토대인 법法에 도달하게 됩니다.

이는 또한 실험을 통해서도 입증됩니다. 아이작Susan Isaac은 — 이미 밝혀진 대로 쾰러Koehler학파 역시 — 한 논문에서 신생아기라고 할 생후 6~12개월 사이의 유아가 우발적 부딪침이나 떨어짐, 능숙하지 못해서 일어나는 기계적 충격과 처벌을 위한 손찌검에 절대로 동일한 방식으로 반응하지 않는다는 사실을 지적했습니다. 언어를 입 밖으로 내기 전부터 아주 어린 유아는 완전히 다른 두 가지 반응을 보여줍니다. 이는 유아가 이미 언어의 상징성을 초보적으로나마 이해하고 있기 때문이지요. 언어가 가진 상징성과 협약 기능을 이해하고 있다는 겁니다.

자 그럼 이제 분석 속에서 말의 기능이 무엇인지에 대해 살펴보기로 합시다.

2

203

말이란 인간의 욕망으로 하여금 언어 체계 속으로 되돌아가 끊임없이 매개되도록 만드는 물레방아 바퀴입니다.

제가 이러한 상징적 질서라는 영역을 강조하는 것은 지금까지는 그것이 분석 속에서 경시되고 철저하게 망각되어왔지만 우리가 반드시 참조해야 하는 어떤 것이기 때문입니다. 그것이 철저하게 망각되어 왔다는 것은 통상 그것이 언급되는 것을 보면 알 수 있습니다. 우리가 끊임없이 들먹이는 것, 종종 혼동해가며 거의 얼버무리면서 들먹이는 것은 바로 주체가 자신의 자아의 구성과 맺는 상상적 관계들입니다. 우리는 끊임없이 주체가 자신의 자아를 구성하는 수준에서 겪는 갖가지 위험, 동요, 위기에 대해 이야기합니다. 제가 여러분에게 O-O' 관계, 타자와의 상상적 관계를 설명하는 것으로 논의를 시작한 것은 바로 이런 이유에서입니다.

생식기적 대상은 유아의 발달 과정에서 관찰되는 모든 것이 그렇듯이 너무나 성급하게 출현하고, 그래서 실패로 끝나버리게 됩니다. 하지만 생식기적 대상과 관련된 리비도는 주체 자신의 이미지를 대상으로 하는 1차적 리비도와 동일한 수준에 있지 않습니다. 여기에 한 가지 핵심적인 현상이 자리 잡습니다.

유아가 자기 이미지와 1차 리비도적 관계를 맺는 것은 구조적으로, 머리에서 발끝까지 철저하게 조산아로 이 세상에 태어났기 때문입니다. 한편 여기서 문제가 되는, 생식기적 대상에 대한 리비도는 여러분이 잔향들을 알고 있는 리비도, *Liebe*, 사랑의 질서에 속하는 리비도입니다. 그것이 바로 정신분석 이론 전체가 걸린 미지수입니다.

여러분은 그것을 미지수라고 부르는 것이 조금 지나치다고 생각하시는지요? 여러분에게 논문들, 그것도 최고의 분석가들의 논문들을 예로 드는 것은 어렵지 않습니다. — 최고의 분석가들을 예로 드는 것은 자신이 무슨 말을 하는지도 모르는 사람들의 저술을 참조해서는 뭔가를 보여줄 수 없기 때문입니다. 저는 여러분 중 한 분에게 발린트에 관한 발표를 맡길 생각입니다. 소위 말하는 완성된 생식기적 사랑이란 무엇일까요? 그것은 아직까지도 전혀 해결되지 않은 문제입니다. 발린트의 말을 그대로 옮겨본다면, 분석가들은 그것이 자연적 과정인지 문화적 실현인지에 대해 아직 뚜렷한 답을 찾지 못했습니다. 이처럼 엄청난 모호함이 분석가 집단에서 극히 당연한 것으로 받아들여지고 있는 것의 중심에 드리워져 있습니다.

어쨌든 1차적 리비도가 조산성과 관련된 것이라면 2차적 리비도는 다른 성질의 것입니다. 2차적 리비도는 조산성을 넘어서는 것으로, 생체의 발달까지는 아니더라도 욕망이 최초로 성숙하는 과정과 관련이 있습니다. 이는 적어도 이론을 세우고 경험을 설명하기 위해 필요한 가정입니다. 그것은 인간 존재가 이미지, 즉 타자와 맺는 관계 수준이 완전히 변하게 되는 지점입니다. 이는 소위 성숙이라고 불리는 것의 주축점, 오이디푸스 드라마 전체가 맴도는 주축점입니다. 이는 오이디푸스에게 벌어지는 상황적인 것에 대한 본능적 대응물입니다. 204

그렇다면 대체 무슨 일이 일어나고 있는 걸까요? 프로이트의 최신 용어를 쓰자면 나르시시즘적 이미지에 대한 관계가 *Verliebtheit* 수준으로 접어들게 되는 것은 1차적 리비도가 성숙에 도달하는 한에서입니다. 상상적 수준에서 소외를 야기하는 매혹적인 나르시시즘적 이미지가 현상학적으로 볼 때 사랑의 영역에 속한다고 할 수 있는 *Verliebtheit*에 의해 투자되는 것이죠.

사태를 이런 식으로 설명하는 것은 미성숙한 주체의 리비도의 원초적 간극을 충원하거나 범람케 하는 것이 주체의 생체적 성장과 관련된 어떤 내적 성숙에 달려 있음을 의미합니다. 전생식기적 리비도는 에로스와 타나토스, 사랑과 증오 사이의 예민한 접점, 신기루에 싸여있는 지점입니다. 이것은 증오가 사랑으로 또는 사랑이 증오로 순식간에 뒤바뀌는 데서 자아의 탈성욕화된 리비도가 수행하는 중요한 기능을 설명하는 가장 간단한 방법이기도 합니다. 그것은 아마도 프로이트에게 제기된 가장 풀기 어려운 문제일 텐데요. — 그의 논문 「자아와 이드」을 참조해보시기 바랍니다. 방금 말한 논문에서 심지어 그는 죽음 본능과 삶의 본능을 구별하는 종전의 이론에 반하는 이야기를 하고 있는 듯이 보입니다. 반면 저는 우리가 자아의 상상적 기능에 대한 정확한 이론을 갖는 한에서 그러한 구별이 전적으로 합당하다고 생각합니다.

여러분이 보시기에 너무 어려운 이야기 같다면 지금 당장 예를 하나 들어볼 수도 있습니다.

오이디푸스적 경쟁에 대한 공격적 반응은 이 수준의 변화들 중의 하나와 결부됩니다. 아버지는 무엇보다 프로이트가 완벽하게 구별해내고 명명하고 기술한 *Verliebtheit*에 의해 투자된 *Ideal-Ich*를 형상화하는 가장 명시적인 상상적 인물들 중의 하나를 구성합니다. 주체가 3~5세 사이에 오이디푸스적 국면에 도달하는 것은 리비도적 입장이 퇴행하는 한에서입니다. 이렇게 해서 아버지에 대한 공격성, 경쟁심, 증오가 생겨납니다. 어떤 일정한 문턱 앞에서 리비도의 레벨이 아주 조금만 바뀌어도 사랑은 증오로 변질되어 버립니다. — 게다가 그것은 일정 기간 동안 동요하는 채 남아 있지요.

자, 이제 지난 시간에 다루다 만 부분으로 되돌아가 보도록 하겠습니다.

저는 리비도의 파동이 이루어지게 될 틀을 결정적으로 제공하는 것이 상상적 관계라는 점을 지적한 바 있습니다. 그런데 저는 치료 속에서 작용하는 상징적 기능에 대한 문제는 미결인 채로 남겨두었습니다. 치료 중에 언어와 말은 어떻게 활용해야 할까요? 분석 관계는 하나의 협약에 의해 연결된 두 명의 주체로 구성됩니다. 이 협약은 매우 잡다한 수준에서, 심지어 처음에는 매우 혼란스럽기까지 한 수준에서 체결됩니다. 하지만 그럼에도 본질적으로 그것이 협약이라는 것은 틀림없는 사실입니다. 우리는 정해진 규정에 따라 분석의 시초에는 이러한 특징을 충분히 살리기 위해 최선을 다합니다.

분석 관계 속에서 중요한 것은 무엇보다 말의 닻줄을 풀어놓는 것입니다. 말하는 방식이나 스타일, 대화 상대에게 말을 거는 방법에서 주체는 규약으로부터, 예절이나 예의의 규약뿐만 아니라 일관성의 규약으로부터 해방됩니다. 말의 수많은 닻줄을 풀어버리는 것이죠. 만일 주체가 자신을 표현하고 인정을 얻는 방식과 주체가 체험한, 욕망 관계들의 실질적 동력학 사이에 어떤 항구적인 긴밀한 관계가 있다는 점을 고려한다면 그렇게 닻줄을 풀어놓는 것만으로도 타자와의 거울 관계 속에 일정한 탈구脫臼, 부유, 진동의 가능성이 생긴다는 사실을 알아야 합니다. 205

바로 여기에 제 작은 모델의 존재 이유가 있다고 할 수 있습니다.

주체에게 타자와의 관계가 탈구되면 자아의 이미지가 변주되고 번쩍거리면서 완전과 불완전 사이에서 흔들리게 됩니다. 여기서 문제의 핵심은 자신의 욕망의 모든 단계를, 자아의 이미지에 일관성, 양식, 몸체 등을 부여하는 모든 대상을 인정할 수 있을 만큼 주체가 여태까지는 한 번도 볼 수 없던 완전한 형태로 이미지를 지각하는 것입니다. 즉 순차적 동일시와 되새김을 통해 자기 자신의 역사[이력]를 재구성하는 것이죠.

말을 통해 성립된 분석가와의 유동적 관계는 자기soi 이미지 속에서 일정한 변주를 산출하는 쪽으로 진행됩니다. 그러한 변주들은 물론 경미하고 제한적인 것이지만, 그럼에도 주체로 하여금 자아의 구성 밑바닥에 자리 잡은 매혹적인 이미지를 감지하게 할 수 있을 만큼 반복적이며 폭넓은 것입니다.

경미한 진동에 대해 언급했습니다만, 지금으로선 왜 무엇이 그것을 경미하게 만들었는지는 더 길게 논하지 않겠습니다. 분명 거기에는 그러한 진동에 제동을 걸어 멈추게 하는 것이 있습니다. 우리는 기술을 통해 그것을 극복해야 하고 메워버려야 하며 심지어는 이따금 재구성해야 합니다. 프로이트는 그런 방향으로 지침들을 제시했지요.

그런 기술은 주체로 하여금 일상의 체험을 통해 주어질 수 있는 모든 것을 넘어 자기 자신과 상상적 신기루의 관계를 맺도록 만듭니다. 그것은 모든 *Verliebtheit*의 기본 조건을 신기루 속에서 인공적으로 만들어내는 쪽으로 진행되지요.

주체가 순차적으로라도 자신의 이미지의 다양한 부분을 볼 수 있고 최대한의 자기애적 투사라고 불릴 수 있는 것을 손에 넣게 되는 것은 바로 말의 닻줄을 끊어버림으로써 입니다. 이와 관련해 분석은 여전히 기본에 충실한 것인데, 왜냐하면 — 이는 꼭 지적해야 합니다 — 처음에 분석은 앞으로 일어나게 될 일을 관망하면서 모든 것을 자유롭게 놔두는 것으로 시작되기 때문입니다. 사태는 전혀 다른 식으로 처리될 수 있었고 여전히 다른 식으로 처리될 수도 있을 겁니다. — 이는 충분히 생각할 수 있는 일이지요. 어쨌든 그럼에도 그것은 기껏해야 상상적 수준에서 나르시시즘적 계시를 초래하는 쪽으로 진행될 수밖에 없습니다. 그런데 그러한 계시가 바로 *Verliebtheit*의 기본 조건입니다.

사랑에 빠지는 일이 발생한다면 이는 전혀 다른 방식으로 발생합니다. 이를 위해서는 놀라운 일치가 있어야 합니다. 왜냐하면 사랑은 아무하고나 하는 게 아니며 아무 이미지에 대해서 이루어지는 것도 아니기 때문입니다. 저는 이미 베르테르가 첫눈에 반하는 데 필요한 최적의 조건들에 대해 암시한 바 있습니다.

분석에서 주체의 동일시가 나르시시즘적 이미지 수준에서 수렴되는 초점이 되는 것이 소위 말하는 전이입니다. 여기서 말하는 전이는 제가 206 도라 사례를 예로 들어 설명한 것과 같은 변증법적 의미에서의 전이가 아니라 통상 상상적 현상으로 이해되는 전이를 말합니다.

지금부터 상상적 전이의 운용이 얼마나 첨예한 지점으로 귀착되는지를 보여드리겠습니다. 그것은 기술상으로 분기점이라고 할 수 있는 지점에 이를 수도 있습니다.

발린트는 가장 의식 있는 분석가 중의 한 명입니다. 자신이 하고 있는 일에 대한 그의 설명은 아주 명쾌합니다. 동시에 그는 제반 분석 기술이 조금씩 빠져들고 있는 최근 경향을 가장 잘 보여주는 본보기 중의 하나입니다. 발린트는 나무는 보고 숲은 보지 못하는 원리주의 때문에 다른 사람들이 제대로 언급하지 못하는 것을 매우 명확하고 일관성 있게 말하는 사람입니다. 자, 발린트의 주장은 한 마디로 이렇습니다. 분석은 발린트의 용어로 하자면 근원적 사랑, *primary love*를 되찾고자 하는 주체의 성향을 통해 앞으로 나가다는 겁니다. 주체는 정작 자신은 다른 어떤 대상의 욕구나 심지어 실존에 아무런 관심도 없으면서 그러한 다른 대상으로부터 사랑, 보살핌, 애정, 관심을 받고 싶어 합니다. 그것이 발린트가 분명하게 주장하는 바이고, 저는 그렇게 분명히 해준 것에 대해 그에게 감사의 뜻을 표하고 싶습니다. — 물론 그렇다고 제가 그의 이론에 찬성한다는 뜻은 아닙니다.

아무런 단서도 달지 않고 또 어떤 다른 요소도 없이 분석의 활동 전반을 그런 수준에 놓는 것은 이미 그 자체로 놀라운 일입니다. 하지만 그러한 발상은 점점 더 의존 관계, 본능 만족, 심지어 — 똑같은 이야기지만 — 좌절을 강조하는 최근의 분석 경향에 속하는 것입니다.

이러한 조건 속에서, 본인의 고백대로라면 전체의 25%도 안 될 만큼 아주 드물게 이루어지는 완료된 분석, 진정으로 종결된 분석의 끝에 무슨 일이 이루어지는지에 대해 발린트 자신은 어떻게 기술하고 있을까요? 그가 분명하게 주장한 바에 따르면, 분석의 끝에는 주체의 욕망이 아무 제약 없이 고양되는 데까지 이르는 나르시시즘 상태가 발생한다고 합니다. 주체는 자신이 현실을 완전히 지배하는 듯한 느낌에 도취됩니다. — 그런 느낌은 완전히 착각에 불과하지만 종료 이후의 시기에 주체가 필요로 하는 것입니다. 주체는 점차 사태들의 본성을 제자리로 돌리면서 자유를 얻게 될 겁니다. 마지막 분석 시간에 대해 말하자면, 그것은 양쪽 모두에게 울지 않을 수 없는 강렬한 열망을 수반하게 됩니다. 이것이 바로 발린트의 주장입니다. 그것은 분석의 최첨단 경향을 보여주는 귀중한 증거로 가치를 갖지요.

여러분은 그것이 틀림없이 우리 내부의 무언가를 실망시키게 될 전혀 만족스럽지 못한 놀이, 하나의 유토피아적 이상이라는 인상을 받지 않으시는지요?

분석을 이해하는 특정한 방식 또는 보다 정확히 말해, 분석의 몇몇 본질적 원동력을 몰인식해버리는 어떤 일정한 방식은 틀림없이 이 같은 발상과 결과로 귀착하게 될 것입니다.

이 문제는 잠시 보류해두도록 하겠습니다. 발린트의 텍스트에 대해서는 나중에 논평하는 자리를 마련하도록 하겠습니다.

207

3

자, 이제 제가 수도 없이 다루었기 때문에 여러분이 이미 익숙해졌을 법한 예를 하나 들어보겠습니다. 바로 도라 사례입니다.

사람들은 분석에서 인정 기능으로서의 말을 등한시하는 경향이 있습니다. 말은 주체의 욕망이 상징적 수준에서 진정으로 통합되도록 해주는 차원입니다. 인정이란 용어의 모든 의미에서 욕망이 인정되는 것은 욕망이 타자 앞에서 공표되고 명명될 때뿐입니다. 문제의 핵심은 욕망의 만족이나 혹자가 말하는 *primary love*가 아니라 정확히 욕망의 인정인 겁니다.

프로이트가 도라에게 어떻게 했는지를 기억해보시기 바랍니다. 도라는 히스테리증자였습니다. 프로이트가 각주의 도처에서, 심지어 본문에서조차 재차 기록하고 있듯이 당시 그는 자신이 "동성애적 인자" — 이는 무의미한 말이지만, 어쨌든 하나의 꼬리표입니다 — 라고 부르는 것에 대해 충분히 알지 못했습니다. 그것은 그가 도라의 입장을 간파해내지 못했음을 의미합니다. 다시 말해, 도라의 대상이 누구였는지를 알아채지 못했다는 거지요. 한 마디로 도라에게 O'의 지점에 있는 것이 K부인이라는 사실을 알아채지 못했다는 겁니다.

프로이트는 어떤 식으로 개입하는 것일까요? 그는 자신이 저항이라고 부른 수준에서 도라에게 접근합니다. 무슨 뜻일까요? 그것에 대해서는 이미 설명했습니다. 절대적으로 분명한 사실은 프로이트가 자신의 자아를, 다시 말해 자신이 갖고 있는 여성관을 개입시킨다는 점입니다. 즉 여자는 남자를 사랑하는 존재라는 건데요. 만일 뭔가 도라에게 문제를 일으키고 그녀를 괴롭게 만들고 그리하여 그녀가 억압해버린 것이 있다면, 프로이트가 보기에 그것은 딱 한 가지밖에 없습니다. 바로 그녀가 K씨를 사랑한다는 사실이지요. 그녀는 동일한 구실로 프로이트에게 약간의 호감을 갖게 되는 듯이 보이게 됩니다. 이런 식으로 추리해 나가게 되면 이는 아주 당연한 사실이 됩니다.

이처럼 잘못된 출발점과 결부된 몇 가지 이유에서 프로이트는 도라에게서 자신에 대한 전이라고 추정되는 것의 현상들을 해석하지 않습니다. — 이 때문에 적어도 그는 여기서 잘못을 범할 여지를 면하게 됩니다. 다만 그는 도라에게 K씨에 관한 말을 하게 됩니다. 이는 무슨 의미일까요? 프로이트가 타자들의 경험이라는 수준에서 그녀에게 말하고 있다는 의미가 아닐까요? 주체가 자기 욕망을 인정해야 하고 인정받아야 하는 것은 바로 이 수준에서입니다. 그런데 인정받지 못한다면 그들은 그 자체로 억압된 욕망이라고 할 수 있고 실제로 바로 거기서 억압의 효과가 시작됩니다. 자, 그런데 도라가 이 정도 수준에 머무르며 아무것도 이해하지 않는 법을 터득했다면, 프로이트는 자신의 삶에서 이미 경험했던 혼란스러운, 심지어 무산되었다고 할 수 있는 인정 경험과 모든 점에서 동질적인 어떤 수준, 욕망의 인정이란 수준에서 개입합니다.

프로이트는 도라에게 이렇게 말하게 됩니다. "당신은 K씨를 사랑하고 있군요." 게다가 너무나 서투르게 말을 꺼내는 바람에 도라가 즉각 치료를 그만두게 되는 사태가 벌어집니다. 만일 그가 그러한 순간에 이른바 저항 분석이란 것을 시작했더라면, 도라에게 그녀의 어떤 점이 방어적인지를 깨닫게 하고 그것을 조금씩 맛보게 할 수도 있었을 테고, 그렇게 해서 실제로 그녀에게서 일련의 사소한 방어들을 제거할 수도 있었을 겁니다. 이렇게 해서 프로이트가 정확히 말해 암시 작용을 발휘할 수도 있었을 겁니다. 다시 말해 그녀의 자아에 한 가지 요소, 한 가지 동기를 추가로 불어넣을 수도 있었을 거란 이야기이지요.

208

어딘가에서 프로이트는 전이란 바로 이런 것이라고 적은 바 있습니다. 어떤 점에선 맞는 이야기입니다. 전이란 바로 이런 것입니다. 하지만 어떤 수준에서 그런지를 알아야 합니다. 도라의 자아를 점점 변화시켜

도라가 K씨와 결혼 — 여느 결혼이 그렇듯이 불행한 결혼 — 하도록 만드는 것도 가능했을 테니 말입니다.

만일 반대로 분석이 제대로 이루어졌더라면 무슨 일이 일어났어야 할까요? 그의 말을 O'의 지점에 개입시키는 대신, 다시 말해 도라의 자아를 다시 반죽하고 틀을 짜낼 목적으로 자신의 자아를 연루시키는 대신, 프로이트가 그녀가 좋아하는 사람은 바로 K부인이라는 사실을 그녀에게 지적했더라면 어떤 일이 벌어졌을까요?

실제로 프로이트가 개입하는 시점은 도라의 욕망이 시소 놀이 속에서 O'에 위치하면서 그녀가 K부인을 욕망할 때입니다. 도라의 이야기 전체는 이러한 흔들림 속에 있습니다. 도라는 자신이 그저 K부인 속에서 이상화된 자기 이미지만을, 자기 자신만을 사랑하는 것인지 아니면 정말로 자신이 K부인을 욕망하는 것인지를 알지 못합니다. 도라가 거기서 헤어 나오지 못하는 것은 정확히 이러한 흔들림이 끊임없이 일어나고 시소 놀이가 영원히 지속되기 때문입니다.

프로이트가 욕망을 명명해야 하는 것은 그러한 욕망이 O'에 있을 때입니다. 그러한 순간에서야 비로소 욕망이 현실화될 수 있기 때문이지요. 만일 개입이 충분히 반복적이고 완숙된 것이라면 손으로 붙잡을 수 없는 수면에 비친 이미지처럼 계속해서 굴절되고 부서져버리고 몰인식된 *Verliebtheit*가 현실화될 수 있습니다. 그러한 지점에서라면 도라는 자신의 욕망을, 자신이 사랑하는 K부인이라는 대상을 인정할 수도 있을 겁니다.

이것이 바로 제가 방금 전에 언급한 것을 잘 보여주는 한 가지 실례입니다. 만일 프로이트가 도라에게 그녀가 K부인과 사랑에 빠졌음을 보여주었더라면 그녀는 실제로 그렇게 될 수도 있었겠지요. 그런데 이것이 분석의 목적일까요? 아닙니다. 이는 그저 분석의 첫 번째 단계일 뿐입니다. 그런데 만일 그러한 첫 단계를 망쳐버린다면 분석은 프로이트에게서 처럼 중단되거나 아니면 자아의 정형외과술整形外科術과 같은 일로 끝나겠지요. 그렇게 되면 그것은 더 이상 정신분석이 아닙니다.

방어 체계들을 벗겨내고 깎아내는 과정이라고 여겨지는 분석이 무효하다고 말할 이유는 전혀 없습니다. 그것은 분석가들이 "자아의 건강한 부분에서 동맹군을 발견하는 것"이라고 부르는 것인데요, 그들은 실제로 주체의 자아의 반쪽을, 그러고 나서 다시 반쪽의 반쪽을 자기편으로 끌어당기기에 이릅니다. 자아라는 존재 자체가 그런 식으로 구성되는 마당에 왜 분석가와 그런 일이 벌어지지 않겠습니까? 하지만 문제는 프로이트의 가르침이 정말로 거기에 있는지를 알아야 한다는 겁니다.

프로이트는 말이 주체[환자]의 역사 자체 속에서 구현되어야 한다는 209 점을 보여주었습니다. 만일 주체[환자]가 그것을 구현해내지 못한다면, 만일 주체[환자]에게 말이 재갈이 물린 채 증상 속에서 잠자고 있다면, 우리는 그것을 숲 속의 잠자는 공주처럼 자유롭게 해주어야 하지 않을까요?

만일 말을 자유롭게 해주어야 하는 것이 아니라면 저항 분석과 같은 식의 분석을 해보기로 합시다. 하지만 프로이트가 처음에 저항을 분석하는 것에 대해 말했을 때 염두에 두었던 것은 이게 아닙니다. 우리는 그러한 표현에 정확히 어떤 의미를 부여해야 옳은지를 확인하게 될 겁니다.

만약 프로이트의 개입이 주체[환자]로 하여금 자신의 욕망을 명명할 수 있도록 해주었더라면 — 왜냐하면 프로이트 자신이 반드시 그녀에게 그것을 명명해줄 필요는 없기 때문입니다 — O'에서 *Verliebtheit* 상태가 발생했을 겁니다. 하지만 이 주체[환자]가 *Verliebtheit*의 대상을 자신에게 제시해준 사람이 바로 프로이트였다는 사실을 분명히 알게 될 수도 있었으리라는 사실을 빠트려선 안 됩니다. 과정은 거기서 끝나는 게 아닙니다.

그러한 시소 놀이가 완성되고 그리하여 주체[환자]가 자신의 말과 함께 분석가의 말을 재통합시킬 수 있다면 자기 욕망을 인정할 수 있게 됩니다. 이는 단번에 이루어지는 일이 아닙니다. 주체[환자]가 마치 신기루 속으로 들어가듯 구름 속으로 전진한다면, 이는 주체[환자]가 자신에게 소중한 완전함이 근접하고 있음을 보기 때문입니다. 프로이트가 *Ich-Ideal*의 수준에 자리를 잡을 수 있는 것은 주체가 자신의 *Ideal-Ich*을 재정복하는 한에서입니다.

오늘은 이 정도로 해두겠습니다.

분석가와 *Ich-Ideal*의 관계는 초자아라는 문제를 제기합니다. 아시다시피 *Ich-Ideal*은 종종 초자아와 동의어로 취급되고 있습니다.

저는 험한 산길을 택했습니다. 물론 곧바로 '초자아란 무엇인가'라는 질문으로 곧장 통하는 내리막길을 택할 수도 있었을 겁니다. 우리는 이제야 비로소 이 문제에 도달하게 되었습니다. 대답이 너무 자명한 듯 보이지만 실상은 전혀 그렇지 않기 때문입니다. 정언명령, 도덕적 양심을 참조하는 것과 같이 지금까지 초자아에 대해 제시된 비유들은 극도로 혼란스럽습니다. 하지만 이 문제는 이쯤에서 남겨놓기로 합시다.

분석의 첫 번째 단계는 O에서 O'로의 이행을 통해 성취됩니다. 즉 주체[환자]가 알지 못하는 자아의 어떤 부분으로부터 자신이 상상적으로 투자한 이미지임을 주체 스스로 인정하는 어떤 이미지로 이행하는 것을 통해 성취됩니다. 매번 이 투사된 이미지는 제어되지 않은 고양의 느낌을, 애초에 거울의 경험 속에서 이미 주어진 느낌, 모든 결과를 지배하는 듯한 느낌을 주체에게 일깨웁니다. 하지만 이제 주체는 그러한 이미지에 이름을 부여할 수 있습니다. 왜냐하면 그는 이후로 말을 하는 법을 배웠기 때문이지요. 그것을 배우지 않았다면 그는 여기서 분석을 진행시킬 수도 없을 겁니다.

바로 여기에 첫 번째 단계가 있습니다. 이는 발린트가 언급한 지점과 매우 유사한 듯이 보입니다. 제약 없는 나르시시즘이란 무엇일까요? 제약 없는 나르시시즘, 욕망의 그러한 고양이란 도라가 도달할 수도 있던 지점이 아니라면 무엇이겠습니까? 우리는 그녀를 그런 관조 상태 속에 210 놔두어야 할까요? 아시다시피, 이 사례 어디에선가 도라는 한 남녀가 성모상에 경배 드리는 그림을 골몰히 관조한 바 있습니다.

나머지 과정에 대해서는 어떻게 생각해야 할까요? 다음 단계로 넘어가기 위해서는, 분석가가 적절한 시간과 장소에서 개입하는 한에서 잠시 동안 맡게 되는 *Ideal-Ich*의 기능을 심도 있게 파헤쳐야 합니다.

따라서 다음 장에선 전이의 운용에 대해 다루게 될 것입니다. 이것을 문제로 남겨놓도록 하겠습니다.

1954년 5월 12일

15

억압의 중핵

욕망을 명명하기
트라우마의 *Prägung*
망각의 망각
과학에서의 주체
초자아, 부정합적 언표

금년도 벌써 후반에 접어들었습니다만 올해 강의를 계속해오면서 저는 제게 제기되었던 질문을 통해 여러분 중 많은 분이 제 수업의 핵심이 철두철미 정신분석에, 여러분의 활동의 의미 자체에 있다는 사실을 이해하기 시작했음을 확인할 수 있어 마음이 흐뭇합니다. 제가 언급한 분들은 어떤 기술적 규칙은 오로지 분석의 의미로부터 출발해 진술될 수 있음을 이해하신 분들을 말합니다.

제가 여러분에게 조금씩 보여드리고 있는 것과 관련해서는 아직 모든 것이 명확해졌다고 할 수 없습니다. 다만 여러분은 정신분석의 본성에 대해 근본적인 입장을 정하는 것이 관건임을 의심치 마시기 바랍니다. 그 결과 그것이 여러분의 활동에 영향을 미칠 텐데, 왜냐하면 그것은 분석 경험의 실존적 위치와 종착점에 대한 여러분의 이해를 바꿔놓을 것이기 때문입니다.

1

지난 시간에 저는 분석에서 사람들이 항상 알쏭달쏭하게 처리하곤 하는, 영어로 *working-through*라고 불리는 과정을 여러분에게 그려 보여주려고 했습니다. 이 과정은 불어로 élaboration 또는 travail라고 간신히 번역된 바 있습니다. 언뜻 보면 불가사의하게 보이는 그러한 차원 때문에 어느 정도의 진전, 주체의 도약이 완수되기 위해선 환자와 더불어 "우리 과업을 무수히 되풀이해야" 하는 것입니다.

O에서 O'로, O'에서 O로 향하는 두 개의 화살표로 표시되는 물레방아 운동, 그러한 왕복 운동을 통해 구현되는 것은 주체의 이미지가 거울 212 앞에서 건너편으로 빠져나가게 하는 번쩍거림입니다. 분석의 흐름은 그러한 운동을 완성하는 것으로 이루어집니다. 이와 동시에 주체는 자신의 욕망을 재통합합니다. 그런데 그러한 이미지를 완성하는 쪽으로 한 단계 더 나갈 때마다 주체는 자기 자신의 욕망이 자신 속에서 솟아나는 것을 목격하면서 유난히 격렬한 긴장에 사로잡히게 됩니다. 그러한 운동은 단번의 회전으로 끝나는 것이 아닙니다. 상상적, 나르시시즘적, 거울상적 — 이 세 용어는 이론적 관점에서 볼 때 등가적인 것입니다 — 동일시의 다양한 단계가 이미지의 핀트를 맞추려면 무수한 회전이 필요합니다.

지금 말한 것만으로는 이와 관련된 현상의 모든 것을 다 담아낼 수 없습니다. 여하튼 제가 지난 시간에 도입한 제3의 요소가 개입하지 않고는 아무것도 이해할 수 없기 때문이지요. 제3의 요소란 바로 주체의 말을 가리킵니다.

바로 이 시점에서 주체는 자신의 욕망을 느끼게 됩니다. — 이는 말과의 결속conjonction 없이는 불가능한 일입니다. 그런데 이는 순수한 불안의 순간에 다름 아닙니다. 이미지와의 대면 속에서 욕망이 솟아오릅니다. 불완전했던 이미지가 완전한 것이 되면, 통합되지 않고 억눌려 있던 억압된 상상적 얼굴이 모습을 드러내면서 불안이 엄습합니다. 이는 생산적인 지점point fécond입니다.

몇몇 저자는 이 점을 분명히 하려고 했습니다. 스트래치는 자신이 전이에 대한 해석이라고 부르는 것을, 보다 정확히는 변환적 해석*interpretation mutatiste*을 명확히 하려고 한 바 있습니다. 1934년 『국제정신분석저널』 15권 2~3호를 확인해보시기 바랍니다. 실제로 그는 해석은 분석상의 정확한 시점에서만 긍정적 효과를 발휘할 수 있다는 사실을 강조합니다. 그런 기회는 자주 오는 게 아니며 근사적인 방법으로는 포착될 수 없습니다. 해석이 결정적 가치, 변환적 기능을 발휘할 수 있게끔 이루어져야 하는 시점은 상상적인 것 속에서 이제 막 꽃피게 될 어떤 것이 또한 분석가와의 언설적 관계 속에서 현존하게 되는 바로 그 순간 — 그쯤도 아니고 그 전도 또 그 후도 아닌 정확히 바로 그 순간 — 입니다.

분석 상황에서 상상적인 것과 실재적인 것이 혼동되는 순간이 아니라면 그것이 무엇이겠습니까? 이것이 바로 제가 지금 여러분에게 설명하고 있는 것입니다. 주체의 욕망은 거기 분석 상황 속에 현존하는 동시에 표현 불가능한 것으로 남아 있습니다. 스트래치 말에 따르면 분석가의 개입은 그러한 욕망에 이름을 붙이는 것, 바로 그것만 겨냥해야 합니다. 그것이야말로 환자가 긴 독백 속에서 지껄여대는 말, 말의 물레방아 — 이는 우리의 도식에서 화살표의 움직임으로 미루어 보건대 아주 그럴싸한 비유지요 — 에 분석가가 자신의 말을 덧붙여야 할 유일한 순간입니다.

그것을 예증하기 위해 저는 지난 시간에 도라 사례에서 프로이트가 했던 해석들의 기능, 그것들의 부적합성과 그로 인한 치료의 중단, 심리적 장벽 등을 상기시킨 바 있습니다. 그것은 프로이트의 발견의 첫 번째 시기에 불과합니다. 그의 발견을 좀 더 따라가야 합니다. 여러분 중에 제 213 가 2년 전에 프로이트의 『늑대인간』에 대해 했던 논평에 참여하신 분들이 계시는지요? 별로 많지는 않으시군요. 당시 참여했던 분이 그 텍스트를 다시 한 번 읽어보는 기쁨을 누려보시면 좋겠습니다. 베르네르 신부님이 어떨까요? 여러분은 제가 제시한 도식이 얼마나 설득력이 있는지를 보시게 될 겁니다.

늑대인간은 오늘날의 용어로 하자면 성격 신경증névrose de caractère 내지는 나르시시즘적 신경증névrose narcissique이라고 불릴 만한 것을 보여줍니다. 그런 류의 신경증은 치료에 상당한 저항을 보입니다. 프로이트는 심사숙고한 끝에 사례의 일부를 우리에게 소개할 결심을 내리게 되었지요. 실제로 유아기 신경증 — 이는 『늑대인간』의 독일어판 제목이기도 합니다 — 은 프로이트가 트라우마 기능에 대한 자신의 이론과 관련해 몇 가지 질문을 제기하는 데 유용하게 쓰였습니다.

그리하여 우리는 1913년, 그러니까 올해 우리의 논평 대상인 1910년에서 1920년까지의 중간쯤에 있습니다.

『늑대인간』은 프로이트가 당시 작업한 것, 즉 당시 융의 집요한 언급들에 의해 흔들리고 있던 트라우마 이론을 이해하는 데 꼭 필요합니다. 이 사례집에는 프로이트가 어디에서도 제시하지 않은 사항, 당연히 그의 순수한 이론적 저술들 속에서는 찾아볼 수 없는 많은 것이 들어 있습니다. 거기에는 그의 억압 이론에 본질적 보충물들이 있습니다.

먼저 늑대인간에게 억압은 부모가 후배위로 성교를 하는 장면에서 기인한 어떤 트라우마적 경험과 결부되어 있음을 상기시켜드리고 싶습니다. 환자는 결코 그러한 장면을 직접적으로 환기해내거나 기억해내진 못했습니다. 그것은 프로이트가 재구성해낸 것이지요. 후배위라는 성교 체위는 오로지 그것이 환자의 현재의 행동에 미친 트라우마적 결과로부터만 재구성될 수 있었을 뿐입니다.

당연히 거기서 프로이트는 아주 놀랄 만한 인내심을 갖고 역사를 재구성하고 있습니다. 프로이트는 마치 텍스트 고증과 주해를 위해 고문서 서류들, 기념비들을 대하는 것처럼 보입니다. 만일 어떤 요소가 어떤 지점에서 가공된 방식으로 나타난다면, 그것이 덜 가공된 모습으로 나타나는 지점은 이전 시기에 해당되는 것임이 분명합니다. 이렇게 해서 프로이트는 매우 치밀하면서 단호하게, 문제의 성교가 이루어진 날짜를 n+1/2 살로 한정된 어떤 날짜로 산정합니다. 그런데 여기서 n은 1을 넘어설 수 없는데, 왜냐하면 그러한 광경의 목격이 어린 주체에게 끼치는 결과들로부터 기인하는, 우리가 인정하지 않을 수 없는 몇 가지 이유로 인해 그것이 생후 2살 반에서 일어날 순 없기 때문입니다. 그렇다고 그것이 생후 6개월에 일어나는 것이 불가능한 일은 아닙니다. 하지만 당시 프로이트는 당시의 관점에서 보았을 때는 조금 지나쳐 보인다는 이유로 6개월이라는 시점을 제쳐놓습니다. 물론 이 기회에 지적해두고 싶은 것은 프로이트는 그럼에도 그것이 생후 6개월에 일어날 수 있을 가능성을 완전히 배제하진 않았다는 점입니다. 사실 저도 생후 6개월이 1살 반보다는 정확한 날짜가 아닌가 하는 생각이 듭니다. 왜 그런지는 잠시 후에 설명해드리도록 하겠습니다.

본질적인 것으로 되돌아가봅시다. 이 광경에 의해 생겨난 상상적 침입effraction의 트라우마적 가치는 결코 사건 직후에 위치시킬 수 없습니다. 214

그러한 장면이 트라우마적 가치를 갖게 되는 것은 환자가 생후 3살 3개월에서 4살 정도였을 때입니다. 정확한 날짜를 찾을 수 있는데 왜냐하면 환자의 생일이 — 이는 게다가 그의 개인사에서 결정적인 일치라고 할 수 있지요 — 크리스마스이기 때문입니다. 이 사례의 핵심이라고 할 불안 꿈을 처음으로 꾸었던 것은 여느 아이와 마찬가지로 항상 산타크로스가 하늘에서 내려와 선물을 주는 크리스마스 이벤트를 기대하면서부터입니다. 이 불안 꿈은 제가 방금 전 상상적 침입이라고 불렀던 것의 트라우마적 가치가 가장 최초로 드러났던 지점입니다. 상징적 침입은 어떤 의미에선 프로이트 시대보다, 특히 새들과 관련해 더 멀리 개진되었다고 할 수 있는 근래의 본능 이론에서 사용되는 용어로 *Prägung*, 시발점을 이루는 트라우마적 사건의 *Prägung* — 이 용어는 "각인[주조]frappe", 동전의 각인[주조]를 연상시킵니다 — 입니다.

프로이트가 아주 명쾌하게 설명하듯이 처음에 이러한 *Prägung*은 억압되지-않은non-refoulé — 이 대략적인 표현에 대해서는 나중에 좀 더 분명하게 살펴보도록 하겠습니다 — 어떤 무의식 속에 위치합니다. *Prägung*은 주체의 언설화된 체계에 통합되지 않았다고 말할 수 있습니다. 심지어는 아직 언설화에 도달하지도 못했으며 의미 효과조차 얻지 못했다고 할 수 있지요. 상상적인 것의 영역에 엄격히 머물러 있는 이러한 *Prägung*은 주체가 점점 더 조직화된 면모를 갖게 되는 상징적 세계 속으로 들어가면서 다시 출현하게 됩니다. 이것이 바로 프로이트가 최초의 시점 *x*와 그가 억압을 위치시킨 4살 사이에 일어난 일로서 환자가 증언한 것들로부터 도출된 환자의 이야기 전반을 들려주면서 우리에게 설명하고 있는 것입니다.

억압은 오로지 주체[환자]의 어릴 적 사건들이 개인사적으로 충분히 격동에 휘말릴 경우에만 일어납니다. 그러한 사건을 일일이 다 열거할 순 없습니다. — 환자보다 더 머슴애 같으면서 환자의 경쟁 상대이자 동일시 대상이던 누나에게서 유혹받았던 일이나 그것에 대해 환자가 뒷걸음질 치며 거절했던 일, 그리고 그에 이어 여러분도 잘 아시는 저 나니아라는 가정부에게 접근해 적극적으로 유혹한 일 등도 있습니다. 이 유혹은 규범에 맞게 오이디푸스 초기의 생식기적 발달을 향해 이루어졌지만, 누나의 황홀한 첫 유혹에 의해 첫 단추가 잘못 끼워졌던 것입니다. 따라서 자신이 처해 있던 곳으로부터 환자는 사도마조히즘적 입장으로 밀려나게 됩니다. — 프로이트는 그러한 사도마조히즘적 입장의 모든 요소와 그것이 걸쳐 있는 영역을 우리에게 제시하고 있습니다.

이제 두 개의 지표를 제시하도록 하겠습니다.

먼저, 어쨌거나 최선의 출구는 주체가 상징적 변증법 속으로 입성하는 것으로부터 기대될 수 있습니다. 더욱이 상징적 세계는 주체의 발달 과정에 계속해서 결정적인 견인차 노릇을 합니다. 여러분도 아시다시피, 엄밀한 의미에서 교육적인 요소들이 삶 속에 개입하면서 이후의 어느 순간에 적절한 해결책이 나타나게 될 것이기 때문입니다. 환자를 수동적 위치에 놓는 아버지와의 경쟁의 변증법 전체는 어느 순간 학교 선생님 같은 존경스런 인물들이 개입함으로써, 또는 그전에 종교적 영역이 도입됨으로써 완벽하게 완화될 것입니다. 프로이트가 보여준 것은 주체가 현실화되는 것은, 광범위하면서 심지어는 보편적이라고 할 인간적 가치를 가진 어떤 신화 속으로 주체의 드라마가 통합되는 한에서라는 사실입니다. 215

다른 한편 생후 3살 1개월과 4살 사이에는 어떤 일이 벌어지는 것일까요? 주체[환자]는 자기 삶에서 벌어진 사건들을 하나의 법속으로, 상징적 의미 효과의 장 속으로, 의미 효과라는 보편화의 인간적인 장 속으로 통합시키는 방법을 터득한 것이 아닐까요? 바로 이런 이유에서 적어도 그러한 시점에서 '유아기 신경증'은 정신분석과 정확히 동일한 것입니다. 그것은 정신분석과 동일한 역할을 한다는 것인데, 즉 유아기 신경증은 과거에 대한 재통합을 완수하고 *Prägung* 자체를 상징들의 놀이 속에서 작동시킵니다. 이는 오로지 마지막에 이르러서만, 프로이트의 표현을 빌리자면, *nachträglich*, 소급적인 어떤 놀이를 통해서만 도달됩니다.

각인[주조]된 것이 사건들의 놀이를 통해 상징이라는 형태로 역사 속으로 통합되는 한, 그것은 당장이라도 나타날 것만 같은 상태에 이르게 됩니다. 그러고 나서 환자의 삶속에 개입한 지 2년 반이 흐른 시점에 — 그리고 제가 여러분에게 지적했던 바에 따르자면, 아마도 3년 반이 흐른 시점에 — 실제로 출현하게 되면, 그처럼 각인[주조]된 것은 주체에게 애초에 그것의 상징적 통합이 가졌던 특히나 충격적인 형태로 말미암아 상상적 수준에서 트라우마로서의 가치를 갖게 됩니다.

트라우마, 억압 작용을 하는 한에서의 트라우마는 '사후에', *nachträglich* 개입합니다. 바로 그때 주체가 편입되고 있는 중인 상징적 세계 자체 속에의 무언가가 주체로부터 떨어져 나오게 됩니다. 그때부터 그것은 더 이상 주체에게 귀속된 것이 아닙니다. 주체는 더 이상 그것에 대해 말할 수 없으며 그것을 더 이상 통합할 수도 없을 겁니다. 그럼에도 그것은 이를테면 주체가 통제할 수 없는 무언가를 통해 말해진 채로 남아 있게 될 겁니다. 이것은 나중에 주체의 증상이라고 불릴 만한 것들의 첫 번째 중핵이 될 것입니다.

바꿔 말해, 제가 기술한 분석의 시점과 중개적인 시점 사이엔, 각인[주조]과 상징적 억압 사이엔 본질적으로 어떠한 차이도 없습니다.

딱 하나 차이가 있다면, 후자의 시점에서는 아무도 그에게 말을 건네

주지 않는다는 점입니다. 억압은 최초의 중핵을 구성한 후에 시작됩니다. 이제 그것의 중핵을 중심으로 증상, 일련의 억압 그리고 그와 동시에 억압된 것의 회귀 — 왜냐하면 억압과 억압된 것의 회귀는 같은 것이기 때문입니다 — 등이 조직됩니다.

2

216

억압된 것의 회귀와 억압이 동일한 것이라는 사실에는 놀라지 않으셨는지요?

X 박사_ 뭐, 이제 와서 놀랄 것은 아무것도 없습니다.

X 선생께선 더 이상 그렇지 않다고 말씀하시지만, 놀라는 분들도 계시겠지요.

만노니_ 두 개가 같은 것이라면, 이따금 듣게 되는 성공한 억압이라는 개념도 쓸모가 없어지겠군요.

아뇨, 그렇지 않습니다. 그것을 설명하기 위해선 망각의 변증법 전체를 다루어야 할 텐데요, 성공한 상징적 변증법은 모두 일종의 정상적 망각을 포함하고 있습니다. 하지만 이것은 우리를 프로이트의 변증법으로부터 아주 멀리까지 떨어뜨려 놓게 될 것입니다.

만노니_ 그렇다면 억압된 것의 회귀가 없는 망각을 말씀하시는 겁니까?

그렇습니다. 억압된 것의 회귀가 없는 것입니다. 당연히 역사[이력] 속으로의 통합은 상징적 실존에 이르지 못한 그림자의 세계 전체를 망각하는 것을 포함합니다. 그런데 만일 주체[환자]가 상징적 실존을 달성하고 그것을 완전히 떠맡는다면, 그런 뒤에는 아무런 흔적도 남겨지지 않을 겁니다. 여기서 우리는 하이데거의 개념들을 끌어들여야 할 텐데요. 존재가 말 속에 거주하기 위해 들어오는 입구에는 망각이라는 어떤 여백, 모든 αληθεια[알레테이아]의 보충물인 ληθη[레테]가 있습니다.

이폴리트_ 만노니가 말한 '성공한'이란 말이 무슨 의미인지 잘 모르겠습니다.

217 그것은 치료사가 사용하는 용어입니다. 성공한 억압, 그것은 치료사에게 꼭 필요한 것입니다.

이폴리트_ '성공한 것'이란 가장 근본적인 망각을 의미할 수 있겠네요.

제 말이 바로 그겁니다.

이폴리트_ 그렇다면 '성공한 것'이란 말은 어떤 점에서는 가장 실패한 것을 가리킵니다. 존재의 통합에 이르려면 사람은 본질적인 것을 망각해야 합니다. '성공한 것'이란 실패한 것입니다. 하이데거라면 '성공한'이란 단어를 받아들이지 않을 겁니다. '성공한'이란 치료사의 관점에서만 쓰일 수 있습니다.

그것은 치료사의 관점입니다. 그럼에도 하이데거는 항상 모든 존재의 실현에 존재하는 실수의 여지를 일종의 근본적인 $\lambda\eta\theta\eta$, 진리의 그림자를 위해 남겨놓는 것처럼 보입니다.

이폴리트_ 치료사의 성공, 그것은 하이데거에게선 가장 나쁜 것입니다. 그것은 망각의 망각이지요. 하이데거가 말하는 본래성은 망각의 망각 속에 빠지지 않는 것입니다.

그렇습니다. 왜냐하면 하이데거는 존재의 근원으로 거슬러 올라가는 것을 일종의 철학적 규칙으로 내세우기 때문이지요.

다시 문제로 돌아가 봅시다. 망각의 망각은 어떤 점에서 성공한 것이 될 수 있을까요? 모든 분석은 어떤 점에서 존재 속으로 거슬러 올라가야 할까요? 또는 분석은 어떤 점에서 주체가 자신의 운명과 관련해 존재 속으로 뒷걸음질 치는 것이 되어버릴까요? 제기될 수 있는 질문들을 이번 기회에 미리 한번 살펴보도록 하겠습니다. 만일 주체가 혼동과 무지의 지점이라고 할 O라는 지점에서 출발한다면 욕망에 대한 상징적 재통합의 변증법은 어디로 향하게 될까요? 분석이 종료되기 위해서는 단순히 주체가 자신의 욕망에 이름을 붙이기만 하면, 그로 하여금 자신의 욕망들에 이름을 붙일 수 있도록 해주면 되는 걸까요? 이것이 바로 제가 오늘 강의 말미에서 제기하려는 문제입니다. 물론 여러분은 제가 거기서 머물 생각은 아니라는 것도 보시게 될 겁니다.

끝, 분석의 끝에서 수차례의 순회를 거치고 나서 자신의 역사를 완전히 재통합하게 된다면, 주체는 이후에도 여전히 O에 위치하게 될까요?

아니면 좀 더 이쪽으로, A를 향한 곳에 위치할까요? 바꿔 말해 주체의 일부분이 여전히 소위 자아라고 불릴 이 끈끈이 같은 지점 수준에 남아 있게 될까요? 분석은 오로지 우리가 주어진 것이라 여기는 것, 다시 말해 주체의 자아, 연습을 통해 완전하게 보강될 수 있는 내적 구조를 다룰 뿐일까요?

바로 그러한 생각들로 인해 발린트 같은 사람과 분석의 한 경향 전체는 자아가 강하다거나 약하다든가 하는 식으로 생각하는 데 이르게 된 것입니다. 그런데 만일 자아가 약하다면 그들은 그들의 입장의 내적 논리에 따라 자아가 강화되어야 한다고 생각할 수밖에 없습니다. 주체가 단순히 자아를 자기 자신을 통제하는 연습으로 간주되는 순간부터 분석은 곧장 자아를 강화하는 훈련의 길이 되어버립니다. 바로 거기서 연습에 의한 교육, '러닝learning', 심지어는 발린트 같이 명석한 사람도 기술한 바 있는 실적performance이라는 발상이 나오게 됩니다.

분석이 진행되는 동안 자아를 강화하는 것과 관련해 심지어 발린트는 자아가 어디까지 완벽해질 수 있는지를 언급하기도 합니다. 그는 세계 신기록을 얻기 위해 필요한 연습이나 운동도 몇 년만 지나면 평균적인 운동선수의 기량에 불과한 것이 될 뿐이라고 말합니다. 이로부터 인간의 자아가 자기 자신과 경쟁하게 된다면 점점 더 엄청난 기록을 달성할 수 있다는 결론이 나오게 됩니다. 거기서 발린트는 분석과 같은 훈련을 통해 자아를 구조화하고 학습을 통해 여러 기능 속에서 보다 많은 양의 흥분을 수용할 수 있도록 자아를 강화할 수 — 이에 대해선 아무런 증거도 없는 것이 당연합니다 — 있다고 생각하게 됩니다.

218

하지만 도대체 어떤 점에서 일종의 말놀이인 분석이 그런 식의 학습 — 그것이 무엇이든 — 에 쓰일 수 있을까요?

분석이 우리에게 보여주고 제가 여러분에게 가르치고 있는 근본적인 사실, 그것은 자아는 하나의 상상적 기능이란 것입니다. 이 사실을 간과한다면 우리는 곧장 오늘날의 정신분석 경향 전반 또는 대부분이 걷고 있는 길로 빠져버리게 될 겁니다.

하나의 상상적 기능이라면 자아는 주체와 혼동되어선 안 됩니다. 우리가 주체라고 부르는 것은 무엇일까요? 아주 정확히 말해 주체는 [세계를] 대상화하는 발달 과정 속에서 대상 바깥에 있는 것을 말합니다.

과학의 이상理想은 상호 작용하는 힘들의 체계 속에 가두어 고정시킬 수 있는 것으로 대상을 환원하는 것이라고 말할 수 있습니다. 결국 대상은 과학에 대해서만 대상일 뿐입니다. 그리고 거기엔 하나의 주체만이 있을 뿐입니다. — 전체를 조망하는 과학자, 언젠가는 대상들 간의 모든 상호작용을 포괄하는 일정한 상징 놀이로 모든 것을 축소시키길 바라는 과학자가 있을 뿐이지요. 다만 생명체가 문제인 경우 과학자는 항상 거기에 행동action이 존재함을 전제할 수밖에 없게 됩니다. 생명체도 당연히 하나의 대상으로 여겨질 수도 있지만 우리가 그에게서 생명체의 가치를 상정하는 한 암묵적으로라도 우리는 그것이 하나의 주체라는 생각을 유지하게 됩니다.

가령 어떤 본능적 행태에 대한 분석이 진행되는 동안 사람들은 잠시 주체의 입장position subjective을 등한시할 수 있습니다. 하지만 말하는 주체가 문제일 경우라면 그러한 입장은 절대로 간과될 수 없습니다. 우리는 필연적으로 말하는 주체를 주체로 인정할 수밖에 없습니다. 어째서일까요? 그것은 단지 그가 거짓말을 할 수 있는 존재이기 때문입니다. 다시 말해 그는 자신이 말하는 것과는 별개의 존재라는 겁니다.

자, 그런데 이 말하는 주체, 속이는 자로서의 말하는 주체의 차원이 바로 프로이트가 무의식 속에서 발견해낸 것입니다.

과학에서의 주체 *x*는 사실상 과학자를 가리키므로, 과학 속에서 주체는 궁극적으로 오로지 의식 수준에서만 유지됩니다. 주체의 차원을 유지하는 것은 바로 과학의 체계를 소유한 사람입니다. 과학자는 대상 세계에 대한 반영, 거울, 지탱물인 한에서 주체입니다. 반면 프로이트는 우리 인간 주체 속에는 무언가가 말을 하고 있다는 것을, '말하다'라는 단어에 담긴 모든 의미에서 말을 하고 있다는 것을, 즉 거짓말을 하고 있다는 것을, 그것도 의식의 기여가 없이 정당하게 거짓말을 하고 있다는 것을 보여줍니다. 여기서는 주체의 차원에 대한 재통합 — 이 용어가 지닌 분명하고 제한되고 실험적인 의미에서 — 이 이루어집니다.

마찬가지 이유에서 이 주체의 차원은 더 이상 자아와 혼동될 수 없습니다. 자아는 주체 속에서 차지했던 절대적 위치를 잃었습니다. 자아는 그러한 잔여물로서 신기루의 지위를 얻게 됩니다. 자아는 주체의 대상적 관계들 속에 있는 한 가지 요소에 지나지 않게 됩니다.

219

이해가 되시는지요?

바로 이런 이유에서 저는 만노니가 도입했던 것을 지나는 길에 지적했던 것입니다. 실제로 분석이란 것이 단지 이미 처음부터 주어져 있지만 다소간 축소된 — 이는 안나 프로이트 여사의 표현입니다 — 하나의 중심처럼 여겨지는 자아의 상관물인 대상화를 확장하는 것인지에 대한 문제가 제기됩니다. 프로이트가 '이드가 있던 곳에 자아가 있어야 한다'라고 썼을 때 우리는 그것이 의식의 장을 확장하는 문제라고 생각해야 할까요? 아니면 이동의 문제일까요? 이드가 있던 곳이라고 했지만 이드가 거기 있다고 생각하지 마시기 바랍니다. 이드는 무수한 장소에 위치합니다. 가령 제 도식에서 주체는 A의 지점에서 거울 놀이를 바라봅니다.

잠정적으로 이드를 주체와 동일시해봅시다. 우리는 이드가 있던 자리인 A에 자아가 있어야 한다고 이해해야 할까요? 자아가 A로 이동하다가 이상적인 분석의 끝에서는 더 이상 A에 존재하지 않는다고 이해해야 할까요?

이는 매우 납득할 만한 생각인데, 왜냐하면 자아에 속한 모든 것은 주체가 자기 자신에 대해 인정하는 부분 속에서 현실화되지 않으면 안 되기 때문입니다. 어쨌든 그것이 제가 여러분에게 던지는 질문입니다. 바라건대 이를 통해 여러분이 제가 어디로 향하는지를 충분히 알았으면 합니다. 물론 그것이 전부는 아니지만 말입니다.

어쨌든 『늑대인간』에 대한 설명과 더불어 도달한 지점에서 여러분은 제 도식이 얼마나 유용한지를 보셨을 겁니다. 이 도식은 최고의 분석 전통과도 부합하게도 증상의 본원적 형성, 억압 자체의 의미 효과와 적어도 처음에는 변증법적 과정이라고 여겨진 분석적 운동 속에서 벌어지는 일을 통합시켜 줍니다.

이 간단한 실마리를 갖고 베르네르 신부님께서 『늑대인간』 사례를 다시 한 번 읽고 언젠가 간단히 요약해주셨으면 합니다. 더불어 제가 이 텍스트에 대해 설명한 요소들을 다시 다루게 될 때 몇 가지 문제점을 강조해주셨으면 합니다.

3

여전히 『늑대인간』이라는 주제와 관련된 것이므로 분석에서 치료 절차가 어떤 것인지, 치료 작용의 원동력이 무엇인지 좀 더 살펴보았으면 합니다. 정확히 말해, 욕망의 명명, 인정이 O에 다다랐을 때 그러한 인정이 의미하는 바는 무엇일까요? 거기서 모든 것을 멈추어야 할까요?

또는 한 걸음 더 나가야 할까요?

여러분이 이 질문의 의미를 이해할 수 있도록 설명해보겠습니다.

주체[환자]가 자신의 역사[이력]를 상징적으로 통합하는 과정 속에는 절대적으로 빠질 수 없는 어떤 기능이 있습니다. 그것은 분석가가 그 220 것과 관련해 의미심장한 위치를 차지한다고 오래전부터 만인이 이야기해온 기능입니다. 이 기능은 초자아라고 불리고 있습니다. 초자아가 어디서 유래하는지를 생각하지 않는다면 우리는 초자아에 대해 아무것도 이해할 수 없습니다. 프로이트 이론의 역사 속에서 초자아는 검열이라는 형태로 처음 등장했습니다. 방금 저는 제가 지적한 사항을, 인간은 처음부터 증상뿐만 아니라 일상생활의 모든 무의식적 기능을 통해 말의 차원 속에 살고 있다는 언급으로 곧바로 예증해보일 수도 있었을 겁니다. 검열의 임무는 거짓말을 수단으로 속이는 것입니다. 프로이트가 검열이란 용어를 선택한 것은 우연이 아닙니다. 여기서 문제는 주체의 상징적 세계를 분할하는 어떤 심급, 상징적 세계를 둘로 쪼개어 하나는 접근 가능한 인정된 부분으로, 다른 하나는 접근 불가능한 금지된 부분으로 만드는 어떤 심급입니다. 우리가 초자아의 영역 속에서 거의 동일한 강조점과 함께 거의 원형 그대로 다시 발견하게 되는 것은 바로 이런 생각입니다.

저는 곧 제가 상기한 바와 같은 면모를 가진 초자아 개념이 어떤 점에서 통상의 초자아 개념과 대비되는지를 강조할까 합니다.

일반적으로 초자아는 항상 압력*tension*이라는 관점에서 고려됩니다. 만일 그러한 압력이 가령 원초적 마조히즘과 같이 순수하게 본능적인 것에 준거하지만 않는다면 그러한 개념은 전적으로 타당합니다. 이는 프로이트에게서도 낯선 개념이 아닙니다. 심지어 프로이트는 더 멀리까지 나갔습니다. 「자아와 이드」에서 그는 주체가 본능을 억누를수록, 이를테면 그의 품행이 도덕적이 될수록 초자아의 압박은 더 가혹해지며 더 까다롭고 강압적이 된다고 주장합니다. 이러한 임상적 소견이 언제나 타당하다곤 볼 순 없습니다. 하지만 프로이트는 여기서 그가 다루는 대상인 신경증에 국한해서 그러한 견해에 도달하고 있습니다. 그는 초자아를 자체의 대사 과정으로부터 다른 유독성 물질을 분출하기도 하고 어떤 조건에서는 그러한 물질로 자신의 생식 주기를 정지시키기도 하는 유독성 산물 중의 하나로 여기기에 이릅니다. 이는 사태를 너무 멀리까지 밀고 나가는 것입니다. 하지만 그러한 생각은 정신분석에서 널리 널리 퍼져 있는 초자아 개념 속에 함축되어 있습니다.

이러한 개념에 반대해 다음과 같은 점을 공식화하는 것이 바람직할 겁니다. 일반적으로 무의식은 주체 속에서 상징적 체계의 분할scission, 상징적 체계에 의해 초래된 소외, 제한입니다. 초자아는 주체에 의해 통합된 상징적 체계 속에서 산출된 이와 유사한 분할입니다. 상징적 세계는 주체에게만 귀속된 것이 아닌데, 왜냐하면 그러한 세계는 주체가 귀속된 어떤 일정한 공동체 위에 자신의 제국을 건설하는 한에서 공통 언어, 보편적 상징 체계인 하나의 언어 속에서 실현되기 때문입니다. 초자아는 분할, 주체에게서 — 그리고 주체뿐만 아니라 — 우리가 법法이라고 부를 어떤 것과의 관계 속에서 산출되는 한에서의 분할입니다.

이것을 예로 들어 설명해보겠습니다. 여러분이 정신분석에서 배운 것을 통해서는 그러한 영역에 별로 친숙하지 않은 데다 제가 정신분석의 울타리를 벗어난다고 믿을 테니 말입니다. 그것은 전혀 그렇지가 않습니다.

제가 맡았던 한 환자 이야기입니다. 환자는 저를 찾아오기 전에 이미 다른 분석가에게서 분석받은 경험이 있었습니다. 그는 손을 사용하는 활동 분야에서 아주 특이한 증상을 갖고 있었지요. 손은 분석을 통해 집중 221

조명된 놀이 활동[수음]과 관련해 중요한 의미를 갖는 기관입니다. 고전적인 기조에 따라 수행된 이전의 분석은 어떻게든 그의 다양한 증상을 당연히 유년기 수음과 그러한 수음이 그의 주변에서 초래했을 법한 금지와 억압을 중심으로 구성해내기 위해 전력을 다했지만 별 다른 성과가 없었습니다. 이러한 금지는 항상 존재하는 것이기에 실제로 있던 금지입니다. 불행히도 이전의 분석은 아무것도 해명해주지 못하고 아무것도 해결해주지 못했습니다.

환자는 이슬람교 신자였습니다. — 수업에서 특수한 사례들을 보고하는 것이 항상 민감한 사항이긴 하나 그의 이력에서 이런 요소를 숨길 수는 없습니다. 하지만 그가 주체로서 발달하는 역사 속에서 가장 놀라운 요소 중의 하나는 그가 코란법을 혐오하며 멀리했다는 사실입니다. 코란법은 '카이사르 것은 카이사르에게, 하느님 것은 하느님께'라는 규정을 가진 우리 문화권에서 상상할 수 있는 것보다 훨씬 더 포괄적인 것입니다. 이슬람 지역권에서 법은 오히려 전체주의적 특성을 가지며, 그리하여 법적인 것은 종교적 수준과 전혀 분리되지 않습니다.

따라서 환자에게는 코란법에 대한 어떤 몰인식이 있었던 것입니다. 환자의 상징적 소속을 인정하지 않을 수 없다는, 제가 보기에는 아주 건전하다고 할 관념에 비추어보았을 때 선조, 직무, 장래 등을 통해 이슬람 문화권에 속하는 한 환자가 그러한 몰인식을 갖고 있다는 것이 제게는 그러는 와중에 매우 놀라운 사실이었습니다. 이는 우리를 문제의 실마리로 이끌어주었습니다.

실제로 코란법은 도둑질을 한 사람에 대한 이런 계명을 포함하고 있습니다. '손을 자를 지어다.'

그런데 환자는 어렸을 적에 아버지가 — 이것은 한편의 드라마라고 할 수 있는데, 공무원이었던 아버지가 결국엔 직장을 잃고 ― 도둑으로 잡혀 손을 절단하는 벌을 받아야 한다는 사실을 듣게 되면서 개인적으로나 공적으로나 소용돌이에 휘말리게 됩니다.

물론 앞의 계명은 이미 오래전부터 더 이상 집행되지 않았습니다. ― '제 어미와 근친상간한 자는 성기를 절단당하고 그걸 들고 서쪽으로 떠날 지어다'는 마누법의 계명도 마찬가지입니다. 하지만 그것은 그럼에도 인간들 간의 관계를 정초하는 상징적 질서, 이른바 법이라고 불리는 상징적 질서에 각인된 채로 남아 있습니다.

따라서 이러한 언표는 환자에게서 어떤 특권적인 방식으로 이외의 법과 분리되어 있게 됩니다. 그리고 그것은 환자의 증상들 속으로 이양됩니다. 환자에게서 상징의 세계에 대한 가장 근본적인 관계들이 조직되는 중심점이라고 할 그 밖의 원초적 비법, 상징적 준거들은 그러한 계명이 환자에게 특별히 우위를 차지함으로 인해 실추되어 버렸습니다. 환자에게 그러한 계명은 최초의 유년기적 경험과 결부된 일련의 용인 불가능한, 갈등적이고 증상적인 무의식적 표현의 중심을 차지하게 됩니다. 222

제가 지적한 바와 같이 분석이 진전되는 동안 환자의 역사[이력]에 대한 종합, 통합 속에서 구멍들, 결렬점들이 나타나는 것은 트라우마적 요소들 ― 한 번도 통합되어지지 않았던 어떤 이미지에 기반을 둔 요소들 ― 이 근접함으로써 입니다. 저는 바로 그러한 구멍들에서 출발해 환자가 다양한 상징적 결정 속에서 재편성되고 이를 통해 하나의 역사[이력]를 가진 주체로 탄생할 수 있게 된다고 여러분에게 지적한 바 있습니다. 자, 그런데 이와 마찬가지로 모든 인간 존재에게 일어날 수 있는 모든 개인적인 것이 해당 존재와 결부된 법과의 관계 속에 자리 매김될 수 있습니다. 주체의 역사는 모든 이들에게 동일한 것은 아닌 상징적 세계에 의해, 법에 의해 통합됩니다.

전통과 언어는 주체의 준거를 다양화합니다. 법속에서 간과된 어떤 부정합적 언표, 어떤 트라우마적 사건에 의해 전면에 부각된 하나의 언표, 법을 용납 불가능하고 통합 불가능한 어떤 첨예한 것으로 환원시키는 바로 그러한 언표가 우리가 통상 초자아라는 용어로 정의하는 맹목적이고 반복적인 심급입니다.

분석가들이 별로 생각해보진 않았지만 그럼에도 완전히 무시해버리지는 않은 어떤 차원에 대해 여러분이 생각해볼 수 있을 만큼 이 간단한 사례가 여러분에게 놀라운 것이었기를 바랍니다. 실제로 모든 분석가는 분석에 의해 시원적 사건들이 아무리 다양하고 다채롭게 나타나든 소위 오이디푸스 콤플렉스라고 불리는 합법적이고 합법화하는 좌표를 중심으로 끝을 매듭짓지 못한다면 분석이 완전히 종결되지 않는다는 점을 증언합니다.

오이디푸스 콤플렉스는 그것의 중요성이 프로이트의 초기 저작부터 나타나 저작 끝까지 유지될 정도로 분석 경험의 차원 자체에 매우 본질적인 것입니다. 이는 오이디푸스 콤플렉스가 서구 문명의 현 단계에서 어떤 특권적인 위치를 차지하기 때문입니다.

방금 저는 우리 문화권에서는 법의 영역이 다양한 수준들로 분할된다는 점을 내비친 바 있습니다. 갈등에 의해 끊임없이 서로 대립하는 한 그러한 수준들의 다양성이 개체의 삶을 평탄하게 만드는 것이 아님은 자명한 사실입니다. 한 문명의 다양한 언어가 복잡하게 전개됨에 따라 해당 문명을 가장 원시적인 법 형태와 연결하는 끈은 오이디푸스 콤플렉스라고 하는 본질적 지점 — 이는 엄밀히 프로이트의 이론입니다 — 까지 환원됩니다. 오이디푸스 콤플렉스는 신경증들에서 보았듯이 법의 영역이 개인의 삶 속에서 울려 퍼지는 지점입니다. 그것은 가장 항구적으로 나타나는 교차점[공통점], 꼭 필요한 최소한의 지점입니다.

물론 그렇다고 오이디푸스 콤플렉스가 전부라는 의미는 아닙니다. 그리고 주체가 몸담고 있는 엄청나게 복잡하고 이율배반적이라고까지 할 수 있는 상징적 세계의 총체를 참조하고 주체의 사회적 지위, 장래, 실존적 의미에서의 기획[기투], 그가 받은 교육, 전통 등에 달려있는 개 223 인적 위치를 참조하는 것이 정신분석 장을 벗어나는 것이라는 의미도 아닙니다.

우리는 O의 지점에서 산출되는 주체의 욕망이 해당 주체를 호명해 — 이 용어의 충만한 의미에서 — 자리 잡게 만드는 곳인 상징적 체계의 총체와 어떤 관련이 있는가라는 문제로부터 전혀 자유롭지 않습니다. 오이디푸스 콤플렉스의 구조가 항상 필요할 수 있지만 우리는 법의 측면에서 동일한 수준에 속하는 다른 구조들이 어쨌든 그만큼 결정적 역할을 수행할 수 있다는 사실을 간과할 수 없습니다. 이것이 바로 우리가 방금 전의 임상 사례에서 확인한 점입니다.

주체의 대상들이 나타나고 그의 상상적 세계가 완성되는데 필요한 횟수만큼의 순회가 이루어졌다고 해서 주체에게 유예된, 불안스러운, 긴박한, 연속적인 욕망들이 한번 명명되고 재통합되었다고 해서 모든 것이 끝난 게 아닙니다. 처음에 O의 자리에 있던 것이 그러다가 O'의 자리에서 나타나고, 다시 O의 자리로 이동하면서 결국 상징들의 완결된 체계 속으로 이송되어야 합니다. 분석이 종결되기 위해 필요한 것은 바로 이것입니다.

이러한 회송은 언제쯤 멈추게 될까요? 우리는 위대한 변증법의 전통 속에서 정의와 용기에 대한 기본 대화편들에 이르게 될 때까지 분석적 개입을 밀고 나가야 할까요?

이는 하나의 질문입니다. 해결하기가 쉽지 않은 질문일 텐데, 왜냐하면 사실 현대인은 특이하게도 이 중요한 주제들을 다루는 데 서툴러졌기 때문이지요. 현대인은 사태를 품행, 적응, 집단 도덕, 기타 잡소리 등을 통해 해결하는 것을 선호합니다. 분석가에게 인간[성]에 대해 교육하는 것이 제기하는 문제의 중대성이 바로 여기서 유래합니다.

오늘은 이쯤에서 마치기로 하겠습니다.

1954년 5월 19일

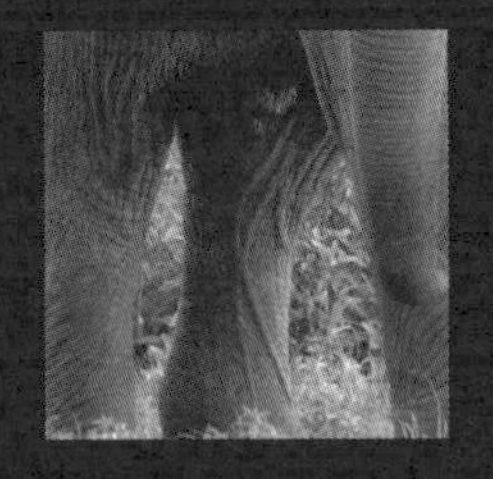

마이클 발린트의 막다른 골목

LES IMPASSE DE MICHËEL BALINT

16

발린트에 대한 기초적 개입들

사랑에 관한 어떤 이론
성격에 대한 정의
대상화

이론과 기술이 하나임은 두 말할 필요가 없습니다. 자, 이 명제를 활용해봅시다. 자신의 이론적 발상을 충분히 조리 있게 진술한 덕분에 그것에 관해 우리가 무언가를 추정할 수 있을 만한 사람들 개개의 기술을 이해해보려고 노력해봅시다.

하지만 상당수 식자들, 심지어 명석한 두뇌의 소유자들이 내놓은 이론일지라도 그것이 분석 속에서는 잘 활용되진 못하는 게 현실입니다. 개념들을 다루는 사람들이 자신이 말하는 바를 항상 명확히 알고 있는 것은 아닙니다. 그런데 이와 대조적으로 확실히 개념이 경험적인 무언가를 정말로 표현하고 있다는 느낌을 받게 되는 몇몇 경우가 있습니다. 우리의 친구 마이클 발린트가 바로 그런 경우입니다.

저는 많은 면에서 우리와 가까울 뿐만 아니라 교감이 있는 누군가의 도움을 구하고 싶었습니다. 분석에서 상호주체적 관계가 어떤 것이어야 할지에 대한 우리의 몇 가지 요구와 부합하는 성향을 여지없이 보여주는 사람, 게다가 의견을 표현하는 방식이 주류 사상에 의해 영향을 받고 있다는 인상을 주는 사람으로 말입니다.

제가 끊임없이 기준으로 삼고 있는 근본적인 분석 경험을 일탈해버린 현재의 경향이라고 할 만한 것을 극명하게 보여주기 위해 통속적인 사람들, 심지어 터무니없이 헛소리를 지껄이는 사람들을 선택한다면 이는 너무나도 편리한 일이 될 것입니다. 우리가 그러한 경향을 고려해야 한다면, 이는 그들이 명민함을 유지하고 있을 때, 근본적 이탈을 보여주기보다는 어떤 특유한 방식으로 핵심을 놓치고 있을 때가 적당합니다.

이렇게 해서 저는 무엇을 가르쳐야 할지를, 즉 무엇이 우리가 따를 만한 것인지를 시험해보고자 했습니다. 저는 제가 보건대 제가 가고자 하는 길에 대해 가장 관심을 보이고 있는 인물 중 하나인 그라노프에게 이 일을 맡겼습니다. 그는 오늘 『1차적 사랑과 정신분석 기술』이라는 제목의 발린트 책을 읽으면서 어떤 수확을 얻을 수 있을 지에 대해 발표할 겁니다.

228

발린트 자신의 말에 따르면 그는 대략 1920년경부터 정신분석을 시작했다고 합니다. 이 책은 1930~1950년 사이에 쓴 논문들을 엮은 것입니다. 그것은 매우 흥미로우며 매우 유쾌하게 읽히고 쉽고 명료하며 종종 대담한 면을 보이면서도 유머로 가득 찬 책입니다. 시간이 있으면 한번 뒤적거려 보시는 것도 좋을 겁니다. 학기말에 주는 상賞이라 생각하시고 방학 때 읽어보시기 바랍니다. 올해는 학회의 재정이 부실한 관계로 여러분에게 나누어주지 못하므로 여러분 각자가 구입해 읽어보시기 바랍니다.

1

그라노프 박사의 발표를 중단시킴

두 가지 양식의 사랑이 대립을 이룹니다. 먼저 전생식기적 양식의 사랑이 있습니다. 「전생식기적 사랑」이라는 제목의 논문 전체가 대상 자체에 대해서는 아무 관심도 갖지 않는 사랑에 초점을 맞추고 있습니다. *Absolute unselfishness*, 즉 주체는 대상이 가진 고유한 욕구나 필요성을 인정하지 않는다는 겁니다. 나에게 좋은 것이라면 너에게도 *right*하다는 것이 바로 주체의 태도를 표현하는 함축적 공식입니다. 더 나중 단계인 '1차적 사랑'은 항상 모든 현실을 배척하고 상대방의 욕구를 인정하길 거부하는 것으로 특징지어집니다. 이것이 바로 생식기적 사랑과 대립되는 점입니다. 여러분은 제가 그러한 개념이 정신분석이 기여한 모든 것을 말 그대로 일소해버린다는 점을 보여주며 그러한 개념에 전면적으로 이의를 제기함을 보시게 될 겁니다.

발린트의 개념이 사랑에 관한 매우 규범적인, 매우 교화적인 어떤 이론에 기반을 두고 있다는 선생의 지적은 전적으로 타당합니다. 선생은 발린트가 우리에게 정상적이라 여겨지는 것은 자연 상태일까 아니면 문화적이고 인위적인 결과, 심지어는 우리가 '해피 챈스'라고 부르는 요행일까라는 질문으로 귀착한다는 점을 강조했는데 이는 정당한 것입니다. 그런데 발린트는 좀 더 나중에 이렇게 묻습니다. 분석이 종료될 때 우리가 건강이라 일컬을 수 있는 것은 무엇인가? 분석 치료란 자연적인 과정일까 인위적인 과정일까? 방해나 장애가 없다면 발달을 평형 상태로 이끌게 될 어떤 과정이 마음속에 있는 것일까? 아니면 반대로 건강은 요행,

있을 법하지 않은 사건일까? 이와 관련해 발린트는 분석 집단에서의 모호함은 총체적이라고 지적합니다. 이는 문제가 제대로 제기되지 못했다고 생각하게 하는 점입니다.

……………………………………………………………………………

선생은 성격에 대한 발린트의 정의를 충분히 부각시키지 못했습니다만 그것은 매우 흥미로운 것입니다.

229 성격은 인간이 자신의 대상과 맺는 관계를 제어합니다. 성격은 언제나 사랑과 증오의 가능성들을 다소간 광범위하게 제한하는 것을 의미합니다. 따라서 성격은 사랑과 기쁨, *love and enjoyment*에 대한 능력을 제한하는 것을 뜻합니다. 아주 광범위한 의미를 가진 기쁨의 차원은 우리가 꼭 지적해야 할 필요가 있는 어떤 방식으로 주이상스의 범주를 넘어섭니다. 기쁨은 우리가 발전시켜볼 만한 주체적 충만함을 포함합니다.

만약 이 논문이 1932년에 선을 보이지 않았다면 이는 당시에 널리 퍼져 있던 청교도적인 도덕적 이상 때문이라고 말할 수 있을지도 모르겠습니다. 역사적으로 헝가리는 영국의 청교도주의의 역사에 버금가는 청교도적 전통을 갖고 있습니다. 따라서 우리는 제가 오늘 선생에게 추적해보길 권유한 족적들을 따라 스승 페렌치를 뒤쫓았던 제자 발린트의 사상이 결국 영국 공동체 속에 아주 훌륭하게 안착할 수 있었던 자신의 운명과 특이하게도 수렴하고 있음을 발견하게 됩니다.

발린트는 강한 형태의 성격, 즉 온갖 제약을 함축하고 있는 성격을 선호합니다. *weak character*[허약한 성격]란 [사랑과 증오의 가능성들에 의해] 스스로 압도되는 사람을 말합니다. 바로 이로부터 그가 성격 분석이라고 일컫는 것과 논리적 성격 — 그가 주저하지 않고 동일한 맥락 속에 넣어 위태롭게 만든 것 — 이 완전히 혼동되고 있다는 점을 굳이 덧붙일 필요는 없을 겁니다. 그는 여기서 문제가 서로 전혀 다른 두 개의 성격임을 보지 못하는 것 같습니다. 한편 성격은 주체의 리비도적 발달에 대한 반작용으로서 그러한 발달을 짜고 제한하는 씨실입니다. 다른 한편 성격은 성격학자들에게서 개인을 분류하는 선천적 요소들, 체질적 요소입니다.

발린트는 분석 경험이 우리에게 이 성격에 대해 보다 많은 것을 말해줄 수 있을 것이라고 생각합니다. 저도 그런 생각이 들지 않는 건 아닙니다만, 이는 분석이 성격을 충분히 바꿀 수 있다는 것을 깨닫는 조건하에서만 그렇습니다.

………………………………………………………………………………

아주 정확하게 선생은 정신분석을 대상관계에 집중시킨 흐름이 두각을 나타내는 동안 1938~140년부터 어떤 어휘가 분석 관계 논문들에서 완전히 사라져버렸다는 발린트의 지적을 강조하셨습니다. 이는 발린트에 따르면 어휘가 "너무나 리비도적인" 함축을 갖는 경우인데, 가령 "사디즘적"이라는 용어가 그렇습니다.

이러한 고백은 매우 의미심장한 것입니다. 문제는 바로 이것, 정신분석적 환경에서 증가하고 있는 청교도주의지요.

………………………………………………………………………………

발린트는 두 주체 사이에 분명 뭔가가 있다는 것을 숙지하고 있습니다. 상호주체적 관계를 도입할 만한 개념 장치를 전혀 갖추지 못한 관계로 그는 '이체 심리학'에 대해 말하게 됩니다. 그는 그것을 통해 '일체 심리학'으로부터 벗어날 수 있다고 믿지요. 하지만 '이체 심리학'이 여전히 대상 대 대상의 관계임은 분명합니다.

230 만일 그것이 치료를 위한 주체와의 구체적 대화에 기술적으로 영향을 주지 않는다면, 이론적으로 그것은 심각한 일이 아닐지도 모르겠습니다. 하지만 사실 그러한 대화는 대상 대 대상의 관계가 아닙니다. 선생이 방금 지적하셨듯이 발린트는 "2자적 관계 속에 발목이 잡혔는데도, 그러한 관계를 부정합니다." 우리는 이보다 적절한 표현을 찾지 못할 겁니다. 분석 상황을 설명하기 위해 통상 어떤 식으로 표현하는지를 지적해주셨다는 점에서 선생의 노고를 치하하고 싶습니다.

어떠한 인식이든 한 걸음 더 나가기 위해서는 대상화될 수 있는 부분들을 대상화해야 합니다. 주체로 하여금 자신을 대상화하도록, 자신을 대상으로 여기도록 만드는 개입을 통해서가 아니라면 분석은 어떻게 전진할까요?

발린트도 주체를 대상화합니다만 이는 다른 의미에서입니다. 그는 제가 실재에의 상소라고 부를 만한 것을 제안하는데, 이는 선생께서 방금 언급하신 것과 같은 몰인식을 통해 상징적 영역을 지워버리는 것에 불과합니다. 실제로 상징적 영역이 대상관계 속에서 완전히 사라지며 이와 동시에 상상적 영역도 사라지게 됩니다. 대상들이 절대적 가치를 갖게 되는 것은 바로 이런 이유에서입니다.

발린트는 우리에게 어떻게 해야 할지, 어떻게 "분위기를, 자신의 고유한 분위기를, 적합한 분위기를 만들어내는지"를 말해줍니다. 이것이 바로 그가 말해주어야 할 전부입니다. 이러한 일은 지극히 불확실한 것으로, 형언 불가능한 것의 언저리에서 머뭇거리게 되며, 그리하여 발린트는 현실, 그가 사건événement이라고 부르는 것을 개입시키게 됩니다. 당연히 분석은 단순히 환자와 분석가가 서로의 몸을 보듬기 위한 것이 아닙니다. 분석가의 수단들에 제한을 두는 것은 그의 행동이 어떤 수준에서 이루어져야 하는지에 대해 문제를 제기합니다. 발린트는 실재의 모든 영역들이 깨어나도록 호소하기에 이릅니다.

실재는 항상 배후에 있는 것으로, 여기서 우리가 논평할 때 제가 그러한 실재를 직접적으로 가리키는 법이 없는 것은 전혀 우연이 아닙니다. 실재는 엄밀히 말해 배제되어 있습니다. 그런데 발린트는 다른 사람들과 마찬가지로 그러한 실재를 다시 들여놓진 않을 겁니다. 하지만 실재에 대한 그의 상소가 향하는 곳은 바로 이것입니다. 이는 그러한 기술의 일탈에 상응하는 이론의 실패입니다.

2

시간이 늦었습니다. 1시간 45분을 넘기지 않았으면 좋겠습니다.

그라노프에게 후한 점수를 줄 수 있을 것 같습니다. 그는 제가 그에게서 기대했던 바를 완벽하게 충족시켜주었고 발린트의 유일한 저서에서 제기된 문제들, 그의 경력뿐만 아니라 그의 성찰에서 기인한 문제들을 아주 잘 지적해주었습니다.

여러분은 그라노프에게 몇 가지 질문을 제기해볼 수 있을 겁니다. 다음 시간에는 그러한 질문들을 다루어볼까 합니다. 제가 여기서 중점적으로 다루고 싶은 것은 그라노프가 언급하지 않은 1933년의 논문 「정서의

231 전이Transference of emotions」입니다. 전이되는 것은 정서일까요? 그런 식의 제목에 대해 아무도 놀라지 않는 것 같군요.

이는 특별히 분석가들에만 해당되는 것이 아니라 부분적으로는 또한 비분석가들을 겨냥한 논문으로 그의 말에 따르면 많은 오인을 양산하고, 당시 과학계 전반에 의해 저항 현상만큼은 인정받지 못했던 전이 현상을 설명하기 위한 것입니다. 그는 몇 가지 사례를 제시하고 있습니다. 보시겠지만 매우 재미있습니다.

저는 그라노프가 발제하면서 빠트린 이 부분에서 출발해 나머지 부분을 새롭게 해명해볼까 합니다. 발린트가 상징을 정확히 정의해내지 못한 만큼 그는 별 도리 없이 상징이란 말을 아무데서나 사용합니다.

바로 이 논문에서 발린트는 분석가가 자신의 경험을 해석하는 것은 자연히 정신분석가 자신의 심리학이나 성격학이 된다고 말합니다. 따라서 그런 말을 [제일 처음] 한 것은 제가 아닙니다. 이 점을 주목하게 한 것은 발린트입니다. 이론이나 기술에 대한 최근의 몇 가지 경향을 자리매김하기 위해선 이론적 분석가를 분석해야 한다는 것을 저자 자신이 우리에게 증언하고 있습니다.

다음 주 수요일 날 보기로 합시다.

1954년 5월 26일

17

대상관계와 상호주체적 관계

발린트와 페렌치
욕구의 만족
사랑의 지도
도착증에서의 상호주체성
사르트르 식 분석

사람들이 발린트의 개념이라고 부르는 것을 살펴봅시다. 그것은 사실 우연찮게 페렌치가 주도적 인물이었다는 점에서 헝가리적이라고 볼 수 있는 어떤 매우 특별한 전통과 관련이 있습니다. 우리는 필경 페렌치와 프로이트의 관계를 아주 세세한 일화적 측면들까지 파헤쳐야 할 겁니다. 이는 매우 흥미로운 일입니다.

페렌치는 1930년대 이전에는 정신분석학의 악동으로 간주되는 면이 없지 않았습니다. 분석가들은 서로 공조를 이루며 활동했던 반면 그는 매우 자유분방한 모습을 취했습니다. 그의 문제제기 방식은 당시 이미 형성되어 있던 '정통적'인 것에 의거해 표현해야 한다는 압박감으로부터 자유로웠습니다. 그는 이렇게 해서 '적극적 정신분석psychanalyse active'이라는 표현 ― 그런데 사람들은 핵심이 되는 그러한 표현을 사용하면서 뭔가를 이해했다고 믿는 경향이 있습니다 ― 으로 한데 묶일 수 있는 질문을 여러 차례 도입했습니다.

페렌치는 분석의 어떤 시점에서 처음에는 분석가의 주도적 행동이, 그러고 나선 분석가의 존재가 맡아야 할 역할에 대해 질문을 제기하기 시작했습니다. 우리는 어떤 면에서 그런지를 살펴보아야 하고 또 모든 종류의 개입에 '적극적'이라는 수식어를 붙여선 안 됩니다. 가령 여러분은 어제 저녁 모건Morgan 박사가 보고했던 사례와 관련해 금기에 관한 질문이 제기되는 것을 들었습니다. 제가 어제 저녁에 상기시켰듯이 이는 프로이트의『기술론』속에서 이미 환기된 바 있는 질문입니다. 프로이트는 언제나 몇몇 사례에서는 금기를 설정하면서 적극적으로 개입할 줄 알아야 함이 지극히 당연하다고 생각했습니다. ― "분석가가 이를테면 상황을 충만하게 만들어, 분석에서 일어날 수 있는 것을 엄밀한 의미에서 고갈시켜버리는 어떤 행동을 취한다면 분석은 지속될 수 없다."

우리는 지금 우리 위치에서 출발해 발린트를 기점으로 역사를 거슬러 올라감으로써 페렌치에게서 적극적 분석이란 개념이 무엇을 의미하는지를 확인해보도록 하겠습니다.

234 여담이지만 페렌치는 일생동안 자신의 입장을 여러 차례 바꾸었습니다. 그는 자신의 시도 중 몇몇은 지나치고 별로 소득이 없고 오히려 유해하기까지 하다는 점을 경험을 통해 확인했다고 밝히면서 그것들을 번복하게 됩니다.

따라서 발린트는 피분석자와 분석가의 관계에 관해 제기된 문제들을 중심으로 꽃피운 헝가리 전통에 속합니다. 이 둘의 관계는 인물들을 함축하고 그런 명목 하에 일정한 상호성을 포함하는 인간들 간의 상황으로 인식되었지요. 그러한 문제들은 오늘날 전이와 역전이의 관점에서 제기되고 있습니다.

우리는 페렌치가 끼쳤던 개인적 영향력을 1930년을 중심으로 마무리할 수도 있을 겁니다. 그리고 나선 그의 제자들의 영향력이 모습을 드러냅니다.

발린트는 1930년에서 오늘날까지 이르는 시기, 정신분석에서 대상관계라는 개념이 점진적으로 대두되는 시기에 걸쳐 있습니다. 제가 보기에는 바로 그것이 발린트와 그의 부인, 그리고 동물심리학에 관심을 가졌던 그의 동료들의 구상의 핵심입니다. 이는 20년에 걸쳐 여기저기에 흩어져 있던 논문들을 모아놓은 선집임에도 불구하고 놀랄만한 통일성을 갖춘 한 저서에서 분명히 나타납니다.

1

그라노프의 발표 덕분에 여러분은 발린트가 제기하는 문제들을 전체적으로 자리매김해보셨을 테니 발린트에 대한 대략적 조망은 마치셨을 거라고 생각합니다. 그럼 대상관계로부터 출발해봅시다. 여러분도 보시겠지만 그것이 모든 문제의 중심에 위치하고 있습니다.

곧장 핵심을 지적하기로 합시다. 대상관계라는 개념에 대한 연구 속에서 발린트의 관점의 중심은 이렇습니다. 즉 대상관계는 어떤 욕구에 그것을 만족시키는 어떤 대상을 결합시키는 관계라는 것입니다.

이러한 발상 속에서 대상은 무엇보다 만족의 대상입니다. 이는 물론 놀랄만한 일이 아닌데, 왜냐하면 분석 경험은 리비도적 관계의 질서, 욕망의 질서 속에서 움직이기 때문입니다. 이는 인간의 경험에서 대상을 욕망을 충족시키는 것으로 정의하는 것이, 경험을 통해 분석 속에서 만나게 되는 것이라고 배우게 되는 어떤 것을 발전시키고 분류하고 설명할 수 있는 정당한 출발점이란 이야기일까요?

발린트에게 근본적 대상관계는 이른바 충만한 형태, 전형적 형태를 충족시킵니다. 그에게 그러한 형태는 그가 *primary love*, 1차적 사랑이라고 부르는 것, 다시 말해 아이와 어머니의 관계 속에서 전형적으로 나타납니다. 이를 다룬 핵심적 논문으로는 앨리스 발린트의 「어머니의 사랑과 어머니에 대한 사랑」이라는 논문이 있습니다. 그녀에 따르면 아이와 어머니의 관계의 고유성은 진정한 의미에서의 어머니는 아이의 모든 욕구를 만족시킨다는 데 있습니다. 물론 그러한 만족이 항상 현실화된다는 뜻은 아닙니다. 하지만 인간 유아가 처한 상황 속에서 그것은 구조적이란 겁니다.

235

여기에는 정말이지 동물적인 배경이 함축되어 있습니다. 삶의 세계로 첫 발을 내디딘 꼬마 인간은 새끼 동물처럼 상당 기간 동안 어떤 원초적 요구를 충족시키는 어미의 보살핌에 유착되어 있습니다. 하지만 인간은 발달이 지체되어 있기 때문에 그러한 정도가 다른 동물보다 훨씬 더 심합니다. 아시다시피 인간 존재는 태아의 흔적들, 다시 말해 조산에 특유한 흔적을 갖고 태어난다고 말할 수 있습니다. 발린트도 이 점을 언급하는 듯 하지만 핵심을 지적하진 못합니다. 어쨌든 그는 그것을 분명히 지적하고 있고 이에 대한 충분한 이유도 있습니다.

어찌되었든 그는 유아-어머니 관계를 매우 근본적인 것으로 여기기 때문에 심지어 그러한 관계가 제대로 성취되기만 한다면 장애는 오로지 사고에 의해서만 발생할 수 있다고까지 말하게 됩니다. 그러한 사고가 원칙이 될 순 있지만 그것은 아무것도 바꾸지 못합니다. 그러한 사고는, 성격상 본질적이라고 여겨지는 관계와 비교했을 때 사고인 것입니다. 만일 만족이 있다면 1차적 관계, *primary love*에 대한 욕망은 나타날 수조차 없을 것입니다. 아무것도 나타나지 않습니다. 따라서 거기에서 모습을 드러내는 모든 것은 완결된 2자적 관계라는 근본 상황에 대한 하나의 흠집[사고]에 불과할 뿐입니다.

여기서 자세히 다룰 순 없겠지만 저는 앨리스 발린트의 논문이 이러한 구상을 발전시켜 거기서 대담한 결과들을 도출해내고 있다는 점을 지적하지 않을 수 없습니다. 그녀의 논문의 논리를 따라가 봅시다.

어머니로부터 유래한 것이면서 아이 자신에게 유익한 모든 것은 아이에겐 당연한 것입니다. 상대방의 자율성, 상대방도 또 하나의 주체라는 것이 전혀 함축되어 있지 않습니다. 욕구는 불가피합니다. 그런데 대상관계 속의 모든 것은 당연히 욕구의 만족을 지향합니다. 이런 식으로 이미 조화로움이 자리 잡고 있다면, 다시 말해 인간 존재의 첫 번째 대상관계가 폐쇄되어 있으며 완전한 만족을 지향한다면 엄밀히 말해 이는 또 다른 쪽인 어머니의 측면에서도 마찬가지입니다. 제 새끼에 대한 어미의 사랑도 마찬가지로 욕구의 원초적 수준에서 이미 정해진 조화로움을 갖는다는 겁니다. 보살핌, 접촉, 수유 등 어미를 새끼와 동물적으로 연결시키는 모든 것은 어머니에게도 또한 아이의 욕구와 상보적인 어떤 욕구를 만족시킨다는 것이지요.

따라서 앨리스 발린트는 모성적 욕구는 정확히 모든 생물의 욕구와 동일한 한계를 갖고 있음을 증명하지 — 바로 여기서 그녀의 논증의 대담한 극단성이 나옵니다 — 않을 수 없게 됩니다. 즉 "새끼에게 더 이상 먹일 게 없으면 새끼를 잡아먹게 된다"는 겁니다. 그녀가 제시하는 가장 설득력 있는 요소 중의 하나는 이른바 원시 사회 — 이 용어는 그러한 사회가 사회적 구조나 공동체적 구조를 갖고 있음을 암시하기보다 궁핍한 상태로 호주 사막을 떠돌아다니던 부족들이나 에스키모처럼 생존적 욕구 수준에서 혹독한 위기에 처할 수 있는 사회라는 사실을 암시합니다

— 에선 더 이상 먹을 게 없을 때 제 새끼를 잡아먹는다는 것입니다. 이
236 는 생존적 만족이라는 동일한 체계에 속하는 것으로, 먹여 살리는 것과 잡아먹는 것 사이엔 어떠한 간극도 없습니다. — 여러분은 모두 그의 것이며 마찬가지로 그 또한 여러분의 것입니다. 이런 연유로 더 이상 어쩔 도리가 없게 되면 상대를 잡아먹게 됩니다. 흡수absorption는 동물 상호 간의 관계, 대상관계의 일부를 이룹니다. 정상적 기간 동안 아이는 자기 어머니를 먹고 자랍니다. 아이는 할 수 있는 한 최대한으로 어머니를 흡수합니다. 그 역도 마찬가지입니다. 어머니도 달리 방법이 없는 상황에서는 자기 아이를 잡아먹게 됩니다.

심지어 발린트는 시사하는 바가 아주 큰 민족지학적 세부사항들까지 다루고 있습니다. 저는 그것이 정확한 것인지는 알지 못합니다. — 먼 곳에서 보고된 것들에 대해선 항상 의심해 볼 필요가 있습니다. 어쨌든 민족지학자들에 따르면, 가령 호주 원주민 부족에서처럼 구성원들이 매우 원시적인 단계에 머물러 고립된 경우에는 주기적으로 극도로 심한 기아 상태의 시기가 발생한다고 합니다. 그리고 그처럼 궁핍한 시기에 임신한 여자들은 몇몇 원시적 행태에서 볼 수 있는 놀라운 솜씨로 아이를 유산시키고 그렇게 유산된 대상을 먹을 수 있다는 것입니다.

요약하자면 여기서 유아-어머니 관계는 욕망의 상보성이 출발하는 지점으로서 제시됩니다. 욕망들은 서로 간에 직접적으로 유착되어 있기에 서로 잘 맞추어져 있고 서로를 꽉 붙잡고 있습니다. 불협화음이나 간극은 그저 사고에 불과한 것이 됩니다.

발린트적 발상의 출발점이자 핵심인 이러한 정의는 한 가지 본질적인 점과 관련해, 즉 본능의 발달이라는 주제와 관련해 정신분석 전통과 모순됩니다. 실제로 유아-어머니 관계라는 정의는, 물론 뉘앙스가 없었

던 건 아니지만 — 뉘앙스가 무척 크기 때문에 항상 모호함을 남기게 되는 겁니다 — 프로이트의 텍스트들이 일정 부분 인정한 이른바 자가성애 단계라는 원시적 단계와 대립된다는 것입니다.

리비도의 발달에 대한 빈의 고전적 개념은 자신을 만족시키는 대상과 아무런 관련을 맺지 않는다는 의미에서 유아 주체가 오로지 자기 욕구만 알고 있는 어떤 단계를 상정합니다. 유아는 오로지 자신의 감각만 알고 있으며 자극과 반응 수준에서 반작용을 한다는 것이지요. 유아에겐 처음에 미리 결정되어 있는 관계란 없다는 겁니다. 쾌감이나 불쾌감이라는 느낌만 있다는 것이지요. 세계는 감각의 세계입니다. 그런데 그러한 감각은 세계의 발달에 영향을 미치며 그것을 지배하고 관할합니다. 그에겐 아직 어떠한 대상도 존재하지 않기 때문에 대상과의 관계를 고려할 필요가 없다는 겁니다.

영국학파에서 대두되기 시작한 이론에 대해 빈학파가 유독 초연할 수 있었던 것은 바로 이 고전적 테제 — 베르글러가 1937년의 『국제정신분석저널』 416쪽에 실린 「초기 단계들Earliest stages」이란 논문에서 정리한 바 있습니다 — 때문입니다. 이 고전적 테제는, 곧 이어 클라인의 이론 속에서 발전된 것, 다시 말해 좋은 대상과 나쁜 대상, 1차적 내사와 투사 등의 개념과 결부된 최초의 트라우마적 요소라는 개념을 부각시켜 주었습니다.

237

대상관계에 대한 발린트의 논의는 어떤 결과로 귀착될까요? 먼저 발린트와 그의 추종자들이 분명히 진리의 방향으로 나아가고 있음을 받아들이도록 합시다. 생후 15～20일된 신생아를 관찰해보았다면 과연 누가 유아가 선별된 대상들에 관심을 보인다는 사실을 진심으로 부정할 수 있겠습니까? 따라서 자가성애가 리비도의 최초의 운명이라는 전통적 관념은 해석되어야 하는 것입니다. 그러한 관념은 분명 가치 있는 것이지만 우리가 관찰을 통해 대상관계가 있음을 입증할 수 있는 이상 그러한 관념을 생명체와 그것의 *Umwelt* 사이의 관계라는 행동주의적 수준에 위치시키는 것은 잘못된 일입니다. 분석 이론에 접속되어 있는 그런 식의 이론적 흐름은 리비도 개념의 근본적 착상과 관련해 하나의 탈선을 의미합니다. 지금으로선 정신분석 운동의 상당 부분, 다수가 그러한 흐름에 참여하고 있습니다.

따라서 발린트는 어머니-유아 관계를 첫 번째 모델로 하는 원초적 사랑이란 형태 속에서 대상과 꼭 맞게, 완벽하게 조응하는 어떤 욕구의 만족으로서 대상관계를 정의합니다. 저는 또 다른 길을 통해 여러분을 발린트의 사상으로 인도할 수도 있었을 겁니다. 하지만 그의 사상은 일관적이기 때문에 어느 길로 가건 여러분은 항상 똑같은 문제들과 막다른 골목들을 만나게 될 것입니다. 만일 그런 식의 대상관계에서 출발한다면, 그곳으로부터 빠져 나올 방법은 전혀 없습니다. 리비도의 관계는 그것의 전개, 시기, 통과, 단계, 국면, 변모 등이 어떻든 항상 이와 동일한 방식으로 정의될 것입니다.

2

일단 대상이 그런 식으로 정의되면 구강적인 것에서 항문적인 것으로, 그러고 나서 생식기적인 것으로 이행하면서 욕망의 성질들을 어떤 식으로 변주시키든, 거기에는 그러한 욕망을 만족시키고 충족시키는 어떤 대상이 있어야 할 겁니다.

또한 완성된 형태로서의 생식기적 관계, 본능적 수준에서 현실화된 형태로서의 생식기적 관계도 유아-어머니 관계와 똑같은 방식으로 이론화됩니다. 주체의 만족, 완성된 생식기적 만족이 타자의 만족을 배려한다고까지는 말하지 않겠지만 전자는 후자를 통해 충족된다고 할 수 있습니다. 그런데 타자도 그러한 본질적 관계 속에서 만족을 얻음이 당연합니다. 바로 이것이 *genital love*라는 발린트의 개념의 핵심입니다. 이는 *primary love*라는 개념과 동일한 것입니다.

대상을 일단 만족의 대상으로서 규정한 이상, 발린트는 딴 생각을 할 수가 없습니다. 인간 주체, 성인이 생식기적 자제력을 실제로 실행시켜야 하는 순간에 문제가 훨씬 더 복잡해짐이 분명한 이상, 발린트는 거기 238 에 어떤 보조물을 추가할 수밖에 없습니다. 하지만 그것은 보조물에 불과합니다. 다시 말해, 우리는 주체의 주도권이, 상대방의 실존에 대한 주체의 통각, 또는 그의 표현을 따르자면 상대방의 '현실'에 대한 주체의 통각이 어디서 나올 수 있는지를 이해하지 못합니다.

*genital love*를 *primary love*와 구별지어주는 것은 전자에서는 주체가 타자도 또 하나의 주체라는 현실에 접근하게 된다는 점입니다. 주체는 다른 주체가 주체로 실존한다는 사실을 고려한다는 겁니다. 주체는 상대방을 즐길jouir 뿐만 아니라 주위에 존재하는 다른 욕구들에 관심을 기울이게 됩니다. 이 모든 것은 당연한 게 아닙니다. 하지만 발린트에겐 기정사실로 전제됩니다. 어른이 아이보다 훨씬 더 복잡하기 때문에 그것은 당연히 그렇다는 겁니다. 근본적으로 만족의 영역은 동일합니다. 둘 사이에 폐쇄된 하나의 만족이 있고, 여기서 이상理想은 각각이 타자에게서 자신의 욕망을 만족시키는 대상을 발견하는 것입니다.

그런데 생식기적 단계에 요구되는 능력들, 타자의 욕구와 요청을 감식해내는 이 능력들은 어디에서 오는 것일까요? 무엇이 타인에 대한 인정을 대상관계의 폐쇄된 체계 속에 들여올 수 있는 걸까요? 그것을 들여온 것은 아무것도 없는데, 이것이 바로 놀라운 점입니다.

그럼에도 발린트가 애정, 이상화라고 부르는 요소들, 생식 행위를 포장하는 저 사랑의 신기루들, 다시 말해 사랑의 지도la carte du Tendre가 어딘가에서 유래해야 합니다. 임상이 그러한 차원을 입증해주고 있는 이상, 발린트는 그러한 차원을 부정할 수 없습니다. 그런데 그는 이 모든 것의 . 원이 전-생식기적인 것이라고 말하게 됩니다 — 이곳이 바로 발린트의 이론이 완전히 둘로 찢어지는 부분입니다.

이는 엄청납니다. 이는 교미를 사랑으로 만드는 아주 복잡한 타자와의 관계를 포함한 생식기적 단계의 어떤 기원적 차원의 기반을 발린트가 *primary love*에 둘 수밖에 없음을 의미합니다. 그런데 그는 당시까지 *primary love*를 상호주체성이 없는 자폐적 대상관계로 정의했습니다. 생식기적인 것에 당면하자 그는 바로 그러한 *primary love*로부터 상호주체성을 구성해내는 무언가를 끄집어내고 싶어 합니다. 바로 이것이 그의 학설의 모순점입니다.

발린트는 전-생식기적인 것이, *selfish*[자기중심적]하지도 않고 주체도 아닌 것을 대상으로 하는 소위 동물적인 어떤 대상관계를 통해 형성된다고 생각합니다. 그러한 용어는 사용된 바 없지만 그가 사용하는 공식들 자체는 무엇이 문제인지를 분명하게 보여줍니다. 전-생식기적인 것 속에는 절대로 *self*란 것이 존재하지 않으며, 뭔가가 있다면 그것은 생존하는 자일뿐입니다. 여기서 대상은 그처럼 생존하는 자의 욕구를 충족시키기 위한 것입니다. 생식기적 관계 수준에 도달하더라도 우리는 그런 식으로 정의된 대상관계로부터 벗어날 수 없으며 그러한 관계를 더 발전시킬 방법도 없습니다. 왜냐하면 욕망이 아무리 변해도 소용이 없고 대상은 항상 욕망과 상보적인 것일 테니 말입니다. 그럼에도 발린트는 — 이로부터 연유한 간극을 매울 수 없으면서 — 상호주체성, 다시 말해 타자의 *selfishness*에 대한 경험은 그가 앞서 상호주체성이 없다고 말했던 전-생식기적 단계로부터 유래한다고 말하지 않을 수 없게 됩니다. 이는 맞는 이야기입니다. 우리는 너무나 명백한 그러한 사실을 분석 경험에서 확인할 수 있을 겁니다. 하지만 이는 *primary love*에 대한 이론 전체와 모순됩니다. 그런데 우리는 바로 여기 이론적 언표 수준 자체 속에서, 대상관계를 만족의 관점에서 접근하면 어떤 막다른 골목에 빠지게 되는지를 확인하게 됩니다. 239

랑 박사_ 제가 보기엔 또 다른 모순이 있는 것처럼 보이는데, 이는 선생님의 발표 속에서도 또한 엿보이는 모순입니다. 실제로 primary love의 폐쇄된 세계 속에서는 욕구와 욕망이 완전히 혼동되고 있습니다. 게다가 선생님께서도 이따금 두 용어를 섞어가며 사용하고 계십니다. 아마도 우리가 이 지점에 주목한다면 어디에 취약점이 있는지를 볼 수 있지 않을까 합니다.

발린트는 두 용어를 교대로 사용하고 있습니다. 발린트 사상의 토대는 *need*, 욕구입니다. '*need*가 '*wish*[소망]'으로 나타나는 것은 우발적인 [사고에 따른] 것으로, 이는 결여를 통해 이루어집니다. 바로 이것이 문제의 핵심입니다. 인간의 *wish*란 그저 *need*에 가해진 결핍에 불과할까요? 욕망은 오로지 좌절로부터 나오는 것일까요? 발린트에 비해서는 일관성이 좀 떨어지지만 분석가들은 이러한 방향으로 아주 멀리까지 나아갔지요. 심지어 좌절*frustration* — 1차적 좌절, 2차적 좌절, 원초적 좌절, 복합적 좌절 등등 — 을 분석 이론의 주축으로 삼기도 했습니다. 길을 바로 잡으려면 이러한 현혹을 떨쳐내야 합니다. 이것이 바로 제가 지금 여러분에게 환기시키고자 하는 것입니다.

3

리비도 발달과 관련해 정신분석이 어떤 긍정적인 발견을 했다면, 이는 바로 유아는 도착증자, 심지어 다형적 도착증자라는 점입니다.

오이디푸스 콤플렉스를 중심으로 최초의 초안이 그려지는 생식기적 규범화 단계 이전에 유아는 부분 충동이란 용어로 포괄될 수 있는 일련의 단계를 따르게 됩니다. 이는 유아가 세상과 최초로 맺는 리비도적 관계입니다. 이러한 윤곽에 근거해 오늘날의 정신분석은 좌절이란 개념 속에서 이해되는 — 이 점과 관련해서 랑의 견해는 의미심장합니다 — 대상관계라는 개념을 적용하고 있는 중입니다.

이 1차적 도착증이란 무엇일까요? 분석 경험은 도착증을 포함해 무수한 임상적 현상에서 출발했음을 유념해야 합니다. 만약 전-생식기적인 것 속에 도착증을 도입한다면 그러한 전-생식기적인 것은 우리가 도착증을 분명하고도 확연하게 확인할 수 있는 곳임을 상기해야 합니다.

전-생식기적 단계가 함축된 도착증의 현상학과 사랑의 현상학에 과연 발린트의 대상관계 개념이 적용될 수 있을까요?

정확히 그와 반대입니다. 모든 도착증적 현상은 그것이 체험되는 매 순간마다 상호주체적 관계에 의해 지탱되는 구조를 갖고 있습니다.

240

관음증적 관계와 노출증적 관계는 너무 증명하기 쉬우므로 그냥 놔두기로 합시다. 상상적 형태든 역설적인 임상적 형태든 가학적 관계를 예로 들어봅시다.

한 가지는 분명합니다. 즉 사디즘적 관계는 상대[타자]가 극단에서도 여전히 주체로 남아 있는 한에서만 유지될 수 있다는 것입니다. 만일 상대[타자]가 단지 한 줌의 살덩어리처럼 반응하거나 마치 꿈틀거리는 연체동물을 간질이는 것처럼 반응한다면 사디즘적 관계는 계속해서 유지될 수 없습니다. 사디즘적 주체는 갑자기 허무, 간극, 구렁과 마주칠 것이며 바로 거기서 멈추어 버리고 말 것입니다. 사디즘적 관계는 사실 상대[타자]의 동의를, 다시 말해 상대[타자]의 자유, 시인, 모멸감을 확보하는 것을 전제합니다. 이는 소위 완화된 형태의 사디즘들을 보면 분명히 알 수 있습니다. 대부분의 사디즘적 현상들은 극단까지 치닫기보다 집행의 문턱에 머물지 않는지요? 압박과 위협, 상대방의 두려움, 기다림 등을 이용하고 많든 적든 타자가 은밀한 형태로 참여하는 것을 지켜보면서 말입니다.

아시다시피 임상에서 여러분이 도착증이라고 알고 있는 상당수 경우는 단지 놀이에 지나지 않는 집행 수준에 머무릅니다. 여기서 문제는 어떤 욕구에 종속된 주체들이 아닙니다. 놀이의 신기루 속에서 각각은 상대[타자]와 동일시합니다. 여기서 상호주체성은 본질적 차원입니다.

여기서 저는 그러한 놀이를 아주 훌륭하게 기술해준 한 저자를 참조하지 않을 수 없습니다. 바로 사르트르와 『존재와 무』 2부에 나오는 타인을 포착하는 것에 대한 그의 현상학적 기술을 말하는 것인데요, 철학적 관점에서 보면 비판받을 점이 아주 많음에도 분명 이 저서는 비록 저자 자신의 재능과 솜씨 덕분이긴 하나 그것을 아주 설득력 있게 그려 보이고 있습니다.

저자는 그가 응시regard라고 부른 근본적 현상을 중심으로 모든 논증을 전개합니다. 인간 대상[대상이 인간인 경우]은 나의 경험의 장 속에서 본원적으로, *abinitio*[본래적으로] 차별성을 갖습니다. 인간 대상은 나를 응시하는 대상이란 점에서 지각 가능한 여느 대상과 혼동될 수 없습니다. 사르트르는 이 점을 아주 세심하게 강조합니다. 문제의 응시는 가령 내가 그의 눈을 본다는 사실과 절대로 혼동될 수 없습니다. 나는 눈을 볼 수 없는 누군가, 모습이 보이지 않는 누군가에 의해 응시되고 있다고 느낄 수 있습니다. 이를 위해선 무언가가 나에게 타인이 거기에 있을 수 있다고 의미하기만 하면 됩니다. 가령 조금 불투명해 누군가가 뒤에 있다고 생각할 수 있다면 그러한 창문은 이미 하나의 응시로 기능하는 것입니다. 응시가 존재하는 순간부터 나는 이미 내가 아닌 다른 것이 됩니다. 내가 나 자신이 타인이 응시하는 대상이 되고 있음을 느낀다는 점에서 말입니다. 그런데 상호적이라고 할 이러한 입장 속에서, 내가 나 자신이 보여지고 있음을 아는 대상이라는 사실을 타인 역시 알고 있습니다.

특히 응시에 의해 유발된 수치심, 부끄러움, 위신, 공포심 등과 같은 241 모든 현상 체계를 감탄할 만하게 기술해주고 있기에 저는 여러분이 사르트르의 저작을 읽어보시길 권하는 바입니다. 특히 상상적 수준임이 인정되어야 할 어떤 영역 안에서 짜여 있는 도착증적 경험 속에서조차 정신분석이 상호주체성을 망각해버린 현 시점에선, 분석가라면 반드시 읽어볼 필요가 있습니다.

실제로 우리는 이른바 도착증적 현시물들 속에서 제가 상징적 관계의 주축으로 삼도록 가르쳤던 것, 즉 인정과는 혼동될 수 없는 뉘앙스들을 관찰하게 됩니다. 이는 매우 애매한 형태들입니다. ― 제가 공연히 수치심에 관해 언급한 것이 아닙니다. 위신을 좀 더 자세하게 분석해보면, 우리는 그것이 우스꽝스러운 형태들, 가령 유아에게서 흥분 형태로 작용하는 것과 같은 스타일과 맞닥뜨리게 됩니다.

한 친구가 스페인에서 사람들이 투우가 시작되기 전에 조크 삼아 좀 모자라는 사람을 투우장에 몰아넣는 일화를 저에게 이야기해주었습니다. 그는 집단적 사디즘이란 게 무엇인지를 똑똑히 보여주는 아주 지독한 장면을 묘사해주었습니다. 여러분은 그러한 애매함이 어디까지 펼쳐지게 되는지를 보시게 될 겁니다.

사람들은 그러한 상황에서 바보 같은 사람에게 투우사처럼 아주 그럴싸한 장식들을 몸에 걸치게 하고는 행진을 시켰습니다. 작은 짐승들이 놀이에 들어오기에 앞서 그가 경기장을 행진합니다. 아시겠지만 놈들은 아주 안전하다곤 볼 수 없는데요. 군중은 그를 보고 "아주 멋있어요!"라고 외칩니다. 고대 스페인의 장중한 궁정 놀이에나 나올 법한 그러한 바보 같은 우리의 주인공은 겁을 집어먹고 꽁무니를 빼기 시작합니다. 그러면 친구들이 이렇게 외치지요. "물러서면 안 돼. 만인이 너를 원하고 있잖아!" 모든 사람이 공모자가 되는 것입니다. 주인공은 점점 더 겁을 집어먹고 몸을 피해 줄행랑치려 합니다. 그러자 사람들은 경기장 안으로 그를 다시 밀어 넣고, 결국 상황이 뒤집어지게 됩니다. 갑자기 그가 자신을 밀치는 사람들을 헤치고 나옵니다. 그리고는 사람들의 집요한 함성에 휩쓸려 일종의 광대 영웅으로 변신하게 됩니다. 여전히 광대 짓 수준에 머물러 있긴 합니다만 그는 상황의 구조 속에 연루되어, 희생양의 태도를 연상시키는 모습으로 짐승 앞에 맞서게 됩니다. 이제 곧 그는 바닥에 뻗어버리고 들것에 실려 나가게 됩니다.

제가 보기에 이 엽기적인 장면은 상호주체성을 본질로 하는 어떤 애매한 지대를 완벽하게 예증해 보여주는 듯합니다. 여러분은 상징적 요소 — 함성의 공세 — 가 거기서 어떤 본질적인 역할을 발휘하고 있다고 말할 수도 있을 겁니다. 하지만 그러한 상징적 요소는 그것이 이 경우에 취하는 대중적 현상이라는 특징에 의해 거의 지워져 버렸습니다. 이렇게 해서 현상의 총체는 우리가 잠정적으로 도착증적이라고 말할 수 있는 현상들의 수준인 상호주체성 수준으로 환원됩니다.

우리는 좀 더 멀리 나아갈 수 있습니다. 그리고 사르트르도 애정 관계의 현상학에 대해 제가 보기에 반박할 수 없는 구조적인 틀을 제시하면서 좀 더 멀리까지 나아갑니다. 그것을 여기서 전부 다 설명할 순 없을 텐데, 그러기 위해선 대자와 즉자 사이의 모든 변증법적 단계를 거쳐야 할 것이기 때문입니다. 수고스럽겠지만 여러분 스스로 이 저작을 참고해 보시는 것이 좋겠습니다.

242

사르트르는 사랑의 체험 속에서 우리가 사랑을 얻길 원하는 대상으로부터 요구하는 것은 완전히 자유로운 앙가주망이 아니라는 점을 분명히 했습니다. 상징적 영역과 관련해 제가 종종 언급하는 '너는 내 아내야'라든가 '너는 내 여자야'라는 시초의 협약을 코르네유 식으로 추상화한다면 그것은 전혀 우리의 근본적 요구들을 충족시킬 수 없습니다. 욕망의 본성이 표현되는 것은 바로 자유에 대한 일종의 육체적 속박engluement을 통해서입니다. 우리는 타자 자신의 육체가 그러한 타자의 자유를 제한하는 한계가 되는 것처럼 타자에게 한계의 가치를 갖는 대상이 되길 바랍니다. 우리가 타자에게 그의 자유를 소외시키는 어떤 것이 되고자 할 뿐만 아니라 — 의심의 여지없이 참여는 사랑받고자 하는 우리의 요청의 본질적 요소이기 때문에 자유가 개입되어야 합니다 — 그것은 자유로운 앙가주망보다 훨씬 더 많은 것이 되어야 합니다. 타자는 이제 대상으로서의 우리 자신에 매혹되면서 거기서 생길 수 있는 변덕스럽고 불완전하고 저급한 모든 것에 종속되도록 자신의 자유를 기꺼이 포기해야 합니다.

그리하여 우리 자신에게 한층 더 육체적이고 한층 더 한계로서의 면모를 가진 우리의 특수한 실존, 우리의 우발성으로 인해 우리가 타자의 동의하에 타자의 자유를 제한하는 한계, 타자의 자유를 포기하게 만드는 형태가 되는 것, 이것이 바로 현상학적으로 사랑을 구체적 형태 — 발린트가 방금 전에 언급했던 '생식기적 사랑' — 속에 위치시키는 요구입니다. 바로 그것이 사랑을 상징적인 것과 상상적인 것 사이의 중도적인 애매한 지대 속에 자리 잡게 만드는 것입니다.

만일 여러분에게 주목시켰으면 하는 그러한 상상적 상호주체성 속에 완전히 속박되어 있다면 사랑은 상징적 영역에 대한 완성된 형태의 참여를, 주어진 말 속에서 구현되는 자유-협약의 교환을 요구합니다. 바로 거기서 종종 부정확하게 사용되는 용어인 동일시 수준들이 구별될 수 있을 어떤 지대가 펼쳐지고 상상적인 것과 상징적인 것 사이에서 작용하는 일체의 형태, 온갖 종류의 뉘앙스가 펼쳐집니다.

이와 동시에 여러분이 보시다시피, 발린트의 관점과는 반대로 우리는 주체가 다른 주체에 의해 주체로 완전히 용인되는 어떤 근본적 상호주체성으로부터 출발해야 하는데, 이것이 우리 경험에 훨씬 더 합당한 것입니다. 우리가 상호주체성의 영역을 전혀 벗어나지 않고 그러한 변화를 한 단계 한 단계 거쳐 본원적이라고 가정된 경험에 접근해야 하는 것은 바로 소급적으로, *nachträglich* 성인의 경험으로부터 출발해서입니다. 분석적 영역 속에 머물러 있는 한 상호주체성을 기원에서부터 인정해야 합니다.

관계를 대상으로 하는 동물적 욕망과 욕망에 대한 인정 사이엔 어떠한 이행 과정도 없습니다. 상호주체성이 끝에 있는 한 그러한 상호주체성은 처음부터 있어야 합니다. 그런데 만일 분석 이론이 아이의 태도에

243

서 이런저런 증상이나 양태를 다형적 도착증으로 규정한다면, 이는 도착증이 상상적 상호주체성 차원을 함축하는 한에서 그렇습니다. 방금 저는 나 자신이 타자에 의해 보여지고 있음을 스스로가 보도록 만들고 내가 보여짐을 그 사이에 끼어든 어떤 제3자가 보도록 만드는 이중적 응시를 통해 그러한 점을 여러분에게 이해시키고자 했지요. 여기선 결코 단순히 항의 이중성이 있는 게 아닙니다. 나는 타자를 볼 뿐만 아니라 타자가 나를 보고 있음을 보고 있는 것인데, 이는 제3항을 전제하는 것입니다. 다시 말해, 내가 그를 보고 있다는 것을 그가 알고 있다는 겁니다. 원환은 닫혀 있습니다. 분명히 드러나 있진 않지만 구조 속엔 항상 세 항이 존재합니다.

우리는 성인에게서 도착증이 가진 분명한 풍요로움을 알고 있습니다. 도착증은 한 마디로 인간 본성의 실존적 가능성 — 상징적인 것의 초자연적 세계가 발을 들여놓으면서 거치게 되는 인간 본성의 내적인 찢겨짐, 간극 — 에 대한 하나의 특권적 탐구라고 할 수 있지요. 하지만 만일 유아가 다형적 도착증자라면, 이는 성인에게서 경험되는 도착증의 질적 가치를 유아에게 투사해야 한다는 뜻일까요? 우리는 성인의 도착증을 구성한다고 볼 수 있는 것과 동일한 유형의 상호주체성을 유아에게서도 찾아내야 할까요?

물론 그렇지 않습니다. 타자의 *selfishness*을 전혀 고려하지 않는 1차적 사랑에 관해 말하기 위해 발린트 부부가 기대는 것은 무엇일까요? 이 세상에서 엄마를 제일 사랑하는 유아가 엄마에게 태연이 던질 수 있는 다음과 같은 말입니다. "엄마가 죽으면 엄마 모자는 내꺼야." 또는 "할아버지가 죽으면 …….." 이 말을 듣는 어른 눈에는 아이가 무엇을 느끼는지, 무슨 생각을 하는지를 헤아릴 수 없는 신적 존재로 비치기 때문에 아이를 칭찬하게 됩니다. 그처럼 역설적인 현상들과 대면하거나 이해할 수 없는 것이 나타나거나 초월적인 것의 문제를 풀어야 할 경우 우리는 자신 앞에 있는 것이 신이나 동물일 것이라 생각하게 되지요. 이것이 바로 발린트가 유아는 자신의 욕구와 관련해서가 아니라면 타자를 인정하지 않는다고 생각하면서 저지른 일입니다. 이는 완벽한 오류지요.

'엄마가 죽으면'이라는 간단한 예는 유아에게 근본적인 상호주체성이 실제로 어디서 나타나는지를 보여줍니다. 그것은 바로 유아가 언어를 사용할 수 있다는 사실에서 나타납니다.

요 전날 그라노프는 발린트의 저작이 제가 프로이트를 따라 유아의 최초의 놀이 속에서 강조했던 어떤 것의 역할을 예견한다고 지적한 것은 옳았습니다. 그러한 놀이는 부재 속에서 현존을 — 불러낸다고까진 말할 수 없어도 — 환기시키고 현존으로부터 대상을 배척하는 놀이이지요. 하지만 발린트는 그것이 언어적 현상이라는 사실을 인식하진 못했습니다. 그는 오로지 한 가지 사실, 아이는 대상을 고려하지 않는다는 것만을 보았을 따름입니다. 반면 중요한 것은 인간 동물의 새끼가 상징적 기능을 사용할 수 있다는 점입니다. 제가 여러분에게 설명했듯이 이 문이 아무리 비좁다 해도 코끼리가 이 교실 안으로 들어올 수 있는 것은 바로 상징적 기능 덕분입니다. 244

상호주체성은 무엇보다 상징의 운용에 의해 주어지며, 그것도 처음부터 주어집니다. 모든 것은 명명하기의 가능성에서 출발합니다. 명명하기란 사물을 파괴하면서 동시에 상징적 수준으로 이동시키는 것이며, 덕분에 고유하게 인간의 영역이 자리 잡게 됩니다. 상징적인 것이 점점 더 복잡한 방식으로 상상적 체험 속에서 구현되기 시작하는 것은 바로 여기서부터 입니다. 상징적인 것은 성인의 체험 속에서 상상적 앙가주망, 본원적 매혹이 취할 수 있는 모든 변주에 틀을 만들어 놓게 될 겁니다.

상호주체적 차원을 무시한다면 우리는 출구 없는 대상관계 속에 빠지게 되고, 그렇게 되면 우리는 기술적으로나 이론적으로 막다른 골목에 봉착하게 됩니다.

여러분을 여기에 머물게 하기 위해 제가 오늘 아침 문고리를 충분히 걸어 잠근 것일까요? 이는 후속편이 없다는 뜻이 아닙니다.

사람들이 믿는 것과는 반대로 아이에게는 먼저 상징적인 것과 실재가 있습니다. 우리가 보기에 상상적인 것의 영역 속에서 구성되고 풍요로워지고 다양화되는 모든 것은 바로 이 두 축에서 시작합니다. 만일 유아가 성인보다 더 상상적인 것에 사로잡혀 있다고 믿는다면 이는 어떤 의미에선 옳은 생각입니다. 상상적인 것은 거기 있습니다. 하지만 그것은 우리에게 절대적으로 접근 불가능한 것입니다. 그것은 성인에게서 현실화됨으로써만 우리에게 접근 가능한 것입니다.

우리가 실천 속에서 도달하고자 하는 주체가 겪은 지난 역사는 어제 저녁 발표자가 분석 도중에 주체가 조는 것이나 술책을 부리는 것으로 묘사했던 것이 아닙니다. 우리는 성인에게 있는 유치한 언어를 통해서만 그것에 도달할 수 있습니다. 이것이 바로 우리가 알든 모르든 하고 있는 일입니다. 다음 시간에 그것에 대해 입증해 보이도록 하겠습니다.

페렌치는 대가답게 다음과 같은 질문의 중요성을 알았습니다. 무엇이 분석 속에서 유아를 성인의 내부에 참여하도록 만드는가? 이에 대한 답은 전적으로 분명합니다. 그것은 바로 침입의 방식으로 언설화된 어떤 것입니다.

1954년 6월 2일

18
상징적 질서

도착증적 욕망
주인과 노예
상호주체적 장의 디지털적 구조화
홀로프레이즈
전이 속의 말
안젤루스 실레지우스

지난 시간엔 1차적 사랑의 2자적 관계에 관해 이야기하다가 말았습니다. 여러분은 발린트가 이 모델에 근거해 분석 관계 자체를 고려하기에 이르렀음을 보셨을 것입니다. — 여기서 분석 관계라 함은 엄밀히 말해서 그가 '이체 심리학'이라고 부르는 것입니다. 여러분은 조화롭다고 가정된 상상적 관계, 자연적 욕망을 충족시키는 상상적 관계를 중심 개념으로 삼을 경우 어떤 막다른 골목에 빠지게 되는지를 보았을 것입니다.

저는 그것을 도착증적 관계의 현상학을 통해 보여주고자 했습니다. 저는 사디즘과 관음증scoptophilie에 중점을 두면서 상상적 상호주체성, 즉 그것의 불확실함, 불안정한 균형성, 중대한 성격에 대해선 매우 신중한 연구가 필요할 동성애적 관계는 논의에서 제외시켰습니다. 따라서 저는 상상적 상호주체적 관계에 대한 연구를 엄밀한 의미에서 응시regard라고 불리는 현상에 기반해 전개시켰습니다.

응시는 단순히 눈 수준에 국한되지 않습니다. 눈은 나타나지 않거나 감추어져 있을 수 있습니다. 응시는 굳이 우리와 유사한 자[동류]의 모습을 하고 있을 필요는 없습니다. 뒤에서 누군가가 우리를 엿보고 있다고 가정된다면 창문도 응시가 될 수 있습니다. 응시는 하나의 *x*, 그 앞에선 주체가 대상이 되어버리는 대상[주체를 대상으로 만드는 대상]입니다.

저는 이러한 차원을 보여주기에 적당하다고 할 수 있는 사디즘의 경험을 소개했습니다. 저는 사디스트는 자신이 고통을 가하는 존재의 응시 속에서 매순간 도전, *challenge*를 통해 자기 욕망을 유지해야 한다는 점을 보여주었습니다. 욕망이 상황에서 우위를 점하고 있지 않다면, 영광스러운 것이 아니라면 수치심으로 전락하고 말 겁니다. 이는 관음증자의 경우도 마찬가지입니다. 사르트르의 분석에 따르면 응시하는 것을 누군가에게 들키면 상황의 분위기는 일순간 돌변하고 응시하던 당사자는 그저 단순한 사물, 미치광이가 되어 버립니다.

246

1

도착증이란 무엇일까요? 그것은 단순히 사회적 규준에 대한 일탈이나 미풍양속에 반하는 변태 — 전혀 그런 면이 없는 것은 아닙니다만 — 가 아닙니다. 또 그것은 자연적 규준을 벗어나는 비정형, 다시 말해 성적 결합은 생식을 목적으로 한다는 논리에 다소간 저촉되는 것이 아닙니다. 도착증은 구조 자체에서 이와는 전혀 다른 것입니다.

상당수의 도착증적 성향이 차마 입에 담기 어려운 욕망으로부터 나왔다고 간주된 것은 전혀 근거가 없진 않습니다. 실제로 도착증은 인정의 영역의 한계에 위치하며, 바로 이 점이 도착증을 도착증으로 고정시키고 각인시키는 것입니다. 제가 상상적 수준에서 스케치한 바 있는 도착증은 구조적으로, 매순간 주체의 내면에서부터 논란의 여지가 많은 불안정한 지위를 갖고 있을 수밖에 없습니다. 그것은 항상 불안정하고 전도되고 전복될 가능성이 있으며 그리하여 수학적 함수에서의 부호의 변화를 연상시킵니다. — 이는 하나의 변수 값에서 바로 다음 변수 값으로 넘어가는 순간 그러한 상관항이 플러스의 무한대에서 마이너스의 무한대로 바뀌게 되는 경우와 같습니다.

도착증적 관계가 어떠한 만족스런 행동에도 뿌리내릴 수 없이 근본적으로 불확실하다는 사실은 동성애에 극적인 측면을 만듭니다. 그런데 또한 바로 그러한 구조가 도착증에 제 가치를 부여하는 것입니다.

도착증은 스피노자의 용어로 — 충만한 의미에서 — 인간의 정념[수동]passion이라고 불릴 수 있는 것, 다시 말해 인간으로 하여금 O와 O' 사이의 상상적인 것, 거울 관계를 구조화하는 자기 분열을 향해 열려 있도록 하는 무언가를 심화시킬 수 있도록 해주는 경험입니다. 도착증이 그것을 심화시킬 수 있게 해준다면, 실제로 이는 인간 욕망의 그러한 간극 속에서 수치심으로부터 위신, 광대 짓으로부터 영웅주의에 이르는 온갖 뉘앙스가 펼쳐진다는 점에서 그렇습니다. 그러한 경험에 의해 인간의 욕망은 타자의 욕망에 대해 —대단히 심층적인 의미에서 — 전면적으로 노출된다고 할 수 있습니다.

프루스트가 알베르틴의 신화를 통해 보여준, 동성애에 대한 놀라운 분석을 기억해보시기 바랍니다. 해당 인물이 여성적이라는 점은 별로 중요하지 않습니다. — 관계의 구조는 분명히 동성애적이니까 말입니다. 이러한 스타일의 욕망의 요청은 타자의 욕망에 대한 지칠 줄 모르는 포획을 통해서만 만족될 수 있습니다. 심지어 주체는 타자의 욕망을 자신의 꿈속에서까지, 자신의 꿈을 통해서까지 뒤쫓게 되는데 이는 매순간 타자가 자신의 욕망을 완전히 포기하는 것을 함축합니다. 이는 매순간 자신을 향해 완전히 뒤집어질 수 있는 속임수 거울의 끊임없는 시소 놀이입니다. — 주체는 타자의 욕망을 뒤쫓는 데 사력을 다합니다만 절대로 타자의 욕망을 주체 자신의 욕망처럼 따라잡진 못합니다. 왜냐하면 자신의 욕망 자체가 타자의 욕망이기 때문이지요. 그가 뒤쫓는 것은 바로 자기 자신입니다. 바로 거기에 마찬가지로 상상적 상호주체적 관계의 한 가지 형태인 질투라는 정념의 드라마가 위치합니다.

247

도착증적 욕망의 기초가 되는 상호주체적 관계는 타자의 욕망이나 주체의 욕망, 둘 중의 하나를 무화시킴으로써만 유지됩니다. 그러한 상호주체적 관계는 오로지 극단에서만, 의미가 섬광처럼 드러나는 뒤집힘 속에서만 포착 가능합니다. 이는 — 잘 생각해보시기 바랍니다 — 그러한 관계가 주체와 타자 양쪽 모두에게 주체로서의 존재를 용해시켜버린다는 것을 뜻합니다. 상대 주체[타자]는 오로지 전자의 도구로 축소될 뿐이며 전자만이 단 하나의 진정한 의미의 주체로 남습니다. 하지만 그러한 주체조차도 타자의 욕망을 위해 봉헌된 하나의 우상idole에 불과한 것으로 환원되어 버립니다.

도착증적 욕망은 무생물적인inanimé 어떤 대상을 이상으로 해서만 유지됩니다. 하지만 그러한 욕망은 그러한 이상이 실현된다고 해서 만족되는 게 아닙니다. 그러한 이상을 실현하고 손에 넣는 순간 도착증적 욕망은 대상을 상실하게 됩니다. 이렇듯 구조 자체 상 도착증적 욕망의 충족은 결합[포옹] 이전에 욕망의 소멸이나 대상의 사라짐, 둘 중의 하나를 통해서만 실현될 수밖에 없도록 되어 있습니다.

저는 '사라짐'을 강조하는데, 왜냐하면 우리는 존스가 거세 콤플렉스를 넘어 자신이 유아기의 몇 가지 트라우마적 경험에서 발견한 것을 이해하기 위해 언급한 바 있는 '아파니시스aphanisis'의 비밀스런 열쇠를 이 같은 분석들 속에서 발견할 수 있기 때문입니다. 하지만 여기선 상상적인 것의 지도를 알아볼 수 없기에 우리는 일종의 미스터리에 빠지게 됩니다.

결국 분석 경험의 한 부분 전체는 상상적 경험의 막다른 골목과 그것의 여파들 — 이것들은 정신분석이 구체적인 토포그래피topographie로 규정한 육체의 구조 자체에 근거하기 때문에 수적으로 무제한적인 것은 아닙니다 — 을 탐구하는 것에 다름 아닙니다. 주체의 역사, 좀 더 정확히 말해 주체의 발달 속에서 시간화된 몇몇 풍요로운 순간moments féconds이 나타나 다양한 유형의 좌절을 드러냅니다. 그처럼 풍요로운 순간을 결정짓는 것은 발달 속에서 나타난 구렁, 틈새, 간극입니다.

사람들이 좌절에 대해 이야기할 때는 항상 뭔가가 잘 돌아가지 않습니다. 언어의 저 뭔지 모를 자연주의적 성향 때문에 관찰자는 자신의 동류의 자연사를 작성할 때 주체가 좌절을 '느낀다'"는 사실을 알리는 일을 빠트립니다. 좌절은 주체 속에서 그를 대상과 결합시키는 행위의 빗나감이라는 형태로 객관화될 수 있는 어떤 현상이 아닙니다. 그것은 동물적인 반감이 아닙니다. 아무리 미숙한 주체일지라도 그는 나쁜 대상을 하나의 좌절로 스스로 느낍니다. 그런데 이와 마찬가지로 타자 속에서도 좌절이 느껴집니다.

여기에는 서로 무화시키는 관계, 두 개의 심연 — 욕망이 소멸하던지 아니면 대상이 사라지던지 하는 것 — 에 의해 구조화된 어떤 치명적 관계가 존재합니다. 많은 전환점에서 제가 노예와 주인의 변증법을 기준점으로 삼은 것은 바로 이런 이유에서입니다. 그것을 다시 한 번 설명해보도록 하겠습니다.

248

2

주인과 노예의 관계는 하나의 극단적인 예입니다. 왜냐하면 그러한 관계가 펼쳐지는 상상적 영역은 당연히 우리가 경험할 수 있는 것의 한계에서만 나타나기 때문입니다. 분석 경험은 총체적인 것이 아닙니다. 그것은 상상적 수준과는 다른 수준, 바로 상징적 수준에서 결정됩니다.

헤겔은 인간들 간의 관계에 관해 설명합니다. 그에게는 사회뿐만 아니라 역사도 고려해야 할 대상입니다. 그는 그중 어느 측면도 간과할 수 없습니다. 그런데 이처럼 본질적인 측면 중의 하나는 인간들 간의 협동도 아니고 협약도 아니며 사랑의 연대도 아니라 투쟁과 노동입니다. 그리고 헤겔이 어떤 본원적 신화를 통해 근본적 관계를 구조화하기 위해 중점을 둔 것은 바로 이런 양상, 즉 자신이 부정태로 규정한 수준, 부정성이 각인된 수준입니다.

인간 사회를 동물 사회 — 저는 이 용어를 사용하는 것이 두렵지 않습니다 — 와 구별 짓는 것은 객관화될 수 있는 어떠한 연대도 인간 사회를 정초할 수 없다는 점입니다. 그곳에는 진정한 의미에서의 상호주체적 차원이 개입됩니다. 따라서 노예와 주인의 관계는 인간이 인간을 길들이는 문제가 아닙니다. 그것으론 충분하지 않습니다. 그렇다면 그러한 관계를 정초하는 것은 무엇일까요? 패배한 자가 자비를 요구하며 구걸한다는 점이 아니라 주인이 순수하게 위신만을 위해 투쟁한다는 점, 주인이 그것을 위해 자기 목숨을 걸었다는 점입니다. 이러한 위험은 그의 우위를 세워줍니다. 주인이 노예에 의해 주인으로 인정받는 것은 힘이 아니라 위신이란 명목에서입니다.

이러한 상황은 어떤 막다른 골목에서 출발한 것인데, 왜냐하면 주인을 인정한 자는 노예, 다시 말해 주인이 인간이라고 여기지 않는 자에 불과하기에 노예에 의한 인정은 주인에겐 아무런 가치가 없기 때문입니다. 따라서 출발점에서부터 헤겔 변증법의 구조에게는 출구가 없는 것처럼 보입니다. 여러분은 바로 이런 점에서 그것이 상상적 상황의 막다른 골목과 유사성이 없지 않음을 볼 수 있겠지요.

그럼에도 그러한 상황은 호전될 것입니다. 그것의 출발점은 상상적이라는 점에서 신화적인 것입니다. 하지만 그것의 여진은 우리를 상징적 차원으로 인도합니다. — 아시다시피 바로 그러한 여진 때문에 우리는 주인과 노예에 관해 말할 수 있는 것입니다. 실제로 신화적 상황에서 출발해 하나의 행동이 조직되고 주이상스와 노동 사이에 관계가 정립됩니다. 타자의 욕망과 주이상스를 만족시켜야 한다는 어떤 법이 노예에게 부과됩니다. 노예가 자비를 구하는 것으론 불충분하고 그는 일을 해야 합니다. 그런데 일에는 규칙과 시간표가 있습니다. 즉 상징적 영역으로 들어가는 겁니다.

좀 더 가까이 들여다보면 상징적 영역은 치명적인 상호주체적 관계를 축으로 하는 상상적 영역과 단순히 순차적 관계에 있는 것이 아닙니다. 우리는 협약과 상징을 따라 이전에서 이후로 넘어가는 어떤 도약을 249 통해 상상적 영역에서 상징적 영역으로 이행할 수 있는 게 아닙니다. 사실 신화 자체는 상징적 영역에 의해 이미 에둘러졌을 때만 생각될 수 있는데, 이는 제가 방금 강조한 이유, 즉 상황은 죽음의 근접에 대한 뭔지 모를 생물학적 공황에 기반할 수 없기 때문입니다. 죽음 그 자체는 결코 경험될 수 없는 것이 아닌가요. 죽음은 결코 현실적인 것이 아닙니다. 인간은 상상적 공포를 통해서만 공포심을 갖습니다. 하지만 그것이 다가 아닙니다. 헤겔의 신화 속에서 죽음은 두려움으로조차 구조화될 수 없고 위험으로, 한 마디로 내기 돈enjeu처럼 구조화됩니다. 처음부터 주인과 노예 사이에 있는 것은 어떤 게임의 규칙입니다.

이에 대해선 이야기를 그만 접도록 하겠습니다. 다음은 여러분 중에서도 지극히 개방적인 사람만을 위한 이야기입니다. 즉 상상적인 것 속에서 전개되는 상호주체적 관계는 그것이 인간의 행동을 구조화하는 한에서, 그와 동시에 게임의 규칙 속에 은연중에 함축되어 있다는 겁니다.

응시에 대한 관계를 또 다른 측면에서 다시 한 번 접근해보기로 합시다.

지금 전쟁 중이고 제가 전장을 진군하고 있다고 생각해봅시다. 저는 저를 염탐하는 어떤 응시가 있다고 가정할 겁니다. 제가 그것을 가정한다면 이는 적이 나타날까, 적이 공격해오지는 않을까 두려워서가 아닙니다. 곧 상황은 좀 더 나아져 적이 누구인지를 제가 알게 될 것이 때문입니다. 그에게서 저의 동태를 숨겨야 하는 이상 저한테 가장 중요한 것은 제가 진군하는 의도에 대해 타자가 얼마나 간파하고 있고 그러한 의도를 어떤 식으로 상상하고 있는지를 아는 것입니다. 이는 간지ruse 문제입니다.

응시의 변증법이 유지되는 것은 바로 이 수준에서입니다. 중요한 것은 타자가 제가 어디에 있는지를 본다는 것이 아니라 제가 어디로 가는지를 본다는 것입니다. 정확히 말해, 제가 없는 곳이 어디인지를 본다는 것입니다. 상호주체적 관계에 대한 모든 분석에서 본질적인 것은 거기에 있는 것, 가시화된 것이 아닙니다. 상호주체적 관계를 구조화하는 것은 거기에 없는 것입니다.

소위 말하는 게임 이론은 이 상호주체적 관계를 본격적으로 연구하는 한 가지 방식입니다. 게임 이론은 그것이 수학적 이론이라는 이유만으로 이미 상징적 수준에 있는 것이라고 할 수 있습니다. 아무리 간단하게 정의한다 해도 상호주체성의 장에 대한 분석은 상당수의 디지털적 자료를, 그리하여 상징적 자료를 전제합니다.

제가 요전 날 언급한 사르트르의 저서를 읽어본다면 여러분은 아주 당황스러운 문제점을 한 가지 엿볼 수 있을 겁니다. 상호주체성의 관계를 아주 잘 정의해낸 사르트르는 그러고 나서, 상상적 상호관계들의 세계 속에 어떤 복수성pluralité이 있다면, 그것은 산술화될numérable 수 있는 것이 아님을 내비치는 듯합니다. 주체들 개개인이 정의상 참조의 유일한 중심점이기 때문인데요. 이는 대자와 즉자에 관한 현상학적 분석 수준에 국한했을 때만 가능한 이야기입니다. 하지만 바로 이 때문에 사르트르는 상호주체적 장이 서너 개의 항으로 이루어진 — 분석 경험에서 우리의 지침이 되는 — 디지탈적 구조화로 귀착하지 않을 수 없다는 사실을 깨닫지 못하게 됩니다. 250

언어가 없이는 어떠한 산술화도 상상할 수 없다는 점에서 이러한 상징작용은 아무리 원시적인 것이라 해도 곧바로 언어의 수준을 상정합니다.

여담 삼아 한 가지만 더 말씀드리겠습니다. 저는 한 3일 전쯤에 20세기 초에 출판된 *History of new world of America*, 『아메리카라고 불리는 신세계의 역사』라는 옛날 책을 한 권 읽었습니다. 책이 다루는 것은 수많은 언어학자의 관심을 자극하고 당혹스럽게 만들기까지 했던 언어의 기원에 관한 문제입니다.

언어의 기원에 대한 논의라면 다들 하나 같이 어떤 치유 불가능한 유치함, 심지어는 명백한 백치병으로 얼룩져 있습니다. 사람들은 매번 저 뭔지 모를 사유의 진보에서 언어가 나온다는 것을 증명하려고 노력합니다. 이는 분명 하나의 순환입니다. 사유는 상황 속에서 세부사항을 추출해내고 특정성을, 조합적 요소를 구별해낼 겁니다. 사유가 상징이라는 단계로 이행하기 위해서는 사유 자체를 통해, 동물적 지능을 특징짓는 우회의 단계를 건너뛰어야 할 것입니다. 하지만 먼저 인간 사유의 구조 자체라고 할 상징이 없다면 그것이 어떻게 가능할까요?

사유한다는 것은 코끼리를 '코끼리'라는 단어로, 태양을 하나의 원으로 대체하는 것입니다. 물론 태양처럼 보이는 무엇 — 현상의 세계를 관통하는 것의 중심, 빛의 통일체 — 과 그러한 원 사이에는 하나의 심연이 있음을 잘 이해하시기 바랍니다. 그런데 그러한 심연을 뛰어넘게 되면 동물적 지능에 대해 어떤 진보가 이루어지는 걸까요? 어떠한 진보도 아닙니다. 왜냐하면 원으로 표기된 태양은 아무런 가치도 없기 때문입니다. 그러한 원은 형식화된 다른 요소들과 관계를 맺을 때만 가치가 있을 뿐입니다. 그러한 요소들은 그러한 원과 함께 상징적인 것 전체를 구성하며, 중심적이건 아니건 그러한 원은 상징적인 것 전체 속에서 자신의 자리를 얻게 됩니다. 상징은 그것이 상징의 세계 속에서 구성되는 한에서만 가치를 가질 뿐입니다.

언어의 기원에 관해 공론空論하는 사람들, 상황을 통째로 이해하는 것에서 상징적 분할로 이행하는 과정을 마련하려고 노력하는 사람들은 항상 홀로프레이즈holophrase[일어문一語文]고 불리는 것에 놀라움을 표한 바 있습니다. 몇몇 민족의 어법에는 — 여러분은 공통된 용법을 멀리에서 찾을 필요도 없을 겁니다 — 통째로 파악된 어떤 상황과 관련되면서 더 이상 분해할 수 없는 문장들과 표현들이 있습니다. 이것이 바로 홀로프레이즈입니다. 이 홀로프레이즈에서 사람들은 아무런 구조도 없이 상황들을 경험하는 동물과 상징적 세계에 서식하는 인간 사이의 접점을 포착해냈다고 생각합니다.

제가 방금 인용한 저작에는 피지 원주민은 어떤 특수한 상황에서는 다음과 같은 문장 — 그들의 언어에서는 하나의 문장이라고 볼 순 없지만 그렇다고 전혀 아무것도 아닌 것은 아닙니다 — 을 사용한다는 대목이 있습니다. "마 미 라 파 니 파 타 파." 앞의 저작에는 발음이 표기되어 있지 않기 때문에 저로서는 이렇게밖에 발음하지 못하겠습니다. 251

문제의 홀로프레이즈는 어떤 상황에서 사용될까요? 이 책을 쓴 민속학자는 아주 순진하게도 다음과 같이 적었습니다. *State of events of two persons looking at the other hoping that the other will offer to do something which both parties desire but are unwilling to do.* 말인즉슨 "두 명이 서로가 바라는 일이지만 자신이 하기에는 내키지 않는 어떤 것을 상대방이 해주길 바라면서 서로를 뻔히 쳐다보는 상황"입니다.

우리는 여기서 서로 응시하는 상태가 어떤 것인지가 하나의 본보기가 될 만큼 엄밀하게 정의되어 있음을 발견합니다. 여기서 각자는 서로 같이 해야 하지만 둘 다 원치 않는 어떤 일을 상대방이 해주도록 결단을 내리길 바랍니다. 그런데 바로 그렇기 때문에 여러분은 홀로프레이즈가 상황을 통째로 접수하는 원시적 방법 —이는 동물적 행동의 차원에 속한다고 할 수 있을 겁니다 — 과 상징화 사이의 매개물이 아님을 분명히 이해하실 수 있을 겁니다. 홀로프레이즈는 상황이 어떤 언설적 양태 속에 들러붙는 뭔지 모를 최초의 접착engluement이 아닙니다. 이와 반대로 홀로프레이즈에서 문제는 상징적 구성에 속한 것이 한계, 주변에서 규정된다는 것입니다.

여러분 스스로 홀로프레이즈를 일상 어법에서 찾아보시기 바랍니다. 주변에서 주고받는 대화를 주의 깊게 들어보시면 얼마나 많은 홀로프레이즈가 사용되는지를 아시게 될 겁니다. 또한 모든 홀로프레이즈는 주체가 타자와의 거울 관계 속에서 헤어 나오지 못하는 한계 상황과 관련되어 있음을 보시게 될 것입니다.

3

이러한 분석의 목적은 여러분들로 하여금 상호주체적 관계를 상보적인 자연적 만족에 근거한 대상들 간의 관계로 환원시키는 심리학적 관점을 뒤집도록 하는 데 있습니다. 이렇게 해서 우리는 이제 발린트의 논문, "On transference of emotions", 「정서의 전이에 관해」에 다다르게 됩니다. 이 제목은 논문이 전개되는 수준, 제가 — 기술적 의미, 시원적 의미에서 — "망상적délirant" 수준이라고 부를 수 있는 것을 예고합니다.

여기서 문제는 바로 전이입니다. 이 논문의 첫 단락은 정신분석의 두 가지 근본 현상, 즉 저항과 전이를 환기시켜 줍니다. 저자는 저항을 언어 현상과 관련해 정의하는데, 그것도 아주 훌륭하게 해내고 있지요. 이에 따르면 저항이란 언변을 저지하고 변질시키고 지체시키거나 완전히 중단시키는 모든 것을 말합니다. 하지만 저자는 그 이상 나가지 않습니다. 거기서 어떠한 결론도 이끌어내지 않고 전이 현상으로 넘어갑니다.

그토록 섬세한 저자인 발린트가, 그토록 예리하고 예민한 분석가인 발린트가, 심지어 훌륭한 저자라고 할 수 있는 발린트가 도대체 어떻게 15페이지나 되는 논문을 쓰면서 이렇듯 지극히 심리학적인 전이 개념에서 출발할 수 있을까요? 논문의 요지는 문제의 관건은 환자 내부에 존재

232

하며, 따라서 무엇인지 알 수 없는 느낌들, 정서들이라는 것입니다. —이 '정서'라는 말이 좀 더 생생한 표현입니다. 따라서 문제는 그러한 정서가 종국에 가서 어떻게 육화되고 투사되고 제어되고 상징화되는지를 보여주는 것이지요. 그런데 정서라고 가정된 것을 나타내는 상징들은 정서와는 당연히 아무 상관이 없습니다. 저자는 이때 영국 국기, 사자, 일각수, 장교들의 견장, 두 가지 다른 색의 장미로 나타낸 두 개의 국가, 가발을 쓴 재판관들 등등에 대해 이야기합니다.

물론 저는 영국의 집단적 삶의 표면에서 수집된 이 사례들 속에서 생각할 거리를 찾을 수 있다는 점을 부인하는 건 아닙니다. 하지만 이는 발린트에게서 상징을 전치라는 관점에서만 고려하기 위한 핑계에 지나지 않습니다. 이는 다음과 같은 이유, 즉 정의상 그가 실재에 위치한다고 할 수 있을 심리적 용출 현상, 소위 말하는 정서를 출발점으로 삼기 때문에 정서를 표현하고 현실화하는 상징은 정서에 대해 전치된 위치에 놓일 수밖에 없기 때문입니다.

그는 어떤 전치 속에서든 상징이 하나의 기능을 수행한다는 점을 의심하지 않습니다. 하지만 문제는 그러한 상징이 이 수직적 영역에서 과연 전치라는 이름으로 규정될 수 있느냐는 것입니다. 이는 길을 잘못 든 것입니다. 발린트의 언급은 그 자체로는 틀린 게 없습니다. 그저 길이 가로지르는 방향으로 접어들게 된 것뿐이지요. 즉 앞으로 전진하는 대신 모든 것이 멈추어버리는 쪽으로 들어서게 된 겁니다.

그러고 나서 발린트는 우리에게 은유, 가령 산 꼭대기나 책상 다리 등의 은유가 무엇인지를 환기시켜줍니다. 그는 언어의 본성에 관해 연구하려고 하는 걸까요? 아닙니다. 그는 전이의 작동 방식에 대해 말하려는 것인데, 이에 따르면 전이는 제가 화가 나면 책상을 내리치는 것처럼 이루어집니다. 마치 제가 정말로 책상을 내리쳤다는 식이지요. 거기에는 어떤 근본적인 오류가 있습니다.

어쨌든 문제는 바로 이것, 어떻게 행위가 목표와 관련해 전치되는가입니다. 어떻게 정서가 대상과 관련해 전치될까요? 실재적 구조와 상징적 구조는 수직적 방향으로 이루어지는 어떤 양의적 관계를 맺게 되며, [이를 통해] 이 두 세계 각각은 상대 세계와 호응을 이룹니다. 물론 세계univers라는 개념이 없기 때문에 조응correspondance이란 개념을 도입할 순 없지만 말입니다.

발린트에 따르면 전이는 정서의 전이입니다. 그런데 정서는 어디로 전이되는 것일까요? 그가 든 모든 실례에서는 어떤 무생물적 대상으로 전이됩니다. 여담이지만, 방금 이 '"무생물적"'이라는 용어가 상상적인 변증법적 관계의 경계선에서 이미 등장한 바 있다는 사실을 주목하시기 바랍니다. 무생물적인 것으로의 전이에 대해 발린트는 재미있어 합니다. 그는 이렇게 말합니다. "나는 대상이 그것에 대해 어떻게 생각하고 있는지는 여러분에게 묻지 않을 것이다." 그는 이렇게 덧붙입니다. "물론 만일 전이가 어떤 주체에 대해 이루어진다고 생각한다면, 우리는 헤어나올 수 없는 미궁에 빠지게 된다."

그렇습니다. 얼마 전부터 벌어지고 있는 일이 바로 이것입니다. 분석할 수 있는 방법이 없다는 건데요. 사람들은 역전이라는 개념을 두고 야 [253] 단법석을 떨고 있지요. 대단한 것인 양 허풍을 떨고 장밋빛 미래를 단언합니다. 하지만 무언가가 잘 맞지 않는 게 있습니다. 즉 결국엔 거기에선 빠져 나올 수 없다는 겁니다. 우리는 '이체 심리학'과 함께 물리학에서 해결되지 못한 저 유명한 문제, 즉 두 개의 신체라는 문제와 당면하게 됩니다.

실제로 만일 두 신체 수준에 머문다면 어떠한 만족스런 상징화도 이루어지지 않을 겁니다. 그렇다면 이런 식의 길을 따라 전이를 본질적으로 전치 현상으로 간주하는 것이 과연 전이의 본성을 제대로 이해하는 길일까요?

이때 발린트는 우리에게 아주 작은 일화를 하나 이야기해줍니다. 한 신사가 그를 찾아왔습니다. 그는 막 분석을 시작하려던 참이지만 — 이는 흔히 있는 일이지요 — 아직 결정을 내리진 못했습니다. 그는 여러 분석가를 전전하다가 결국 발린트를 찾았지요. 그는 자신이 느끼고 고통받는 것을 세세히 묘사하면서 길고 풍성하고 아주 복잡한 이야기를 하나 꺼냈습니다. 바로 여기서 우리 발린트 선생께서 인격적으로 얼마나 훌륭한 분이신지를 — 이와는 별도로 제가 어쩔 수 없이 그의 이론적 입장에 대해 비판하고 있다는 점은 다들 아시겠지요 — 볼 수 있습니다.

발린트는 역전이에 빠지지 않았습니다. 말인즉슨, 그는 분명히 말해 숙맥이 아니었다는 — 우리가 자주 사용하는 핵심 용어로 누군가를 미워하는 것은 양가성이라고 불리며 숙맥이 되는 것은 역전이라고 불립니다 — 겁니다. 발린트는 숙맥이 아니었습니다. 이미 많은 사람 이야기와 많은 것을 들어온 베테랑인 발린트는 환자의 말에 귀를 기울였습니다. 그런데 그는 이해를 하지 못했습니다. 이는 종종 일어나는 일입니다. 우리가 이해하지 못하는 이야기들도 있는 겁니다. 여러분이 어떤 이야기를 이해하지 못할 때 곧바로 틀림없이 어떤 의미가 있는데 이해하지 못하겠다는 식으로 자책하지 말기 바랍니다. 발린트는 이해하지 못할 뿐만 아니라 자신에겐 이해하지 못할 권리가 있다고 생각합니다. 그는 환자에게 아무 말도 하지 않고 그를 다시 오게끔 했습니다.

환자는 발린트를 다시 찾았습니다. 그는 계속해서 이야기를 했습니다. 그는 필요 이상의 말을 했습니다. 발린트는 여전히 이해하지 못했습니다. 그가 이야기한 것은 다른 사람들이 이야기한 것만큼이나 있을 법한 내용이었습니다. 그런데 문제는 그것들이 앞뒤가 맞지 않는다는 것이었지요. 이는 우리가 흔히 경험할 수 있는 것이며 또 진지하게 고려해야 하는 임상적 경험입니다. 이따금 경험상 유기체적인 문제가 있다는 진단으로 귀착하기도 하지만 여기서는 그런 문제가 아닙니다. 발린트는 환자에게 이렇게 말했습니다. "이상하군요, 선생은 아주 재미난 이야기를 많이 해주셨습니다. 하지만 고백하자면 저는 선생의 이야기를 하나도 이해하지 못하겠군요." 그러자 환자는 얼굴에 환한 미소를 머금으면서 이렇게 말했지요. "선생님은 제가 만난 사람 중 가장 진실한 분입니다. 이 모든 이야기를 다른 분석가들에게도 한 적이 있는데, 그들은 거기서 곧바로 재밌고 정교한 어떤 구조의 단서를 찾아내더군요. 제 모든 이야기는 선생님께서 다른 사람들처럼 돌팔이, 거짓말쟁이인지를 시험해보기 위한 것이었지요."

254 발린트가 칠판에다 '영국 사자'와 두 마리의 일각수에 전치된 것이 영국 국민의 정서임을 설명할 때와 분석에 임해 자신이 체험한 것에 대해 명석하게 이야기할 때, 여러분은 발린트의 두 목소리 사이에 얼마나 큰 간극이 있는지를 느껴야 합니다. 이렇게 말할 수도 있습니다. "이 환자는 아마도 그럴 권리가 있겠지만 이는 좀 '비경제적인' 방법이 아닐까? 이는 너무 멀리 돌아가는 것이 아닐까?" 그런데 이런 식의 관점은 길을 잘못 들어서는 것이 되는데, 왜냐하면 문제의 핵심은 그것이 경제적인지 아닌지가 아니기 때문입니다. 분석 경험이 시작될 때 거짓말하는 말의 영역이 있는 한 이 환자의 작전은 나름대로 훌륭하게 유지됩니다.

현실 속에서 거짓말을 창출하는 것은 바로 말입니다. 말이 있는 그대로를 또한 도입할 수 있다면 이는 있는 그대로가 아닌 것을 그러한 말이 도입할 수 있기 때문입니다. 말이 있기 전에는 아무것도 없으며 아무것도 존재하지 않습니다. 물론 이미 모든 것이 거기 있지만, 무언가가 있고 — 참이거나 거짓으로 존재하고 — 무언가가 없는 것은 오로지 말을 통해서입니다. 실재 속에 진리가 새겨지는 것은 말이라는 차원을 통해서입니다. 말이 있기 전에는 참도 없고 거짓도 없습니다. 말과 더불어 진리가 시작되고 거짓 또한 시작되며 다른 영역도 시작됩니다. 강의를 마치기 전에 이들을 일종의 삼각형의 세 꼭짓점에 위치시켜 봅시다. 여기에는 거짓말이 있고 저기에는 착오méprise가 있습니다. — 나중에 다시 논의하겠지만 그것은 실수가 아닙니다. 그리고 나머지 한곳에는 무엇이 있을까요? 말의 본성 상, 말에는 모호성이 있을 수밖에 없습니다. 왜냐하면 진리 차원을 정초하는 말의 행위 그 자체가 항상 그것의 배후에, 그것 너머에 남아 있기 때문이지요. 말은 본질적으로 모호합니다.

이와 대칭적으로 실재 속에 존재 자체의 간극, 구멍이 파입니다. 존재라는 개념은 우리가 그것을 이해하려고 노력하는 순간, 말만큼이나 파악 불가능한 것임이 드러납니다. 왜냐하면 '존재하다'라는 동사 자체는 말의 영역 속에서만 존재하기 때문입니다. 말은 존재의 공동空洞을 실재의 직물 속에 도입합니다. 이 둘은 서로를 유지시켜주며 균형을 맞춥니다. 이 둘은 정확히 상관적입니다.

발린트가 보고한 또 다른 사례로 넘어가봅시다. 처음 것만큼이나 의미심장한 사례입니다. 그는 어떻게 그러한 사례를 전이와 막연하게 등치되었던 전치의 영역과 결부시킬 수 있을까요? 이것은 또 다른 이야기입니다.

이번에는 매력만점의 한 여자 환자에 관한 이야기인데, 그녀는 영국

영화들에서 잘 묘사되는 *chatter*[수다꾼] 타입, 아무 의미 없는 말을 끊임없이 지껄이는 타입입니다. 분석 시간은 바로 그런 무의미한 말로 채워졌습니다. 발린트가 맡기 전에 그녀는 이미 다른 분석가와 오랫동안 분석한 적이 있습니다. 발린트는 그녀는 뭔가에 의해 난처하게 되면 아무 말이나 늘어놓으며 분석을 때운다는 사실을 — 이는 심지어 환자가 털어놓은 것이기도 합니다 — 깨달았습니다.

결정적인 전환점은 어디 있을까요? 어느 날, 그녀가 한 시간 동안 지루하게 잡담을 늘어놓자 발린트는 그녀가 말하고 싶어 하지 않는 것이 무엇인지를 정확히 짚어냈습니다. 그녀는 자기 친구들을 치료한 한 의사가 자신을 위해 그녀가 전적으로 *trustworthy*[믿을 만한] 사람이라고 적은 직업 추천장을 써주었다는 사실을 말하고 싶어 하지 않았습니다. 이는 그녀가 마음을 잡지 못하다가 분석을 시작할 수 있게 된 전환점이 되었습니다. 실제로 발린트는 그녀로 하여금 오래전부터 그녀를 괴롭힌 진짜 문제를 실토하도록 하는 데 성공했습니다. 그녀는 자신이 *trustworthy*한 사람, 다시 말해 자기 말에 책임을 지는 사람으로 간주되어선 안 된다고 생각하고 있었습니다. 왜냐하면 만일 자기 말에 책임을 져야 한다면 그녀는 노동의 세계, 즉 상징과 법으로 이루어진 등질적인 성인의 관계 속으로 들어가 마치 방금 전의 노예처럼 혹사당할 것이기 때문입니다.

이는 분명합니다. 오래전부터 환자는 유아의 말이 받아들여지는 방식과 성인의 말이 받아들여지는 방식이 다르다는 것을 잘 알고 있었습니다. 많든 적든 항상 인간을 노예 상태로 만드는 성인의 세계로 들어가 구속받지 않기 위해 그녀는 쓸데없는 말로 말을 무의미하게 만들고 분석 시간을 부질없는 것으로 만들어버립니다.

우리는 잠시 멈추어 유아도 또한 말을 한다는 사실에 대해 숙고해볼 수 있습니다. 유아의 말은 비어 있는 말이 아닙니다. 그것은 성인의 말과 똑같이 의미로 가득 차 있는 말입니다. 심지어 그렇게 가득 찬 의미 때문에 어른들은 경탄을 금치 못할 정도입니다. "요놈 참 똑똑하네요. 요놈이 예전에 뭐라고 말했는지 아세요?" 문제는 바로 여기 있습니다.

실제로 여기에는 방금 언급했던 것처럼 상상적 관계 속에 개입된 우상화의 요소가 있습니다. 유아의 감탄스런 말은 아마도 초월적인 말, 하늘의 계시, 아기 천사의 신탁과 같은 것이지만 유아에게 아무런 책임성도 부여하지 않음이 분명합니다.

문제가 생기면 우리는 유아에게서 책임성 있는 말을 끌어내려고 갖은 애를 씁니다. 유아에게서 성인의 변증법이 난관에 부딪친다는 것은 분명한 사실입니다. 문제의 핵심은 주체[환자]를 그의 모순들과 연결 짓고, 그로 하여금 자신이 한 말에 서명하도록 하고, 이렇게 해서 그의 말이 어떤 변증법을 따르도록 제약하는 것입니다.

전이 상황 속에서 문제는 말의 가치 — 이것은 제 이야기가 아니라 발린트의 이야기인데, 문제의 핵심이 전치와는 완전히 다른 것이긴 하지만 이는 어쨌든 옳은 지적입니다 — 입니다. 그런데 이는 이번에는 말이 근본적 양의성을 창조한다는 것이 아니라 하나의 행동 속에서 주체들을 서로 연결하는 계약과 같은 상징적인 것으로서 기능한다는 점에서입니다. 인간의 가장 탁월한 행동은 본원적으로 상징 세계의 실존에, 다시 말해 법과 협약에 기반합니다. 그리고 발린트가 분석가로서의 직무를 수행하면서 구체적인 것의 수준에서 작업할 때 자신과 주체 사이의 상황이 돌아들어가도록 만든 곳은 바로 그러한 상징적 영역입니다.

그날부터 발린트는 온갖 것 — 가령 다양한 직업에서 그녀가 보이는 행태들. 다시 말해 그녀는 일반적 신임을 얻기 시작하자 곧 어떤 사소한 일을 벌려 자리에서 쫓겨나게끔 일을 꾸밉니다 — 에 대해 이 환자에게 이런저런 점을 지적할 수 있게 됩니다. 심지어 그녀가 발견한 일거리들의 형식 자체가 중요한 의미를 가집니다. — 그녀는 전화를 받고, 일을 접수하거나 다른 사람들에게 여러 가지 일을 시키는데, 한 마디로 자신이 상황 바깥에 있다고 느낄 수 있도록 일을 틀어버려 결국에는 항상 거기서 내쫓기게끔 일을 꾸민다는 겁니다.

256 따라서 이것이 바로 전이 관계가 작용하게 되는 수준입니다. — 문제가 전이 관계를 설정하는 것이든 연장하는 것이든 아니면 유지하는 것이든 그러한 관계는 상징적 관계를 중심으로 전개됩니다. 전이는 상상적 분절들의 투사들, 파급 효과들을 포함합니다. 하지만 그것은 오직 상징적 관계 안에서만 자리 잡습니다. 이것이 함축하는 바는 무엇일까요?

말은 단 하나의 수준에서만 전개되는 것이 아닙니다. 말은 정의상 항상 모호한 배경을, 말이 이루어질 수 없는, 말로서 자신을 정초할 수 없는 형언 불가능한 것의 순간에까지 이르는 배경을 갖고 있습니다. 하지만 그러한 저편은 심리학이 주체 속에서 찾고 주체의 뭔지 모를 흉내, 경련, 동요 등과 같은 말의 온갖 정서적 상관물들 속에서 찾아낸 것이 아닙니다. 소위 말하는 심리적 저편이란 사실 저편이 아닌 이편에 있는 것입니다. 문제의 저편이란 바로 말의 차원 자체 속에서 발견되어야 합니다.

'주체의 존재'라는 말로 우리는 주체의 심리적 속성들을 말하는 것이 아닙니다. 그것은 분석 상황을 구성하는 말의 경험 속에서 움푹 파인 부분을 말합니다.

분석 속에서 그러한 경험은 매우 역설적인 규칙들에 의해 이루어집니다. 역설적이라 함은 여기서 문제는 대화이지만 가능한 한 독백에 가까운 대화이기 때문입니다. 그것은 어떤 게임의 규칙을 따라 그리고 오로지 상징적 질서 속에서만 전개됩니다. 이해가 되시는지요? 제가 오늘 예증하려고 했던 것은 분석 속에서의 상징적 영역입니다. 발린트가 제시한 구체적 사례와 그의 이론화가 얼마나 다른지를 분명하게 보여주면서 말이지요.

발린트가 이 예들에서 도출해낸 것은 상황의 원동력은 남자 환자와 여자 환자, 이 두 명의 인물이 각각 말을 사용하는 방법이라는 사실입니다. 그런데 이는 과도한 끼어 넣기입니다. 분석에서의 말은 유아가 노동의 세계로 들어가기 전에 사용할 수 있는 순진무구하며 의기양양한 말과는 전혀 다른 것입니다. 분석에서 말하는 것은 노동의 세계 속에서 일부러 무의미한 담화를 유지하는 것과는 같지 않습니다. 우리가 양자를 연결할 수 있는 것은 오로지 유비에 의해서만 가능한 겁니다. 그것들은 서로 다른 토대를 가집니다.

분석 상황은 단순히 유아기 상황의 전위ectopie가 아닙니다. 그것은 분명히 비정형적인atypique 상황입니다. 발린트는 그것을 *primary love*의 영역을 유지하려는 하나의 시도로 설명하려고 합니다. 이는 어떤 측면에선 타당하지만 모든 측면에서 그런 건 아닙니다. 이런 관점을 고집함으로써 그가 시행한 개입은 주체로 하여금 길을 잃게 만들지요.

이에 대한 증거는 실제로 그런 일이 일어났다는 겁니다. 발린트에 앞서 이 사례를 맡았던 분석가는 환자에게 그녀가 유년기의 어떤 상황을 재생산한다고 말했지만 상황을 돌려놓진 못했습니다. 상황은 이 부인이 그날 아침 그녀로 하여금 어떤 자리를 발견하도록 해준 한통의 편지를 손에 넣게 되었다는 구체적 사실만 맴돌 뿐이었습니다. 그러한 사실을 이론화하지도 못하고 그것이 무엇을 의미하는지도 알지 못하지만 이때 발린 257

트는 주어진 보증에 의해, 즉 누군가를 보증해준다는 단순한 사실에 의해 작동된 상징적 영역 속에서 개입하게 됩니다. 그가 어떤 효과를 발휘했던 것은 바로 그가 그러한 상징적 수준에 자리 잡고 있었기 때문입니다.

발린트의 이론은 어긋나 있고 또한 뒤쳐져 있습니다. 그럼에도 그의 텍스트를 읽노라면 여러분이 방금 확인한 것처럼 놀랄 만큼 통찰력 있는 예들을 발견하게 됩니다. 훌륭한 분석가인 발린트는 자신의 이론에도 불구하고, 자신이 활동하는 차원에 대해 무지할 수 없었던 겁니다.

4

발린트가 참고한 것들 중에 제가 여기서 지적하고 싶은 것이 하나 있습니다. 그것은 바로 그가 "우리 동업자 중 한 명"이라고 부른 — 왜 안 되겠습니까? — 쉐플러Johannes Scheffler의 이행시입니다.

16세기 초엽 의학 연구에 상당한 업적을 쌓은 — 아마도 요즘보다는 당대에 더 큰 의미가 있을 겁니다 — 그는 실레시우스Angelus Silesius라는 필명으로 상당량의 아주 놀라운 2행시를 집필했습니다. 그를 신비주의자라고 할 수 있을까요? 아주 정확한 표현이라곤 볼 수 없을 겁니다. 그는 신성의 문제를, 본질적으로 인간의 말에서 기인하지만 말만큼이나 멀리 나아가는, 심지어 말이 침묵으로 끝을 맺는 지점까지 나아가는 창조성과 관련해 다루고 있습니다. 안젤루스 실레시우스가 항상 옹호했던 비정통적 관점은 종교사상가들에게서는 사실 하나의 수수께끼입니다.

그가 발린트의 논문에서 언급된다는 사실은 분명 우연이 아닙니다. 발린트가 인용한 2행시는 아주 아름답습니다. 이 시에서 다루어지는 것은 주체가 현실화할 때 우발적인 것이나 우연적인 것과 관련된 한에서의 존재에 다름 아닙니다. 이는 발린트가 분석의 종착점으로 여긴 것, 다시 말해 지난 강의에서 제가 이미 언급한 바 있는 나르시시즘적 분출 상태에 울림을 만들어냅니다.

그것은 또한 제 귀에도 울림을 만들어냅니다. 하지만 저는 분석의 종착점을 그런 식으로 생각하지 않습니다. '그것이 있는 곳에 내가 있어야 한다'는 프로이트의 공식은 통상 어떤 조잡한 공간화에 의거해 이해됩니다. 분석을 통해 이드를 재정복하는 것은 결국 신기루 같은 행위로 귀착되고 맙니다. 자아는 여태까지 경험한 어떤 소외보다도 더 자기 자신을 철저히, 완벽하게 소외시키는 것에 지나지 않는 어떤 자기soi 속에서 자신의 모습을 확인하게 됩니다.

구성의 작인은 바로 말을 한다는 행위입니다. 분석의 진보는 자아의 장을 확장하는 데 있지 않습니다. 분석의 진보는 자아가 자신의 변두리에 있는 미지의 것을 재정복하는 것이 아니라 자아와 이드 사이에서 연주되는 한편의 미뉴에트 같은 진정한 뒤집힘, 이동입니다.

자, 이제 안젤루스 실레지우스의 2행시를 여러분에게 들려주도록 하겠습니다. 『지품천사의 순례자』, 2권 13연입니다. 258

Zufall und Wesen

Mensch werde wesentlich denn wann die Welt vergeht

So fält der Zufall weg, dasswesen dass besteht.

이 2행시는 다음과 같이 번역됩니다.

우연과 본질

인간은 본질적인 것이 된다네, 이는 세상이 지나갈 때
우연이 길을 잃고 본질적인 것이 존속하기 때문이네.

분석의 종착점에서 진정 문제가 되는 것은 바로 이것, 세계의 상상적 몰락, 황혼, 심지어는 탈인격화에 대한 극단적 체험입니다. "우연적인 것 — 우발적인 것, 트라우마, 역사의 흠집 — 이 물러나고 이렇게 해서 존재가 구성되었네."

이는 안젤루스가 의학을 공부하던 시기에 쓰여졌음이 분명합니다. 그의 인생의 말년은 그가 심취했던, 종교개혁과 반종교개혁 사이의 교리 전쟁으로 혼란에 휩싸여 있었습니다. 하지만 『지품천사의 순례자』는 수정처럼 투명한 소리를 자아냅니다. 이는 존재에 관한 인간의 성찰 중 가장 의미심장한 순간 중의 하나, 모두가 읽긴 하지만 아무것도 이해하지 못하는 십자가의 성 요한의 『어두운 밤』보다 더 큰 울림을 자아내는 순간입니다.

분석하는 사람들이라면 안젤루스 실레지우스의 작품은 반드시 읽어 볼 필요가 있습니다. 그리 길지 않은데다 오비에 출판사에서 출간된 불역본도 있습니다. 이 책에는 다른 많은 생각거리, 가령 *Wort*[말]과 *Ort*[장소]를 이용한 말놀이, 시간성에 대한 아주 정확한 격언이 들어 있습니다. 극도로 폐쇄적이면서도 열려 있는 이 훌륭한 공식들, 사고할 거리가 풍부한 이 공식 중 몇 가지를 아마도 언젠가 다룰 기회가 있지 않을까 합니다.

1954년 6월 9일

전이 속에서의 말

LA PAROLE DANS TRANSFERT

19

말의 창조적 기능

의미 효과는 모두 다른 의미 효과를 참조한다.
오디세우스 일행
전이와 현실
개념은 사물의 시간이다.
상형문자

우리 친구 그라노프가 지난 논의의 연장선상에서 발표를 해줄 것입니다. 저는 무엇보다 세미나라고 — 이 점을 잊지 마시기 바랍니다 — 하는 것 속에서 여러분이 제가 원하는 대화의 정신에 완전히 부합하게 이렇듯 적극적으로 참여할 때 커다란 기쁨을 느낍니다. 물론 저는 그가 오늘 아침 우리에게 무슨 이야기를 할진 모릅니다.

*그라노프 박사의 발표는 54년 4월자 『정신분석 리뷰*Psycho-analytic Review*』에 실린 두 편의 논문, 즉 아이샴*A. Chapman Isham*의 「감정, 본능과 고통-쾌락」과 베닛*C. Bennitt*의 「심층의 꿈, 그것에 대한 추론과 결과들에 대한 연구」에 관한 것이었다.*

1

고급 이론을 펼치고 있는 이 두 편의 방대한 논문은 제가 여기서 하고 있는 것과 일치하는 점이 있습니다. 하지만 각각의 논문이 주목하는 것은 다른 것들입니다.

첫 번째 논문은 우리가 다루어야 할 최종 현실이자 엄밀히 말해 우리의 경험의 대상이라고 할 수 있을 정서의 정보 전달에 역점을 둡니다. 이러한 파악 방식은 다른 영역들에 속하는 대상들과 가능한 한 유사한 어떤 대상을 어딘가에서 발견해내려는 욕망에 부응합니다.

알렉산더는 「정서의 논리Logic of emotions」라는 제목의 훌륭한 논문을 한 편 쓴 바 있지요.그것은 그를 분명 분석 이론의 중심부로 끌어올린 것으로, 아마도 우리가 언젠가 논의 대상으로 삼게 될 논문입니다.

262 아이샴의 최근 논문과 마찬가지로 알렉산더의 논문이 다루는 문제는 통상 정동적 영역으로 간주되는 것 속에 어떻게 하나의 변증법을 도입시킬 수 있는가 하는 것입니다. 알렉산더의 출발점은 프로이트가 '나는 사랑한다'를 부정하는 다양한 방식 — 그를 사랑하는 것은 내가 아니다, 내가 사랑하는 것은 그가 아니다, 나는 그를 사랑하지 않는다, 그는 나를 미워한다 — 과 부합하는 다양한 형태의 망상을 도출해내는 데 기반한 흔히 알고 있는 상징 논리적 도식입니다. 이는 질투, 열정, 박해, 에로토마니아 등과 같은 다양한 망상의 발생을 설명해줍니다. 따라서 우리가 전의식적 질서 속에서 발생하는 변형, 신진대사 자체를 이해할 수 있는 것은 높은 수준으로 고양된 어떤 상징적 구조화 속에서입니다. 그러한 구조화가 높은 수준으로 고양된 것이라 함은 그것에 매우 정교한 문법적 변주들이 포함되어 있기 때문입니다.

따라서 그라노프가 언급한 첫 번째 논문은 오늘날의 정신분석 이론의 추세에 역행한다는 점에서 흥미롭습니다. 두 번째 논문은 첫 번째 것보다 더 흥미로운데, 왜냐하면 의미 효과가 참조하는 저 너머, 현실, '사실fait' — 논문의 표현을 그대로 따르자면 — 이 무엇인지를 모색하고 있기 때문입니다. 이는 중요한 문제입니다.

자, 그런데 만일 여러분이 의미 효과는 의미 효과 자신을 참조할 수밖에 없다는 사실을, 다시 말해 또 다른 의미 효과를 참조할 수밖에 없다는 사실을 간과한다면, 오늘날 분석 이론이 그렇듯이 항상 막다른 골목에 봉착하는 절차를 밟게 될 겁니다.

언어 분석에서 우리가 어떤 단어의 의미 효과를 찾아야 할 때마다 이를 위한 단 하나의 정확한 방법은 그것의 모든 용법을 열거하는 것입니다. 만약 불어의 main이란 단어의 의미 효과를 알고자 한다면 우리는 그것이 손이라는 신체 기관을 나타내는 경우뿐만 아니라 main d'oeuvre[수공], mainmise[점유], mainmorte[재산상속불능] 등과 같은 표현으로 나타나는 경우까지 모든 용어의 목록을 작성해야 합니다. 의미 효과는 이 용법들의 총합에 의해 주어집니다.

우리가 분석에서 다루는 것이 바로 이것입니다. 굳이 보충적인 참조물들을 발견하려고 버둥거릴 필요가 없습니다. 소위 은유적 용법을 유지할 수 있을 것이라고 가정되는 어떤 현실에 관해 굳이 이야기할 필요가 있을까요? 모든 종류의 어법은 어떤 의미에선 항상 은유적인 것입니다. 존스가 「상징 작용의 이론」 서두에서 생각한 것과 달리 은유를 상징 자체나 상징의 용법과 구별할 필요가 없습니다. 생물이든 무생물이든 어떤 다른 존재에게 말을 걸면서 그를 '내 심장의 태양'이라 부를 때 이를 존스처럼 내 마음 속에 있는 너라는 존재와 태양을 비교하는 문제라고 믿는 것은 잘못된 생각입니다. 비교는 내가 지금 설명할 수 있는 무엇보다도 훨씬 더 풍요로운 은유적 관계가 처음으로 출현해 존재하기 시작했다는 사실에서 부차적으로 발전된 것일 뿐입니다.

은유적 관계의 출현은, 차후에 그것과 결부될 순 있지만 그럼에도 나 자신의 입으로 말했다고 생각하지 않는 모든 것을 함축합니다. 단순히 내가 이러한 관계를 공식화했다는 사실 때문만으로도 상징의 영역 속으로 들어간 것은 바로 나, 나의 존재, 나의 고백, 나의 호소invocation입니다. 그러한 표현 속에는 태양이 나를 따뜻하게 해주고 나로 하여금 살아 있게 해주며 나의 무게 중심이라는 사실이, 그러면서 발레리가 말한 바와 같이 "그림자라는 침울한 반쪽morne moitié d'ombre"를 만들어내고 나를 눈멀게 하며 만물에 거짓된 명증성과 기만적인 빛을 부여한다는 사실이 함축되어 있습니다. 가장 강렬한 빛은 또한 모든 어둠의 근원이기 때문이지요. 이 모든 것은 상징적 호소 속에 이미 함축된 것입니다. 상징의 출현은 말 그대로 인간들의 관계들 속에서 존재의 새로운 질서를 '창조합니다.'

하지만 여러분은 그럼에도 불구하고 어떤 환원 불가능한 표현이 있다고 말씀하실 수도 있습니다. 더 나아가 이 상징적 호명의 창조적 발화를 여전히 사실 수준으로 축소시킬 수 있다고, 그리고 제가 여러분께 하나의 예로 제시한 은유와 관련해 좀 더 단순하고 좀 더 신체기관적이면서 좀 더 동물적인 표현들을 찾아낼 수 있다고 이의를 제기하실 수도 있습니다. 여러분 스스로 한 번 시험해보시기 바랍니다. 자신이 상징의 세계를 벗어날 수 없다는 것을 깨닫게 되실 겁니다.

『르 시드』 서두에서 공주가 젊은 기사에 대한 사랑을 표현하기 위해 레오노르에게 말한 "그대 손을 제 심장 위에 올려 놓으세요"라는 문장에서처럼 신체기관적 표현을 사용한다고 가정해봅시다. 자, 그런데 만약 거기서 신체기관적 표현이 환기된다면, 그것은 고백이 이루어지는 가운데 또한 하나의 증언으로서 환기되는 것입니다. 그러한 증언은 "제 신분을 부정할 만큼 저를 낮추기 전에 제 피를 쏟아내도록 제가 그것에 대해 분명히 기억하고 있는" 한에서만 가치를 갖습니다. 그녀가 사실적 요소를 환기할 수 있는 것은 실제로 그러한 감정을 자제하는 한에서입니다. 그녀의 심장이 뛰고 있다는 사실이 의미를 획득하는 것은 그러한 감정을 경험하는 당사자가 인정하길 암묵적으로 거부했거나 인정하는 것이 거부되었던 감정의 변증법 속에서 드러나는 상징적 세계 내부에서일 뿐입니다.

아시다시피 우리는 우리 강의가 지난 시간에 도달했던 지점으로 다시 돌아왔습니다.

2

우리가 말의 질서 속에 있을 때마다 현실 속에서 또 다른 현실을 정초하는 모든 것은 궁극적으로 그러한 말의 질서와 관련해서만 의미와 가치를 획득합니다. 만약 정서가 전치되고 도치되고 억제될 수 있다면, 만약 그것이 어떤 변증법 속에 연루된다면 이는 그것이 상징적 질서 속에 자리 잡고 있기 때문이지요. 그러한 상징적 질서에 의거해 또 다른 질서인 상상적인 것과 실재가 자리를 잡고 정돈되는 겁니다.

여러분이 한 번 더 구체적으로 이해하실 수 있게 짧은 우화를 하나 들려드리도록 하겠습니다.

어느 날 오디세우스 일행 — 아시다시피 그들에겐 오만가지 불행이 닥쳤고 아무도 여행을 끝마친 자가 없는 것 같습니다 — 은 성격이 더러웠던지 돼지로 변해버렸습니다. 변신이란 주제는 인간과 동물의 경계에 264

대한 질문을 제기한다는 점에서 우리 흥미를 끌기에 적합한 주제입니다.

어쨌든 그들은 돼지로 변했고 이야기는 계속됩니다.

그들은 그럼에도 돼지우리 — 돼지우리라고 하지만 그것은 하나의 공동체를 가리킵니다 — 속에서 꿀꿀대는 소리로 다양한 욕구, 배고픔, 갈증, 쾌감, 심지어 집단적 마인드를 소통하기 때문에 우리는 그들이 인간 세계와 약간의 연계를 유지하고 있다고 생각해야 합니다. 하지만 이것이 전부가 아닙니다.

이 돼지 울음소리에 대해 우리는 무슨 이야기를 할 수 있을까요? 그러한 소리는 또한 다른 세상으로 보내는 메시지가 아닐까요? 자, 여기서 저는 무언가를 듣습니다. 오디세우스 일행은 이렇게 꿀꿀대는 겁니다. "오디세우스가 보고 싶다. 그가 여기 없다니 아쉽구나. 우리에게 그의 존재, 그가 있음으로 해서 우리가 얻었던 그의 가르침이 그립구나."

미끈거리는 몸뚱이에서 흘러나와 돼지우리의 밀폐된 공간을 꽉 채운 돼지 울음소리가 하나의 말이라는 사실을 어떻게 알아볼 수 있을까요? 안에 어떤 양가적 감정이 표현되어 있기 때문일까요?

이 경우 정서와 감정의 질서 속엔 우리가 양가성이라고 부르는 어떤 것이 있습니다. 왜냐하면 일행이 볼 때 오디세우스는 오히려 그들의 속을 썩이는 길잡이기 때문이지요. 하지만 일단 돼지로 바뀌면 그들로선 당연히 오디세우스의 존재를 그리워할 수밖에 없습니다. 바로 여기서부터 그들이 소통하고 있는 것이 과연 무엇인가 하는 의구심이 생깁니다.

이러한 차원은 간과될 수 없습니다. 하지만 이는 돼지 울음소리를 하나의 말로 바꾸기에 충분할까요? 그렇지 않습니다. 왜냐하면 그러한 울음소리에 담긴 정서적 양가성은 본질상 축조되지 않은 현실에 해당되기 때문입니다.

돼지 울음소리가 말이 되는 것은 그러한 소리가 믿게 하려고 하는 것이 무엇인지를 누군가가 묻는 한에서입니다. 말은 정확히 누군가가 그러한 말을 믿는y croire 한에서만 말인 겁니다.

돼지로 변한 오디세우스 일행이 꿀꿀대는 소리로 믿게 하려고 하는 것은 무엇일까요? 바로 그들이 여전히 인간적인 면을 갖고 있다는 사실입니다. 이 경우 그들이 오디세우스에 대한 그리움을 표현하는 것은 자신들을, 돼지들을 오디세우스 일행으로 인정해주길 주장하는revendiquer 것입니다.

무엇보다 말이 위치하는 것은 바로 이러한 차원 속에서입니다. 말은 본질적으로 인정을 얻기 위한 방편이지요. 말은 배후에 있는 무엇보다도 앞서 있습니다. 그런데 바로 그렇기 때문에 말은 양가적이며 절대적으로 밑을 헤아릴 수 없는 것이지요. 말이 말하는 것은 진실일까요? 진실이 아닐까요? 그것은 하나의 신기루mirage입니다. 바로 이 본원적 신기루가 여러분이 말의 영역 속에 있다는 사실을 보장해주는 것이지요.

이러한 차원이 없다면 의사소통은 거의 기계적인 작동처럼 무언가를 전달하는 것 외에 아무것도 아닙니다. 조금 전에 저는 돼지우리 안에서 미끈거리며 치대는 소리들, 그러한 소리들의 의사소통을 언급한 바 있습니다. 꿀꿀대는 소리는 바로 그렇게 기계론적 관점에서 완전히 분석 가능합니다. 하지만 그러한 소리가 믿음을 원하고 인정을 요청하는 순간부터 그것은 말이 됩니다. 그렇기 때문에 어떤 의미에서 우리는 동물의 언어에 관해 이야기할 수 있습니다. 동물에게 언어가 존재한다면, 이는 정확히 그러한 언어를 이해할 수 있는 누군가가 있는 한에서입니다.

265

3

또 다른 예를 들어봅시다. 전이가 무엇인지를 다룬 눈베르크의 1951년 논문 「전이와 현실」에서 빌려온 예인데 여기서도 우리는 동일한 문제를 볼 수 있습니다.

저자가 얼마나 멀리까지 나아가는지, 그러면서 동시에 얼마나 곤란을 겪게 되는지를 보는 것은 매우 재밌는 일입니다. 그에겐 모든 것이 상상적인 것 수준에서 일어납니다. 그는 전이의 토대가 이곳에 존재하지 않는 무언가를 현실 속으로 투사하는 것이라고 생각합니다. 주체는 상대가 가령 아버지의 한 형태, 한 가지 모델이 되어주기를 요청합니다.

우선 저자는 한 여자 환자 사례를 언급합니다. 그녀는 분석가가 무능력하며 한 번도 제때 개입하지 못하고 실수나 저지르는 품위 없는 사람이라며 격렬히 비난하고 질책하고 심지어 욕을 해대는 걸로 시간을 때우는 환자였습니다. 눈베르크는 이것이 전이에 해당하는지 자문했습니다.

매우 흥미롭게도 그는 그것은 전이가 아니라 전이에 대한 준비성, *readiness*라고 대답했는데 이는 전혀 근거 없는 대답이 아닙니다. 여기서는 환자가 분석가에 대한 비난을 통해 어떤 요구를, 즉 실재 인물을 겨냥했던 최초의 요구를 표현한 것입니다. 그녀가 불만족스러워 한 것은 그러한 요구와 현실 세계가 일치하지 않기 때문이지요. 이는 전이가 아니라 전이의 조건입니다.

그렇다면 전이가 정말로 시작되는 것은 언제일까요? 바로 주체[환자]가 자신이 요구했던 이미지와 자신이 위치한 현실을 혼동하기 시작할 때입니다. 분석의 진보는 모두 주체[환자]에게 상상적인 것과 실재라는 두 가지 측면을 구분해 보여주는 데 있습니다. 고전적 이론이라면 주체[환자]가 소위 착각에 지나지 않는 행동을 보여주면 분석가는 그것이 얼마나 실제 상황에 적합하지 않은지를 보여주어야 한다고 말하겠지요.

하지만 우리는 전이가 착각 현상이 절대 아니라는 점을 깨닫기 위해 시간을 보냅니다. 주체[환자]에게 '하지만 불쌍한 친구, 자네가 내게 느끼는 감정은 전이에 지나지 않아'라고 말하는 것은 그를 분석하는 것이 아닙니다. 그것으론 아무것도 해결되지 않습니다. 다행히 이론가들이 분석 속에서 제대로 길을 찾을 경우 그들은 자기 이론을 반박하게 될 실례들, 그들이 진실에 대해 어느 정도 예감하고 있다는 것을 입증하는 실례들을 제시하게 됩니다. 눈베르크가 바로 그런 경우입니다. 그가 전이 경험의 전형이라고 제시하는 예는 특히나 교훈적입니다.

그에게 최대한 모든 것을 꼬치꼬치 보고하는 한 환자가 있었습니다. 그는 성실하게 세부사항 하나하나까지 세밀하게 보고했지요. 하지만 아 266 무것도 달라지지 않았습니다. 눈베르크가 분석 상황이 환자의 유년기의 상황을 반복하고 있음을 깨닫게 될 때까지 아무것도 달라지지 않았지요. 유년기의 상황이란 그가 매일저녁 침대 발치에 앉아 자신과 대화를 나누던 상대, 다름 아닌 자기 어머니에 대한 절대적 신뢰감에 근거해 가능한 한 모든 것을 고백하는 일에 탐닉하던 것을 말합니다. 환자는 세헤라자데가 된 듯 어머니에게 하루 일과뿐만 아니라 자기 행위, 욕망, 성향, 주저, 회한 등을 숨기지 않고 낱낱이 보고하며 기쁨을 느꼈습니다. 그에게 나이트가운을 입은 어머니의 따스한 현존은 가운 속에 있는 젖무덤과 육체를 그려보게 함으로써 지속적인 기쁨을 주었지요. 이렇게 해서 그는 자신이 사랑하는 상대에 대한 첫 번째 성적 탐구에 몰두했습니다.

이것을 어떻게 분석할 수 있을까요? 조금만 더 조리 있게 말하자면 이것이 의미하는 바는 무엇일까요?

여기선 매우 다른 두 가지 상황이 환기됩니다. 즉 환자가 엄마와 함께 있는 상황과 환자가 분석가와 함께 있는 상황이지요.

첫 번째 상황 속에서 주체는 말의 교환을 통해 만족을 경험합니다. 거기서 두 가지 수준을 구별하기란 별로 어렵지 않습니다. 한편으론 당연히 상상적 관계에 종속되거나 상상적 관계에 의해 전복된 상징적 관계들의 수준이 있습니다. 다른 한편으로 분석 속에서 주체는 자신을 완전히 내맡긴 채 행동하며 기꺼이 분석 규칙을 따릅니다. 이로부터 거기에 원초적 만족과 유사한 어떤 만족이 있다고 결론지어야 할까요? 많은 사람은 그렇다고 쉽게 대답합니다. 주체는 바로 그런 만족을 추구한다는 겁니다. 그들은 주저하지 않고 반복성 자동운동automatisme de répétition에 관해 말할 겁니다. 원하신다면 아무 거라도 상관없습니다. 분석가는 말 저 너머에서 구성된 심리적 저편의 현존을 계시해줄 것 같은 뭔지 모를 어떤 감정이나 정서를 그런 말 뒤에서 간파해냈다고 뿌듯해할 겁니다.

하지만 그래도 좀 더 생각해봅시다. 무엇보다 분석가의 위치는 어머니의 위치와 정반대입니다. 분석가는 침대 발치가 아니라 뒤쪽에 앉아 있는 겁니다. 그리고 적어도 일반적인 경우라면 분석가는 최초의 대상의 매력들을 풍기거나 그것과 동일한 욕정을 유발하는 것과는 거리가 멉니다. 우리가 이 둘을 비교할 수 있다면 이는 어쨌든 이런 측면에서가 아닙니다.

제가 여기서 말하는 것은 지극히 단순한 것입니다. 하지만 우리가 행위 하는 상황의 요소들을 정확히 계산할 수 있기 위해선 구조를 좀 더 분명하게 분절하고 사태를 간소화해야 합니다.

우리가 이해해야 하는 것은 어떻게 해서 이 두 상황의 관계가 주체에게 계시되고 나서 곧바로 분석 상황이 완전히 바뀌게 되었는가 입니다. 똑같은 말임에도 이제 그것이 효과를 거두고 주체의 실존에 진정한 진보

를 각인할 수 있게 된 것이 어떻게 가능하냐는 겁니다. 이에 대해 좀 더 생각해보도록 합시다. 267

말은 언어의 세계라고 할 수 있는 의미론적 세계의 구조 속에서 말로서 정립됩니다. 말은 결코 단 하나의 의미만 갖는 것이 아니며 단어에는 단 하나의 용법만 있는 것이 아닙니다. 모든 말은 항상 저편을 가지며 여러 가지 기능을 지탱하며 여러 의미를 담고 있습니다. 담화가 말하는 것 뒤에는 그러한 담화가 말하고자 하는 무엇[뜻]이 있습니다. 또 담화가 말하고자 하는 무엇[뜻] 뒤에는 그것이 말하고자 하는 또 다른 무엇[뜻]이 있습니다. 우리가 말이 창조적 기능을 가지며 개념concept에 다름 아닌 사물 자체를 솟아나게 만든다는 사실에 도달하지 않곤 그러한 과정은 결코 완결되지 않을 겁니다.

개념은 사물의 시간이라는 헤겔의 말을 기억해봅시다. 당연히 개념은 있는 그대로의 사물이 아닌데, 단순히 이는 개념이란 항상 사물이 부재하는 곳에 있기 때문입니다. 제가 요 전날 '코끼리'라는 단어를 매개로 이 교실에 코끼리를 불러들인 것처럼, 개념은 사물을 대체하기 위한 것입니다. 만약 그것이 여러분 중 일부에게 그렇게 충격적이었다면 이는 우리가 코끼리 이름을 부르자마자 코끼리가 진짜로 나타났기 때문일 겁니다. 그렇다면 거기 있을 수 있는 것은 사물의 어떤 부분일까요? 사물의 형태도 아니고 사물의 현실성도 아닙니다. 왜냐하면 현상태 속에선 모든 자리가 꽉 차 있기 때문이지요. 헤겔은 이를 지극히 엄격히 다음과 같이 진술한 바 있습니다. 즉 개념은 사물이 거기 없음에도 그곳에 있게 만드는 것이다.

개념과 사물의 관계를 특징짓는 차이 속의 동일성은 또한 사물로 하여금 사물이 되게끔 만들고 우리가 방금 말한 것처럼 '팩트*fact*'가 상징화되도록 만드는 것이지요. 우리는 사물에 대해 말하는 것이지 저 뭔지 모를 영원히 정체불명의 것에 대해 말하는 것이 아닙니다.

헤라클레이토스는 만일 우리가 사물들의 실존을 세계의 흐름이 결코 동일한 상황을 두 번 지나치지 않을 만큼 절대적인 유동성 속에 세운다면, 이는 정확히 차이 속의 동일성이 이미 사물 속에 스며들어 있기 때문이라고 말했습니다. 바로 이로부터 헤겔은 '개념은 사물의 시간'이라는 명제를 도출해냅니다.

이 지점에서 우리는 프로이트가 무의식은 시간 바깥에 위치한다고 말하면서 제기한 문제의 핵심에 도달합니다. 이는 맞는 말이면서 잘못된 말이기도 합니다. 무의식이 개념처럼 시간 바깥에 위치한다면, 이는 그것이 이미 그 자체로 시간, 사물의 순수한 시간이며, 그리하여 사물을 어떤 일정한 변조 — 그것의 물질적 토대는 어떤 것이든 상관없습니다 — 속에서 재생산해낼 수 있기 때문입니다. 반복 강박은 바로 이 점과 관련되지요. 이러한 지적은 우리를 아주 멀리 분석 실천에 함축된 시간에 대한 문제들로까지 이끌게 됩니다.

자, 그러면 우리 예로 돌아가 봅시다. 주체[환자]가 현재의 대상과 동일시될 수 없는 완전히 다른 어떤 대상과 마주했던 옛날의 상황을 [분석가가 그에게] 환기시킴으로써 전이적 상황을 분석해내자 분석이 바뀌게 된 것은 왜일까요? 이는 현재의 말이 옛날의 말처럼 시간의 괄호, 이를테면 시간의 한 형태 속에 놓여 있기 때문입니다. 시간의 변조가 동일하기 때문에 분석가의 말이 옛날의 말과 동일한 가치를 갖게 된 것이지요.

268

그러한 가치는 말의 가치입니다. 그 속엔 아무 감정도, 아무런 상상적 투사도 없습니다. 눈베르크는 그것을 구성하려고 애쓰다가 결국 헤어나올 수 없는 어떤 상황 속에 빠져버렸을 뿐입니다.

뢰벤슈타인에겐 투사가 아니라 전치가 있습니다. 이는 모든 면에서 미로라고 할 수 있는 하나의 신화입니다. 우리는 시간이라는 요소가 말의 질서를 구성하는 차원이라는 사실을 인정함으로써만 그러한 신화로부터 빠져 나올 수 있습니다.

만약 실제로 개념이 시간이라면, 우리는 말의 행간 사이의 다양한 의미들을 추적하면서 말을 단계별로 분석해야 합니다. 이는 끝이 없는 것일까요? 그렇지 않습니다. 끝이 없는 것이 아닙니다. 다만 최종적으로 드러날 어떤 것, 마지막 단어, 마지막 의미는 제가 여러분에게 말한 바로 저 시간적 형태, 그 자체가 말이라고 할 시간적 형태입니다. 주체가 분석가 앞에서 내뱉은 말의 최종 의미는 그가 자신의 욕망의 대상에 대해 취하는 실존적 관계입니다.

이 경우 나르시시즘적 신기루는 어떤 특별한 형태로도 나타나지 않습니다. 그것은 인간이 자신의 욕망의 대상과 맺는 관계를 지탱하고 그를 항상 이른바 전희라고 불릴 수 있는 것 속에 고립시키는 것에 다름 아닙니다. 이러한 관계는 거울상적 관계입니다. 그러한 관계는 실제로 순수하게 상상적 상황 속에 말을 가두어놓는다고 할 수 있습니다.

이 상황에선 어떠한 정서적인 것도, 어떠한 현재적인 것도, 어떠한 실재적인 것도 없습니다. 하지만 일단 그러한 상황에 도달하게 되면 상황은 말의 의미를 바꾸게 됩니다. 상황은 주체[환자]에게 그의 말은 오직 제가 로마 강연에서 '텅 빈 말'이라고 불렀던 어떤 것임을, 그리고 그러한 말이 텅 빈 말이기 때문에 아무 효과가 없는 것임을 계시해줍니다.

이 모든 것은 쉽지 않은 이야기입니다. 이해가 되시는지요? 여러분은 우리가 참조하는 저편이란 언제나 보다 심층적인 또 다른 말임을 이해해야 합니다. 말의 표현 불가능한 한계란, 말이 자신의 모든 의미의 울림을 창조해낸다는 사실에서 유래합니다. 궁극적으로 우리가 참조하게 되는 것은 말의 행위 자체입니다. 말을 텅 비거나 충만한 것으로 만드는 것은 바로 말을 행한 현재 행위의 가치입니다. 전이에 대한 분석에서 문제의 핵심은 바로 전이가 나타나는 어떤 시점에서 말이 충만한지를 아는 것입니다.

4

여러분이 이러한 해석을 조금이라도 사변적이라 생각하신다면 참고 문헌을 하나 제시해볼까 합니다. 이 자리는 제가 프로이트의 텍스트에 관해 논평하는 자리이고 제가 여러분에게 설명하는 것이 엄격히 정통적인 것이라고 말하는 게 전혀 난데없는 이야기는 아니니 말입니다.

269 *Übertragung*이란 단어가 프로이트의 연구에 나타난 것은 어느 시점에서일까요? 이 단어는 『기술론들』에서는 발견되지 않습니다. 이 단어가 나타난 것은 주체와의 실재적 관계나 — 이러한 구별이 별로 중요하진 않지만 — 상상적 관계, 심지어는 상징적 관계와 관련해서가 아닙니다. 도라가 프로이트를 향해 애정 어린 감정을 느끼기 시작했다는 사실을 그가 적절한 시점에 그녀에게 이야기해줄 수 없었던 이상, 그것은 도라와 관련해서도 아니고 그녀가 그에게 저질렀던 온갖 고난과 관련해서도 아닙니다. 이 단어가 나타난 것은 『꿈의 해석』, 7장 「꿈 과정의 심리」에서입니다.

앞으로 언젠가 여러분 앞에서 논평하게 될 이 책의 목표는 꿈의 기능 속에서 물질적 시니피앙의 중첩된 의미 효과들을 논증하는 것입니다. 프로이트는 일단 무언가가 상징적 체계로 조직되기만 한다면 어떻게 해서 말, 다시 말해 욕망의 전달이 바로 그러한 무언가를 통해 인정을 얻을 수 있는지를 우리에게 보여줍니다. 바로 이것이 오랫동안 꿈이 해석 불가능한 특징을 갖고 있다고 여겨졌던 이유입니다. 우리가 오랫동안 상형문자의 해독 방법을 알지 못한 것도 바로 이러한 이유에서이지요. 즉 우리는 상형문자를 그 자체의 상징적 체계 속에서 구성해낼 수 없었던 겁니다. 우리는 인간 모양의 희미한 실루엣이 '인간'을 의미하며 뿐만 아니라 그것이 '인간'이라는 소리를 표상할 수 있고 그렇기 때문에 음절이라는 명목으로 한 단어의 일부를 이룰 수 있다는 사실을 깨닫지 못했던 겁니다. 꿈은 상형문자처럼 만들어졌습니다. 아시다시피 프로이트는 로제타석을 인용합니다.

프로이트가 *Übertragung*이라고 부른 것은 무엇일까요? 그의 말에 따르면, 전이는 주체에 의해 억압된 어떤 일정한 욕망이 직접적으로 표현될 수 없다는 사실에 의해 구성되는 현상입니다. 주체의 그러한 욕망은 그의 담화 양태엔 금지되어 있으며 인정될 수 없습니다. 왜 그럴까요? 억압의 요소 중에 형언할 수 없는 무언가가 있기 때문이지요. 제가 방금 행간에-있는-것이라고 불렀던 것을 통해서가 아니면 어떠한 담화로도 적당히 표현될 수 없는 어떤 본질적 관계들이 있습니다.

저는 언젠가 마이모니드Maïmonide가 쓴 신비주의 저서 『길 잃은 자들을 위한 안내서』에 관해 이야기할 겁니다. 여러분은 저자가 내심 말하고 싶지만 말할 수 없는 — 말하는 자는 바로 그입니다 — 것을 드러내기 위해 어떻게 담화를 주도면밀하게 조직해내는지를 보시게 될 겁니다. 그가 말해질 수 없거나 말해져선 안 되는 것을 말하게 되는 것은 바로 어떤 무질서, 몇몇 단절, 몇몇 고의적 부조화를 통해서입니다. 말실수, 구멍들, 논쟁들, 주체의 반복들 또한 그의 담화가 조직되는 방식을 표현합니다.

물론 여기서는 즉각적이고 무지한 상태에서지만 말이지요. 바로 이것이 우리가 읽어내야 하는 것입니다. 그의 텍스트는 수고스럽더라도 논의할 만한 값어치가 충분하기 때문에 차후에 다시 거론하게 될 것입니다.

프로이트가 *Übertragung*에 관한 첫 번째 정의에서 의미하고자 한 것은 무엇일까요? 그는 스스로 욕망의 관점에서 탈투자된 것이라 말한 *Tagestreste*, 낮의 잔여물에 관해 이야기합니다. 그것은 꿈속에서 별다른 중요성을 갖지 못하거나 자체의 의미를 상실한 길 잃은 형태들이지요. 따라서 그것은 하나의 시니피앙적 재료입니다. 시니피앙적 재료는 그것 270 이 음소적이든 아니면 상형문자적이든 고유한 의미를 상실한 형태들에 의해 구성됩니다. 그러한 형태들은 어떤 새로운 조직 속에서 재정비되어 다른 의미를 표현할 수 있는 방법이 됩니다. 이것이 바로 프로이트가 *Übertragung*이라고 부른 것입니다.

무의식적 욕망은 표현 불가능한 것이지만, 낮의 잔여물 —그 자체론 욕망이 탈투자된— 로 이루어진 음소적인 것, 알파벳을 통해 자신을 표현합니다. 따라서 그것은 그런 명목에서 하나의 언어 현상입니다. 프로이트가 *Übertragung*이란 용어를 처음 사용했을 때는 바로 이런 의미에서 쓴 것입니다.

당연히 분석에서 벌어지는 일에는 꿈에서 일어난 사건과 비교했을 때 어떤 본질적인 차원이 추가되는데, 그것은 바로 타자가 그곳에 있다는 사실입니다. 뿐만 아니라 분석이 진전될수록, 꿈이 점점 더 명확해지고 분석 가능한 것이 된다는 점을 주목하시기 바랍니다. 꿈은 무엇보다 분석가를 염두에 두고 말을 한다는 겁니다. 프로이트가 우리에게 제시한 가장 멋진 꿈, 가장 풍요롭고 가장 아름답고 가장 까다로운 꿈은 분석 과정 중에 일어난 꿈, 바로 분석가에게 말을 거는 꿈입니다.

이는 또한 '액팅-아웃'이라는 용어의 진정한 의미가 무엇인지를 해명해줄 수 있을 것입니다. 제가 방금 반복성 자동운동에 관해 언급했다면, 본질적으로 그것을 언어와의 관계 속에서 언급했다면 이는 분석 중의 모든 행동, '액팅-아웃'이나 '액팅-인'이 말의 맥락 속에 포함되어 있기 때문입니다. 사람들은 치료 속에서 일어나는 모든 것을 '액팅-아웃'이라고 부릅니다. 틀린 이야기는 아닌데요. 만약 그렇게 많은 주체[환자]가 분석이 진행되는 동안 가령 결혼을 하는 등 일군의 에로틱한 행동을 서슴지 않는다면 이는 당연히 '액팅-아웃'에 따른 것입니다. 그들이 행위 한다면 그것은 자신의 분석가를 상대로 한 것이지요.

바로 그렇기 때문에 우리는 '액팅-아웃'을 분석해야 하고 전이를 분석해야 하는 겁니다. 다시 말해 하나의 행위 속에서 그것이 가진 말로서의 의미를 발견해야 하는 것이지요. 주체가 인정을 얻는 것이 문제인 한, 하나의 행위는 바로 하나의 말입니다.

바로 이 지점에서 오늘 강의를 마칠까 합니다.

1954년 6월 16일

20

De locutionis significatione

우리 친구 그라노프가 마치 손가락에 꼭 맞는 반지처럼 저번 세미나에서 발전된 논의에 꼭 맞는 아주 훌륭한 발표를 해준 덕분에 저는 너무나 수월하게 제 논의를 개진할 수 있었습니다. 그리고 덕분에 당시까지 제가 여러분에게 제기한 일련의 질문 속에 해결되지 못한 것으로 남아 있던 어떤 것을 명확히 할 수 있게 되었지요.

제가 명확히 밝힐 수 있던 것은 전이 기능이 이해될 수 있는 것은 오로지 상징적인 것 수준에서라는 점입니다. 전이가 가시화되는 모든 현상은 바로 이것을 중심으로 조직되는데, 이는 상상적인 것 영역 속에서도 마찬가지입니다.

저는 프로이트가 전이에 대해 제시한 첫 번째 정의에 주목해보는 것만큼 여러분에게 그것을 더 잘 설명할 방법은 없다고 생각했습니다.

전이에서 근본적으로 문제가 되는 것은 어떻게 숨겨진 담화, 무의식의 담화가 현상으로 드러난 담화를 점유하게 되는가 입니다. 무의식의 담화는 낮의 잔여물들이라고 할 수 있는 비워진 가용 요소들을 점유합니다. 전의식적 질서 속에서의 인정의 획득이라는 주체의 근본적인 욕구의 투자가 최소화됨으로써 만들어진 사용 가능한 모든 여유분을 점유한다는 거지요. 심층의 은밀한 담화가 자신을 표현할 수 있게 되는 것은 이러한 진공, 빈 구멍, 이렇게 만들어진 [사용 가능한] 소재들을 통해서입니다. 우리는 꿈속에서 이를 확인할 수 있지만, 이는 또한 말실수, 일상생활의 모든 정신병리적 사태 속에서도 발견됩니다.

정신분석가는 바로 그곳을 기점으로 자신에게 말을 하는 사람에게 귀를 기울이게 되는 겁니다. 어떻게 무의식이 말의 충만한 실현이라고 할 수 있는 대화 속에서 진정으로 상호주체성에 다다르는지를 이해하기 위해선 우리가 무의식의 담화에 대해 내린 정의, 즉 '무의식의 담화는 타자의 담화다'라는 정의를 참조할 수밖에 없습니다.

272 분석적 계시의 근본 현상은 어떤 담화가 그러한 담화를 매체로 취하는 또 다른 담화와 맺는 관계입니다. 우리가 보기에 그러한 현상을 통해 드러나는 것은 모든 의미소는 의미론적 체계 전체, 그것과 관련된 용법의 다의성을 참조한다는 의미론의 근본 원칙이지요. 게다가 엄밀히 말해 언어라고 할 수 있는 모든 것에서는, 언어가 인간적인 한, 다시 말해 말 속에서 사용 가능한 것인 한, 상징은 결코 일의적이지 않습니다. 모든 의미소는 항상 복수의 의미를 가집니다.

바로 거기서 우리는 우리의 경험 속에선 절대적으로 분명한, 그러면서 언어학자들이 잘 알고 있는 진리, 즉 모든 의미 효과는 또 다른 의미 효과를 다시 참조할 수밖에 없다는 진리에 도달합니다. 어쨌든 언어학자들은 그러한 진리를 자신의 운명으로 받아들이고 바로 그러한 장 내부에서 향후 자신들의 과학을 발전시키게 됩니다.

우리는 이러한 과정에 전혀 잡음이 없었고 그러한 진리를 분명히 목격했던 소쉬르가 항상 만족스런 정의를 제시했다고 생각해선 안 됩니다.

시니피앙은 청각적 물질입니다. 하지만 그것은 소리가 아니지요. 음성학에 속한다고 모두 언어학에 포함되는 건 아닙니다. 중요한 요소는 바로 음소, 다시 말해 대립항들의 총체 내부에서 어떤 다른 소리와 대립 관계에 있는 하나의 소리인 겁니다.

시니피에에 관해 말할 때 우리는 사물을 생각하지만, 사실 그것은 의미 효과입니다. 그럼에도 우리가 말할 때마다 우리는 시니피에를 수단으로 기호화할 수 있는 것, 사물이 있다고 말합니다. 여기엔 하나의 미혹이 있는데, 왜냐하면 분명 언어는 사물을 지시하기 위한 것이 아니기 때문입니다. 하지만 그러한 미혹은 인간 언어에 구조적인 것이며, 어떤 의미에서 모든 진리의 검증은 그러한 미혹에 근거해 이루어집니다.

진정한 언어학자라고 할 수 있고 해당 분야에서 프랑스에서 가장 명망 있는 인물인 벤베니스트와 최근에 대담을 나누던 중 혹자가 저에게 다음과 같은 사실을 지적한 바 있습니다. 즉 하나의 사물은 결코 완전히 드러나지 않는다는 겁니다. 여러분이 언어학자가 아닌 이상 이 말에 놀라움을 표하실지도 모르겠습니다.

단어의 의미 효과는 그것이 가질 수 있는 가능한 용법의 총체로 규정되어야 한다는 생각에서 시작해봅시다. 이는 어군에도 마찬가지로 적용될 수 있습니다. 사실 어군, 다시 말해 표현이나 통사적 형태의 용법을 고려하지 않는다면, 우리는 언어에 대한 이론을 세울 수 없습니다. 물론 거기엔 하나의 한계가 있는데, 그것은 바로 문장입니다. 문장은 용법을 갖고 있지 않다는 겁니다. 따라서 의미 효과엔 두 가지 영역이 있습니다.

이러한 언급은 더 없이 중요한 의미를 갖는데, 왜냐하면 의미 효과의 두 영역은 아마도 우리가 기준으로 삼는 것, 다시 말해 말과 언어의 차이를 규정하는 한 가지 방법이기 때문입니다.

이는 최근 벤베니스트만큼이나 저명한 한 인물에 의해 발견된 사실입니다. 아직 발표된 것은 아니고 현재의 연구 진행 상황을 본인에게서 273 전해 들었을 뿐이지만 그것은 우리에게 무수한 생각거리를 던져주는 것입니다.

실제로 베르네르 신부님께서 제게 이런 말씀을 하셨습니다. "선생님께서 의미 효과에 관해 말씀하신 것은 모두 『교사론*De magistro*』 1부 *Disputatio de locutionis significtione*에 아주 잘 나타나 있는 것 같습니다." 저는 정확한 지적이라고 답했지요. 이 텍스트가 저의 기억 속에, 심지어 제가 지난 시간 여러분에게 가르쳐준 것에 이르기까지 어떤 흔적들을 남기고 있다는 것을 부인할 순 없습니다. 우리는 제가 여러분에게 한 말들에 그런 화답들, 게다가 성 아우구스티누스의 표현을 빌자면 기념사들 — 이는 라틴어로 기억 행위와 동등한 가치를 갖는 단어지요 — 이 생긴다는 사실을 간과해선 안 됩니다.

베르네르 신부님께서 이 텍스트를 기억해내신 것은 그라노프가 논문들을 소개해준 것만큼이나 우리 세미나에 시기적절한 일입니다. 이는 우리가 읽을 수 있는 가장 훌륭한 글 중의 하나인 성 아우구스티누스의 텍스트에서 이미 개진된 생각들이 새롭게 떠오르는 태양, 새벽녘의 서광이나 된 듯 언어학자들 — '언어학자들'이라는 이름으로 불릴 하나의 거대한 족속을 여러 시대를 거쳐 총괄해서 말할 수 있다면 — 에 의해 재발견되기까지 무려 15세기나 걸렸다는 사실을 깨닫는 데 훌륭한 본보기가 됩니다. 이번 기회에 그것을 다시 읽을 수 있어 흐뭇합니다.

제가 방금 시니피앙과 시니피에에 관해 언급한 모든 것이 앞의 텍스트에 담겨 있으며 그것을 통해 놀랄 만큼 명석하게 설명됩니다. 그러한 명석함이 너무나 놀랄 만한 것이기에 저는 그것을 해석하는 데 매진해온 교회의 주석자들이 그 텍스트의 섬세함을 애당초 전혀 이해하지 못한 게 아닐까 하는 의구심이 들 정도이지요. 그들은 학식이 높은 교회박사님께서 쓸데없는 것에 빠져있다고 생각하지만, 바로 그처럼 쓸데없는 것이야말로 언어에 관한 현대 사상 속에서 가장 첨예하게 부각되고 있는 것입니다.

1

베르네르_ 이 텍스트를 검토하는 데 제가 쓸 수 있던 시간이 예닐곱 시간밖에 되지 않아 아주 간단한 소개가 될 것 같습니다.

*De locutionis significatione*를 어떻게 번역해야 할까요?

베르네르_ '말의 의미 효과에 관해'라고 해야겠지요.

그렇죠. *Locutio*는 말을 의미합니다.

베르네르_ *Oratio*는 담화입니다.

'말의 시니피앙적 기능에 관해'라고 번역할 수 있겠지요. 좀 더 오래 된 어떤 텍스트에서 *significatio*라는 표현이 의미 효과라는 의미로 쓰인 적이 있기 때문이지요. 여기서 '말'은 넓은 의미로 사용된 것입니다. 낭 274

독법, 심지어는 변론술 속에서 작동하는 언어를 가리키지요. 그것은 충만한 말도 아니고 텅 빈 말도 아닙니다. 바로 말의 총체입니다. 충만한 말은 라틴어로 어떻게 번역할 수 있을까요?

베르네르_ *sententia plena*라는 표현이 있지요. 충만한 문장은 동사만 있는 것이 아니라 주어, 즉 명사까지 있는 문장을 의미합니다.

그것은 완전한 문장이라는 뜻이지요. 말이 아닙니다. 거기서 성 아우구스티누스는 모든 단어가 명사임을 증명하려고 했지요. 그는 몇 개의 논거를 사용했지요. 그는 문장 속의 모든 단어가 명사로 사용될 수 있다고 설명합니다. '만약'이란 단어는 종속접속사입니다. 하지만 '나는 만약을 좋아하지 않는다'는 문장에선 명사로 사용됩니다. 성 아우구스티누스는 현대의 어느 언어학자만큼이나 엄밀하고 분석적 정신을 갖고 작업합니다. 그는 단어가 말의 어떤 부분인지를 정의하는 것은 문장 속에서 그것이 어떻게 사용되었는지에 달려 있음을 보여줍니다. 그렇다면 충만한 말을 라틴어로 어떻게 번역할 수 있을지를 생각해 보셨는지요?

베르네르_ 적절한 말이 없군요. 아마도 텍스트 어딘가에서 찾을 수 있을지도 모르겠습니다. 선생님께서 허락하신다면 문답집 『교사론』의 연혁을 소개해보겠습니다. 성 아우구스티누스가 이 글을 쓴 것은 서기 389년입니다. 아프리카로 돌아간 지 몇 년이 안 되었을 때지요. 이 제목은 '스승에 관해'라고 번역됩니다. 이 글엔 두 명의 대화자가 등장합니다. 아우구스티누스와 당시 16살이던 그의 아들 아데오다투스지요. 성 아우구스티누스의 평가이긴 합니다만 아데오다투스는 매우 영특한 아이였습니다. 그는 아데오다투스의 대사가 실제로 16 살짜리 소년 입에서 나온 말임을 증언했는데 그의 말대로라면 소년은 일급 논객임이 분명합니다.

그는 죄악의 아들이지요.

베르네르_ 대화의 전반적인 방향을 주도하는 주제론적 축은 언어는 외부에서 들려오는 말을 통해 외부의 진리를 전달하는 반면 제자는 항상 내부에서 진리를 본다는 것이지요.
대화는 토론의 종착점인 결론부에 이르기 전까지 지리멸렬하게 흐르다가 우리가 활용할 것이 많은 언어와 말에 관한 학설을 제시합니다.
텍스트는 크게 두 부분으로 구성됩니다. 1부는 *Disputation de locutionis significatione*, '말의 의미 효과에 대한 논의'이고 2부는 *Verstatis magister solus est Christus*, '그리스도는 진리의 유일한 스승'이라는 제목의 논의입니다.
1부는 두 개의 짧은 장으로 나뉩니다. 첫 번째 짧은 장에는 통칭해서 *De signis*라는 제목이 붙어 있습니다. 이는 '단어들의 가치에 관해'라고 번역되어 있는데, 매우 잘못된 번역입니다. 여기서 문제의 핵심은 전혀 다른 것인데, 왜냐하면 우리는 *signum*을 *verbum*과 혼동할 수 없기 때문입니다. 두 번째 짧은 장에는 *Signa ad discendum nihil valen*, '기호들은 배우는 데 도움이 안 된다'라는 제목이 붙어있지요. '기호들에 관해'에서부터 시작해보도록 합시다. 275
아우구스티누스는 아들에게 이렇게 묻지요. "우리가 말을 할 때 원하는 것은 무엇인가?" 그러자 아들은 "우리는 자신이 스승 위치에 있느냐 제자 위치에 있냐에 따라 가르치거나 배우기를 원합니다"라고 대답합니다. 그러자 성 아우구스티누스는 배우기를 원할 때조차도, 배우기 위해 질문할 때조차도 가르칠 수 있다는 점을 아들에게 보여주려 합니다. 왜 그럴까요? 왜냐하면 자신이 어떤 취지에서 알고자 하는지를 상대방에게 가르쳐주어야 하기 때문이지요. 따라서 일반적 정의는 다음과 같은 것입니다. "아들아 너는 우리가 언어를 통해 하는 것이 오로지 가르침을 주는 것이라는 사실을 보아야 한다."

제가 한 마디 해도 되겠습니까? 선생께선 처음부터 우리가 이야기하고 있는 것이 제가 여기서 설명하려고 한 사항의 핵심에 얼마나 맞닿아 있는지를 알고 계시겠지요. 그렇지 않으신가요? 문제는 신호에 의한 의사소통과 인간 상호 간의 말의 교환 사이의 차이가 무엇인가라는 겁니다. 아우구스티누스가 서로 분리될 수 없는 *docere*와 *dicere*에 중점을 두는 이상, 그는 단번에 상호주체성의 요소 속으로 발을 들여놓습니다. 모든 질문은 본질적으로 두 개의 말을 일치시키려는 시도인데, 이는 언어들 사이에 애초에 일치가 있었음을 함축합니다. 두 개의 완전한 언어 세계의 상호 동일시를 통해서가 아니고서는 어떠한 교환도 불가능합니다. 바로 그렇기 때문에 모든 말은 이미 하나의 가르침인 것이지요. 말은 기호들의 유희가 아닙니다. 말은 정보 수준이 아니라 진리 수준에 위치합니다.

베르네르_ 아데오다투스는 "아무도 배우고자 하지 않는데 무언가를 가르칠 마음이 생길 리는 없다"고 말합니다.

대답 하나하나가 주목해볼 만한 가치가 있습니다.

베르네르_ 가르침을 강조했기 때문에 그는 한 가지 훌륭한 교수법, per commenmorationem, 다시 말해 기억하기를 통한 가르침에 대해 언급하기 시작합니다. 따라서 언어에는 두 가지 동기가 있습니다. 우리가 말하는 것은 가르치기 위해서거나 아니면 다른 사람이나 자신에게서 회상을 이끌어내기 위해서입니다. 이렇게 대화가 시작되자 아우구스티누스는 말이 가르침이나 기억하기를 위해서만 존재하는지를 묻습니다. 여기서 우리는 대화가 종교적 분위기에서 이루어지고 있음을 잊지 말아야합니다. 아들은 그럼에도 기도하는 사람이 있다고, 신과 대화하는 사람이 있다고 대답합니다. 기도하는 사람이 신을 가르치거나 기억하도록 만든다고 생각할 수 있을까요? 아우구스티누스는 기도하는 자는 자신이 무엇을 기도하는지를 다른 사람들에게 알려야 할 경우가 아니라면 말을 필요로 하지 않는다는 점을 분명히 하지요. 신과 대화할 경우 기도하는 자가 하려는 것은 자신이 대화하는 주체를 가르치거나 기억하도록 만드는 것이 아니라 자신이 기도하고 있음을 다른 사람들에게 고지하는 것입니다. 따라서 우리는 이러한 대화 속에 우리가 참여하고 있음을 볼 수 있는 사람들에 대해서만 자신을 표현할 뿐입니다.

여기서 기도하는 자는 말할 수 없는 무언가에 이르게 됩니다. 그는 말의 장에 있는 것이 아닙니다.

베르네르_ 그렇게 말한다면 가르침은 단어들을 통해서만 이루어진다는 뜻이 됩니다. 단어들은 기호들입니다. 이 지점에서 우리는 *verbum*과 276

*signum*에 대한 상당한 성찰을 발견하게 됩니다. 자신의 사상을 전개시키고 기호와 기호화될 수 있는 것 사이의 관계에 대해 자신이 무슨 생각을 하는지를 밝히기 위해 아우구스티누스는『아이네이스』의 시 한 구절을 아들에게 제시합니다.

그는 아직 "기호화될 수 있는 것"을 정의하지 않았지요.

베르나르_ 물론 그렇지요. 문제는 기호화[의미화]하는 것입니다. 그런데 무엇을 기호화[의미화]한단 말일까요? 우리는 아직 모릅니다. 그리하여 그는『아이네이스』의 2권 659절에서 시 한 구절을 빌려옵니다. *Si nihil ex tanta superis placet urbe relinqui.* "만약 그처럼 엄청난 도시에서 아무것도 남지 않는다는 것이 신을 기쁘게 한다면." 그리고 산파술을 통해 그는 시니피에라고 할 수 있는 *aliquid*를 찾으려 애쓰게 됩니다. 그는 자신의 대화 상대에게 다음과 같은 물음으로 시작합니다.

아우구스티누스: 이 시구는 몇 개의 단어로 이루어졌는가?
아데오타투스: 8개입니다.
아우구스티누스: 그럼 8개의 기호가 있는 것이로구나?
아데오타투스: 그렇습니다.
아우구스티누스_ 네가 이 시를 이해한다고 생각하니?
아데오타투스: 예.
아우구스티누스: 그럼 각각의 단어가 무엇을 기호화*[의미화]*하는지를 말해보렴.

아데오다투스는 si라는 단어에서 조금 난처해했다. 그는 그것에 해당하는 단어를 찾아야 했지만 찾지 못했다.
아우구스티누스: 이 단어가 기호화[의미화]하는 것이 무엇이건, 너는 적어도 그것이 어디 위치하는지 알고 있느냐?
아데오타투스: 제가 보기에 si는 의심을 기호화[의미화]하는 것 같습니다. 그런데 의심은 영혼 안에서가 아니라면 어디에 위치하겠습니까?

흥미로운 대목입니다. 우리는 곧바로 이 단어가 정신에 속한 무엇, 진정한 의미에서의 주체가 보이는 어떤 반작용을 가리킨다는 것을 알 수 있기 때문입니다.

선생께선 정말 그렇게 생각하십니까?

베르네르_ 제 생각엔 그렇습니다.

궁극적으로 그는 거기서 어떤 장소화localisation에 관해 말하고 있습니다.

베르네르_ 공간화시켜선 안 됩니다. 물질적인 것과 상반된 의미에서 '영혼 안에서'라고 말한 거지요. 그리고 그는 다음 단어로 넘어갑니다. *nihil*, 즉 무無인데요. 아데오다투스는 그것은 당연히 존재하지 않는 것이라고 답합니다. 이에 대해 성 아우구스티누스는 존재하지 않는 것은 절대로 무엇이 될 수 없다고 반박하지요. 따라서 이 두 번째 단어는 기호가 아닙니다. 왜냐하면 그것은 무언가를 기호화[의미화]하는 것이 아니기 때문이지요. 모든 단어가 하나의 기호이거나 모든

277 기호가 무엇에 대한 기호라고 생각한다면 이는 착각 때문입니다. 아데오다투스는 당황했지요. 왜냐하면 만약 우리가 의미화[기호화]할 무언가를 갖고 있지 않다면, 말하는 것은 미친 짓이기 때문입니다. 따라서 거기엔 무언가가 있어야 합니다.

아우구스티누스: 눈에 보이지 않는 것이기 때문에 그것이 존재하지 않음을 영혼이 깨닫거나 깨달았다고 생각할 때, 거기엔 영혼의 어떤 반작용이 있는 게 아닌가? 왜 그것이 존재하지 않는 무엇 자체라기보다 무*rien*라는 단어에 의해 기호화[의미화]된 대상이라고 말하지 않느냐?

따라서 여기서 기호화[의미화]되는 것은 거기에 있을 수 있을 무언가가 부재한다는 사실 앞에서 영혼이 보이는 반작용입니다.

1부의 의의는 기호를 사물과 일대일 대응의 방식으로 대조하는 방식으로는 언어를 다룰 수 없다는 점을 보여주었다는 겁니다. 성 아우구스티누스의 시대엔 부정성이란 개념이 없었다는 점을 기억한다면 이는 주목할 만한 점이지요. 하지만 여러분은 사물들이나 기호들의 힘에 의해 [어쩔 수 없이] — 우리는 바로 이 점을 알기 위해 여기 있는 겁니다 — 그가 그럼에도 그처럼 아름다운 시구에서 다름 아닌 바로 그러한 *nihil*에 좌초하게 되었음을 알 수 있습니다. 이는 우리와 전혀 무관한 것이 아닙니다. 프로이트는 분명 베르길리우스를 매우 잘 알고 있었지요. 그리고 사라져버린 트로이를 환기하는 이 시구는 신기하게도 프로이트가 『문명 속의 불편함』에서 무의식을 정의하는 대목에서 사라져버린 로마의 기념비들에 관해 언급한다는 점과 조응을 이룹니다. 이 두 경우는 역사 속에서 사라진 것들, 하지만 거기에 부재하면서 존재하는 것들을 다루고 있지요.

베르네르_ 그러고 나서 아우구스티누스는 세 번째 단어를 검토합니다. 세 번째 단어는 *ex*지요. 여기서 제자는 스승에게 이 단어가 무엇을 기호화[**의미화**]하는지를 설명하기 위해 다른 단어를 제시합니다. 그것은 바로 de라는 단어입니다. 그것은 대상이 위치한 장소로서의 어떤 사물, 소위 대상의 원천으로 여겨지는 어떤 사물로부터 대상이 분리됨을 의미하는 단어입니다. 그러자 아우구스티누스는 제자가 단어를 단어로 설명했음을 주지시킵니다. 즉 ex를 de로, 이미 잘 알고 있는 단어를 잘 알고 있는 또 다른 단어로 설명했다는 겁니다. 그리하여 아우구스티누스는 제자로 하여금 자신이 머물고 있는 수준을 넘어서게끔 유도합니다.

아우구스티누스: 할 수 있다면 너는 그러한 단어들에 의해 기호화[**의미화**] 되는 사물들 자체를 나에게 보여주었으면 한다.

제자는 성벽이라는 단어를 예로 듭니다.

아우구스티누스: 너는 그것을 나에게 손가락으로 가리켜 보여줄 수 있느냐? 이 세 음절로 된 단어로 기호화[의미화]하는 사물 자체를 내가 볼 수 있도록 말이다. 그런데 너는 아무런 말을 하지 않고도 그것을 보여줄 수 있을지도 모르겠다.

바로 이때 몸짓 언어에 대한 설명이 등장합니다. 아우구스티누스는 제자에게 벙어리들이 몸짓으로 소통하는 것을 관찰해본 적이 있는지 묻습니다. 그리고 그는 그러한 몸짓 언어가 눈으로 보이는 것뿐만 아니라 소리나 맛 같은 것도 보여준다고 설명합니다.

278 **만노니**_ 제게 그것은 일요일에 기트랑쿠르에서 했던 작은 게임을 연상시킵니다. 또한 극장에서도 배우들이 아무 대사 없이 춤만으로 자신을 표현하며 연극을 하기도 합니다.

선생께서 환기하신 게임은 실제로 배울 게 아주 많습니다. 사회자가 은밀히 어떤 단어를 제시하면 한 팀이 다른 한 팀에게 가능한 빨리 그것을 알아맞히도록 하는 작은 게임인데요. 우리는 이 게임에서 정확히 성 아우구스티누스가 이 대목에서 상기시킨 것을 확인할 수 있습니다. 왜냐하면 여기서 언급되는 것은 몸짓의 변증법이라기보다는 지시의 변증법이기 때문이지요. 그가 성벽을 예로 든다는 것은 놀랄만한 일이 아닙니다. 왜냐하면 그가 부딪치게 되는 것은 실제 성벽이기보다는 언어의 성벽일 것이기 때문입니다. 이렇게 해서 그는 사물뿐만 아니라 성질까지도 지시할 수 있다고 말하게 됩니다. 만일 모든 지시가 하나의 기호라면 그것은 다의적 기호입니다. 왜냐하면 누군가가 선생에게 성벽을 지시해 보인다면 그것이 가령 성벽의 거친 성질이나 색채가 아니라 실제 성벽을 말하는 것인지는 확신할 수 없기 때문입니다. 마찬가지로 요 전날 했던 작은 게임에서 송악나무를 표현해야 했던 어떤 분이 나가서 송악나무를 구해온 적이 있습니다. 그는 속임수를 쓴다는 비난을 샀지요. 하지만 그러한 비난은 잘못된 것입니다. 그는 세 개의 송악나무 이파리를 갖고 왔을 뿐입니다. 그것은 녹색을, 아니면 삼위일체를, 그 외의 다른 많은 것을 가리킬 수 있을 겁니다.

만노니_ 지적할 것이 하나 있었습니다. 의자라는 단어를 말하길 원할 때 만약 제게 그러한 단어 자체가 없어 의자를 치켜들어 제 문장을 채우려 한다면, 제가 사용한 것은 실제 사물이 아니라 단어입니다. 따라서 사물을 갖고 말한다는 것은 불가능한 일입니다. 우리는 항상 단어를 갖고 말할 수밖에 없습니다.

선생의 예는 분석 상에서 해석이 어떻게 진행되는지를 정확하게 보여줍니다. 우리가 항상 주체의 실제 반응들을 해석한다면, 이는 그것들이 담화화되어 있는 한에서입니다. 선생이 단어에 지나지 않는다고 말한 의자처럼 말입니다. 바로 이것이 프로이트가 동작, 몸짓, 소위 정서라고 하는 것을 해석할 때 관건이 되는 것입니다.

베르네르_ 기호 없이는 아무것도 보여줄 수 없습니다. 하지만 아데오다투스는 어떤 것은 기호 없이도 보여줄 수 있음을 보여주려고 했지요. 아우구스티누스는 그에게 다음과 같은 질문을 던집니다.

아우구스티누스: 만약 내가 너에게 걷는 것이 무엇이냐고 묻는다면, 너는 일어서서 그러한 행동을 보여줄 것이다. 너는 나에게 가르쳐주기 위해 단어나 다른 기호를 사용하지 않고 사물 자체를 사용하려고 하겠지?
아데오다투스: 고백하자면 그렇습니다. 저는 그렇게 자명한 것을 발견하지 못한 게 부끄러울 따름입니다.

279 아우구스티누스: 그런데 네가 걷고 있을 때 내가 걷는 것이 무엇이냐 묻는다면 너는 나에게 그것을 어떻게 가르쳐주겠느냐?

아데오타투스: 물론 여전히 보여주어야 할 것을 행동으로 해보이는 것에 지나지 않겠지만 아버지께서 물으신다면 저는 새로운 무언가로 아버지의 주의를 끌기 위해 좀 더 빠르게 걸어 보일 겁니다.

하지만 이는 서둘러 걷는 것이지 걷는 것이 아닙니다. *ambulare*가 *festinare*라고 믿고 싶은 것일 텐데요. 방금 전 그는 *nihil*이라는 단어를 갖고 부정성에 접근했는데, 이제는 이 예를 통해 *festinare*라는 단어가 다른 모든 종류의 행위에 적용될 수 있다는 사실을 주목시킵니다. 더 정확히 말해, 그는 어떤 행위든 그것을 특정한 시간성 속에서 보여줄 때, 주체가 만약 단어를 활용할 줄 모른다면 행위 자체를 개념화할 근거가 전혀 없음을 확인하게 됩니다. 왜냐하면 그는 그것이 오로지 특정한 시간 속의 특정한 행위라고 생각할 것이기 때문이지요. 우리는 '시간은 개념'이라는 명제와 다시 마주치게 됩니다. 행위가 행위로 개념화될 수 있는 것은, 다시 말해 행위가 이름 속에서 보존될 수 있는 것은 오직 행위의 시간이 특정한 행위로부터 분리되어 그 자체로 받아들여질 때입니다. 그런데 이제 우리는 이름의 변증법으로 들어가게 될 것입니다.

따라서 아데오다투스는 질문 시점에 동일한 행위를 수행하고 있을 경우에는 기호가 없이 사물을 지적할 수 없음을 깨닫게 됩니다. 그러나 만약 우리가 질문 시점에서 수행하고 있지 않는 행위에 관해 질문받는다면 그때 우리는 사물 자체를 갖고, 즉 그러한 행위를 수행함으로써 대답할 수 있지요. 결과적으로 우리는 우리가 질문 시점에 행위를 수행하지 않는다는 조건하에서만 기호가 없이 그것을 보여줄 수 있습니다.

아데오다투스는 단 하나의 행위를 예외로 제시하는데 그것은 바로 말하기입니다. 상대가 묻습니다. "*말한다는 것은 무엇인가?*" 아이는 대답합니다. "*제가 그를 가르쳐주기 위해 말하는 것이 무엇이든 저는 말해야 합니다. 거기서부터 저는 그가 원하는 것을 분명하게 이해할 수 있을 때까지 계속해서 설명해야 하겠지요. 그가 자신에게 보여주길 원하는 것으로부터 제가 벗어나지 않고 기호들을 사물 자체의 외부에서 찾지 않으면서 말입니다.*" 실제로 말하기는 스스로를 설명할 수 있는 유일한 행위입니다. 왜냐하면 말하기는 본질적으로 기호들에 의해 설명되는 탁월한 행위이기 때문이지요. 우리의 부름 속에서 오직 의미 효과만이 다시 발견됩니다. 왜냐하면 의미 효과는 항상 의미 효과를 참조하기 때문입니다.

베르네르_ 우구스티누스는 자신이 다룬 모든 사항을 보다 심화시키기 위해 다시 거론합니다. 첫 번째 사항, 즉 우리는 기호들을 통해 기호들을 보여줄 수 있다는 것을 생각해봅시다.

아우구스티누스: 말만이 유일한 기호들일까?

아데오다투스: 아닙니다.

아우구스티누스: 따라서 말할 때 우리는 단어 자체로써든 아니면 다른 기호로서든 어쨌든 단어를 갖고 기호화[의미화]하는 듯 보인다.

그리하여 아우구스티누스는 말을 갖고 말 이외의 다른 기호, 가령 몸 280

짓, 문자, 등등을 기호화[의미화]하고 지시할 수 있음을 보여줍니다.

아우구스티누스는 *verba*[말]가 아닌 기호들의 구체적 예로 *gestus* [몸짓]와 *littera*[문자]를 들었는데요. 여기서 성 아우구스티누스는 현대인들보다 더 분별력이 있어 보입니다. 현대인 중에는 몸짓이 상징적 질서가 아니라 가령 동물적 반응 수준에 속한다고 생각하는 이들도 있습니다. 분석은 오로지 말 속에서 이루어진다는 우리의 테제가 몸짓에는 적용되지 않는다는 것인데요. 그들은 '그렇다면 주체의 몸짓이란 무엇인가?'라고 묻습니다. 하지만 인간의 몸짓은 운동 현상이라기보다는 언어에 가깝습니다. 이는 명백합니다.

베르네르_ 계속 읽어보겠습니다.

아우구스티누스: 단어라는 기호는 어떤 감각에 해당될까?

아데오다투스: 듣는 것입니다.

아우구스티누스: 그러면 몸짓은?

아데오다투스: 보는 것이지요.

아우구스티누스: 그러면 쓰여진 단어는? 쓰여진 단어는 단어가 아니란 말인가? 아니면 좀 더 정확히 말해, 그것을 단어의 기호라고 생각해야 할까? 만약 그렇다면 단어는 청각이 아닌 다른 감각에 의해선 감지될 수 없는 어떤 의미 효과를 가진 분절된 목소리처럼 발설된 것이라고 할 수 있겠지.

따라서 이 쓰여진 단어는 귀에 들리는 단어를 참조합니다. 마치 후자는 정신에 해당된다는 듯이 말이지요. 그러고 나서 아우구스티누스는 하나의 정확한 *verbum*, 즉 *nomen*, 이름에 관해 언급합니다.

아우구스티누스: 우리는 *nomen*이라는 *verbum*을 갖고 무언가를 기호화[의미화]한다. 실제로 우리는 로물루스, 로마, 풀루비우스, 비르투스 등과 같이 무수한 것을 기호화[의미화]할 수 있으니 말이다.— 이는 매개물에 지나지 않는다. 하지만 이름과 이름에 의해 기호화[의미화]되는 대상 사이엔 분명 차이가 있다. 차이는 어떤 것일까?
아데오다투스: 이름은 기호에 속하지만 대상은 그렇지 않습니다.

따라서 지평의 맨 끝에는 여전히 기호들이 아닌 대상들이 있습니다. 바로 여기서 *significabilia*라는 단어가 처로 등장합니다. 자신은 기호가 아니면서 어떤 기호에 의해 지시될 여지가 있는 대상은 '기호화[의미화]될 수 있는 것*significable*'이라고 불리게 될 것입니다.

이제 좀 더 빨리 논의를 진척시킬 수 있습니다. 마지막 질문들은 모두 자기 자신을 가리키는 기호들에 관한 것입니다. 여기서 문제는 *nomen*과 *verbum*을 중심으로 작용하는 언설적 기호의 의미를 파헤치는 것입니다. — 토나르Thonnard 수사가 한때 *verbum*을 '말'이라 번역했지만 우리는 그것을 '단어'라고 번역하겠습니다.

이와 관련해 저는 어떤 언어 속에서 따로 분리해낸 하나의 음소는 아마도 그 자체로는 아무것도 가리키지 않는다는 점을 강조하고 싶습니다. 그러한 음소가 무엇을 가리키는지는 그것의 용법과 어법을 통해서만, 다시 말해 의미 효과의 체계 속에 그것을 통합시킴으로써만 알 수 있습니다. *verbum*은 그런 식으로 사용됩니다. 바로 이것을 중심으로, 모든 281

단어가 *nomen*으로 간주될 수 있는지에 대한 논증이 전개됩니다. 여기서 질문이 제기되지요. le laisser, le faire, le se trouver라는 표현을 거의 쓰지 않는 프랑스어처럼 동사의 실사적 용법이 매우 드문 언어들 속에서조차 명사와 동사의 구별은 여러분이 생각하는 것보다 더 불안정합니다. *nomen*과 *verbum*을 동일시하려 할 때 아우구스티누스는 머릿속으로 어떤 생각을 한 것일까요? 세미나의 언어 체계 속에서 여러분은 *nomen*에 어떤 가치를 부여하시겠습니까?

정확히 이것이 바로 우리가 여기서 상징이라고 부르는 것입니다. *nomen*, 그것은 시니피앙-시니피에의 총체를 말합니다. 이는 특히 그러한 총체가 인정을 위해 쓰이는 한에서 그러한데, 이는 협약과 동의가 성립되는 것이 바로 그러한 총체에 기초해서이기 때문입니다. *nomen*은 협약이라는 의미에서의 상징입니다. 그것은 인정 수준에서 작용합니다. 이러한 번역은 가령 *nomen*이 '채권titre de créance'이라는 의미로 사용될 때처럼 그러한 단어가 빈번히 법률적으로 활용되는 라틴어의 언어적 속성에 부합하는 것이지요.

그리하여 우리는 *nomen, numen*과 같은 위고Hugo의 말놀이를 참조할 수 있습니다. — 위고를 미치광이라고 생각해선 안 됩니다. *nomen*이라는 단어는 실제로 그것을 *numen*, 성스러운 것과 연관 짓는 어떤 본원적 형태를 갖습니다. 당연히 단어의 언어학적 진화는 *nocere*에 의해 발목이 잡히면서 *agnomen*과 같은 형태들을 만들어냈지요. *agnomen*은 *nomen*이 *cognoscere*에 의해 붙잡히게 됨으로써 나타났다는 것은 쉽게 생각할 수 있는 일입니다. 하지만 그러한 단어가 법률적으로 쓰인다는 사실은 거기서 인정, 협약, 인간 상호 간의 상징의 기능을 알아본 우리 눈이 틀리지 않았음을 충분히 보여줍니다.

베르네르_ 맞는 말씀이십니다. 성 아우구스티누스는 "~라고 불린다", "~라고 명명된다"라는 표현에 대해 언급하는 대목에서 그러한 점을 분명하게 이야기합니다. 이는 상호주체적 개념을 참조함으로써 이루어집니다.

또 다른 대목에서 아우구스티누스는 *verbum*과 *nomen* 사이에 어떤 공상적 어원 관계를 설정합니다. 즉 *verbum*은 귀에 들리는 한에서의 단어이고 — 이는 우리가 말하는 언설적 물질성이란 개념에 해당됩니다 — *nomen*은 인식 대상으로서의 단어를 말한다는 겁니다. 다만 그가 생각해내지 못한 것은 — 왜냐하면 그는 헤겔을 읽지 않았기 때문입니다 — 인식, *agnoscere*와 인정의 구별입니다. 인정의 변증법은 본질적으로 인간적인 것입니다. 그리고 성 아우구스티누스 자신이 무신론적이지 않는 어떤 변증법 속에 위치한 것처럼…….

베르네르_ 하지만 "~라고 불려지고", "다시 불려지고", "명명되는" 것이 있을 때 문제는 바로 인정입니다.

당연히 그렇지요. 하지만 그는 그것을 독립적으로 다루진 않는데, 왜냐하면 그에게는 결국 하나의 인정, 그리스도의 인정만이 있을 뿐이기 때문입니다. 그럼에도 적어도 인정이라는 주제가 나타나고 있다는 것은 분명한 사실입니다. 일관적인 담화라면 다들 그렇듯이, 그가 우리와는 다른 방식으로 해결하긴 하지만 적어도 동일한 문제들이 제기되고 있습니다. 282

베르네르_ 아시다시피 이것이 바로 핵심입니다.

두 번째 장으로 넘어가 보시기 바랍니다. 선생께서 언어의 능력이라고 부른 것이 다루어지는 장인데요.

베르네르_ 제목은 '기호는 배우는 데 아무런 쓸모가 없다'입니다. 이번에는 더 이상 기호와 기호의 관계가 아니라 기호와 기호화[의미화]될 수 있는 사물의 관계가 다루어집니다.

기호와 가르침의 관계이지요.

베르네르_ 그것은 잘못된 번역입니다. 가르침이 아니라 '기호화[의미화]될 수 있는 것'이라고 해야 합니다.

선생께서는 *dicendum*을 그렇게 번역하셨는데요. 맞습니다. 하지만 성 아우구스티누스는 다른 한편 말의 본질적 의미인 *dicere*는 *docere*라고 말한 바 있습니다.

베르네르_ 두세 페이지 넘기도록 하겠습니다. 아우구스티누스는 우리가 귀로 기호를 들을 때 그것은 기호화된[의미화된] 사물에 우리의 관심을 집중시킨다고 주장합니다. 이에 대해 그는 한 가지 반대의견을 제기하는데, 그것은 우리가 정신분석에서 종종 만날 수 있는 것이란 점에서 정신분석학적으로 볼 때 흥미로운 질문입니다. 아우구스티누스가 어떤 대화자가 장난삼아 누군가가 사자에 대해 말하면 그의 입에서 사자가 튀어나온다고 결론 내린다면 어떨까라고 아데오다테스에게 묻습니다. 아데오다테스는 입에서 튀어나온 것은 기호라고 대답합니다. 의미 효과나 개념이 아니라 그것을 전달해주는 것이라는 겁니다. 이제 성 아우구스티누스는 인식은 근본적으로 사물에서 나온다는 사실을 향해 우리를 이끌고 싶어 합니다. 그는 무엇보다 우리가 의미화[기호화]된 사물과 기호 둘 중 무엇을 더 중요하게 생각해야 하는지를 묻습니다. 당시에 완전히 보편화된 어떤 원칙을 따른다면 기호보단 기호화된[의미화된] 사물을 더 가치 있게 생각해야할 텐데, 왜냐하면 기호는 기호화된[의미화된] 사물에 종속되어 있고 다른 사물에 종속된 모든 것은 해당 사물에 비해 덜 가치 있는 것이기 때문이지요. 물론 성 아우구스티누스는 "네가 그것에 대해 다른 판단을 하는 게 아니라면"이라는 단서를 붙입니다. 아데오다테스는 한 가지 이의를 제기합니다.

아데오다투스: 만일 우리가 쓰레기라고 말한다면, 제 생각에 그러한 명사는 기호화된[의미화된] 사물보다 훨씬 더 좋은 것입니다. 왜냐하면 우리는 그것을 느끼기보다는 듣는 걸 더 좋아하기 때문입니다.

이는 물질적 측면을 지닌 사물과 기호 사이에 사물에 대한 인식, 다시 말해 과학을 도입하게끔 해줍니다. 아우구스티누스는 묻습니다. 그렇게 수치스럽고 그렇게 폄하할 만한 사물에 이름을 부여한 사람들의 의도는 무엇일까? 그것은 그러한 사물에 대해 어떤 태도를 취해야 할지를 다른 사람들에게 고지하기 위한 것입니다. 그래서 우리 283

는 단어 자체라고 할 수 있는, 사물에 대한 인식을 사물보다 더 가치 있는 것으로 생각해야 한다는 것이지요.

아우구스티누스: 실제로 쓰레기라는 이름이 쓰레기보다 더 가치 있게 생각되어야 한다면, 쓰레기에 대한 인식은 이름 자체보다 더 좋은 것으로 간주되어야 하지. 왜냐하면 우리가 기호보다 인식을 선호해야 하다면 오로지 이는 인식이 기호를 위한 것이 아니라 기호가 인식을 위한 것이라는 사실 때문이지.

우리는 인식하기 위해 말하는 것이지 말하기 위해 인식하는 게 아니라는 겁니다. 다른 문제는 기호들에 대한 인식이 사물들에 대한 인식보다 더 가치 있다고 여길 수 있느냐는 겁니다. 아우구스티누스는 해답에 대한 단서만을 제공합니다. 결국 그는 이렇게 말하면서 논의를 끝맺지요.

아우구스티누스: 사물들에 대한 인식은 기호들에 관한 인식에 대해서가 아니라 기호 자체에 대해서 우위를 차지한다.

그리고 그는 1부에서 다루어진 문제로 되돌아갑니다.

아우구스티누스: 말하기, 걷기, 앉기 그리고 그와 비슷한 것들처럼 아무 기호도 없이 그 자체만으로 보여줄 수 있는 사물들이 있는지 자세히 검토해 보자. 우리가 기호가 없이 보여줄 수 있는 사물들이 있을까?
아데오다투스: 말을 제외한다면 아무것도 없습니다.

아우구스티누스: 너는 네가 이야기한 것에 대해 정말로 확신하느냐?
아데오다투스: 아무런 확신이 없습니다.

아우구스티누스는 기호 없이 보여줄 수 있는 사물을 하나 예로 드는데, 그것은 제게 분석 상황을 생각나게 합니다.

아우구스티누스: 나무에 아교를 묻혀 새를 사냥하는 방법에 대해 전혀 아는 바가 없는 누군가가 사냥도구를 매고 사냥하러 길을 나선 새 사냥꾼을 만났다고 가정해보자. 그가 사냥꾼을 보고 놀란 듯한 표정으로 그러한 도구가 어디 쓰이는지 궁금해 하면서 그를 바짝 뒤쫓아 갔다고 생각해보자. 누군가의 시선을 느낀 새 사냥꾼이 그때 자신이 사냥하는 것을 보여줄 요량으로 나무 막대를 준비하고, 아주 가까이에 있는 작은 새를 발견해낸 후 막대와 매의 도움을 빌어 새를 꼼짝 못하게 해서 포획했다고 생각해보자. 새 사냥꾼은 자신을 보고 있는 자에게 그가 알고 싶어 하는 것을 아무 기호도 없이 행위 자체를 통해 알려주었다고 할 수 있지 않을까?
아데오다투스: 저는 걷는 것이 무엇인지를 묻는 사람에 대해 이야기했던 때와 마찬가지 상황에 처하지 않을까 두렵습니다. 사실 저는 새 사냥꾼의 기술이 전부다 보여졌다고는 생각하지 않습니다.
아우구스티누스: 그런 걱정이라면 염려하지 않아도 된다. 왜냐하면 나는 좀 더 명확히 "만일 우리 관찰자가 너무나 영리해서 그가 자신이 본 것으로부터 그러한 기술에 대한 모든 인식을 유추해낼 수 있다면"이라는 단서를 달 것이기 때문이야. 실제로 이 문제와 관련해서라면 적어도 몇몇 사람에게 전부는 아니더라도 몇 가지 과목을 기호 없이 가르칠 수 있는 것으로 충분하지. 284

아데오다투스: 제 입장에서도 정말로 영리한 사람이라면, 누군가가 그에게 몇 걸음을 떼며 걷는 것을 보여주기만 해도 그가 걷는 것이 무엇인지를 전반적으로 이해할 수 있을 것이라고 덧붙일 수 있습니다.

아우구스티누스: 그렇게 하고 싶으면 그러려무나. 보다시피 너나 나나 기호를 사용하지 않고 사람들이 사물들에 대해 배움을 받을 수 있다는 결론에 도달했구나. 결국 기호 없인 아무것도 가르칠 수 없다는 주장은 잘못된 것이야. 그렇게 본다면 실제로 아무런 기호도 없이 자신을 드러낼 수 있는 것이라 여겨질 수 있는 것이 한 두 가지도 아니고 무수히 많단다. 모든 사람이 똑같은 것들을 늘어놓는 무수한 광경에 대해선 더 말할 필요도 없지.

이에 대해 우리는 어쨌든 기호가 없이 자신을 보여줄 수 있는 것은 이미 의미 효과를 만들어내는 것이라 대답할 수 있을 텐데, 왜냐하면 새 사냥꾼의 방법이 어떤 의미를 갖는다면 이는 여전히 주체들이 이미 몸담고 있는 어떤 세계 한가운데서이기 때문입니다.

2

베르네르 신부님께서 아주 적절하게 지적해주셨기 때문에 제가 새 사냥꾼의 기술은 언어에 의해 구조화된 세계 속에 존재할 수밖에 없다는 사실을 여러분에게 환기시키지 않아도 될 겁니다. 그러한 사실을 새삼 강조할 필요는 없을 테니 말입니다.

성 아우구스티누스에게서 문제는 기호에 대한 사물의 우위를 복권하는 것이 아니라 가르침이라는 말하기의 본질적 기능 속에서 기호가 차지하는 우위에 의심을 던지는 겁니다. *signum*과 *verbum* 사이에 균열, 즉 가르침의 도구이자 말의 도구인 *nomen*이 발생하는 것은 바로 여기에서 입니다.

성 아우구스티누스는 우리 심리학자들과 동일한 차원을 환기시켰지요. 사실 심리학자들은 사람들이 믿는 것보다 훨씬 더 정신적인 데가 있는 사람들입니다. 정신적이라 함은 이 단어의 기술적이고 종교적인 의미에서 그렇습니다. 심리학자들은 성 아우구스티누스처럼 일루미네이션, 지성의 존재를 믿습니다. 여담삼아 드리는 말씀이지만 그것이 바로 그들이 동물심리학을 하면서 본능, *Erlebnis*라는 이름으로 가리키는 것입니다.

제가 방금 언급한 미혹을 취하기 위해 성 아우구스티누스가 언어학의 차원을 포기한 것은 그가 우리를 진리의 고유한 차원 속으로 연루시키고자 하기 때문입니다. 말은 그것이 진술되자마자 진리라는 차원 속으로 자리를 옮깁니다. 다만 말은 진리를 가능케 하는 것이 바로 자신이라는 사실을 모를 뿐이지요. 그런데 성 아우구스티누스 또한 그러한 사실을 알지 못합니다. 그렇기 때문에 그는 진정한 의미에서의 진리를 찾으려 했던 것이며, 그것도 일루미네이션을 통해 찾으려고 했던 것입니다. 바로 거기서 관점이 완전히 전도되어 버린 것이지요.

285

물론 그는 궁극적으로 기호는 완전히 무능한 것이라고 말합니다. 이는 기호의 가치를 우리 스스로는 확인할 수 없기 때문입니다. 기호가 단어라는 사실을 우리가 알게 되는 것은 오로지 구체적인 구어 속에서 기호가 기호화[의미화]하는 것을 알게 될 때입니다. 그때부터 그가 어떤 변증법적 선회를 행하기는, 그리고 상호적으로 정의되는 기호들을 다루어선 아무것도 배울 수 없다고 말하기는 쉬운 일입니다. 우리가 이미 알고 있어 우리에게 진리를 가르쳐주는 것이 기호가 아니던지, 아니면 우리가 진리를 모르기 때문에 거기에 관계된 기호가 무엇인지를 알 수 없던지 둘 중의 하나지요.

그는 더 멀리 나갑니다. 그는 정신분석의 발견의 핵심이라고 할 수 있는 진리의 변증법의 토대를 훌륭하게 자리매김합니다. 그는 우리가 듣는 말 앞에서 우리가 역설적 상황에 빠지게 된다고 말합니다. 우리는 우리의 진리에 집착하든 집착하지 않든, 진리를 반박하든 인정하든 아니면 의심하든 그것이 진리인지 아닌지를 알 수 없다는 겁니다. 하지만 진술되는 모든 것의 의미 효과가 위치해야 할 것은 바로 진리와의 관계 속에서입니다.

가르치는 것일 뿐만 아니라 가르침을 받는 것이기도 한 말은 따라서 착오, 실수, 속임수, 기만의 영역 속에 위치합니다. 그는 더 멀리까지 나아가는데, 왜냐하면 그는 말을 심지어 모호함의 기호아래 위치시키기 때문이지요. 그것도 의미론적 모호함뿐만 아니라 주체의 모호함까지 포함해서 말입니다. 그는 우리에게 무엇인가를 말하는 주체 자신도 종종 자신이 무엇을 말하는지를 알지 못하며 자신이 원하는 바를 말하지 못한다는 점을 인정했지요. 심지어 그는 말실수까지 도입하게 됩니다.

베르네르_ 하지만 그는 말실수가 무엇인가를 말할 수 있다고 명시하지 않았습니다.

그는 그렇게 한 거나 다름없지요. 무엇을 의미하는지 말하지 않았지만 그는 그것이 의미를 갖는다고 생각했기 때문입니다. 그가 주체가 자신이 의도한 것 이외의 다른 것 — *aliud* —을 기호화[의미화]하게 된다고 말할 때 이는 바로 말실수를 가리킨 것입니다. 또 다른 예는 담화의 모호함에 대한 놀라운 예로서 바로 에피쿠로스학파입니다. 에피쿠로스학파는 자신들이 반박하고 있다고 믿는 논거들의 진리의 기능으로 우리를 이끕니다. 그러한 논거들은 그 자체로 진리 효과를 갖는데, 그러한 진리는 청자에게 에피쿠로스학파가 고취시키고자 했던 것과는 반대의 확신을 주는 것과 같은 것입니다. 게다가 여러분은 숨겨진 담화, 정치적 압제의 체제 속에서 — 레오 스트라우스Léo Strauss란 사람이 말한 것처럼 — 박해받은 말의 담화가 자신의 진짜 의도가 담긴 논의를 반박하는 척함으로써 할 말을 다한다는 사실을 알고 계시겠지요.

간단히 말해 성 아우구스티누스의 변증법 전체는 말의 모호함, 실수, 착오, 이 세 가지 축으로 이루어집니다. 그리고 우리는 다음 시간에 진리를 정초하는 말의 변증법을, 기호는 — 간단히 베르네르 신부님의 용어를 빌자면 — 가르침의 능력이 없다는 점과 관련해서 다루게 될 것입니다.

제가 제시한 세 가지 축에서 여러분은 프로이트가 의미의 발견 속에서 전면에 부각시킨 증상의 세 가지 큰 기능, 즉 *Verneinung*, *Verdichtung*, *Verdrängung*을 어렵지 않게 확인하실 수 있을 겁니다. 왜냐하면 인간의 말은 말을 넘어서 심지어 꿈, 그의 존재, 그의 유기체 자체를 모두 관통하기 때문이지요. 286

1954년 6월 23일

21

진리는 착오로부터 솟아난다

실패한 것=성공한 것
담화 저편의 말
적당한 말이 없다
식물학 논문의 꿈
욕망

지금까지 성심껏 잘 참여해주신 여러분 그룹이 오늘은 그럼에도 뒤로 처지게 될 겁니다. 경주의 마지막에선 제가 여러분을 따라잡게 될 겁니다.

우리의 출발점은 프로이트가 『기술론』에서 처음이지만 완벽하게 그러면서도 매우 불분명하게 공식화했던 어떤 기술적 규칙들이었습니다. 주제의 본성이 이끄는 바에 따라 우리는 전이의 구조에 도달하게 되었고 그것은 3분기 중반부터 우리 논의의 중심점을 이루고 있지요.

이와 관련된 문제들을 위치시키려면 우리가 변증법적 연구를 통해 도달한 중심점, 즉 전이는 2항적인 상상적 관계로는 설명될 수 없으며 전이가 진보하는 동력은 바로 말이라는 사실을 출발점으로 삼아야 합니다.

주체의 어떤 원초적 관계나 심지어 대상관계를 분석시의 파트너에게 환영적으로 투사한다거나 전이와 역전이 사이의 관계를 작동시키는 것은 '이체 심리학'의 한계 안에 머무는 것으로 적절치 못한 일입니다. 이는 이론적 연역들뿐만 아니라 또한 제가 인용한 저자들의 구체적 증언에서도 분명히 나타납니다. 발린트가 스스로 분석의 종료기라고 부른 시점에 확인했다고 말한 것을 상기해봅시다. 그것은 어떤 나르시시즘적 관계에 다름 아닙니다.

따라서 우리는 거울 속에서의 전이를 개념화할 수 있는 유일한 것으로 어떤 세 번째 항의 필연성을 역설해왔지요. 이 세 번째 항이란 바로 말을 일컫는 것입니다.

말을 망각하거나 말을 수단으로서의 기능에 종속시키기 위해 온갖 시도에도 불구하고 분석 자체는 말의 기술이며 말은 분석이 진행되는 환경 자체입니다. 분석의 다양한 심급이 서로 구별되고 제 의미와 정확한 위치를 찾게 되는 것은 바로 말의 기능에 의해서입니다. 앞으로 전개시키게 될 모든 가르침은 오로지 이러한 진리를 무수히 다양한 형태로 다시 접근하도록 하기 위한 것일 뿐입니다.

288

1

지난 시간에는 말의 의미 효과를 다루는 성 아우구스티누스의 주요 텍스트 중의 하나에 대해 토론해보는 풍요로운 자리를 마련한 바 있습니다.

성 아우구스티누스의 체계는 변증법적이라고 할 수 있습니다. 그것은 최근 몇 세기 전에야 탄생한 과학 체계에는 속하지 않지만 그럼에도 우리의 언어학적 관점에 낯설지 않은 어떤 견해를 보여줍니다. 오히려 우리는 말의 기술에 관해 성찰한, 다시 말해 그것에 대해 언급한 어떤 인물이 언어학이 현대 과학 속에서 탄생하기 이전에, 현재 언어학이란 과학이 발전하면서 재거론 될 어떤 문제를 다루고 있다는 사실을 확인하게 됩니다.

그러한 문제가 제기되는 출발점은 의미 효과에 대해 말이 어떤 관계를 맺는가, 기호가 자신이 기호화[의미화]하는 것과 어떤 관계를 맺는가라는 질문입니다. 실제로 기호의 기능을 포착하려고 하면 우리는 항상 기호에서 기호로 떠밀리게 됩니다. 왜 그럴까요? 왜냐하면 기호들의 체계, *hic et nunc*[지금 당장] 구체적으로 구성되어 있는 것과 같은 기호들의 체계는 그 자체로 하나의 전체를 형성하기 때문이지요. 다시 말해 기호들의 체계는 출구 없는 하나의 질서를 구축한다는 겁니다. 물론 하나의 출구가 있어야 할 텐데 그렇지 않다면 그것은 하나의 미친[상식을 벗어난] 질서가 될 것이기 때문입니다.

이 막다른 골목은 우리가 기호들의 전체 질서를 고려할 때만 드러납니다. 하지만 우리는 기호들을 바로 이렇듯 하나의 총체로 파악해야 하는데, 왜냐하면 언어는 각 사물부터 일련의 싹, 눈 같은 것이 움터 생긴 결과처럼 생각될 수 없기 때문입니다. 이름은 아스파라거스 대가리 같은 것이 사물로부터 싹트는 것처럼 나타나는 게 아닙니다. 언어는 사물들의 총체, 실재의 전체성에 둘러쳐진 그물망, 네트워크 같은 것으로만 생각될 수 있습니다. 언어는 우리가 여기서 상징적 수준이라고 부르는 또 다른 수준을 실재 수준 속에 기입합니다.

당연히 '비유는 증명이 아닙니다.' 따라서 제가 설명하고 있는 바를 좀 더 구체적으로 제시할 수밖에 없습니다.

아우구스티누스의 논증의 두 번째 부분에서 부각된 막다른 골목으로 인해 우리는 기호가 자신이 기호화[의미화]한 것 — 더 이상 사물이라고 말하지 않겠습니다 — 에 적합한가라는 문제와 함께 어떤 수수께끼에 직면하게 됩니다. 이 수수께끼는 진리의 수수께끼에 다름 아닌데 바로 그것이 아우구스티누스의 변증론이 우리를 기다리는 지점입니다.

의미, 여러분은 그것을 소유하거나 소유하지 못하거나 둘 중의 하나입니다. 여러분이 언어의 기호들을 통해 표현된 것이 무엇인지를 이해할 289 때, 이는 언제나 —기호에 담긴 것을 내면의 진리를 통해 알아봄으로써든 아니면 반복과 되풀이를 통해 기호와 상관관계 속에 위치하게 되는 어떤 대상을 제시함으로써든 — 궁극적으로 기호들 바깥에서 여러분에게 비추어진 어떤 빛 덕분입니다. 그런데 바로 여기서 관점이 뒤집힙니다. 진리는 기호들 밖, 다른 곳에 있다는 겁니다. 아우구스티누스의 변증법의 이러한 시소는 우리를 진리라는 진정한 스승, 내면의 스승에 대한 인정으로 이끕니다.

바로 이 지점에서 우리는 잠시 멈추어 진리에 대한 질문 자체가 변증법적 진보 자체에 의해 이미 제기하고 있다는 점을 지적할 수 있습니다.

성 아우구스티누스는 논증 과정에서 새 사냥꾼의 기술, 저 복잡한 기술 — 사냥꾼의 대상, 사냥감인 새를 잡기 위해 설치한 함정, 속임수 — 이 이미 말에 의해 구조화되고 도구화된 것임을 잊고 있는데, 이와 마찬가지로 그는 자신이 말에 대해 문제를 제기하고 진리의 차원을 창안해내는 것이 오직 말을 통해서인 이상 진리에 대한 질문 자체가 이미 자신의 논의 내부에 포함되어 있다는 사실을 인식하지 못한 것 같습니다. 말이라는 명목으로 표명된 모든 말은 의미의 출현을 통해 새로운 것을 세상 속에 도입합니다. 이는 말이 진리로 긍정되어서라기보다는 진리의 차원이 실재 속에 도입되는 것이 바로 말을 통해서이기 때문입니다.

성 아우구스티누스는 말은 속일 수 있다고 주장합니다. 하지만 기호는 그 자체만 놓고 보면 오로지 진리 차원 속에서만 나타나고 유지될 수 있지요. 왜냐하면 속임수가 되기 위해선 말 자체가 참된 것으로 긍정되어야 하기 때문입니다. 그것은 듣는 자에게 참된 것이 되어야 합니다. 말하는 자에게 속임수 자체는 무엇보다 감추어져야 할 어떤 진리에 의해 지탱되어야 하며, 속임수가 커지면 커질수록 그것에 대응한다고 할 수 있는 진리 또한 정말이지 좀 더 견고해져야 합니다.

실제로 거짓말이 점점 더 조직적이 되며 눈덩이처럼 불어날수록, 이에 상응해 그것은 자신이 곳곳에서 마주치게 되는 진리를 피하기 위해 진리를 통제해야 합니다. 모럴리스트의 전통에는 거짓말할 때는 기억력이 좋아야 한다는 말이 있습니다. 거짓말을 유지하려면 상황을 소상히 알고 있어야 한다는 겁니다. 거짓말을 유지하는 것만큼 어려운 것은 없습니다. 이런 의미에서 거짓말은 거짓말로 전개되면서 진리를 구성해내기 때문입니다.

하지만 이것은 아직 진짜 문제가 아닙니다. 진짜 문제는 오류 문제이지요. 문제가 제기되는 것은 항상 여기서부터 입니다.

오류가 진리의 관점에서만 정의된다는 것은 분명합니다. 하지만 이는 흑이 없으면 백도 없는 양 진리가 없으면 오류도 없다는 뜻이 아닙니다. 문제는 보다 멀리 나가지요. 즉 자신을 진리로 제시하고 자신이 진리임을 고지하지 않는 오류는 없다는 겁니다. 단적으로 오류는 진리의 통상적 구현물입니다. 아주 엄격히 말하자면, 확률상 지구의 종말이 오기 전까진 진리가 완전히 계시되는 일은 없는 이상, 우리는 오류 형태로 자신을 전파하는 것이 진리의 본성이라고 말할 수 있을 겁니다.

우리는 존재를 존재로 계시하도록 만드는 어떤 구조를 굳이 멀리서 찾을 필요가 없습니다. 290

이와 관련해 지금으로서는 언젠가 우리가 넘어서게 될 어떤 작은 문을 여러분께 열어 보이고 싶을 따름입니다. 오늘은 말의 기능의 현상학에 주목해보도록 하겠습니다.

보셨다시피 속임수는 진리와의 관계, 진리뿐만 아니라 진리가 진보해가는 과정과의 관계 하에서만 유지됩니다. 오류는 진리 자체의 통상적 현시물입니다. 따라서 진리의 길은 본질적으로 오류의 길입니다. 그러면 여러분은 제게 이렇게 말씀하시겠지요. '그렇다면 어떻게 말의 내부에서 과연 오류라는 것이 오류로 판명될 수 있을까? 경험을 시험해보아야, 다시 말해 대상과 대조해보아야 하던지 아니면 아우구스티누스 변증법의 종결점, 즉 내면의 진리에 의한 일루미네이션이 있어야 한다.'

그런 반대는 의미가 없지 않습니다.

언어 구조의 토대 자체는 시니피앙과 시니피에입니다. 시니피앙이란 항상 물질적이며 우리가 성 아우구스티누스의 *verbum*에서 보았던 것과 같은 것을 말합니다. 시니피앙과 시니피에는 하나하나를 고려할 때 엄밀히 말해 자의적인 것처럼 보이는 관계를 맺지요. 기린을 '기린'이라고 부르고 코끼리를 '코끼리'라고 부르는 데는 아무런 이유가 없습니다. 그것은 기린을 '코끼리'라고 부르고 코끼리를 '기린'이라고 부르는 것만큼 이유가 없지요. '기린'이 큰 몸짓을 지녔고 '코끼리'가 긴 목을 지녔다고 말하지 말라는 법은 없습니다. 만약 그것이 일반적으로 용인되는 체계에서 오류라고 한다면, 성 아우구스티누스가 지적한 대로 정의가 이루어지지 않는 한 그러한 오류로 드러날 수 없을 겁니다. 하지만 정확한 정의를 제시하는 것만큼 어려운 것이 또 있을까요?

그럼에도 여러분이 긴 코를 가진 기린에 관해 계속해서 이야기한다면, 그리고 여러분이 말하는 모든 것이 코끼리와 완벽하게 일치한다면 여러분이 기린이란 이름으로 말하는 것은 코끼리임이 분명할 겁니다. 여러분이 해야 하는 것은 여러분의 단어를 일반적으로 용인된 단어와 일치시키는 일입니다. 성 아우구스티누스가 *perducam*이란 용어와 관련해 입증한 것이 바로 이것입니다. 소위 말하는 오류라는 것은 이런 게 아닙니다.

오류는 어느 시점에 모순으로 끝날 때 오류로 입증됩니다. 만일 내가 장미를 두고 그것이 일반적으로 물속에 사는 식물이라고 말하고 나서 내가 장미가 있는 곳에서 하루를 보냈다고 말한다면 나는 물속에선 하루도 살수 없기 때문에 내 담화엔 모순이 있는 것이며 내가 오류를 범한 것이 됩니다. 바꿔 말해, 담화 속에서 진리를 오류로부터 골라내는 것은 바로 모순인 겁니다.

바로 여기서부터 절대지라는 헤겔의 개념이 등장합니다. 절대지는 담화 전체가 완벽한 무모순 속에서 완결성을 얻는 순간입니다. 그것이 스스로를 정립하고 스스로를 설명하고 스스로를 정당화하는 순간인 거지요. 바로 이를 통해 우리는 그러한 이상에 도달하게 됩니다.

여러분이 너무나 잘 알고 계시겠지만 온갖 테마와 주제들의 논쟁들이 인간 상호 간의 행동이 어떤 영역에서 펼쳐지느냐에 따라 많거나 적게 애매함을 보이면서 끊임없이 이어져왔으며, 행동들을 조율하는 다양한 상징적 체계, 즉 종교적, 법률적, 과학적, 정치적 체계 간에는 명백히 불일치가 나타났습니다. 아무것도 일치되지 않고 준거하는 바가 전혀 통일되지도 않으며 그 사이엔 간극, 틈새, 결렬이 있지요. 그렇기 때문에 우리는 인간의 화를 하나로 통합된 것으로 인식할 수 없습니다. 말을 발화하는 것이라면 어느 정도는 항상 내부에 오류를 안고 있을 수밖에 없습니다. 따라서 언뜻 보면 우리는 여기서 인간의 입을 통해 나올 수 있는 모든 것은 진리의 가치를 갖지 않는다고 생각하면서 그러러한 가치를 미래에 이루어질 어떤 통합에 떠넘기는 역사적 회의주의에 빠지게 되는 것처럼 보입니다.

291

그러한 진리의 가치가 실현되었다고 생각할 순 없는 걸까요? 결국 물리 과학 체계의 진보를 사물들에 의해 양분과 재료를 공급받는 상징적 체계만의 진보라고 생각할 순 없는 건가요? 상징적 체계가 완전해질수록 우리는 사물들이 그러한 압력에 의해 해체되고 교란되어 있는 것을 확인하게 됩니다. 상징적 체계는 몸에 딱 맞는 옷이 아니며 인간의 삶과 사물들에 미치는 영향이 없지 않습니다. 사람들은 그러한 전복을 자기가 원하는 대로, 이를 테면 자연의 정복, 강탈, 변형, 지구의 인간화라고 부릅니다.

과학의 상징적 체계는 아무런 목소리에도 준거하지 않는 언어, 자신만의 고유한 언어라고 할 수 있는 '잘 만들어진 언어'를 지향합니다. 우리가 아우구스티누스의 변증법을 통해 도달하게 되는 곳 또한 바로 그곳이지요. 왜냐하면 아우구스티누스의 변증법은 암묵적으로는 진리의 영역 속에서 전개되었다고 해도 진리의 영역에 전혀 준거하지 않기 때문입니다.

우리가 프로이트의 발견에 의해 놀라지 않을 수 없는 것은 바로 이 지점에서입니다.

2

이 질문이 말 그대로 '형이상학적으로' 보인다면 프로이트의 발견은 경험적이면서도 이 질문에 놀라운 기여를 합니다. 너무나 놀라워 그런 게 있는지조차 눈치 채지 못할 정도지요.

정신분석 장에 고유한 특징은 주체의 담화는 정상적인 경우에도 오류, 몰인식, 심지어 부인 — 이는 기만이라고 볼 순 없으며 오류와 기만 사이에 있는 것이지요 — 의 질서 속에서 전개된다고 — 이는 프로이트 이야기입니다 — 실제로 가정하는 것입니다. 이는 진부한 상식에 속하는 진리입니다. 하지만 — 이것이 새로운 점입니다 — 분석이 진행되는 동안 오류의 영역 속에서 펼쳐지는 이 담화 속에서 무엇인가가 일어나고 그것을 통해 진리가 난입합니다. 그것은 모순이 아닙니다.

분석가는 주체[환자]를 절대지의 길로 내몰아야 할까요? 주체[환자]로 하여금 자신이 살아가는 통상의 환경이 얼마나 부조리한지를 발견하 292 도록 하기 위해 그를 모든 수준에서, 가령 심리학뿐만 아니라 과학의 체계에 대해 교육받도록 해야 할까요? 물론 그렇지 않습니다. — 우리는 분석가이기 때문에 그렇게 하는 것이지만 우리가 그것을 환자에게까지 강요한다면 어찌 되겠습니까?

우리가 그들을 [상담실의] 네 벽의 테두리 안에서 맞아들이는 이상 그들에게 실재와의 만남을 주선할 수도 없습니다. 우리가 해야 하는 일은 그들 손을 잡고 삶 속으로, 다시 말해 그들의 우매함에서 비롯된 결과들 속으로 안내하는 것이 아닙니다. 삶 속에서 여러분은 진리가 오류를 뒤쪽에서 따라잡는 것을 볼 수 있지요. 분석 속에서 진리는 누가 봐도 명백하게 착오에 해당되는 어떤 것 — 실패한 행동이라는 그릇된 명칭으로 불리는 것이나 말실수 — 을 통해 솟아오릅니다.

실패한 행위는 성공을 거둔 행위입니다. 실패한 말은 성공한 말입니다. 이들은 배후의 진리를 계시합니다. 우리가 자유연상, 꿈 이미지, 증상이라고 부르는 것 속에서 진리를 간직한 어떤 말이 계시됩니다. 만일 프로이트의 발견이 어떤 의미를 갖는다면, 이는 진리가 착오 속에서 오류의 목덜미를 잡는다는 것이지요.

꿈 가공을 다룬 장의 서두를 다시 한 번 읽어보시기 바랍니다. 프로이트는 꿈은 하나의 문장, "하나의 수수께끼"라고 말합니다. 프로이트가 분명하게 공표하지 않았더라도 『꿈의 해석』을 50여 페이지만 읽어보면 그러한 등식을 쉽게 확인할 수 있을 것입니다.

이는 또한 응축에 대한 놀라운 발견을 통해서도 확인할 수 있을 겁니다. 응축이 상징과 사물 간의 조응을 의미할 뿐이라고 생각한다면 오산입니다. 그와 반대로 제시된 어떤 꿈속에서 꿈 사유의 총체, 다시 말해 기호화[의미화]된 사물들의 총체, 꿈의 의미들의 총체는 하나의 그물망처럼 짜여 있습니다. 그것은 일대일로 표상되는 것이 아니라 일련의 상호 얽힘을 통해 표상되지요. 이 점을 확인하려면 제가 칠판 위에 그린 프로이트의 한 꿈을 살펴보는 것으로 충분할 겁니다. 『꿈의 해석』을 읽어보면 프로이트가 그것을 어떻게 이해하고 있는지를 보게 될 겁니다. 즉 의미의 총체는 시니피앙의 총체에 의해 표상된다는 것이지요. 꿈속에서 시니피앙에 해당하는 각각의 요소, 이미지는 기호화[의미화]되어야 할 무수한 일련의 사물을 참조하고, 역으로 기호화[의미화]되어야 할 각각의 사물은 다수의 시니피앙에 의해 표상됩니다.

그리하여 우리는 프로이트의 발견에 이끌려 담화 속에서 주체를 통해, 심지어 주체가 모르는 사이에도 모습을 드러내는 어떤 말에 귀를 기울이게 됩니다.

주체[환자]는 단순히 구두뿐만 아니라 다른 모든 표현방식을 통해 말을 우리에게 전달합니다. 심지어 주체[환자]는 자신의 신체를 통해 우리에게 말을 전하기도 합니다. 그 자체로 진리의 말인 그러한 말에 대해 주체[환자]는 자신이 그것을 의미 있는 것으로 전한다는 사실조차 알지 못합니다. 이는 주체가 자신이 의도한 것보다, 자신이 말한다고 생각한 것보다 항상 더 많은 것을 말하기 때문이지요.

아우구스티누스가 진리의 영역을 기호의 영역 속에 포함시키는 것에 대해 크게 반대한 것은 그에 따르면 주체는 번번이 자신이 생각하는 것보다 훨씬 더 많은 것을 말하고, 심지어는 진리를 따르지 않고도 진리를 고백할 수 있기 때문입니다. 영혼이란 사멸할 수 있는 것이라고 주장한 에피쿠로스학파는 논적들의 논거를 반박하기 위해 바로 그러한 논거를 인용합니다. 하지만 열린 눈을 가진 사람들은 바로 거기에 진정한 말이 있다는 것을 보면서 영혼이 불멸하는 것임을 알아봅니다.

293

주체[환자]는 본인이 잘못된 담화[오류의 담화]를 통해 말하려 했던 어떤 것보다 더 진실한 의미를, 우리가 인정하기에 말의 기능과 구조를 가진 무엇인가를 통해 보여줍니다. 이런 식으로 구조화되지 않는다면 우리의 경험은 절대적으로 무의미하겠지요.

주체가 하는 말은 — 물론 말하는 주체로서의 한계들 안에 머물면서도 — 그가 알지 못하는 사이에 담화 주체로서의 한계를 넘어 나아갑니다. 만일 여러분이 이런 관점을 포기한다면 다음과 같은 반대의견이 즉각 제기될 텐데, 이는 제가 좀 더 자주 들어보지 못한 것이 놀라울 따름입니다. '당신이 착오의 담화 배후에서 간파해낸 담화는 왜 전자와 동일한 반대에 부딪치지 않는단 말입니까? 만약 후자가 전자와 마찬가지로 하나의 담화라면 왜 그것은 전자처럼 오류 속으로 떨어지지 않는 걸까요?'

실제로 융처럼 무의식을 원형이란 이름으로 또 다른 담화의 실재적 장소로 만드는 모든 발상은 이론의 여지없이 바로 그러한 반대에 봉착하기 마련입니다. 인간 영혼의 밑바닥에 영원히 자리 잡고 있는 원형들, 실체화된 상징들이 표면에 있는 것보다 더 진실한 것일까요? 지하실에 있는 것이 다락방에 있는 것보다 더 진실한 것일까요?

프로이트가 무의식에는 모순도 시간도 없다고 했을 때 이는 무슨 의미일까요? 무의식은 정말로 사유 불가능한 현실이라는 뜻일까요? 당연히 그렇지 않을 텐데, 왜냐하면 사유 불가능한 현실이란 존재하지 않기 때문입니다.

현실은 모순에 의해 규정됩니다. 현실, 그것은 제가 여기 있을 때 이 앞의 숙녀 분께서 저와 똑같은 자리에 계실 수 없도록 만드는 것이지요. 사람들은 무의식이 왜 이런 식의 모순을 벗어나는지를 이해하지 못합니다. 무의식 속에선 모순율이 적용되지 않는다고 말할 때 프로이트가 말하고자 한바는 관찰이 아니라 해석을 통해 증상, 꿈, 말실수, 위트 속에서 간파된다고 여겨지는 진실 된 말이 담화와는 다른 법칙들, 즉 모순에 봉착하기 전까지 오류 속을 전전해야 한다는 것을 전제하는 법칙들을 따른다는 것입니다. 진정한 말은 통상적 담화와는 다른 방식, 다른 수단을 갖습니다.

우리가 행하는 것을 사유하는 데 일말의 진보를 거두길 원한다면 바로 이것을 엄밀하게 탐구해야 합니다. 당연히 우리가 반드시 사유를 해야 하는 것은 아닙니다. 저는 인간 존재가 사유하기를 사양하는 것이 매우 일반적인 경우지만 그럼에도 자신이 해야 할 바를 만족스럽게 해낸다는 것을 단언합니다. 한 걸음 더 나아가 사람들이 아무 생각 없이 담화를, 294 심지어는 변증법을 아주 멀리까지 밀쳐놓고 있다고 말할 수 있겠지요. 그럼에도 하나의 계시를 구성하게 될 상징적 세계의 진보를 위해서라면 일순간이나마 사유의 노력이 전제되어야 합니다. 그런데 분석이라는 것은 각각의 주체에 고유한 일련의 계시에 다름 아닙니다. 따라서 주체의 활동이 분석가에게 주체가 행하는 바의 의미에 경각심을 갖고 이따금 사유에 전념하도록 요구하는 것은 충분히 있을 법한 일이지요.

바로 이렇게 해서 우리는 다음과 같은 질문과 대면하게 됩니다. 즉 담화 저편에 있는 말의 구조란 어떤 것일까?

성 아우구스티누스와 비교해 볼 때 프로이트가 가져온 혁신은 주체가 체험한 지점 중 담화의 주체를 초과하는 어떤 말이 출현하는 지점들이 현상 속에서 계시된다는 생각입니다. 그전에는 행여나 그런 생각을 한 적이 있다고 믿기 어려울 만큼 그것은 매우 놀랍도록 혁신적인 것입니다. 아마도 그러한 말이 아주 예리하면서 아주 실감나게 그리고 아주 위급하게 표명되기 위해서는 대다수 사람이, 교란되고 아마도 탈선되고 어떤 점에선 소외를 일으키는 비인간적인 어떤 담화 속에 한동안 갇혀 있었어야 합니다.

그러한 말이 존재들의 고통스런 부분을 통해 출현했다는 사실을 잊지 마시기 바랍니다. 프로이트의 발견이 이루어졌던 것은 어떤 병적 심리, 어떤 정신병리학이란 형태를 통해서였지요.

3

마치 원래 주어진 것인 양 우리가 더 이상 생각하지 않고 통상적으로 사용하는 용어들이 제 의미를 획득하는 것은 오로지 담화를 넘어서는 말의 변증법적 운동을 통해서라는 사실을 제가 강조하고자 하는 만큼, 저는 이 모든 고찰을 여러분 스스로 성찰해보시도록 맡겨보았으면 합니다.

*Verdichtung*은 언어 속의 의미들의 복수적 가치, 상호 침식, 교차에 다름 아님을 볼 수 있습니다. 이런 것들 때문에 사물의 세계는 상징의 세계와 꼭 들어맞지 않게 되는 겁니다. 각 상징에는 무수한 사물이 상응하고 각 사물엔 또한 무수한 상징이 상응합니다.

*Verneinung*은 이러한 어긋남의 부정적 측면을 보여주는 것입니다.

구멍들 속에 대상들을 집어넣어야 하는데 구멍이 잘 맞지 않아 고통을 받는 것은 대상들이니 말입니다.

세 번째인 *Verdrängung*의 영역 또한 담화의 영역에 의거해 지표화될 수 있습니다. 왜냐하면 억압, 반복도 또 부인도 아닌 엄밀한 의미에서의 억압이 일어날 때는 항상 담화의 중단이 있기 때문입니다. — 억압은 하나의 지표이니 구체적으로 관찰해보시면 여러분은 이 점을 아시게 될 것입니다. 주체는 적절한 말을 찾을 수 없다고 말하는 겁니다.

295

'적절한 말을 찾을 수 없다.' 문학에서 이러한 표현이 등장한 것은 언제쯤일까요? 이 말을 처음 한 사람은 생따망Saint-Amand입니다. 물론 글로 쓴 건 아니고 언젠가 거리에서 그런 말을 했을 뿐입니다. 그것은 기교파les précieux에 의해 언어 속에 도입된 새로운 것에 속합니다. 『기교파 여성문인 사전*Dictionnaire de précieuses*』에서 소매즈Somaize는 지금은 일반적인 용법이 되었지만 당시에는 언어의 완벽을 추구하는 사교계에 의해 고안된 재치 있는 표현이었던 무수한 형태 중의 하나로 이 표현을 언급합니다. 보시다시피 사랑의 지도la carte du Tendre와 정신분석적 심리학 사이엔 어떤 관계가 있습니다. 16세기에는 '적당한 말을 찾을 수 없다'는 표현이 전혀 사용되지 않았을 겁니다.

여러분은 프로이트가 적당한 단어 — 오르비에토 성당의 벽화를 그린 화가의 이름인 시뇨렐리였지요 — 를 찾을 수 없던 유명한 예를 알고 계시겠지요. 왜 그는 그러한 단어를 찾을 수 없던 것일까요? 앞서 이루어진 대화가 제대로 끝마쳐지지 않았기 때문이 아닐까요? 다시 말해, 대화가 *Herr*, 절대 주인, 죽음이라는 결말에 도달할 수 없었기 때문이 아닐까요? 프로이트가 자주 인용한 바 있는 '결국 신은 자신이 아는 모든 것을 자식들에게 가르쳐줄 수 없다'는 메피스토펠레스의 말처럼 결국 말할 수 있는 것에는 처음부터 한계가 있다고 할 수 있을 겁니다. 이것이 바로 억압입니다.

스승이 매번 대화 상대의 본성에 따른 이유들로 인해 어쩔 수 없이 가르침을 그만두어야 할 때도 이미 억압이 있는 것입니다. 그리고 물론 사람들이 보통 하는 것, 즉 부인에 해당되는 것보단 덜 하겠지만 여러분께 개념들을 적당한 자리에 배치하기 위해 이미지화된 것들을 제시하는 저 또한 억압을 실행합니다.

프로이트가 응축을 다룬 장에서 제시한 첫 번째 꿈을 살펴봅시다. 그것은 꿈의 요소들과 근원들에 관한 장에서 이미 요약된바 있기도 한 식물학 논문에 관한 꿈입니다. 이는 제가 여러분께 이야기하고 있는 모든 것을 훌륭하게 설명해주는 하나의 본보기입니다. 프로이트가 자기 자신의 꿈을 다룰 때는 결코 사태의 핵심을 밝히지 않았지만 그래도 그것을 추측해내기란 어렵지 않습니다.

낮 동안 프로이트는 아내가 가장 좋아하는 꽃인 시클라멘*cyclamen*에 관한 논문을 보았습니다. 여러분은 그가 자신뿐만 아니라 많은 남편이 아내에게 꽃을 자주 사주지 않는다고 말할 때 그것이 무슨 의미인지를 모르지 않는다는 점을 유념하시기 바랍니다. 프로이트는 코카인 마취를 사용해 아버지를 수술하게 될 안과의사인 쾨니히슈타인Königstein과의 대화를 환기합니다. 그런데 여러분은 코카인에 관한 유명한 일화를 아실 텐데요, 프로이트는 아내가 자신을 화급히 불러냈기 때문에 자신의 발견을 좀 더 밀어붙이지 못했고 그리하여 유명인이 되지 못한 것을 두고두고 원망했습니다. 이 꿈에 대한 연상 속에서는 또한 "플로라라는 아름다운 이름"에 어울리는 한 여자 환자가 있었습니다. 그리고 그러한 연상 속에서 일순간 게르트너*Gärtner* — 독일어로 '정원사'를 뜻합니다 — 씨가 296

마치 우연처럼 프로이트가 *bluming*, 꽃처럼 활짝 피었다고 생각한 아내와 함께 등장했지요.

모든 것이 거기에, 어둠 속에 자리 잡고 있습니다. 아내와 헤어질 결심을 하지 못한 프로이트는 자신이 그녀에게 충분히 꽃을 사주지 않았다는 사실을 숨기면서 또한 겸임교수로 임명되길 기다리며 느낀 저 지속적인 쓰라림을, 불만을 숨깁니다. 왜냐하면 동료들과의 대화에 관해 환기하는 것들 저변에는 그가 인정받기 위해 벌이는 투쟁이 깔려 있기 때문입니다. 이는 꿈속에서 게르트너가 프로이트의 앞길을 가로막는 인물이라는 사실을 통해 충분히 강조되는 바입니다. 우리는 또한 왜 낮 동안의 두 잔여물, 즉 안과의사와의 대화와 논문을 읽은 일이 이 꿈의 재료가 되었는지를 이해할 수 있습니다. 이는 그러한 잔여물들이 이를 테면 음소적으로 경험되는 지점들, 꿈속에서 표현되게 될 어떤 말이 작동하기 시작했던 출발점이 되기 때문입니다.

여러분은 제가 그러한 말이 어떤 것인지 분명히 하길 원하십니까? 툭 까놓고 말씀드린다면 그건 바로 '나는 아내를 더 이상 사랑하지 않는다'입니다. 또는 자신의 공상과 호사에 대한 취향을 환기하는 것으로, '나는 사회에 의해 인정받지 못했고 내 야망은 가로막혔다'입니다.

프로이트에 관한 한 강연에서 우리의 한 동료가 '프로이트는 야망도 욕구도 없는 인간이었다'라는 말을 한바 있습니다. 그것은 명백히 틀린 말입니다. 이 점을 확인하려면 프로이트의 삶을 읽어보는 것으로 충분하며 선의에서 그를 찾아와 그의 실존적 관심사에 대해 묻는 사람들, 이상주의자들에 대해 그가 얼마나 거칠게 화답했는지를 생각해보는 것으로 충분합니다. 프로이트가 사망한 지 15년이 지난 지금, 우리는 그를 신격화해선 안 됩니다. 다행히 우리는 약간이나마 그의 성품의 증거가 될 만한 것들을 그의 저작 속에서 발견할 수 있지요.

다시 저 유명한 꿈으로 돌아가 봅시다. 우리가 꿈을 꾼다면 이는 바로 억압이 있다는 뜻입니다. 그렇지 않나요? 그렇다면 이 꿈에서 억압된 것은 무엇일까요? 이 정도 설명이면 여러분은 어떤 일정한 욕망이 낮 동안 유예되었다는 사실을, 그리고 자인自認의 중심, 존재의 중심에 다다른 어떤 일정한 말이 말해지지 않았다는, 말해질 수 없었다는 사실을 프로이트의 텍스트 자체 속에서 확인할 수 있지 않나요?

제가 오늘 질문을 제기할 곳은 바로 이 지점에서입니다. 분석 상황 밖에서 말해진 말이 행여나 인간 존재들 사이의 관계의 실제 상태 속에서 하나의 충만한 말이 될 수 있을까요? 일상 회화의 법칙은 바로 중단*interruption*입니다. 일상적 담화는 항상 *Verneinung*의 원동력인 몰인식에 부딪치기 마련이지요.

『꿈의 해석』을 저의 가르침에 의거해 읽어보신다면 여러분은 개념들이 얼마나 더 명확해지고, 심지어 종종 모호한 듯 보이던 욕망이란 단어에 프로이트가 어떤 의미를 부여했는지를 좀 더 분명하게 확인하시게 될 겁니다.

놀랍게도 자신이 한 이야기를 부인하는 것처럼 보일 수 있겠지만 프로이트는 두 가지 양식의 꿈, 욕망의 꿈과 처벌의 꿈이 있음을 인정해야 한다는 점을 수긍했습니다. 하지만 만일 우리가 거기서 문제의 핵심을 이해한다면, 우리는 꿈속에서 현시되는 억압된 욕망이 제가 여러분을 인도하고자 하는 영역과 동일한 것임을 깨닫게 될 겁니다. 즉 자신이 계시되길 기다리는 것은 바로 존재라는 겁니다. 297

프로이트에게서 그러한 관점은 욕망이란 용어에 완전한 가치를 부여합니다. 그러한 관점은 꿈의 영역에 통일성을 부여하지요. 그리고 험난

한 청소년기를 보낸 시인이 보잘것없는 재단사 보조로 일하는 꿈을 무한정 반복해서 꾸는 것과 같은 역설적 꿈들을 이해할 수 있도록 해주지요. 그러한 꿈은 처벌보다는 존재의 계시를 현재화합니다. 그러한 꿈은 존재가 동일시를 통과하는 것, 존재가 새로운 단계로, 자기 자신에 대한 새로운 상징적 구현으로 이행하는 것을 보여줍니다. 바로 여기서 취임, 시합, 시험, 자격취득에 속하는 모든 것의 가치가 유래합니다. — 이 가치는 시험, 테스트가 아니라 임명investiture의 가치입니다.

혹시나 해서 저는 칠판에 작은 다이아몬드를, 여섯 면으로 이루어진 이면체를 그려보았습니다.

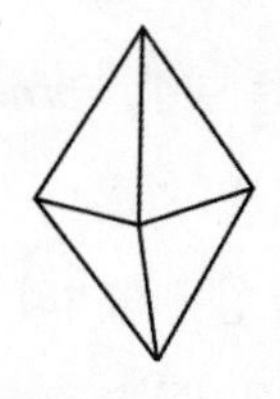

이면체의 표면들을 모두 한 면을 기준으로 위쪽의 한 패와 아래쪽의 한 패가 똑같게 만들어봅시다. 모든 표면이 동등하긴 하지만 이것은 정다면체가 아닙니다.

피라미드를 양분하는 삼각형이 위치하는 중간 면이 실재의 표면, 아주 간단히 실재의 표면을 나타낸다고 상상해봅시다. 거기에 있는 어떤 것도 중간 면을 건널 수 없지요. 모든 자리가 꽉 차 있습니다. 하지만 다른 층위에선 모든 것이 바뀝니다. 단어들, 상징들이 공동, 구멍을 들여오기 때문입니다. 그러한 구멍들 덕분에 온갖 종류의 넘나들기가 가능해집니다. 사물들이 상호 교환 가능한 것이 됩니다.

실재 속의 그러한 구멍은 우리가 그것을 고려하는 방법에 따라 존재나 무라는 이름으로 불립니다. 존재와 무는 본질적으로 말의 현상과 결부되어 있습니다. 상징적인 것, 상상적인 것, 실재는 그것들이 없다면 우리의 경험 속에선 아무것도 구별될 수 없을 만큼 기본적인 범주인데, 범주의 그러한 삼분법이 위치하는 곳은 바로 존재의 차원입니다.

그러한 범주가 세 개인 것은 당연히 우연이 아닙니다. 여기에는 기하학을 통해 구현될 수밖에 없는 최소한의 법칙이 있어야 합니다. 만약 3차원 속으로 들어가는 어떤 면을 실재 수준에서 구분한다면, 우리는 최소한 두 개의 다른 면 없이는 어떤 것도 견고하게 만들 수 없을 겁니다.

이런 식의 도식은 다음과 같은 사항을 보여줍니다. 즉 세 개의 근본적인 열정들이 각인될 수 있는 것은 오직 존재 차원 속에서입니다. — 298 상징적인 것과 상상적인 것의 접경에는 사랑이라고 불리는 모서리의 선, 단층이 있고, 상상적인 것과 실재의 접경에는 증오가 있고, 실재와 상징적인 것의 접경에는 무지ignorance가 있습니다.

아시다시피 전이의 차원은 분석이 시작되기 전에, 분석이라는 내연관계가 시작되기 전에 처음부터, 암묵적으로 존재하고 있습니다. 그런데 사랑과 증오라는 두 가지 가능성은 세 번째 가능성, 우리가 전이의 주요한 구성요소로 여기지 않으면서 무시해버리는 것, 즉 열정으로서의 무지가 없이는 이루어지지 않습니다. 그럼에도 분석에 들어온 주체는 그렇게 분석에 들어와 있는 한 무지한 자의 위치에 자리 잡습니다. 무지라는 준거가 없이는 분석을 시작할 수 없습니다. — 아무도 언급한 바 없고 한 번도 생각해본 적이 없지만 이는 근본적인 것입니다.

말이 점차 진전됨에 따라 *Verdrängung, Verdichtung, Verneinung*의 작업에 해당하는 상위의 피라미드가 축조됩니다. 그리고 존재가 실현되지요.

모든 변증법의 출발점이 그렇듯이 분석의 시작 단계에 존재가 함축적으로, 잠재적으로 존재한다고 해도 이는 현실로 실현된 것이 아닙니다. 순진한 자, 어떠한 변증법 속으로도 들어가 보지 못하고 정말이지 자신이 실재 속에 있다고 믿는 자에게 존재는 어떠한 현존도 갖지 못합니다. 무모순의 법칙을 유예시키면서 담화를 의심에 부치고 괄호 속에 넣는 자유연상 법칙을 통해 담화 속에 포함된 말이 계시됩니다. 말의 그러한 계시가 바로 존재의 실현입니다.

종종 분석을 나르시시즘적 이미지로 귀착시키는 분들도 있지만 분석은 그러한 나르시시즘적 이미지를 재축조하는 것이 아닙니다. 만일 분석이 두 자아의 공조에 의해 다소간 계산되고 다소간 교묘히 투사된 일정 수의 작은 행태를 시험해보는 것일 뿐이라면, 만일 우리가 우리로선 알 수 없는 어떤 표현 불가능한 현실의 출현을 탐색하는 데만 관심을 기울인다면 왜 하필 그러한 현실이 다른 현실들보다 더 특권적인 것이 되었을까요? 제 도식에서 O의 지점은 뒤쪽 어딘가로 이동합니다. 그리고 O의 말이 O를 상징화함에 따라 O는 자기 존재 속에서 자신을 실현합니다.

오늘은 이쯤에서 그만 접기로 하겠습니다.

이 수업이 흥미롭고 자극이 되신 분들은 다음 시간에 질문을 해주시길 간곡히 부탁드립니다. 물론 한 차례의 세미나밖에 안 남았으니 질문이 너무 길진 않았으면 합니다. 우리가 결론에 관해 말할 수 있다면 저는 그러한 질문들을 중심으로 결론을 정리해볼까 합니다. 이는 내년에 또 하나의 새로운 장을 여는 데 쓰일 매듭으로 기능하게 될 겁니다.

점점 더 마음 같아선 내년에는 이 세미나를 두 파트로 나누어 하나는 슈레버 법원장과 정신병에서의 상징적 세계를 설명하고 다른 하나는 「자아와 이드」에 의거해 자아, 초자아, 이드가 옛날의 심리학적 실체를 가리

299

키는 새로운 이름들이 아님을 보여드리고픈 심정입니다. 이렇게 해서 프로이트에 의해 소개된 구조주의가 진정한 의미를 얻게 되는 것은 제가 올해 여러분께 선보인 변증법의 운동 속에서임을 여러분께 보여드리고 싶습니다.

1954년 6월 30일

22

분석의 개념

지성적인 것과 정동적인 것
상상적인 것과 상징적인 것 속에서의 사랑과 미움
Ignorancia docta
상징적 임명
노동으로서의 담화
강박증자와 그의 주인

질문이 없으신 지요?

오브리 여사_ 상상적인 것과 실재의 접경에 증오가 위치한다는 점이 무슨 뜻인지는 알겠습니다. 접경이란 말을 결렬점이란 의미로 사용한다면 말이지요. 하지만 상징적인 것과 상상적인 것의 접경에 사랑이 있다는 점은 잘 이해가 되질 않는군요.

좋은 질문입니다. 아마도 이 질문 때문에 올해 마지막 강의를 수업이 아닌 가족 같은 분위기에서 할 수 있게 된 것 같군요.

1

르클레르 선생도 분명 질문하실 게 있을 텐데요. 저번 수업이 끝난 후 선생이 저에게 아마도 이런 말을 하신 걸로 기억합니다. "그래도 저는 선생님께서 전이에 관해 말씀해주셨으면 했지요."

'그래도' 까다로운 분들이군요. — 저는 오로지 전이에 대해서밖에 말한 게 없는데 만족하지 않으시니 말입니다. 여러분이 항상 전이라는 주제에 관해 갈증을 느끼는 것에는 심층적인 이유들이 있습니다. 그럼에도 오늘 이 주제를 다시 한 번 더 다루어 보도록 하겠습니다.

만일 진리를 쫓는 말이 구조화되는 세 시기를 표현하고자 한다면 '죄악이 가책에 힘입어 미덕을 뒤쫓다'와 같이 낭만주의 시대에 꽃핀 알레고리적 그림 중의 하나를 모델로 이렇게 말할 수도 있을 겁니다. '오류가 속임수 뒤로 숨다가 착오에 의해 목덜미를 잡힌다.' 선생에게 말의 고백에 불어 닥친 중단의 순간 속에서 전이를 실감나게 보여주려고 하는 제 노력처럼 이 말이 바로 그러한 전이를 정확히 그려 보이고 있음을 선생이 알았으면 합니다.

302

르클레르_ 알겠습니다.

결국 선생이 여전히 궁금한 것은 무엇입니까? 아마도 제가 전이에 대한 통상적 개념을 갖고 선생에게 이야기했던 것을 명확히 했으면 하는 건가요?

르클레르_ 전이에 관한 글을 읽어보면, 항상 전이 현상은 정동적 현상들, 감동의 현상 등과 같은 범주에 속한 것으로, 이해를 위한 절차처럼 지성적 질서에 속한 다른 현상들과는 정반대의 위치에 있다는 인상을 받게 됩니다. 따라서 우리가 통상적으로 사용하는 전이 개념으로 전이에 관한 선생님의 관점을 설명하려고 할 때는 다소 불편함을 느끼게 됩니다. 항상 전이는 정동적 현상에 속한 감정, 감동과 관련된 것으로, 분석 상 지성적인 것이라고 불릴 수 있는 모든 것과는 정반대의 것인 양 정의되고 있지요.

그렇습니다. …… 보시다시피 하나의 가르침에 의해 짜여진 하나의 학문분과를 적용하는 데는 두 가지 방식이 있습니다. 여러분이 듣는 것과 여러분이 들은 것을 갖고 행하는 것입니다. 이 두 가지 수준은 서로 중복되진 않지만 일정수의 부차적 징후들 속에서 만날 수 있지요. 제가 진정으로 교육적인 모든 행동이 가질 수 있는 어떤 생산적인 것을 만나게 된다면 이는 바로 이런 관점에서입니다. 이는 여러분에게 개념들을 전수하는 문제가 아니라 설명하면서 결과적으로 그것들을 충족시킬 수 있는 후속 조치들과 책무를 남기는 문제입니다. 하지만 아마도 이보다 더 시급한 일이 있다면 그것은 여러분에게 사용해선 안 되는 개념들을 지적해주는 일입니다.

만약 제가 여기서 가르치는 것 중 그런 것이 있다면, 그것은 바라건대 여러분이 각자 진리를 추구하는 과정에서 정동적인 것과 지성적인 것이라는 대립을 — 그것을 쓰지 않으면 과연 득이 없는지를 보기 위한 잠정적 명목으로라도 — 사용하는 것을 절대적으로 자제해달라는 겁니다.

그러한 대립을 사용함으로써 우리는 일련의 막다른 골목에 이르게 되는 것이 너무나 명백한 이상, 그러한 지시를 따르는 것은 바람직한 일이 아닐 수 없습니다. 그러한 대립은 분석 경험을 가장 거스르는 것 중의 하나이고 그것을 이해하는 데 가장 저해가 되는 것 중의 하나입니다.

선생은 제게, 제가 가르치는 바와 그러한 가르침에 제기될 수 있는 이의들을 해명해달라고 요구했습니다. 저는 말이 해석의 요소인 한, 선생에게 말이라는 행동의 기능과 의미를 가르쳐주었습니다. 상호주체적 303 관계를 정초 짓는 매개물이자 두 주체를 소급적으로 수정하는 것은 바로 말입니다. 제가 선생에게 잠깐이나마 엿볼 수 있게 하려 했던 존재의 차원 속에서 주체들을 창설하는 무언가를 말 그대로 창조하는 것은 바로 말입니다.

여기서 문제는 어떤 지성적 차원이 아닙니다. 지성적인 것이 어딘가에 위치한다면, 그것은 자아의 현상들이라는 수준, 정신분석을 통해 저항과 방어 현상으로서 폭로된 바 있는 자아의 상상적 투사, 의사-자연화된 — 여기서 '의사pseudO'란 기만이란 뜻입니다 — 투사 안입니다.

만약 선생이 저를 따른다면 우리는 보다 멀리 나갈 수 있을 겁니다. 문제는 제가 어디까지 갈 수 있느냐가 아니라 과연 여러분이 저를 따라오겠느냐는 것이지요. 실제로 그것이 바로 현실이라고 부를 수 있는 어떤 것을 구별 짓는 어떤 요소입니다.

시대가 흐르면서 인간의 역사를 따라 우리는 진보를 목격했습니다만 그것이 소용돌이 모양으로 진보하는 것이라 생각하면 오산입니다. 그것은 상징적 질서의 진보입니다. 수학과 같은 과학의 역사를 따라가 보십시오. 지금은 10살짜리 꼬마도 풀 수 있는 문제를 놓고 옛날 사람들은 몇 세기나 지지부진했지요. 그러한 문제들을 풀기 위해 동원된 사람들은 그럼에도 훌륭한 두뇌의 소유자들입니다. 그들은 2차 방정식을 풀기 위해 무려 10세기 동안 골몰했지요. 최대 값과 최소 값 문제들에서 두각을 나타낸 그리스인들이라면 해답을 찾을 수 있었을지도 모르겠습니다. 수학의 진보는 인간 존재의 사고력이 발전한 것이 아닙니다. 진보는 누군가가 √ 나 ∫ 같은 부호를 고안할 생각을 하게 된 날에 이루어집니다. 수학이란 바로 그런 것이지요.

우리는 이와는 성격이 다르며 좀 더 어려운 위치에 있습니다. 극도로 다의적인 상징을 다루고 있기 때문이지요. 하지만 우리가 한 걸음 더 나아갈 수 있다면 이는 오로지 우리 행동의 상징들을 적당한 방식으로 공식화할 수 있는 한에서입니다. 진일보는 모든 진일보가 그렇듯이 또한 소급적 행보입니다. 바로 그렇기 때문에 선생이 저를 따르는 한, 우리가 이렇게 정신분석을 만들어가는 과정 속에 있다고 말할 수도 있을 겁니다. 정신분석에서의 우리의 진일보는 동시에 기원에 있는 열망들로 회귀하는 것입니다.

그렇다면 여기서 문제는 무엇일까요? 전이 현상을 보다 제대로 이해하는 것이지요.

르클레르_ 제 이야기는 아직 다 끝나지 않았습니다. 제가 이 질문을 제기한다면, 우리가 이를 아직 완전히 해결하지 못했기 때문이지요. 우리 그룹에선 분명 정동적이니 지성적이니 하는 용어가 더 이상 사용되지 않습니다.

그런 용어들을 더 이상 사용하지 않는 건 유익한 일입니다. 그걸 갖고 무엇을 할 수 있겠습니까?

르클레르_ 하지만 로마 강연 이후로도 여전히 조금은 남아 있습니다.

제 기억으로 '주지화된' 용어를 지워버리기 위한 경우를 제외하곤 304

익히 알려진 저 로마 강연에선 그러한 용어를 한 번도 사용한 적이 없습니다.

르클레르_ 정확히 말씀드린다면 그러한 부재와 정동적이란 용어에 대한 직접적 공격이 충돌을 일으켰다는 거지요.

저는 그것이 우리의 논문들 속에서 완전히 지워버려야 할 용어라고 생각합니다.

르클레르_ 이런 질문을 드리면서 저는 선생님께서 유예된 상태로 남아 있는 어떤 것을 청산해주시길 바랐습니다. 지난 시간 전이에 관해 말씀하시면서 선생님께선 무지를 포함한 세 가지 근본 정념에 관해 언급하셨습니다. 바로 그것이 제가 말씀드리고자 했던 것입니다.

2

지난 시간에는 상징적 관계 속에서의 인간관계의 공간, 더 정확히는 용적을 세 개의 차원으로 나누어 소개하고 싶었습니다. 제가 지난 시간이 되어서야 정념의 모서리에 관해 언급한 것은 분명 의도적인 것이었습니다. 오브리 여사가 질문을 통해 아주 잘 강조해주신 대로 그것은 상호 인간관계가 펼쳐지는 서로 다른 영역들, 즉 실재, 상징적인 것, 상상적인 것 사이에 위치한 접경, 결렬점, 등성이를 이룹니다.

사랑은 모든 유기체와 그것을 만족시키는 대상 사이에 설정된 한계-관계로서 간주되는 것으로 욕망과는 구별됩니다. 왜냐하면 사랑의 목표는 만족이 아니라 존재이기 때문이지요. 진정으로 상징적인 관계가 존재하는 곳에서만 사랑에 관해 말할 수 있는 것은 바로 이 때문입니다.

이제 상상적 정념으로서의 사랑과 사랑이 상징적 수준에서 구성하는 적극적 자질을 구분하는 법을 배워보도록 합시다. 사랑, 사랑받기를 욕망하는 자의 사랑은 본질적으로 스스로 대상이 되어 타자를 사로잡으려는 시도입니다. 여러분도 기억하시겠지만, 제가 처음 나르시시즘적 사랑에 대해 상세히 언급한 것은 도착증의 변증법의 연장선 상에서였지요.

사랑받고자 하는 욕망은 자신이 사랑하는 상대가 자신이 대상으로 갖는 절대적 특정성에 사로잡혀 종속되기를 욕망하는 것입니다. 익히 알려진 바와 같이, 사랑받기를 열망하는 사람은 자신의 좋은 점[재화]으로 인해 사랑받는 것에는 별로 기뻐하지 않습니다. 그는 어떤 특정성으로 인해, 그러한 특정성 속에서도 가장 불투명하고 가장 납득할 수 없는 어떤 부분으로 인해 자신이 주체로서 완전히 전복될 만큼 큰 사랑을 받기를 갈구합니다. 우리는 모든 면에서 사랑받기를 원합니다. 데카르트가 말한 대로 자신의 자아뿐만 아니라 머리카락 색깔, 괴벽, 단점 등 모든 면에서 사랑받기를 원하는 겁니다.

305

하지만 역으로 그리고 심지어는 이에 상응해 바로 그런 이유로 사랑하기는 겉으로 보이는 것 너머의 존재를 사랑하는 것입니다. 사랑이라는 적극적 자질은 타자를 종적 특수성이 아니라 존재라는 측면에서 겨냥합니다.

옥타브 만노니_ 그렇게 말한 사람은 데카르트가 아니라 파스칼입니다.

데카르트에게는 모든 특정한 성질을 넘어서 자아를 점진적으로 정화시키는 것에 관한 구절이 있지요. 하지만 파스칼이 우리를 피조물 저 너머로 이끌고 가려는 한, 선생의 이야기도 틀린 이야기는 아닙니다.

옥타브 만노니_ 파스칼은 명시적으로 그런 이야기를 했습니다.

그렇긴 하지만 그는 어떤 거부rejet의 운동 속에서 언급한 것입니다.

정념이 아닌 적극적 자질로서의 사랑은 항상 상상적 매혹을 넘어서 사랑받는 주체의 존재를, 그의 특정성을 겨냥합니다. 바로 그렇기 때문에 사랑은 더 큰 사랑으로서 그의 단점과 굴곡들을 받아들일 수 있는 것이며 심지어는 오류들을 인정할 수 있는 것이지요. 하지만 사랑이 멈추게 되는 어떤 지점이 있는데, 이는 존재를 통해서만 위치할 수 있는 곳입니다. 즉 사랑받는 존재가 자신을 배신할 만큼 너무 멀리 나가버리고 계속해 자기기만 속에 있을 때 사랑은 더 이상 유지될 수 없다는 거지요.

저는 분석 경험에서 확인할 수 있는 이러한 현상학을 전부 다 펼쳐놓진 않겠습니다. 저는 주체[환자]가 말 속에서 상징적으로 자신을 실현할 때 참여하는 세 구분선 중의 하나가 사랑인 한 그러한 사랑이 타자의 존재를 지향한다는 점을 여러분에게 주지시킨 것으로 만족합니다. 존재를 긍정하는 기능을 가진 말이 부재하는 경우에는 오로지 *Verliebtheit*, 상상적 매혹만 있을 뿐입니다. 거기엔 사랑이 없지요. 사랑이 있다면 그것은 적극적 자질로서의 사랑이 아니라 피동적subi 사랑입니다.

자, 그런데 증오도 마찬가지입니다. 타자에 대한 파괴가 상호주체적 관계 구조 자체의 한 극을 이룬다는 점에서 증오엔 상상적 차원이 있습니다. 제가 지적한 바와 같이 헤겔은 바로 여기서 두 의식이 공존할 때 봉착하게 되는 막다른 골목을 알아보았고 이로부터 오로지 위신만을 위한 투쟁이라는 신화를 도출해냈습니다. 바로 여기서도 상상적 차원은 상징적 관계에 의해 틀지어져 있습니다. 적이 사라진다고 증오가 충족될 수 있는 게 아닌 것은 바로 이 때문입니다. 사랑이 타자의 존재를 확장시키기를 열망한다면 증오는 반대로 타자의 존재의 실추, 일탈, 탈선, 망상, 세부적 부정, 전복 등을 원합니다. 바로 이런 점에서 증오는 사랑과 마찬가지로 하나의 무한궤도를 이루지요.

이 점을 이해하기가 더 힘들 텐데, 왜냐하면 아마도 우리가 생각한 것만큼 별로 유쾌한 건 아닌 이유들로 말미암아 오늘날 우리는 인간이 자신의 운명에 대해 좀 더 열려 있던 시대만큼 증오의 감정을 경험해보지 못했기 때문입니다.

물론 우리는 불과 얼마 전에 이런 류로는 적지 않은 현상을 목격했습니다. 그럼에도 불구하고 오늘날의 주체는 보다 강렬한 형태의 증오의 체험을 감당해야 할 필요가 없어졌습니다. 왜 그럴까요? 이는 우리 문명이 그 자체로 이미 충분히 증오의 문명이기 때문입니다. 우리에겐 파괴를 향한 경주로가 아주 잘 닦여있지 않는지요? 증오는 우리의 일상적인 담화 속에서 많은 구실 아래 포장되어 있고 너무나 쉽게 합리화되고 있습니다. 아마도 우리 안에서 존재를 파괴하고자 하는 요청을 충족시키는 것은 솜털처럼 흩어져 침전되어 있는 증오입니다. 마치 우리 문명에서 인간 존재의 대상화가 자아의 구조 속에서 증오의 축에 정확히 부응했던 것과 같이 말이지요.

306

옥타브 만노니_ 서구의 모랄리즘이지요.

그렇습니다. 여기서 증오는 일상의 대상들에 의해 연명해야 합니다.

특권화된 주체들에게서 증오가 완전히 실현되는 곳, 즉 전쟁 속에서 증오를 찾아볼 수 없다고 생각한다면 이는 오산일 겁니다.

사랑과 증오에 대해 말하면서 저는 존재가 실현되는 길을 지적했음을, 존재의 실현이 아니라 단지 그러한 길을 지적했음을 유념하시기 바랍니다.

그런데 만일 주체가 진정한 진리를 추구하는 일에 몸담는다면, 이는 그가 무지의 차원에 있기 때문이지요. — 그가 이 점을 알든 모르든 이는 중요한 게 아닙니다. 바로 여기에 분석가들이 *readiness to the transference*, 전이에 대한 개방성이라고 부르는 요소 중의 하나가 있습니다. 환자는 말로 고백하는 위치에 있다는 사실만으로도 전이에 대해 열려 있지요. 분석가에게서도 또한 무지는 고려해볼 만한 가치가 있습니다.

분석가가 담화 전체를 통해 무지 차원 속에서 자신에게 질문하는 자에게 답해야 하는 이상, 당연히 그는 이를테면 무지 차원이 존재로 접근할 수 있는 힘을 지녔다는 점을 알아야 할 것입니다. 분석가는 주체를 *Wissen*, 어떤 지식으로 이끄는 것이 아니라 그러한 지식에 도달하는 길로 이끌어야 합니다. 분석가는 주체를 변증법[산파술]적 작용 속으로 끌어들여야 합니다. 이는 주체에게 그가 틀렸다고 말하기 위해서가 아닌데, 왜냐하면 그는 필연적으로 오류 속에 있을 수밖에 없기 때문입니다. 분석가가 주체를 변증법[산파술]적 작용 속에 끌어들여야 한다면, 이는 주체가 제대로 말하고 있지 못하다는 점을, 다시 말해 어떤 무지한 자처럼 [자신이 무슨 말을 하는지] 알지 못한 채 말을 하고 있다는 점을 그에게 보여주기 위해서이지요. 왜냐하면 중요한 것은 [지식에 도달하는] 그의 오류의 길들이기 때문입니다.

정신분석은 하나의 변증법[산파술]입니다. 정신분석은 몽테뉴가 그의 저작 3권 8장에서 말한 "일종의 서임 기술un art de confére"이지요. 『메논』에서 소크라테스의 서임 기술은 노예에게 자기 자신의 말에 참된 의미를 부여하는 법을 가르치는 것이었습니다. 그런데 이러한 기술은 헤겔에게서도 마찬가지입니다. 바꿔 말해 분석가는 *ignorantia docta*의 위치에 있는데, 이는 무지가 뭔가를 알고 있다는 뜻이 아닙니다. 그것은 무지가 형식적formel인 것이며, 따라서 주체를 훈련시키는formant 것이 될 수 있다는 뜻입니다.

요즘 같은 증오의 시대에는 시대 분위기상 *ignorantia docta*를 제가 — 이는 어제 오늘의 일이 아닙니다 — *ignorantia docens*이라고 부른 307 것으로 변형시키는 것에 대해 커다란 유혹이 있습니다. 만일 정신분석가가 자신이 무언가를, 가령 심리학과 관련해 무언가를 안다고 생각한다면, 이는 이미 그의 파멸의 시작입니다. 왜냐하면 심리학은 심리학 자체가 인간 존재에 대한 그릇된 관점이라는 사실 외에 별다른 것을 가르쳐주지 않기 때문입니다.

여러분이 자신도 모르는 사이 인간 존재를 잘못된 관점, 즉 그릇된 지식의 관점에서 바라보는 이상, 인간 존재의 실현이란 것이 무엇인지를 여러분에게 이해시키려면 저는 상투적인 예들을 사용해야 할 것 같습니다.

어쨌든 누군가가 '나는 ~이야', '나는 ~일거야', '나는 ~이었을 거야', '나는 ~이길 원해'라고 말할 때 여러분은 거기에 언제나 도약, 간극이 있음을 깨달아야 합니다. '나는 정신분석가'라고 말하는 것은 '나는 왕'이라고 말하는 것만큼이나 현실과 비교했을 때 터무니없는 것입니다. 이 둘은 모두 완전히 유효한 진술이지만 그럼에도 소위 말하는 능력의 척도라는 측면으로는 결코 입증될 수 없는 것입니다. 타자들이 부과한 것을 어떤 이로 하여금 떠맡게 만드는 상징적 승인légitimation과 그가 정말 임무를 맡을 능력이 있는지는 완전히 별개입니다.

한 사람이 왕이 되길 거절한다면 이는 그가 그러한 제안을 받아들일 때와 동일한 가치를 갖지 않습니다. 그가 그것을 거절한다는 사실 자체에 의해 그는 왕이 아닙니다. 그는 일개 쁘띠부르주아입니다. 가령 윈저 공公을 생각해보십시오. 대관식을 앞두고 "나는 내가 사랑하는 여자와 살고 싶다"고 말한 사람은 그럼으로써 왕으로서의 존재의 영역 이쪽에 남게 되지요.

하지만 어떤 이가 '나는 왕'이라고 말한다면 — 그리고 그렇게 말하면서 상징적 관계들의 일정한 체계에 따라 왕이 된다면 — 이는 단순히 하나의 직무를 수임하는 것이 아닙니다. 이는 매순간 그를 규정하는 모든 심리학적 수식들의 의미들을 바꾸어 버립니다. 이는 그의 열정, 의도, 심지어 어리석음에도 완전히 다른 의미를 부여합니다. 이 모든 기능은 그가 왕이라는 사실만으로도 왕권의 기능이 됩니다. 왕권의 영역 속에서 그의 지력은 완전히 다른 것이 되며 그의 무능력조차도 그를 둘러싼 일련의 수많은 운명을 구조화하고 집중시키기 시작합니다. 왕으로 임명된 인물이 어떤 양식에 따라 왕권을 집행한다는 이유로 말미암아 그러한 운명들은 완전히 뒤바뀌게 될 겁니다.

이런 일은 축소된 형태로 매일같이 일어납니다. 변변치 못한 직장에 온갖 말썽을 일으키는 아주 보잘것없는 한 남자가 이를테면 지존의 자리에 임명되었다고 생각해봅시다. 그의 권한이 아무리 제한되어 있다 해도 그는 완전히 바뀌게 됩니다. 이 점을 알기 위해서라면 그의 일상을 관찰해보는 것으로 충분할 겁니다. 그의 장점의 의미뿐만 아니라 단점의 의미까지 변화하며 이 둘의 관계가 뒤집히게 되지요.

이는 또한 자격 부여, 시험 속에서 감추어진 채 은밀하게 드러나는 일이기도 합니다. 왜 우리는 이미 오래전에 아주 훌륭한 심리학자가 되었음에도 지난날 자격증, 자격시험처럼 통과의례의 가치를 지녔던 다양 308 한 관문을 포기하지 못하는 걸까요? 만일 우리가 그러한 가치를 정말로 폐지했다면 왜 성과물, 한 해에 딴 점수의 총합, 심지어 주체[환자]의 능력을 측정한다고 하는 일체의 시험이나 테스트를 통한 임명제를 포기하지 못하는 걸까요? 왜 그러한 시험에 저 뭔지 모를 쾌쾌 묵은 특성을 그대로 남겨놓는 것일까요? 우리는 스스로를 감옥 속에 가두고 벽을 발로 걷어차는 사람처럼 그러한 기회와 요행의 요소들을 비난합니다. 진실을 말한다면, 이는 한 마디로 상징적인 것에 해당되는 자격증으로 주체를 포장하는 시험은 완전히 합리화된 구조를 가질 수 없다는 것이며, 양적 합산이라는 영역 속에 적절하게 기입될 수 없다는 겁니다.

그런데 그런 경우를 만날 때 우리는 자신이 영리하다고 생각하며 혼잣말로 이렇게 말합니다. '당연히 시험이 통과의례적 특성을 지닌다는 점을 정신분석학적으로 보여주는 훌륭한 논문을 한편 써보자.'

시험이 그러한 특성을 갖고 있다는 것은 분명합니다. 우리가 그러한 점을 깨달았다는 것은 다행스런 일이지요. 하지만 정신분석가가 항상 그것을 잘 설명해주는 것은 아니라는 점은 불행한 일입니다. 그는 하나의 단편적인 발견을 하고 그것을 사유의 전능함, 마술적 사유라는 관점에서 설명하지만 여기서 근본적인 것은 상징 차원입니다.

3

누구 다른 질문 없으신지요?

베자라노 박사_ 저는 한 가지 구체적인 예를 염두에 두고 있는데요. 도라 사례 속에서 서로 다른 영역이 어떻게 이어지는지를 보여주셨으면 합니다.

도라 사례 속에서는 그것이 명확히 다루어지고 있지 않습니다만 그래도 전이에 대한 질문 전반에 관해 하나의 결론적인 답변을 제시하면서 그것을 분명히 자리매김할 수 있을 것입니다.

분석 경험은 프로이트가 처음에 꿈, 말실수, 재담, 이 세 가지 요소를 발견하면서 시작되었습니다. 네 번째 요소는 증상입니다. 증상은 음소로 이루어져 있지 않다는 점에서 *verbum*이 아니라 *signum*, 유기체에 기초한 — 아우구스티누스의 텍스트 속에서 구별된 다양한 영역을 기억한다면 — *signum*으로 활용될 수 있습니다. 물론 이렇게 시작된 경험에 비해선 뒤늦었지만 — 프로이트 자신은 겁이 났다고 말했지요 — 프로이트가 전이 현상을 구별해낸 것은 바로 이러한 경험을 통해서입니다. 전이는 제대로 인정받지 못했을 때엔 치료에 장애물처럼 작동했지요. 전이가 인정되자 그것은 치료의 가장 좋은 버팀목이 됩니다.

309 하지만 프로이트는 전이의 존재를 깨닫기 전에도 이미 전이에 대해 언급한 적이 있지요. 제가 이미 지적한 바처럼 실제로 『꿈의 해석』에는 말의 이중적 수준과 관련해 프로이트가 *Übertragung*에 대해 제시한 정의를 읽을 수 있습니다. 담화의 어떤 부분들은 의미 효과들이 탈투자되었지만 또 다른 의미 효과, 무의식적 의미 효과에 의해 뒤편에서부터 점유되어 있다는 겁니다. 프로이트는 이 점을 꿈과 관련해 보여주었고, 저는 이를 명백한 말실수들을 통해 보여주었습니다.

유감스럽게도 올해에는 말실수에 대해선 거의 다루지 못했습니다.

하지만 말실수는 근본적 차원 중의 하나인데, 왜냐하면 그것은 모든 의미에 담긴 무의미라는 근원적 얼굴을 드러내기 때문이지요. 의미가 출현하고 창조되는 어떤 지점이 있습니다. 하지만 우리는 그곳에서도 의미가 창조됨과 동시에 무화되고 있다는 느낌, 그러니까 의미가 무화됨으로써 창조된다는 느낌을 아주 분명하게 받을 수 있습니다. 재담이란 무엇일까요? 무의미가 계산된 방식에 따라, 의미 있는 듯 보이는 담화 속으로 난입하는 것이 아닐까요?

옥타브 만노니_ 그것은 말의 배꼽과 같은 지점이지요.

바로 그것입니다. 꿈속에는 아주 희미한 배꼽이 있습니다. 반면, 재담의 배꼽은 아주 선명합니다. 그것의 가장 핵심적인 본질을 표현해주는 것은 바로 무의미입니다.

자, 그런데 우리는 이 전이가 우리의 버팀목임을 깨닫습니다.

저는 다양한 이론가가 전이를 이해하는 세 가지 방향을 지적한 바 있습니다. 교훈적인 것에 지나지 않는 이 삼분법을 통해 분명 여러분은 분석의 현재 경향을 만날 수 있을 겁니다. — 물론 이는 훌륭한 것은 못되지만 말입니다.

몇몇 이들은 전이 현상을 실재와의 관련 속에서, 다시 말해 현재의 현상으로 이해하기를 원합니다. 그들은 분석이란 *hic et nunc*와 관련되어야 한다고 말하며 뭔가 큰 발견을 한양 떠들어댑니다. 놀라운 것을 발견해낸 양, 독창적인 것을 해낸 양 의기양양해하는 것이지요. 에스리엘Esriel은 이 주제에 대해 매우 인상 깊은 것들을 썼습니다. 이미 열려 있는 문을 [한 번 더] 박차고 들어서는 식인데요. 그는 전이가 바로 거기에 있으며, 단순히 문제는 그것이 무엇인지를 아는 것이라고 말하지요. 전이를 실재 수준에서 접근한다면, 그것은 실재지만 현실적이 아니라 환영적인 실재라는 이야기가 됩니다. 실재라 함은 주체가 거기서 가게주인과 실랑이를 벌이고 있는 것을 말하며, 환영적이란 그가 가게주인이 아니라 자신[분석가]을 향해 고함을 지르고 있다는 것을 말합니다. 이것이 바로 에스리엘이 든 예입니다. 따라서 그는 가게주인 때문에 분석가에게 고함칠 하등의 이유가 없음을 주체[환자]에게 보여주어야 한다고 결론짓지요.

따라서 정서, 정동적인 것, 방출 작용, 그리고 실제로 분석 기간 동안 일어나는 상당수의 단편적인 현상을 가리키는 그 외의 용어들에서 출발한다고 해도 우리는 본질적으로 지성적인 무언가로 귀착하게 된다는 것을 여러분에게 지적하고 싶습니다. 이에 기초한 조치는 결국 프로이트가 310 자신의 첫 번째 사례들을 운용하는 방식으로 사용함으로써 우리를 아주 경악케 했던 교화라는 첫 번째 실천 유형과 등가적인 실천으로 귀착합니다. 주체[환자]에게 실재 속에서 행동하는 법을 가르쳐야 하고 그가 시류에 밝지 않다는 그에게 보여주어야 한다는 것입니다. 이것이 교육과 교화가 아니라면 과연 무엇인지 궁금할 따름입니다. 어쨌든 그것은 현상을 다루는 완전히 피상적인 한 가지 방식입니다.

전이 문제를 다루는 또 하나의 방식은 전이를, 우리가 여기서 빠트리지 않고 중요하다고 역설한 상상적인 것 수준에 놓는 것입니다. 상대적으로 최근에 이루어진 동물행동학의 발전을 통해 우리는 그것에 대해 프로이트가 할 수 있던 것보다 더 분명한 구조를 제시할 수 있게 되었습니다. 하지만 이 차원은 프로이트의 텍스트에서 상상적인 것이라는 이름으로 명명되었다는 것은 의심의 여지가 없습니다. 어떻게 그가 그것을 피할 수 있었겠습니까? 여러분은 올해 「나르시시즘 입문」에서 생물과 그것이 욕망하는 대상들의 관계는 상상적인 것의 기능을 제대로 위치시키는 게슈탈트의 조건들과 결부되어 있음을 충분히 보았습니다.

분석 이론은 상상적인 것의 기능에 대해 전혀 모르지 않습니다. 하지만 그러한 기능을 오로지 전이를 다루기 위해 도입하는 것은 눈 가리고 아웅 하는 것에 지나지 않습니다. 왜냐하면 상상적인 것의 기능은 도처에서, 특히 동일시와 관련해 나타나기 때문이지요. 다만 중요한 것은 그것을 그릇되게 그리고 삐딱하게 사용하지 않는 것입니다.

이런 맥락에서 상상적인 것의 기능이 모든 동물 커플의 행태 속에서 작동한다는 것을 주목하도록 합시다.

성적 행태의 주기 속에 있는 개체들의 짝짓기 기간과 결부된 모든 행동에는 구애[과시]parade의 차원이 나타납니다. 성적 구애[과시]가 진행되는 동안 각 개체는 2자적 상황 속에 사로잡히게 되고, 그러한 2자적 상황 속에서 상상적 관계라는 중개물을 통해 어떤 동일시가 확립되는데, 이러한 동일시는 본능의 주기와 결부된다는 점에서 아마도 일시적인 것입니다.

수컷들 간의 결투가 이루어지는 동안에도 우리는 마찬가지로 상상적 결투 속에서 주체들이 서로 조화를 이루는 것을 확인할 수 있습니다. 적들 사이에서 대결을 일종의 춤으로 변형시키는 어떤 원격 조정이 이루어집니다. 그런데 짝짓기에서와 같은 주어진 한 시점에 — 손이라고 말하긴 좀 뭣한 — 발톱, 이빨, 가시를 사용하지 않고도 어느 한쪽의 우위가 인정되도록 역할이 배분됩니다. 나머지 한쪽은 수동적 태도를 취하고 상대의 우위를 받아들이게 되지요. 한쪽은 상대 앞에서 꽁무니를 빼고 상대가 게슈탈트 수준에서 내세우는 것에 의거한 역할 중의 하나를 맡게 됩니다. 적들은 둘 중의 하나를 파멸로 몰고가게 될 실재적 대결을 피하고 갈등을 상상적 수준으로 옮겨놓습니다. 각자는 상대방의 이미지에 맞추어 행동합니다. 그렇게 해서 역할들을 2자적 상황 전체 안에서 배분하는 조정이 이루어집니다.

인간에게서 상상적인 것은 거울 이미지로 축약되고 전문화되고 집중되고, 그러한 거울 이미지로부터 막다른 골목과 상상적 관계의 기능이 동시에 만들어집니다.

311 자아의 이미지 — 자아가 이미지라는 사실 만으로도 자아는 이상적 자아입니다 —는 인간에게 모든 상상적 관계를 압축해서 보여줍니다. 자아의 이미지는 기능들이 아직 충분히 완성되지 않았을 때 나타남으로써 어떤 유익한 가치를 제시합니다. 이러한 가치는 유아가 거울 현상을 희열과 함께 받아들일 때 아주 잘 나타납니다. 하지만 이는 그럼에도 생명의 조산성과 관계가 있으며, 따라서 원초적 결손, 즉 자아의 이미지와 구조적으로 결부되어 있는 어떤 간극과 관계가 있습니다.

주체는 이 자기의 이미지가 자신의 범주들의 틀, 세계 — 대상 —를 이해하는 틀 자체임을 끊임없이 재발견하게 될 겁니다. 이러한 재발견은 타자의 매개를 통해 이루어집니다. 주체는 타자와의 관계들의 변증법이 전개되는 출발점인 자신의 이상적 자아를, 항상 타자 속에서 재발견하게 됩니다.

만일 이러한 이미지를 충족시킨다면 타자는 나르시시즘적 투자 대상, *Verliebtheit*의 투자 대상이 됩니다. 베르테르가 샤를로테를 만났을 때를 기억해봅시다. 그때 그녀는 아이를 안고 있었지요. — 바로 그것이 소설의 젊은 주인공의 나르시시즘적 이미지를 명중시킨 것이지요. 반대로, 마찬가지 맥락에서 타자가 주체에게서 자신의 이상과 이미지를 앗아간다면 이는 극대치의 파괴적 성향을 초래하게 됩니다. 아주 사소한 것으로도 타자와의 상상적 관계는 이쪽이나 저쪽으로 돌변하게 됩니다. 이는 *Verliebtheit* 속에서 갑작스럽게 일어나는 사랑과 증오의 변형에 대해 프로이트가 제기했던 의문들에 해결의 실마리를 제공합니다.

이러한 상상적 투자 현상은 전이 속에서 주축 역할을 담당합니다.

만일 말의 차원 속에서, 그리고 말의 차원을 통해 자리 잡는다는 것이 사실이라면 전이는 상상적 관계가 타자, 이 경우엔 분석가와의 말의 관계 속에서 몇 가지 중요한 지점들에 도달했을 때만 그러한 상상적 관계를 계시하게 됩니다. 소위 말하는 기본 규칙에 의해 상당수 규약을 철회한 담화는 보통의 담화에 비해 다소간 자유롭게 움직이기 시작하고, 진실 된 말로 하여금 잘못된 담화[오류의 담화]와 다시 한 번 결탁하게 만드는 계기가 되는 풍요로운 착오 속으로 주체를 이끕니다. 하지만 또한 말이 계시, 생산적 착오를 피해 기만 — 이는 우리 경험의 주체 자체를 제거하지 못하게 하고 그러한 경험을 대상적 관점들로 축소시키지 못하도록 만드는 본질적 차원이지요 — 속으로 발전할 때 발견되는 것은 주체의 역사 속에 통합되지 않은 지점들, 책임져지지 않고 억압된 지점들이지요.

분석의 담화 속에서 주체는 자신의 진리, 통합, 역사에 해당하는 것을 발전시킵니다. 하지만 이 역사 속에는 어떤 구멍들이 나 있는데, 그곳은 *verworfen*된 것이나 *verdankt*된 것이 발생했던 곳입니다. *verdankt*된 것은 한때 담화 속으로 들어왔다가 거부된 것이지요. *verworfen*된 것은 처음부터 거부된 것입니다. 지금으로선 이 구분에 대해 더 길게 논하고 싶진 않습니다.

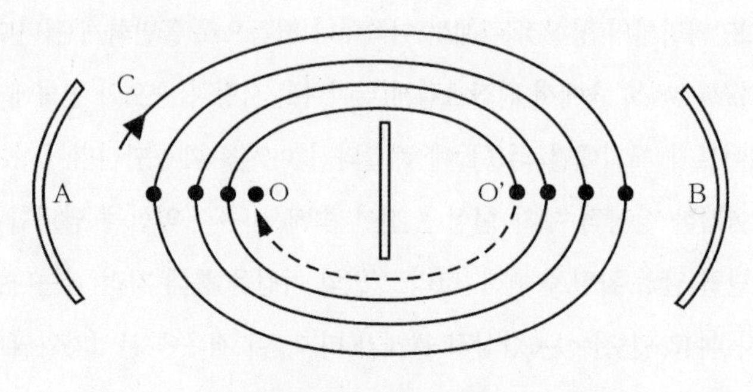

분석에 관한 하나의 도식

312 전이 현상은 상상적 결정화 작용을 만납니다. 전이 현상은 그러한 결정 작용 주변을 맴돌며 그러한 작용과 합류해야 합니다.

O에는 자아에 대한 주체의 무의식적 관념이 위치합니다. 이러한 무의식은 주체가 자신의 구조화하는structurant 이미지, 자신의 자아 이미지와 관련해 본질적으로 몰인식하고 있는 부분, 다시 말해 그의 역사의 상징적 발달에 동화될 수 없는 — 그것이 트라우마적이었음을 의미하지요 — 상상적 고착에 매혹된 부분으로 구성됩니다.

분석 속에서 관건은 무엇일까요? 주체의 접근이 막혀 있는 어떤 형태로서 O의 지점에 기억되어 있는 다양한 사건을 주체가 전체화할 수 있게 되는 것이지요. 그러한 기억은 언설화를 통해서만, 다시 말해 타자, 즉 분석가를 매개로 해서만 열리게 됩니다. 자신의 잘려나간 상상적인 것을 현실화하는 길속으로 주체가 접어드는 것은 말을 통해 자신의 역사를 짊어지게 됨으로써 이지요.

주체가 상상적인 것을 자신의 담화 속에서 짊어짐에 따라, 그리고 그러한 담화를 타자에게 들리게 만드는 한, 상상적인 것의 이러한 보완이 성취되는 것은 바로 타자를 통해서입니다.

O쪽에 있는 것은 O'쪽으로 이동합니다. 주체 쪽 A에서 진술된 모든 것이 분석가 쪽 B에서 들리게 됩니다.

분석가가 그것을 듣게 되면, 이에 부응해 주체 또한 그것을 듣게 됩니다. 그의 담화의 메아리는 이미지의 거울상에 대칭적입니다. 제가 도식에서 나사선으로 나타낸 이 순환적 변증법은 O'와 O 사이를 한층 더 꽉 조이게 됩니다. 주체는 자기 존재 속으로 진일보함에 따라 A와 O 사이에 할당된 일련의 점을 거쳐 궁극적으로 O에 이르러야 합니다.

이러한 선상에서 주체는 수십 차례에 걸쳐 작업을 재개하고 자기 역사를 일인칭으로 고백하면서, 초자아를 구성하는 제지와 억제를 해소해버리며, 그가 시간을 발견해야 하는 곳인 근본적인 상징적 관계들의 질서 속으로 진일보하게 됩니다. 이를 위해서는 시간이 필요합니다.

만일 담화의 메아리가 O'의 지점에 너무 급속도로 가까워지면 — 다시 말해 전이가 너무 강렬하게 이루어지면 — 저항을 환기시키는 어떤 중대한 현상이 발생합니다. 즉 우리가 명시적으로 확인할 수 있는 가장 심각한 형태의 저항인 침묵이 발생하는 것이죠. 바로 이런 점에서 여러 313 분은 프로이트의 말처럼 전이가 과도한 경우에는 방해물이 된다는 것을 이해하실 수 있을 겁니다.

우리는 또한 만일 이 침묵의 순간이 적절한 시점에 발생한다면 침묵이 침묵으로서의 모든 가치를 갖는다고 말해야 합니다. — 침묵은 단순히 부정적인 것이 아니라 말의 저 너머에 있는 무언가로서 가치를 갖게 됩니다. 전이 속에서 몇몇 침묵의 순간은 주체가 타자 자체의 현존을 더없이 날카롭게 포착해내는 순간을 의미합니다.

마지막으로 한 마디만 더 하겠습니다. O의 지점과 구분되는 한에서의 주체는 어디에 위치시킬 수 있을까요? 그는 필연적으로 A와 O사이

— 다른 어떤 지점보다도 O에 훨씬 가까운 곳 — 어딘가에 위치합니다. 이를 테면 C로 되돌아가기 위해 말입니다.

종강과 함께 여러분에게 즐거운 시간이 되었으면 하는 이번 방학엔 기술에 대한 프로이트의 값진 소논문들을 이런 관점에서 다시 한 번 읽어보시기 바랍니다. 논문들을 다시 읽어보시면 그것들이 얼마나 새롭고 보다 신선한 의미로 다가올지를 확인하시게 될 겁니다. 여러분은 전이가 저항으로 나타나는 동시에 분석의 원동력으로 나타난다는 표면적인 모순들이 상상적인 것과 상징적인 것의 변증법 속에서만 이해될 수 있다는 것을 깨닫게 되실 겁니다.

장점이 전혀 없지 않은 어떤 분석가들은 저항 분석이라는 타이틀로 치장된 최신의 분석 기술이란 분석가에게 방어 메커니즘으로 나타나는 일정수의 '패턴들'을 주체의 자아 속에서 추출해내는 — 베르글러의 용어로 하자면 *single-out* — 것으로 이루어진다고 진술한 바 있습니다. 이는 프로이트가 초기 저작들에서 도입했다가 가장 난해한 논문 중의 하나이자 가장 많은 오해를 산 논문 중의 하나인 「억제, 증상, 불안」에서 재도입한 방어 개념을 완전히 왜곡한 것입니다.

이 경우에 문제가 되는 것은 하나의 지적 조작입니다. 방어들이 어떤 저 너머, 그냥 저 너머에 있을 뿐인 무언가 — 그것이 무엇인지는 중요하지 않습니다 — 에 대해 방해물이 된다고 가정되는 한, 여기서 문제는 더 이상 방어의 상징적 특성을 분석하는 것이 아니라 방어를 제거하는 것이기 때문이지요. 페니헬을 읽어보시면 모든 것이 방어라는 관점에서 이해됨을 볼 수 있습니다. 주체는 여러분에게 완전히 드러난 성적 특성이나 공격적 특성을 지닌 성향들을 표현하지 않는지요? 주체가 그런 성향들을 말한다는 사실만으로도 그들은 그 뒤에서 훨씬 더 중성적인 무언가를 찾아내려고 합니다. 만일 제일 먼저 제시되는 모든 것을 방어로 규정한다면, 모든 것이 배후에 무언가 다른 것을 숨기고 있는 하나의 가면으로 간주될 수 있음은 당연합니다. 장 콕도의 다음과 같은 유명한 우스갯소리는 바로 이러한 체계적인 전도를 풍자한 것입니다. — "만일 우산에 관해 꾼 꿈이 성적 동기 때문이었다고 말할 수 있다면, 자신을 덮치면서 공격하는 독수리 꿈을 꾼 사람에게 그것이 그가 우산을 잊어버렸기 때문이라고 말하지 못할 이유가 있을까?"

정신분석적 개입의 역점을 그러한 저 너머의 무언가를 감추고 있을지도 모르는 어떤 패턴들을 제거하는 것에 둔다면, 분석가는 자신이 주 [314] 체의 행태에 대해 갖는 생각만을 안내자로 삼을 수밖에 없습니다. 분석가는 자기 자신의 자아와 일관된 어떤 규범에 따라 주체의 행태를 정상화하려고 합니다. 따라서 이는 항상 자아를 자아에 의해, 그리하여 우월한 자아 — 다들 알다시피 분석가의 자아란 별 것 아닌 게 아닙니다 — 에 의해 모델링하는 것이 되겠지요.

눈베르크를 읽어보시기 바랍니다. 그는 치료의 본질적 원동력이 무엇이라고 생각할까요? 바로 분석가의 동맹군이 되어야 할 주체의 자아가 지닌 선한 의지입니다. 주체의 새로운 자아란 곧 분석가의 자아가 아니고 무엇이겠습니까? 이런 맥락에서 호퍼Hoffer 선생은 치료의 정상적 종료는 분석가의 자아와 동일시하는 것이라 말하게 됩니다.

이상적 자아가 아닌 자아 이상을 재통합하는 것, 말을 통해 자아를 책임지는 것에 지나지 않는 이러한 종료에 대해 발린트는 인상 깊은 기술을 한 바 있습니다. 즉 주체는 세계를 가로지르며 어떤 나르시시즘적 이미지의 자유, 일종의 숭고한 방면, 일종의 반조광증semi-maniaque 상태 속으로 들어간다는 것인데요. — 그것으로부터 그가 정신을 차리고 스스로 상식의 길로 다시 들어설 수 있도록 우리는 그에게 약간의 시간을 주어야 합니다.

이러한 생각이 전적으로 틀린 것만은 아닙니다. 왜냐하면 분석 속엔 정말로 어떤 시간적 요인이 있기 때문입니다. 당연히 애매한 방식으로긴 하지만 이는 흔히 지적되어온 바이기도 합니다. 분석가라면 누구나 자신의 경험 속에서 시간적 요인을 포착할 수밖에 없습니다. — 거기엔 이해를-위한-시간이 진열된다고 할 수 있지요. 여러분 중 『늑대인간』에 대한 저의 강의에 참석하셨던 분들은 이 사례에서 어떤 참조점을 확인하실 수 있을 겁니다. 그런데 여러분은 *Durcharbeiten*을 다루는 프로이트의 『기술론』에서 이해를-위한-시간을 다시 발견하게 될 겁니다.

그것은 심리적 마모의 질서에 속하는 것일까요? 아니면 오히려, 텅 빈 말과 꽉 찬 말을 다룬 제 글에서 언급한 것처럼 담화, 노동으로서의 담화의 질서에 속한 것일까요? 당연히 후자겠지요. 담화는 그것이 자아의 구성에 완전히 연루된 것처럼 보일 때까지 충분히 오랫동안 지속되어야 합니다. 주인을 위해 건설되었던 담화는 이제 주인 속에서 갑자기 용해되어 버릴 수 있습니다. 담화는 자신의 고유한 가치 속으로 추락하고 하나의 노동으로만 보이게 됩니다.

이를 통해 우리가 도달하게 되는 곳은 어디일까요? 개념은 곧 시간이라는 사실을 다시금 상정하게 되는 것이 아니라면 말입니다. 이런 의미에서 우리는 전이는 분석의 개념 자체라고 말할 수 있습니다. 왜냐하면 전이는 분석의 시간 자체이기 때문이지요.

소위 저항 분석이라는 것은 항상 자아의 '패턴들', 방어들, 숨겨진 것들을 밝히는 데 지나치게 집착하며, 바로 이런 이유에서 경험이 우리에게 보여주었고 프로이트가 『기술론』의 한 대목에서 가르쳐주었듯이 그러한 분석은 주체[환자]를 진일보시킬 수 없습니다. 프로이트는 이런 경우에는 기다려야 한다고 말합니다.

우리는 기다려야 합니다. 우리는 주체[환자]가 상징 수준에서 문제가 되는 차원을 실현하기 위해 필요한 시간, 다시 말해 분석 속에서 체험된 것 — 저항 분석에 의해 실현된 치근덕거림, 소란, 포옹 — 으로부터 몇몇 반복성 자동운동의 고유한 지속을 추출해내기 위해 필요한 시간을 기다려야 합니다. 그것이 바로 그것들에 일종의 상징적 가치를 부여하는 것입니다. 315

옥타브 만노니_ 제 생각에 이는 구체적인 문제인 것 같습니다. 가령, 인생 자체가 기다림인 강박증자들이 있지요. 그들은 분석을 또 다른 기다림으로 만들어 버립니다. 제가 이해하길 원하는 것은 바로 이런 문제입니다. 왜 분석이라는 기다림이 삶 속의 기다림을 어떤 일정한 방식으로 반복하며 대신하는 걸까요?

지당하신 말씀이십니다. 어떤 분이 도라 사례와 관련해 바로 이 문제를 저에게 제기한 바 있지요. 작년에 저는 주인과 노예의 관계를 중심으로 『늑대인간』의 변증법에 관해 논했습니다. 강박증자가 기다리는 것은 무엇일까요? 바로 주인의 죽음입니다. 주인의 죽음을 기다리는 것이 강박증자에게 무슨 소용이 있을까요? 그러한 기다림은 강박증자와 죽음 사이에 위치합니다. 주인이 죽으면 모든 것이 시작될 거라는 식이지요. 여러분은 이러한 구조를 모든 유형의 강박증자들에게서 다시 발견하게 될 겁니다.

게다가 노예가 그러는 것은 마땅한 일입니다. 그가 그러한 기다림에

내기를 걸 수 있다는 것은 당연합니다. 베르나르Tristan Bernard가 체포되어 단치히 수용소에 수감될 때 했다고 한 말을 인용한다면 우리는 이렇게 말할 수 있겠지요. "지금까지 우리는 불안 속에서 살아왔습니다. 이제 우리는 희망 속에서 살게 될 겁니다."

주인은 죽음과 훨씬 더 비약적 관계를 맺는다고 말할 수 있습니다. 순수한 상태의 주인은 이와 관련해 절망스런 위치에 있는데, 왜냐하면 그는 자신의 죽음밖에 기다릴 게 없기 때문이지요. 그가 노예의 죽음으로부터 기대할 것이라곤 아무것도 없으니 말입니다. 노예의 죽음은 거추장스러운 일이기만 할 뿐입니다. 반면에 노예는 주인의 죽음으로부터 기대할 게 무척이나 많지요. 주인의 죽음 외에도 그는 완전히 실현된 모든 존재가 그렇듯이 자신의 죽음과 대면해야 할 것입니다. 노예는 하이데거적 의미에서 자신의 죽음을-향한-존재être-pour-la-mort를 책임져야 할 것입니다. 정확히 말해, 강박증자는 자신의 죽음을-향한-존재를 책임지지 않습니다. 그에겐 그것이 유예되어 있지요. 우리가 그에게 보여주어야 하는 것은 바로 이 점입니다. 바로 이것이 진정한 주인의 이미지가 수행하는 기능입니다.

옥타브 만노니_ …… 분석가라는 주인 말이군요.

…… 분석가에게서 육화된 주인입니다. 강박증자가 자신의 강박증의 개념을 현실화시키는 것은 주인의 감옥으로부터의 상상적 출구를 무수히 그려본 후에만, 그것도 일정한 절분, 어떤 '타이밍'에 의거해서만, 오로지 그때만 가능할 것입니다.

각각의 강박증 사례에는 필연적으로 상당한 수의 시간적 절분이, 심지어는 디지털적 기호가 있습니다. 이는 제가 이미 「논리적 시간」에서 다루었던 것입니다. 주체는 타자의 생각을 생각하면서 타자 속에서 자신의 운동의 윤곽과 이미지를 봅니다. 그런데 타자가 주체와 정확히 동일한 것일 때마다 진정한 주인은 절대적인 주인, 죽음밖에 없습니다. 하지 316 만 노예가 그것을 알기 위해선 상당한 시간이 필요합니다.

왜냐하면 그는 모든 사람이 그렇듯이 노예로 남는 것에 대해 지나치게 만족하기 때문입니다.

1954년 7월 7일

라캉은 작은 코끼리 모형을 나누어주었다.